東洋文庫 899

明史選挙志 2

明代の学校・科挙・任官制度

井上 進
酒井恵子
訳注

平凡社

装幀　原　弘

凡例

一、本訳注の底本には、一九七四年中華書局標点本『明史』を用いた。
一、この中華書局本は、乾隆四年武英殿刊本に校勘、標点を加えたもので、その校勘成果については、特に必要のないかぎりそのまま利用し、改めて出校したりはしていない。また分段や改行についても、基本的には標点本のそれを襲っているが、技術的な必要に応じ、改行をいくらか増やしたところがある。また目次と本文中に記される各巻の標題、および章題であるが、それらはすべて訳注者によって新たに加えられたところで、あくまで便宜的なものである。
一、中華書局本の標点からは、むろん多くを教えられ、これを十分に利用したが、必ずしも全面的には従っていない。この標点に関する異同のうち、本文解釈に関わるような、比較的重要なものについては、注の中で説明を加えた。
一、本訳注はまず訳文、ついで原文、その後に注という構成を取っている。特に原文を掲げたのは、読者の便を考えるとともに、選挙制度に関する術語などをなるべく網羅的に拾い出し、これを索引に収めるためである。
一、本訳注は本文庫の体例に従い、原文の部分も含め新字を用いている。ただし「缺《けつ》」（かける）と「欠《けん》」（不足）、「藝《げい》」（わざ）と「芸《うん》」（香草）など音義とも別の字、また音は同じでも義は別の「餘」（あまり）と「余」（われ）などの字が、すべて無理やり後者によって代用されてしまうのはなんとも遺憾なので、原文におけるこれらの字のみは、敢えて旧字のままに使い分けた。

一、本訳注は1・2の上下二冊からなり、上冊には学校制度に関する選挙志一、および科挙制度につき述べた同二のうちの前半部分を収め、下冊にはその後半部分、および官僚の叙任や勤務評定、すなわち銓選制度につき記した同三を収める。また下冊の末に解説および索引を附録している。

目次

第1巻目次

明史《みんし》選挙志《せんきょし》2

明代の学校・科挙・任官制度

井上《いのうえ》 進《すすむ》
酒井《さかい》恵子《けいこ》 訳注

明代年号西暦対照表

洪武	1368～1398
建文	1399～1402
永楽	1403～1424
洪熙	1425
宣徳	1426～1435
正統	1436～1449
景泰	1450～1456
天順	1457～1464
成化	1465～1487
弘治	1488～1505
正徳	1506～1521
嘉靖	1522～1566
隆慶	1567～1572
万暦	1573～1619
泰昌	1620
天啓	1621～1627
崇禎	1628～1644

二　科挙（続）

Ⅱ　庶吉士

庶吉士を選抜することは、洪武乙丑（十八年）に進士のうちから択んでそれとしたのに始まるが、もっぱら翰林院だけに配属したのではなかった。[1]永楽二年には、一甲の三人である曾棨《そうけい》、周述、周孟簡に（翰林）官を授けたうえ、また第二甲より学問文章に優れる楊相ら五十人、および字の上手な湯流ら十人を選びだし、すべて翰林院庶吉士とした。庶吉士はこうしてもっぱら翰林院に所属することとなったのである。[2]そのうえでまた学士解縉《かいしん》らに命じ、資質にすぐれ才能あふれる者を選び、文淵閣で勉学させることとした。縉らは修撰曾棨、編修周述、周孟簡と庶吉士楊相らすべて二十八人を選び、それによって天上の星座二十八宿（四方に各々七つずつあり、地上の各地方と対応している）の数に対応させたのであった。庶吉士の周忱《しゅうしん》は、まだ若輩であればさらに勉学させていただきたいと自ら願い出たところ、帝はこれを善しとして許し、忱をも加えて二十九人とした。彼らには司礼監が月ごとに筆、墨、紙を給し、光禄寺が朝な夕なの食事を給し、礼部は月ごとに灯明代として一人三錠（十五貫）

の鈔（紙幣）を給し、工部は宮中に近い居宅を択んで彼らを住まわせた。帝も折にふれ彼らの居る館閣に至っては召見のうえ勉学のほどを試験した。また五日に一度の休みになると、必ず内臣（宦官）にお伴させ、しかも騎馬の士官をおつきとして従えさせもした[3]。この年に選ばれた王英、王直、段民、周忱、陳敬宗、李時勉らのうちには、後世までその名を伝えられる者が十数人を下らなかった[4]。これ以後、毎科の進士より選ばれるところに何人という定員はなく、永楽十三年乙未科では六十二人を選んだのに対し、宣徳二年丁未科ではただ邢恭《けいきょう》一人だけとなったが、それは彼が翰林院で四夷のことばの翻訳に従事すること長きにわたっていたためで、他の者はみな与かり得なかったのであった[5]。

　庶吉士之選、自洪武乙丑、択進士為之、不専属於翰林也。永楽二年、既授一甲三人曾棨・周述・周孟簡等官、復命於第二甲択文学優等楊相等五十人、及善書者湯流等十人、倶為翰林院庶吉士。庶吉士遂専属翰林矣。復命学士解縉等選才資英敏者、就学文淵閣。縉等選修撰棨、編修述・孟簡、庶吉士相等共二十八人、以応二十八宿之数。庶吉士周忱自陳少年願学、帝喜而命之、増忱為二十九人。司礼監月給筆墨紙、光禄給朝暮饌、礼部月給膏燭鈔、人三錠、工部択近第宅居之。帝時至館召試。五日一休沐、必使内臣随行、且給校尉騶従。是年所選王英・王直・段民・周忱・陳敬宗・李時勉等、名伝後世者、不下十餘人。其後毎科所選、多寡無定額、永楽十三年乙未選六十二人、而宣徳二年丁未止邢恭一人、以其在翰林院習四夷訳書久、他人倶不得与也。

（1）　庶吉士考選の初制については『実録』洪武十八年三月丙子条、および『会典』五、選官を参照。なおその内容は本書上冊二八三頁の注（1）、また二九四頁の本文に既出。

（2）　永楽二年甲申科進士への授官については、『実録』同年三月己酉条に拠る。ただし「庶吉士遂に専ら翰林に属せり」の一句のみは、おそらく『会典』同上の「およそ庶吉士は……永楽二年令し、文淵閣に就きて進学せしめ、後にはただ翰林院に送」るようになった、という記事から来ているのであろうが、「ただ翰林院に送」るようになったのは永楽二年より「後」のことなのであるから、ここの叙述は明らかに正確を欠いている。

ならば庶吉士はいつから「専ら翰林に属」すようになったのかと言えば、黄佐『翰林記』三、庶吉士銓法に云う、「宣徳中、（二年丁未、五年庚戌、八年癸丑の）三科を合わせ、翰林に選入せられて庶吉士となる者二十八人。……この年（八年。下文に引く同上書四、斎宮考芸、および注（3）に引く徐有貞『武功集』三、故翰林編修林君行状を参照）なお六科、近侍の諸衙門《がもん》に選入せらるる者あり。正統元年丙辰、……これより以後、始めて定めて庶吉士はただ翰林のみに入る。然れども四年、七年、十年の進士はみな選ばず。十三年戊辰に至りて、始めて純《もっぱ》ら北方および蜀産の者を選ぶ」と。

また同四、斎宮考芸にも云う、「宣徳五年三月、詔して庶吉士三十人を取り、近侍の諸衙門に分隷せしむること洪武乙丑の例のごとくす。次日、引きて斎宮に入れ御試し、進士九十七人を与《あず》からしむ。……ただ八人のみを選びて翰林に入れ、薩琦《さつき》を首となす。……その六科に隷して庶吉士となす者、廖荘《りょうそう》の属（廖氏はこの科三甲の進士だが、特にその「属」、親戚であると記すのは、彼が士人の間で名を知られ、大臣となった人物であるからか。なお下文に見るように、廖氏は八年に至って六科庶吉士となっている）楊寧（二甲伝臚）等あり、郷に帰りて読書せしむ。八年に至り、復《ま》た前後科の進士を合わせて二十八人をば翰林に入る。正統の後、庶吉士はただ翰林のみに隷す」と。

つまり宣徳中の庶吉士は、なお「洪武乙丑の例のごとく」六科などに配属されることもあって、必ずしも翰林だけに隷していたわけではなかったのだが、正統元年丙辰科「より以後、始めて定めて庶吉士はただ翰林のみに入る」となった。すなわち「庶吉士遂に専ら翰林に属せり」となったのは、永楽二年より三十三年後のことだったわけである。もっとも正統元年より後の四年、七年、十年には、庶吉士の考選自体が行なわれておらず、その所属を翰林に限るという例も、事実としてはたしかに元年に始まったのであるが、それが当初から意識的に「六科、近侍の諸衙門」を排除したものであったのかどうかは、必ずしも自明でない。

なお『翰林記』を改訂増補した廖道南『殿閣詞林記』十、斎宮の記述は、御試の結果を「呉節を首となし、范理第二たり」とし、楊寧等は「九年に至り……翰林に入る」と言い、また廖荘をこの科の六科庶吉士とするなど、上引『翰林記』に言うところとすこぶる出入あるのだが、下に見る『実録』の記事からすれば、少なくとも廖荘について述べた部分は拠りがたく、その他の異同についても、どちらかと言えば『翰林記』の方がよいようである。

というのは、さきに見た庶吉士がいつから「専ら翰林に属」するようになったのかという問題でも、『詞林記』は宣徳中の庶吉士について述べた後、『翰林記』にはある正統元年の事例にはまったく触れぬまま、いきなり「この科以後、始めて定めて庶吉士はただ翰林のみに入る」と記しており、事実関係に無用の混乱を生ぜしめているからである。『翰林記』『詞林記』二書の記事を一々比較検討したわけではないものの、いくつかの個別問題につき見た限りでは、『詞林記』の叙述は総じて正確を欠くところが多く、その点で『翰林記』に及ばない。

宣徳中の庶吉士が翰林所属のみに限らなかったことは、実のところ『実録』においても確認できる。すなわちその宣徳八年十一月己酉の条によれば、宣徳帝は「在外の庶官にもまた必ず文学取るべき者あ」るだろうと考え、しかるべき人物を吏部尚書に推薦させて試験したのだが、その合格者は「知県孔友諒《ゆうりょう》、進士胡端禎《たんてい》、廖荘、宋璉《そうれん》（以上三人はともに五年庚戌科登第）、教諭黄純、徐惟超、訓導婁昇《ろうちょう》の七人」で、彼らに対しては「進士を改めて庶吉士となし、知県、教諭とともに六（「科」字脱）に歴事してもって用に備」えしめた、というからである。

なお「在外庶官」の「進士」とは何の謂かについては、『翰林記』四、文淵閣進学に次のごとくあるのが参考になろう。「宣廟末年（宣徳八年）」に「臨御以来三科の進士数百人を合わせ、その尤《ゆう》なる者二十八人を抜き、もって二十八宿に応ぜしむ。時に癸丑、丙辰（宣徳八年と正統元年だが、ここは「臨御以来三科の進士」を「末年（八年）」に選んだという話なのだから、これは丁未、庚戌、すなわち宣徳二年、五年でないと話が合わないだろう）の諸進士は、各衙門に発して観政せしめ、あるいは既に使いを奉じて外に出でたり。詔して追還せしめてこれを選び、みな文淵閣に入れて学に進ましむ」と。つまり『実録』に出てくる「在外庶官」の「進士」とは、ここにいう「使いを奉じて外に出」ていた者のことと考えられよう。
（3）　解縉らに命じて新進士より「才資英敏なる者を選び、学に文淵閣に就」かしめた、という故事のおおよそは、『実録』永楽三年正月壬子の条に見える。ただしそこには「二十八宿の数に応」ぜしめたとか、「五日に一たび休沐」したといった話はなく、よって志文が『実録』に直接拠っている、とはまず考えがたいのである。ならばそのもとづくところは何なのかというと、おそらく王圻《おうき》『続文献通考《つこう》』四十六、挙士四の記事と同系の文献であろう。
　ここでただちに『続通考』と言わず、ことさらそれと「同系の文献」などと言ったのは、志文は『続通考』とおおむね一致するものの、その「礼部月給膏燭鈔、人三錠（礼部月々に膏燭《こうしょく》鈔を給し、人ごとに三錠）」というくだりのうち、「鈔人三錠」四字は『続通考』ならぬ『翰林記』四、文淵閣進学の項に見えているからである。理屈から言えば、そうなっているのは本志（すなわち『明史稿』選挙志）の撰者が、『続通考』に拠りつつ『翰林記』をも参用した結果だ、と推定することも一応可能ではある。しかし常識的に言うならば、志文は何か既成の叙述に、『続通考』を襲いつつ『翰林記』などをも参用した文献に依拠した、と考える方がよほど自然であるだろう。

　なお志文の「帝時に館に至りて召試す」句は、『続通考』では「上あるいは時に館中に至り、課業を程試し、あるいは召して便殿に至らしめ、問うに経史諸子の故実をもってす」となり、さらに『翰林記』では「しばしば召して便殿に至らしめ、問うに経史諸子の故実をもってし、あるいは抵暮《ゆうぐれ》に至りて方《はじ》めて退く」とのみ述べて、「館に至る」という話は出てこない。

この相違は、常識的に考えれば「召して便殿に至らしめ」たというのが当初の記述、そこに「あるいは時に館中に至」るという句が加わり、志文になるとその付加された部分がのこって本来の句が落ちてしまった、ということになろう。文淵閣研修生らの勉学ぶりを見るというのであれば、彼らを召見して試みるのが順当であって、帝が親しく自ら出向くというのは、絶対にありうべからざることとは言えまいが、「時」に起こりうるようなことではとてもない。じっさい当時の実情を記した徐有貞『武功集』（四庫全書本）三、送伊吉士序を見ても、この時永楽帝は「旬朔には（十日ごとくらい、さほど間をおかずに）則ち便殿に御し、題を制して考試し、程を厳しうしてこれを督」したといい、館中に至ったというような話は出てこない。

また「……共に二十八人、もって二十八宿の数に応ぜしむ」句であるが、『続通考』ではたしかに「……凡そ二十八人、もって二十八宿に応ぜしむ」となっているものの、注（2）で引いた『翰林記』の「二十八宿」は、「宣廟末年」に選抜された進士を称したものであって、永楽三年の故事とは関係ないはずである。だとすればここは、宣徳の話を永楽に移した張冠李戴《とりちがえ》ではないか、との疑いも生じてこよう。

しかしながらそのように疑うことは、今の場合正しくない。だいたい選抜されたのが二十八人であったという時、これを「二十八宿」になぞらえるのはいかにもありうべき、ごく普通の発想であって、晩くとも宣徳中にはすでにそのようなことが言われていた。楊栄『文敏集』（四庫全書本）二十二、洪徴士（奐）墓誌銘に云う、洪奐の姪《おい》順は永楽二年に「進士第に登り、翰林に入りて中秘の書を読み、学士の曾公子棨（等）と二十八宿と号せらる」と。

ならば宣徳中の故事はどうなのかというと、『武功集』三、送伊吉士序に云う、永楽帝は「甲申科進士の才儁《さいしゅん》なる者二十有八人を選びてこれ（庶吉士）となす。……ここにおいて二十八宿の号あり。……先帝（宣徳帝）の位に在るや、太宗の業を修むるを志し、乃《すなわ》ち丁未・庚戌・癸丑三科の士二十有八人を内閣に選び、これを作養する所以は、一に永楽の故事のごとくす。また二十八宿の詩を御製し、もって奨励す」と。

　また同、故翰林編修林君（補）行状にも云う、宣徳帝は「永楽初めの故事を用いて庶吉士を選び、内閣に入れて読書せしめんとし、この（五年庚戌）科の進士九十七人を召して斉（斎）宮に試み、君と薩琦等七人を得たり。癸丑（八年）冬、復《ま》た前後科の進士百二十人を合わせ、文淵閣に試み、徐珵《じょてい》等十三人を得、ならびに別に尹昌等六人、蕭鎡《しょうじ》等二人を選び、二十八人の数に足し、二十八宿と号す」と。つまり「二十八宿の号」は永楽三年の文淵閣研修生につき言われたものであり、宣徳八年のそれは「永楽の故事」に倣い、ことさらその「数に足し」たものであった。

　こうして明代中期以降、二十八宿というのは永楽の故事としてのみ記憶され、『翰林記』が宣徳の二十八宿を取りあげているのは、むしろ例外となる。たとえば『翰林記』に先だつ黄瑜《こうゆ》『双槐歳鈔』（十五世紀後半期に成立）三、甲申庶吉士には「凡そ二十八人、もって二十八宿に応ぜしめ、学に文淵閣に進ましむ」とあるし、降って明末期の王世貞『弇山《えんざん》堂別集』八十一は「学士（解）縉等に命じ、庶吉士楊相……等二十八人をば文淵閣に肄業《いぎょう》せしむ。時人これを二十八宿と謂う」と言い、さらに沈《しん》徳符『万暦野獲編』十、選庶吉士之始も「今、会試の後に庶吉士を考選するは、人謂えらく文皇帝永楽甲申科に二十八人を取り、もって列宿に応ぜしむるに始まる、と。相伝うることすでに久し」と述べ、いずれにおいても宣徳の故事にはまったく触れないのである。

（4）ここに列挙される諸人はおおむね大官となった者で、王英は南京礼部尚書、王直は吏部尚書、段民は南京戸部侍郎、周忱は工部尚書（ただし彼が名臣とされるのは、宣徳より景泰に至る間、その応天巡撫任内に挙げた政績による）、陳敬宗は南監祭酒、李時勉は北監祭酒となっている。また志文中にその名を挙げられていない文淵閣研修生では、沈《しん》升が太僕少卿、羅汝敬が工部侍郎、吾紳が礼部侍郎、楊勉が刑部侍郎となっているし、その他あるいは栄達せず、あるいは早逝している者にも、何ほどかの伝記のあることが珍しくない。すなわち「名の後世に伝わる者、十余人を下らず」とは、確かに誇張のないところであった。

（5）庶吉士の採用が「定額なし」だったというのは、たとえば注（2）で見たように、正統四年、七年、十年には考選自体が行なわれなかった事実からも知れようし、また非常に多数を取った例としては、志文に挙げられる永楽十三年乙未科のほか、本段冒頭に登場する永楽二年甲申科もその典型であるだろう。というのもこの科の場合、志文に記されるのは六十名を翰林院庶吉士としたことのみであるが、実のところそれはこの科の庶吉士すべてではなかったに相違なく、『双槐歳鈔』三、甲申庶吉士には百十一人の名が記されているのである。

もっとも『双槐歳鈔』はこの百余名につき、あたかも全員が翰林院所属であったかのごとくに述べているのだが、これは『実録』の記事、また『翰林記』十八、庶吉士題名から考えておかしく、六十名以外は六科などに属したのであろう。この外、志文が取り上げている永楽十三年乙未科の庶吉士考選については『実録』同年三月丁巳条、また宣徳二年丁未科については『実録』同年三月辛丑条を参照。

なお「多寡定額なし」は明一代を通じてのことではあるのだが、景泰、天順以降になると、永楽期に見られたような極端な不均衡はなくなり、おおむね二十〜三十名程度に落ち着いてくるし、また下文に見るごとく、弘治中には庶吉士考選を常例とすべく、その規範化が図られもした。開国より百年もたてば、当初の臨時的な考選もようやく制度的に定着し、より安定した運用が求められるようになったわけである。

また宣徳二年にただ一人選ばれたのが「訳書」（翻訳）の担当者であったことだが、これは永楽中の「訳書の会試に中《あた》る者ははなはだ多く、みな庶吉士に改められもって常となす」（本志一）という故事にそのまま因ったものであろう。積極的な対外政策を推し進めた永楽中には、実際の必要から翰林院において訳書が多数養成されており、彼らが進士に合格すると、そのまま庶吉士とされるのが通例だったのである。このことについては、本書上冊一一〇頁の本文、および同一一三〜四頁の注（3）より（5）を参照。

　弘治四年、給事中の涂旦《とたん》は幾科もつづけて庶吉士が選ばれなかったことから、祖制にしたがって考選を実施するようにと願い出た(1)。さらに大学士徐溥《じょふ》もこう述べた(2)。「永楽二年以来、庶吉士の選抜については一科を飛ばして行なったり、何科もつづけて行なったり、数科にわたって行なわなかったり、三科を併せて一度に行なったりと、まったく不定期に実施されてきております。またその選抜についても内閣が自ら行なったり、礼部が行なって内閣に送ったり、内閣が礼部と共同で行なったり、年齢を制限したり、地方を限定したり、声望にもとづいたり、殿試答案を審査して採用したり、別に問題を出して試験したりと、やはり定制はないままであります(3)。いにしえより帝王は、有望な人材を三館秘閣のごとき清要の部署に集めてじっくり育てようと致しました。本朝において人材を集めて養成するゆえんと言えば、「及第」の称を賜わる一甲の進士を除くと、ただ庶吉士の一途があるのみであります。しかるにこれは選んだり選ばなかったりで、しかも才能のある者がみな選ばれるというわけではなく、選ばれたところがみな才能のある者というわけでもなく、そのうえ更に地方や年齢を限るとなれば、すでに出来あがっている人材さえもが、多くは棄てられて用いられないこととなりましょう。そこでお願いいたしますには、今後はこれをきちんと制度化し、科挙を挙行するごとに選抜を行なうこととなされますよう(4)。新科の進士に平素作るところの論、策、詩、賦、序、記などの作品を写し取り、十五篇以上を礼部に提出させ、翰林院に送って吟味し評価するように致します。また（これまでの作品があまりない二十五歳以下の）年若い者でも新作が五篇あれば、やはり審査を願い出ることを許します。翰林院はこれらの文章のうち表現や行文に見るべき点のあるものを択び出し、（礼部から翰林院に送られた際の整理）番号にしたがって審査通過を知らせます。そして礼部は記名欄を糊づけにして隠す方法でもって、内閣の大臣とともに問題を出して東閣で試験を行ない、その答案とさきに提出した文章が釣り合っておれば、それで合格として庶吉士に採用いたします。毎回に選ぶところは二十人以下、選ばれた者のうち翰林院にのこるのは三人ないし五人以下とすれば、将来養成されてくる人材のうちには必ずや朝廷が頼みとするに足る者が出現いたしましょう」と。孝宗はこの提案に従い、内閣に命じて吏、礼の二部とともに考選を行なわせ、これを常制とした。(5)

弘治四年、給事中涂旦以累科不選庶吉士、請循祖制行之。大学士徐溥言、自永楽二年以来、或間科一選、或連科屢選、或数科不選、或合三科同選、初無定限。或内閣自選、或礼部選送、或会礼部同選、或限年歳、或拘地方、或採誉望、或就廷試巻中査取、或別出題考試、亦無定制。自古帝王、儲才館閣以教養之。本朝所以儲養之者、自及第進士之外、止有庶吉士一途。而或選或否、且有才者未必皆選、所選者未必皆才、若更拘地方・年歳、則是已成之才、又多棄而不用也。請自今以後、立為定制、一次開科、一次選用。令新進士録平日所作論・策・詩・賦・序・記等文字、限十五篇以上、呈之礼部、送翰林考訂。少年有新作五篇、亦許投試。翰林院択其詞藻文理可取者、按号行取。礼部以糊名試巻、偕閣臣出題考試於東閣、試巻与所投之文相称、即収預選。毎科所選不過二十人、毎選所留不過三五輩、将来成就必有足頼者。孝宗従其請、命内閣同吏・礼二部考選以為常。

（1）涂旦の上奏は『実録』弘治六年四月丁酉条に見える。すなわち志文の「弘治四年」は「六年」の誤りであるが、なぜそのように誤ったのかは未詳。また彼の奏請の結果は、「礼部覆奏し、謂えらく選択教養の法は、累朝すでに成規あり。ただ内閣の大臣に勅し、歴科の事例を参酌して挙行するに在るのみ、と。これに従う」というもので、その「内閣の大臣」による検討結果が、下引『実録』同月甲辰条に録される徐溥等の上奏である。

なお志文にいう「累科庶吉士を選ばず」だが、『実録』によるに、成化中年より弘治初年にかけての諸科では、庶吉士選抜はたしかに行なわれないことの方が多かった。具体的に言えば、天順四年庚辰科より成化五年己丑科の四科ではみな選抜が行なわれたものの、成化八年壬辰科より弘治三年庚戌科までの七科では、わずかに成化十四年戊戌科と二十三年丁未科の両科において挙行されたのみだったのである。ただしこの時期でも、三科に一科は考選が実施されており、文字どおり「累科不選」だったわけでは必ずしもない。

（2）大学士徐溥等の疏文は、すでに前注で述べたように『実録』弘治六年四月甲辰の条に見えるのだが、志文と『実録』では細かいところに若干の異同があり、その中にはなかなか意味なしとはしないものも含まれている。まずは「或礼部選送、或会礼部同選」のくだり、『実録』では下の「礼部」が「吏部」に、すなわち「或会吏部同選」となっており、これはこの上奏の結果が「内閣をして仍《な》お吏・礼二部とともに考選せしむ」であったことからして、「吏部」の方が正しいであろう。礼と吏は声調こそ異なれ同じ li 音であり、「音近くして誤」ったとしても不思議はない。

また「或選或否、且有才者未必皆選」の「且」字についても、『実録』では「則」となっていて、それだとニュアンスがかなり変わってくる。というのも、『実録』では「選んだり選ばなかったり」の結果、そもそも選考自体がない場合には、才能ある者でも選ばれようがなく、遺才の憾みが生じる、と言っているのに対し、志文では選考を行なった場合でも才能ある者がみな選ばれるわけではない、ということは選び方そのものにも問題がある、となるからである。

さらに「少年有新作五篇、亦許投試。翰林院択……」だが、『実録』の叙述はもう少し詳しく、志文の「少年」については「年二十五以下」云々と記している。むろん本志の編纂に際し、『実録』の記事を簡略化するのは当然あって然るべきことながら、制度上の規定となれば、ただ「少年」というだけではあまりに曖昧で、「年二十五以下」はのこしておいた方が良かったのではないか。

またこのくだり、標点本は「亦許投試翰林院。択……」とするが同意しがたい。「少年」が「投試」する先は、他の新科進士と同様まず礼部であるはずで、いきなり翰林院に自分の文章を送ることはできないであろう。我こそはと思う新科進士は、「年二十五以下」の「少年」を含め受験を願い出、それを翰林院が「択」ぶわけである。

（3）　国初以来、庶吉士がいかに選ばれてきたかについては、『翰林記』十四、考選庶吉士の項にこう云う、「庶吉士を考選するは、始まること洪武乙丑（十八年）よりし、永楽初めに迨《およ》び、ますますその事を重んず。然れどもその詳は考うべからず、大率《おおよそ》科ごとに必ず選べり。宣宗の時（八年）、三科の進士を合わせて親しくこれを試む。……正統丙辰（元年）、上親しく庶吉士を文華殿に考選し、蕭鎡《しょうじ》等十二人を取り、己未（四年）以後はこれを罷《や》め、戊辰（十三年）に至り、始めて純《まった》く北方および蜀（四川）の士のみを選びて庶吉士となす。選ばるる者万安等二十人は、親しく試むるなり。これよりその事は内閣に付し、例として平日為《つく》るところの詩文を取り、或いは殿試巻を繙閲《はんえつ》し、兼ねて名実を採り、礼部に行し、人をして延請して東閣の前に至らしめ、吏部と会同し、試むるに古文および詩各一篇をもってし、合格せる者は改めて本院に送りて読書せしむ。景泰辛未（二年）、……甲戌（五年）、……みな兼ねて南北の士を選ぶ。天順庚辰（四年）三月、英宗文華殿に御し、李賢を召し諭して曰く、永楽・宣徳中は常に庶吉士を選び、教養して用うるを待たしむ。今科の進士中、人物端重にして語音正当なる者二十余人を選びて庶吉士となすべし。ただ北方の人を選び、もし南方の人ならば、彭時のごとき者ありて方《はじ》めて選取を許す、と。……十五人を選取し、南方の人はただ三人のみ」と。

　この『翰林記』の記事は、徐溥の言を大体において裏づけていよう。たとえば徐氏のいわゆる「科を連ねて屢《しばし》ば選」ぶとは、「永楽・宣徳中」の事例を言ったもの、「数科選ばず」は「己未（正統四年）以後はこれを罷め」た時のこと、また「三科を合わせて同《とも》に選」んだとは宣徳八年の話に相違ない。さらに正統中には皇帝の「親試」だった庶吉士考選が、景泰以後「その事は内閣に付」され、かくして内閣が礼部や吏部と共同しつつ、時には殿試巻や「名実」を参考にして行なうようになったというのも、徐氏の発言とほぼ一致し、かつ内閣主導の考選が始まった時期をはっきりと記述している。ちなみに「科を間《へだ》てて一たび選ぶ」の事例はここに出てこないが、『実録』によれば、景泰五年挙行、天順元年不選、四年挙行というのがその最初の事例。

なお内閣が庶吉士考選を主持するというのは、景泰以来の故事ではあるのだが、すでに注（1）で見たように、成化中には考選そのものが行なわれないことも多く、実施された場合でも、往々にして大臣の推薦が大きな影響力を及ぼしていたらしい。弘治元年十一月壬申、兵部郎中陸容（すなわち『菽園雑記《しゆくえん》』の著者）はこう言っている。「庶吉士の選は、永楽・宣徳の間もっとも慎重となす。近年はただ知る所に憑《よ》りて、私《ひそ》かに相い引薦し、寒素にして情に称《かな》うの士は、ほとんど多くは得ざれば、よろしく旧に仍《よ》りて内閣より考選し、その学行兼ねて優れ、器識宏遠なる者を択び、量《はか》りて数員を留め、必ずしも地方を限定せざるべし」と（『実録』）。

この陸氏の上奏は、ただ「その奏を所司に下」す、関係部局で検討せよというだけに終わったのであるが、何にしても成（化）弘（治）の際になれば、庶吉士考選の定例化、規範化ということが、ようやく解決すべき問題として意識されだしたのであろう。この点については、注（4）で引く丘濬《きゆうしゆん》の言をも参照されたい。

ついで年齢、地方による制限であるが、嘉靖八年の考選に際し、首輔楊一清はこう述べている。「進士をば庶吉士に改め、中秘の書を読ましむるは、けだし我が成祖より始まる。その選ぶところの士は、あるいは年を限りあるいは地を拘《かぎ》り、あるいは名を采《と》り、あるいは即ちこれを制策（殿試答案）に取る。それ年を限らば則ち老成遺《のこ》され、地を拘り名を采らば、あるいは偏私の弊あり。ただこれを制策の優るる者に取るを得たりとなす。孝宗に及びて立てて定制となし、科ごとに必ず選ぶ」と（『実録』同年三月甲子条）。楊氏のこの発言は弘治六年の定制、およびそれを導いた徐溥の上奏を踏まえてのものに相違ないが、少なくとも「限年」について言えば、それは単なる先例、掌故というに止まらず、眼前の問題でもあった。

これより先、嘉靖五年の考選では「上、閣臣に命じ、便《すなわ》ち吏・礼二部と会同し、公に従いて考選し、必ず年少《わか》くして学に進むべき者をば翰林院に送りて読書せし」めた（『実録』同年三月丙午条）し、一科下った嘉靖十一年の考選に際しては、特に「新進士のいまだ選ばれざる者（翰林官となった一甲三名や、すでに地方官に選任された者以外の、観政進士を謂っていよう）の、年三十五より以下は、ことごとく試に就かしめ、二十一人を取れ」と命ぜられており（『実録』同年十月甲申条）、この時にはたしかに「限年」が実施されていた。庶吉士はいずれ宰輔ともならんことを期待して、特に翰林院での研修を命ぜられるのであるから、どちらかと言えばより若い世代の方が適格で、あまりに年かさの者には不向きであろう。よってはっきり「限年」を謳うことも時にはあるだろうし、また明示的ではなくとも、実質的な「限年」は常に何ほどか考慮されていたに違いない。

この点は、正徳十二年の考選結果につき承認を求めた首輔梁儲《りようちよ》の上奏からも推定しうる。というのもそこでは「臣梁儲等謹んで題（題本による通常の上奏）し、人材を作養せんが事のためにす。近ごろ該内閣題し、正徳十二年の進士をもって、先の事例に照らし、吏部・礼部と会同し、庶吉士を考選せんと欲す、等の因（「等因」というのは引用を締めくくる公文書用語）あり。聖旨を奉じたるに、是なり。該衙門知道せよ。此れを欽《つつ》しめよ、とあり。欽遵して本年三月二十九日において、吏部左侍郎等と東閣の前に会し、題を出して彌封して考選し、汪佃《おうでん》等三十四名を得たり。倶《とも》に各々文理は優長、年歳相い応じ、もって教養するに堪《た》うれば、合《まさ》に例に照らして翰林院庶吉士に改むべし」と言われている（四庫全書本『鬱洲遺稿』一、作養人材疏）からである。

この梁氏の上奏文は、一般の古文とは異なる公文書の形式と用語で記されていて、本来ならもう少し解説を加えるべきだろうが、今は簡単な語釈のみですませておく。梁氏の文章をここで引いたのは、正徳十二年の考選法が上引『翰林記』で述べられるところと一致していること、およびそこでは「年歳相応」が考慮されていたことを示すためだからである。庶吉士として「教養」するに足る人材は、単に「文理優長」であるのみならず、年齢もそれに相応しい、つまりあまり年老いていないことが必要であった。

地方による制限は、上引『翰林記』によれば、正統十三年に「北方および蜀の士のみ」を取り、また天順四年には「語音正当」という点から、大多数を「北方の人」より選抜したという。このうち前者の、正統十三年の事例については、徐学聚『国朝典彙』五十六、庶吉士に「時に権監（権勢をふるった宦官）王振南人を疾《にく》み、故に置きて選ばず」とあり、どうやら王氏個人の意向によって、たまたま起ったことにすぎなかったようであるが、後者の、天順四年の事例は少し面白い。

　というのも、この時に特に北人を重んじたのは、権臣の個人的好悪によるものでもなければ、会試における南北巻のような、政治的配慮にもとづく措置でもなく、「語音」がその理由だったらしいからである。翰林院の見習いとなれば、たとえば宣徳帝が親しく彼らを教えたといった故事もある（下段の注（4）参照）ように、皇帝と直接ことばを交わす機会も絶無ではないだろうし、また彼らは将来の大臣と期待されてもいるわけで、そうした人物は官話（北京語、mandarin）の会話能力を具えているべきであった。おそらく天順帝は南方人のことば、たとえば広東官話（広東語の影響が強くのこり、官話とはいいながら北方人にはよく分からない中国語）といったものによほど閉口していて、それで特に北方人の採用を命じたのであろう。

　「誉望を採」る以下については、上引『翰林記』の記事などにもいくらか言及されるが、やや具体的な話となると、知りうるところは多くない。まずはすでに見た陸容の言で、彼によれば「近年」の、ということは成化中の考選では、「ただ知る所に憑《よ》りて、私《ひそ》かに相い引薦」していたということであり、これは「誉望を採」ったものと謂いうるだろう。

　また殿試策による選抜だが、李東陽の「詔を奉じて材を育《はぐく》むの賦」序文（周寅賓点校『李東陽集』第二巻、文前稿一。岳麓書社、一九八五）に云う、「成化戊戌（十四年）……三月、策もて廷に試み、既に第一甲の三人に進士及第を賜いて翰林修撰・編修となし、復《ま》た内閣の臣に詔し、第二甲以下の文の優るる者を択びて庶吉士となす。……某《わたくし》は初科（憲宗即位後の初科たる天順八年）の吉士をもって国史に篭《まじ》り（忝《かたじけな》くも史官のうちに加えていただき）、旧章を観たるに、この科復《ま》た礼部に在りて、濫《みだ》りに校試を同《とも》にせば、今日の事、ひそかに与《あず》かりて栄《は》えあり」と。つまりこの時の考選では、内閣が礼部の協力を得つつ「第二甲以下の文（殿試策）の優るる者を択びて庶吉士とな」したのであった。また上文で見たように、嘉靖八年の考選は「ただこれを制策の優るる者に取るを得たりとなす」ということで、徐溥のいわゆる「廷試巻中に就きて査取す」を前例として行なわれていた。

（4）　庶吉士考選を「立てて定制となす」よう提案したのは、実のところ徐溥が初めてではなかった。成化二十三年に進呈された『大学衍義《えんぎ》補《ほ》』七、簡侍従之臣（侍従の臣を簡《えら》ぶ）に云う、「（庶吉士の考選を）臣請うらくは著して定制となし、一次開科すれば一次選用し、簡択の余は乃《すなわ》ち諸司に分かちて観政せしめよ。新進士の太学に詣《いた》り、釈菜《せきさい》の礼を行ない畢《おわ》るを待ちて、即《ただ》ちに礼部に勅し、諭して各々をして平日作るところの文字を録して投献し、翰林に封送して考訂せしむ。その中に辞采文理あり、その学進《かな》むべき者は、別に題を出してこれを試む。その試むるところの文と投ずるところの巻相い称わば、即ち取りてもって選に預からしむ。……科ごとに多く選ぶを必せず、選ぶところは二十人を過ぎず、選ごとに多く留むるを必せず、留むるところは三五輩を過ぎず」と。これを見れば、徐溥の言が丘濬の提案を下敷きにしたものであることは疑いを容れまい。

（5）　弘治帝によって認められた徐溥の奏請がそのままに実施されたのは、実のところ弘治六年癸丑科進士の考選、散館（研修終了による授官。下段参照）のみであった。まず庶吉士の考選について言えば、六年（六月癸酉。以下日付はすべて『実録』による）および九年（閏三月己酉）にはたしかに実施されているものの、十二年には行なわれていないし、取るところの人数にしても、六年、九年、十五年（三月戊戌）の三科は二十名に抑えられていたが、十八年（三月辛亥）に至るや三十名となっている。また降って正徳に入ると、三年、九年には庶吉士を取らず、考選が行なわれた六年（三月丁丑）、十二年（三月甲辰）、十六年（五月丁丑）には、それぞれ三十三名、三十四名、二十四名を録取と、徐氏のいう毎科二十名以下とはまったく異なる結果になっている。

さらに翰林にのこる者の数であるが、弘治六年の庶吉士が八年十月辛酉に散館となった際には、たしかに五名が編修とされたのみで、他はすべて科道官、さらには主事とされていた。ただしこの年の庶吉士には、病気のため任官の遅れていた者がいて、十年五月丁卯と十一年三月戊申にそれぞれ編修、検討とされており、結局この科の庶吉士からは、七名の翰林官が出たのであった。

弘治八年の散館では、当初の翰林任官者は五名に止まっていたが、これ以降になると、最初から五名以下であったことは一度もなく、九年丙辰科の散館（十一年十月戊辰）では七名、十五年壬戌科では当初（十七年十月庚午）八名、後（正徳六年九月癸亥）に追加で一名、十八年乙丑科では当初（正徳二年九月戊寅）十名、後（四年七月庚申）に追加で一名といった具合であった。つまり徐氏の提案は、追加の授官まで含めれば、完全にそのまま実施されたことはついになかった、ということになる。

嘉靖（二年）癸未科より万暦（八年）庚辰科まで、この間の（二十科のうち）九科は考選を行なわなかった(1)。神宗（万暦帝）はかつて一科おきに考選するよう命じたが、礼部侍郎の呉道南はこれにあくまで反対した。（啓禎の間では）崇禎（七年）甲戌科、（十年）丁丑科にまた考選を行なわなかったが、これ以外はすべて定例どおりであった(2)。考選に合格した者は館選と謂った(3)。翰林院、詹事《せんじ》府の高官でベテランの者一人が彼らを教育し、これを教習と謂った(4)。三年して学習が終わると(5)、優秀者は翰林院に留めて編修、検討とし、次等の者は翰林院から出して給事中、御史とし、これを散館と謂った(6)。これは平常の人事制度の中で異動していく一般官僚とは、そのあり方が著しく異なるものであった。

> 自嘉靖癸未至万暦庚辰、中間有九科不選。神宗常命間科一選、礼部侍郎呉道南持不可。崇禎甲戌・丁丑、復不選、餘悉遵例。其与選者、謂之館選。以翰・詹官高資深者一人課之、謂之教習。三年学成、優者留翰林為編修・検討、次者出為給事中・御史、謂之散館。与常調官待選者、体格殊異。

（1）嘉靖より万暦中年にかけての庶吉士考選については、万暦三十五年七月丙午、時の首輔朱賡らが「四款をなして上陳」し、「これに従う」となったその第一でこう言っている。「一、選額を定む。言えらく、嘉靖癸未（二年）より万暦庚辰（八年）に至るの二十科の内、九科（嘉靖二、十七、二十三、二十九、三十五、三十八、四十一、万暦二、八年）は選ばず。癸未（万暦十一年）より後は、科ごとに倶《とも》に選び、而《しか》して詞林の盛んなること、遂に今に極まれば、よろしくやや限制をなし、壬辰（二十年）・乙未（二十三年）のごとく、ただ十八人のみを選び、地に随いて裒益《ほうえき》（加減）し、十八人を足して止め、著して定例となすべし」（『実録』）と。

また『万暦野獲編』十、館選定制に云う、「嘉靖十三（「四」の誤）年乙未の館選の後は、丑・未に遇わば則ち選び、辰・戌に遇わば則ち停《とど》む。世宗の朝を終うるまで三十余年、遂に故事となる。……丙戌（万暦十四年）に至りて次揆（次席内閣大学士。実際は申時行、許国に次ぐ三輔であった）王太倉（錫爵《せきしゃく》）建議して謂えらく、科ごとに必ず佳士あらん。いずくんぞ丑・未盛んにして辰・戌衰うるを見んや、と。ここにおいて奏准され、但《およ》そ会試の後には倶に館選を行なう」と。

つまり嘉靖中より万暦初年は、例外はあるものの大体において丑・未歳ごとの、一科おきに庶吉士を取っていて、これが「故事」となっていたのだが、万暦十四年に至り「科ごとに倶に選」ぶとされたため、十一年からは下文で述べる末年の事例を除き、ずっと連続で考選が行なわれ、三十五年には遂に録取数の「限制」が実施されるに至ったのであった。

なお「九科不選」というのは、形式的にはたしかにそのとおりで、明末にはおそらく考選についての掌故の一となっており、それで朱庚もかく言ったのであろう。だが実のところ、前段の注（3）で言及した嘉靖八年己丑科では、考選が決定された三月甲子（二十九日）のわずか五日後（四月四日己巳）、新庶吉士は「選留するを必せず、（庶吉士の）唐順之等は一体に除用せよ」と命じられ（『実録』）、翰林院における教習などは実施されなかった。つまりこの科も実質的には「不選」だったわけである。こんな奇妙なことがなぜ起こったのかと言えば、それは張璁《ちょうそう》が横やりを入れたためというが、そうした内幕については『万暦野獲編』七、吉士不読書を参照。

（2）万暦以降、明末の考選情況について述べたこのくだり、ただやみくもに行文の簡略化に務めたため、一読してもことの次第を了解しがたくなっている。まずは「九科選ばず」の後であるが、すでに注（1）で述べたように、万暦十一年からは「科ごとに倶に選ぶ」とされていたところ、三十七年の散館に至り、「輔臣おもえらく翰林官の壅滞《ようたい》は日々に甚だしく、もって疏通しがたければ、合《まさ》に往例に照らし、科を隔てて一たび選び、明歳は暫《しばら》く停《とど》むべし、と。可と報ぜらる」となった（『実録』同年九月庚辰）。志文が「かつて命」じたというのは、このことを指す。

これに対し「礼部の部事を署せる右侍郎」、つまり尚書が任命されないままに放置されていた当時では、礼部の長官であった呉道南が「不可を持」したのは、「明歳」三十八年六月辛卯、すなわち基本的には六月、時として五月に考選を行なうという嘉靖末年以来の慣例からして、これ以上は待てないという時のことであった。

彼は館選の重要性を特に強調して決定の撤回を訴え、「今科の進士をして旧に照らして考選せしむるを准《ゆる》し、仍《な》お閣部の大臣に諭し、心を悉《つく》して精しく択ばしめよ」と請うたのだが、これに対する上旨は「新進士は給仮、告病（休みを取ったり病気を届け出た者）すでに多きに、今また選館を議するはこれ妥便なるや否や、吏部をして見在《げんざい》の（現に在る）人数を査明し、酌量して具奏せよ」という、間接的な言いようながら要は否定的なものであった（『実録』）。その後、吏部がどのように覆奏したかは明らかでないのだが、結果からすると呉氏の願いは納れられず、万暦末年にはたしかに「科を隔てて一たび選」び、三十八年と四十四年には考選を行なわなかった。

啓禎の間では崇禎七年甲戌科、十年丁丑科を除き、「余はことごとく例に遵《したが》う」とここで言うのは、たぶん『春明夢余録』三十二、庶吉士に拠った記述なのであろう。というのも『夢余録』には、崇禎四年辛未科の考選では内閣に疎忽があったため、「遂に翰林には内外兼ねて用うの旨あり。甲戌、丁丑はみな選館せず、俸深くして考を待つの知（県）推（官）をもって編（修）検（討）等の官を選授す」とあるからである。

しかしさらに下文を読むと、「（十三年）庚辰の廷試（三月十五日丙申。以下、日付はすべて『国権《こっかく》』による）に至り、（翌十六日丁酉に）召対して（三十日辛亥に）親しく趙玉森等を抜き、授くるに検討をもってし（『国権』には「前に召対して旨に称《かな》い、即ち欽授す」とあり）、蔣徳《とく》璟《けい》、王錫袞《しゃくこん》に命じこれを教習せしむ」とある。つまり十三年庚辰科でも通常の考選はなく、「召対」（召見してご下問に対《こた》えさせる）により翰林官を「欽授」し、それを教習させるという、すこぶる変則的な形を取ったのであった。崇禎帝は外廷の臣僚を信頼できず、ややもすれば「欽授」や「欽点」の手法を用いたのであるが、これもその一例である。
（3）考選の合格者を「館選」という、とは別に誤りではないものの、注（1）で引いた『万暦野獲編』十、館選定制を見れば分かるとおり、明代においてこのことばは、庶吉士の考選そのものの意味で用いられることの方が一般的である。ただし庶吉士考選を表すことばとしては、「選館」の語もよく用いられ、注（2）で引いた『実録』万暦三十八年六月辛卯の条では、呉道南が「館選」を請うたのに対し、上旨はこれを「今復議選館」と称しているし、同様に『春明夢余録』三十二でも「甲戌、丁丑皆不選館」と述べているのである。
　そもそも館選、あるいは選館の語は、それほど古くから用いられたものではなく、『実録』における用例を探してみても、館選は万暦後半年から見られるにすぎず、選館にしても嘉靖四十三年十月乙未条が初出のようで、これは前段の注（3）で引いた嘉靖五年三月丙午条に見える「考選館職」句（ここでの「館職」は明らかに庶吉士を謂っている）を二字に縮めたものであるだろう。結局、館選ないし選館の語は、明末に至ってはじめてひろく用いられるようになったもので、それゆえ『会典』にはその用例がない、ということは明末に在っても、それはなお公式の法制用語でなかった、と考えられよう。
（4）志文に「翰（林院）・詹（事府）の官高く資深き者一人」を教習に充てるとあるうちの「一人」は、後に見るとおりそうした例もないではないものの、おそらく単純な筆誤の類で、本来なら「二人」となっているべきものであろう。正徳『会典』一百七十四、翰林院に「凡そ庶吉士は、内閣奏請し、学士等の官二員もて教習す」とあり（万暦本二百二十一では「学士」の下に「以上」二字あり）、また『翰林記』十四、教書にも「洪武中の宋濂《れん》、永楽初の解縉《しん》は、みな常に庶吉士を領すも、ただこれと講究するのみにして、いまだかつて抗顔もて（いかめしく）師とならざるなり。宣宗は時に親しく庶吉士を教え、その文芸を考することは、永楽の時と同じ。正統戊辰（十三年）に至り、乃《すなわ》ち顓《もっぱ》ら詹事兼侍講学士劉鉉《げん》、祭酒王珣《じゅん》に命じて教書せしめ、自後もって例となす。内閣、学士および詹事府坊局等の官において、資望深き者二員を択び、旨を請い本院に送りて教書せしめ、これを開館と謂う」と記されているからである。

ただし教習の制なお整っていなかったこれより前、宣徳中では少しく様子が異なり、五年の考選後に宣徳帝が命じたところでは、「後生の学に進むには、必ず前輩の老成これを開導するを得《もと》（須）む。卿ら（楊士奇、楊栄、金幼孜《ようし》）は日々に左右に侍して余間なければ、それ学士王直をしてこれが師となし、嘗《つね》に提督し教訓せしめよ」となっていた（『実録』同年三月己巳）。つまりこの時には、庶吉士を「提督教訓」する「師」一人が任命されただけであり、降って八年の考選時に至っても、庶吉士の指導はやはり「侍読学士王直をしてこれを訓督せしむ」というのみであった（同上八年三月戊辰、および十一月甲辰各条）。

なお『明史』職官志二に「宣徳五年、始めて学士に命じて教習せしむ」とあるのは、この王直の事例によるもので、むろん誤りではないのだが、そのいわゆる「教習」とは後世の定例から遡っての叙述であって、当時の用語に即したものではない。

また『翰林記』が教習を教書と称していることであるが、そもそもこの二つのことばはともに教える、あるいは教える人、つまり教師の意味でふつうに用いられるもので、庶吉士の教育係にしても、『会典』に見える公式の用語は教習であるものの、少なくとも『翰林記』が著された嘉靖初年当時では、その職を教書と称することも普通であったに違いない。

　嘉靖五年四月壬戌、時の首輔費宏は賄賂を取っているなどとして、桂萼《がく》と張璁《そう》より弾劾されたのだが、それに対し費氏はこう弁明した。彼らが私を攻撃するのは「近日、庶吉士を選取し、例として教書の官二員あるに、二人はみな与《あず》かるを得ざるに縁《よ》」ってのことで、これまでも「経筵《けいえん》講官となるを得ざれば則ち臣を攻め、……両京の考試官となるを得ざれば則ち臣を攻め、今、教書に与かるを得ざれば則ちまた臣を攻」めたのである、と（『実録』）。つまりここでは、政府首脳が教習を教書と称しているわけである。

　教習を「学士等の官二員」が担当することは、宣徳八年癸丑科の次、正統元年丙辰科に始まった。この科の庶吉士は「少詹事・兼侍読学士王直、少詹事兼侍講学士王英に命じ、文章を教習せし」め、これが先例となったのである（『実録』同年三月戊寅条）。もっとも長らく停止されていた考選が再び実施された正統十三年戊辰科では、『実録』によれば侍読習嘉言ら三人に「提督教訓」させたという（同年四月癸酉条）ことで、この時には宣徳の旧例に復帰したかのごとくであるが、上引『翰林記』によれば、実は正統戊辰科こそが「内閣、学士および詹事府坊局等の官において、資望深き者二員を択」んで「教書」担当とし、それが定例となった最初であるという。

　正統戊辰科の「教書」については、『実録』にこれを裏づける記事を見出し得ないものの、これ以降の諸科における庶吉士の教育係となると、『実録』の記載は常に教習二員となっている。すなわち景泰五年三月乙丑には「左春坊大学士兼翰林院侍読彭時、右春坊大学士兼翰林院侍講劉儼《げん》に命じ、文章を教習せし」め、天順四年三月丙戌、同八年三月己卯、成化二年三月乙卯、同五年三月辛亥でも学士等の官二員に命じて「文章を教習」せしめたとなっているのである。かくてこの事例は、もはや動かしがたい「祖制」として、国家の行政法典中に明文化されるに至る。すなわち弘治中に編纂され、正徳四年に補訂のうえ刊行された『大明会典』の規定——この注の冒頭に引用したところ——がこれである。

その後、この定例は大体において維持されていくが、例外もなくはない。嘉靖十一年壬辰科では「礼部右侍郎顧鼎臣を升《のぼ》して吏部左侍郎となし、仍《な》お翰林院学士を兼ね詹事府の事を掌《つかさど》り、専ら教習を管せしむ」となって（『実録』同年十一月甲申条）、教習は一人しか任命されなかったようであるし、十四年、二十年も同様のようだからである。しかしそれはあくまで例外であるし、また降って万暦十一年、吏部左侍郎陳経邦と礼部左侍郎周子義（ともに兼侍読学士）が教習に任ぜられると、これ以後は吏・礼二部の侍郎を教習とするのが通例となった。『明史』職官志二に「万暦以後、教習を掌る者は、専ら吏・礼二部の侍郎二人をもってす」とあるゆえんである。

（5）　教習期間三年とは成数を挙げて言ったもので、実際には二年余りだし、またそれはおおよそ成化・弘治ごろに至ってようやく定例化したものでもある。そもそも明初に在っては、「前輩謂えらく、翰林官はただ首甲（第一甲三名）のみは即《ただ》ちに除授さるるも、選ばれて庶吉士となる者は、遠きは則ち八、九年、近きも則ち四、五年し、しかる後に除授さる。堪えざる者あらば、乃《すなわ》ち改めて他職を授」くという（『翰林記』三、庶吉士銓法）ように、その教習期間は「堪えざる者」が出てくるほど長かった。

だが永楽中のように多数の訳書を用い、そのうち進士になった「原習訳書」をみな庶吉士に改め、そのまま翰林院で対外関係の仕事に従事させていた時ならともかく、宣徳以降になれば多数の庶吉士はもはや必要なく、従前のやり方では「壅滞《ようたい》」（人事の滞留）が激化するのは必然であった。かくて正統四年からは三科続けて考選を見送り、また正統十三年戊辰科庶吉士の考選から散館までの期間は、『実録』によれば一年八ヶ月余（十三年四月癸酉より十四年十二月戊辰）、そしてこれ以降は短ければ一年半ほど、長くても二年半ほどとなり、成化・弘治中になるとおおむね二年半あまりが標準となる。

『翰林記』（同上）に「今（嘉靖初年）公署の教習は三年を過ぎずして、即ち評品してこれを去留す」と言うのは、この成弘以来の通例による記述であり、また『実録』正徳四年七月庚申の条も、この通例を当然のこととしてこう言う。「旧例、庶吉士は読書すること三年に及び、始めて職を授けら」れるのに、正徳三年進士で検討に任ぜられた焦黄中と庶吉士となった劉仁は、閹党《えんとう》（宦官劉瑾《きん》一派）の焦芳、劉宇という「父の勢に席《よ》り、亟《すみ》やかに進取（出世）せんと欲」し、わずか一年でともに編修に昇進した、と。明代中期になれば、教習三年はすでに「旧例」であり、事実上の定制と考えられていた。

（6）　庶吉士の散館につき、『会典』五、選官には「学業成る者は翰林官に除す。後、定めて二甲をもって編修に除し、三甲を検討に除し、兼ねて科道・部属等の官に除す」とあり、また『翰林記』三、庶吉士銓法はその変遷を述べて「けだし宣徳より以前は兼ねて部属・中書等の官を授く。正統の間、始めて科道を授くる者あり。成化以後は中書を授けず。正徳辛未（六年）、丁丑（十二年）はただ科道を授けて部属なし。辛巳（十六年）乃《すなわ》ち復《ま》た兼ねて授く」という。つまり本志が「優者」には翰林官を、「次者」には科道官を授けるとするのは、この注の下文で見るとおり、まったくの誤りとまでは言えないのであるが、「部属等官」にまったく言及していない点で、通時的な叙述としては問題があろう。

そこで今、『会典』にいう「科道・部属等官」の事例を考えてみるに、永楽・宣徳中では主事や中書舎人、また知県などにも任ぜられる場合があり（『翰林記』同上）、降って正統中、さらに孤立的ではあるが成化元年にも（天順八年の進士に対し）、中書舎人を授けて「訳書」の任に充てたことがあった（『実録』正統六年十一月庚申、十一年四月丙辰、十三年四月己卯、成化元年八月辛丑の各条）。

また科道官を授けるのは、たしかに正統十三年戊辰科庶吉士の散館に始まるようで、十四年には前後あわせて七名を給事中、六名を主事、二名を大理寺右評事、一人を行人司司正に任じている（『実録』同年十月丙辰、丁巳、壬戌、十二月己未の各条）。とはいえこれより後の、景泰・天順中の庶吉士に科道官を授けたのは、景泰七年の散館のみ（同上同年五月丁丑条）であり、これが完全に定例化するのは、ずっと遅れて成化三年の散館（同上同年十月丁未条）からであった。

部属については当初から授けたり授けなかったりで、常例でこそないものの特に珍しいわけでもなく、よって明末に至るとこれも「故事」、「典制」と考えられていた。『万暦野獲編』十、庶常授官に「按ずるに、この科（万暦五年丁丑科庶吉士、七年散館）は史官・科道より外、部属を授けらるる者二人、故事に循《したが》うなり。癸未（十一年）科もまた然り。丙戌（十四年）より今に至るまで、遂に科として（庶吉士を）選ばざるはなきに、散館の日、竟《つい》に一人の郎署となるなきこと凡そ八科たり。……典制久しく廃《すた》るれば、必ず起《た》ちてこれを正す者あらん。嘉靖の間、ただ乙丑（四十四年）の散館のみは郎署なし。前三科の選館せざるをもって、故に特にこれを優《あつ》くす。戊辰（隆慶二年）は則ちまた故事に循えり」とあるのがその証である。

またここにいわゆる「起ちてこれを正す者」であるが、注（1）でも引いた首輔朱賡らの奏請（万暦三十五年七月丙午）四款の第二「授職を定む」には、「壬辰（二十年考選）の十八人、翰林に留むる者九人なるは、正《まさ》に適中となす。例として部属二員あり、癸未（十一年）の前に行なわれ、丙戌（十四年）の後に綴《や》めらるれば、よろしく前規を復すべし」とあって、この時朱賡はたしかに「前規を復」そうとしていた。

しかもこの前規の復活は、少なくとも次の、三十八年の散館にまで影響を及ぼしていた。『実録』の同年二月戊午条によれば、この時には翰林・科道のほか、礼部主事を授けられた者が一人おり、朱氏の提案は二年半余り後にも、なお効力を保っていたと考えうるのである。ただしこれ以降になると、万暦帝がほとんど朝政を顧みなくなっていたため、散館の情況はすこぶる分かりづらいのだが、知られる限りで言うなら、庶吉士が部属を授けられることはまたなくなった。

たとえば四十三年の散館では、大学士が庶吉士十七名を試験した結果、「上巻十二巻、中巻五巻」となって、前者は「原《もと》の進士に中《あた》れる甲第に照依し（二甲か三甲であったかによって）、翰林編修・簡（「検」字が崇禎帝の諱《いみな》であるため、同音の「簡」字で代用している）討に銓注」し、後者は「量《はか》りて科道を授く」と提案された（『実録』同年九月戊子、十月己巳各条）。つまり当時行なわれていた散館の試験では、上・中巻はあっても下巻というのはなく、授官も翰林・科道のみとなっていたのである。志文に「優るる者は翰林に留めて編修・検討となし、次ぐ者は出して給事・御史となす」とあるのは、こうした明末の情況を反映した叙述に相違ない。

このほか、庶吉士に外官を授けるというのは、すでに『翰林記』に拠って述べたように、明初の一時期を除けば、基本的にはよほど特殊な事態であった。『万暦野獲編』十、庶常授州県は、庶吉士の外任につき「これ永楽・宣徳の間、いまだ定制あらざるの時の事なり（原文「未有定制時事」の「未」字、中華書局本は「本」に作るが、今、台北・国家図書館蔵旧鈔本の続編巻三に拠って改む）。……正徳の間に至らば、則ち資格大いに定まること久し」と言っており、そうしたことは長く行なわれたことがなかった。

ただ嘉靖五年丙戌科庶吉士の散館に際しては、「柄臣（張璁）権を弄し、威福を窃《ぬす》みてもって後進を鉗《はさ》」み、「李元陽（中華書局本は「揚」に作るが、上引旧鈔本および『題名碑録』に拠って改む）ら四人、知県を授かる」こととなり、また八年己丑科の庶吉士も館選の後、教習を実施することなくただちに授官され、その中には知州や推官とされた者がいたのだが、むろんこれは例外で、「これより今（万暦末年）に至るまで九十年、更にこの事なし」であった。ちなみに『野獲編』が「資格大いに定まること久し」であったという正徳中にも、庶吉士外任の事例がないわけではなかった。十四年八月辛巳、すでに科道官を授けると決まっていた五人につき、「かつて事を言いて旨に忤《さから》うをもって、倶《とも》に外（四人は知州、一人が推官）に補」した（『実録』）のがこれである。ただしこれはむろん懲罰人事で常例ではなく、その点では嘉靖五年の事例と同じようなものである。

なお散館ということばは、志文ではあたかも公式の用語として早くから確立したもののごとくに述べられているが、実のところこれは館選の語がそうであったように、明末になってはじめてひろく一般的に用いられるようになったもので、ゆえに『会典』や『礼部志稿』など、公式の政書類には登場しない。

管見に入った限りで言うと、このことばを用いたもっとも早期の文献は、ほぼ嘉隆の際に成り、万暦二年に刊行された薛応旂《せつおうき》『憲章録』で、その巻三十に成化元年十二月、「（庶吉士は教習が）まさに三年に及ばんとすれば、則ち散館を邀求《ようきゅう》し、また進脩をもって事とせず。ここに至り庶吉士相い率《ひき》いて内閣に入りて散館を請う」とある。次はこれよりやや降って万暦十年代成書、十八年刊行の『弇山《えんざん》堂別集』で、その巻二十七に王廷陳の事跡を述べて「正徳十四年の散館の前に当たり」云々と記す。

万暦中年になると、散館の語はようやく一般化したようで、『実録』にもその用例が現れはじめる。すなわちまずは万暦十九年五月辛卯、二十八年十二月乙未の各条に登場し、ついで三十年代以降に至れば、あちこちでふつうに用いられるようになるのである。三十四年の自序を冠する『万暦野獲編』（四十七年自序を冠する続編と区別するため、ここでは上引旧鈔本、および同館蔵又一本に拠る）の巻一、庶常授官、三、吉士不読書、同、庶常再読書、五、吉士散館などの諸条（銭枋輯三十巻本では吉士不読書が巻七、内閣に、その他は巻十、詞林に収められる）等で、散館の語がごく当たり前に用いられているのは、いかにも万暦後半年らしかろう。結局、志文が散館につき述べるところは、その用語も内容も、ともに明末の情況によってのものなのである。

成祖（永楽帝）の初年、内閣にいたのは七人であったが、翰林出身でない者がその半ばを占めており、(1)翰林院の編纂事業にしても、さまざまな出身の者をまじえ用いていた。(2)それが天順二年に李賢の上奏が認められてからは、編纂事業にはもっぱら進士のみを選用することとなった。(3)こうして進士でなければ翰林に入ることはできず、翰林でなければ内閣には入りえず、南北の礼部尚書と侍郎、および吏部右侍郎は、翰林でなければ任ぜられず、そして庶吉士ははじめて官界に入ったその時から、もうみなが将来の宰相候補とみなしたのであった。(4)明一代を通じて宰輔（内閣大学士）は一百七十余人になるが、翰林から進んだ者が十に九を占めたのである。[5]おもうに（明代では）科挙が前代よりも盛んで、翰林の盛んなることとなれば、これはもう前代には絶えて見られぬところであった。

成祖初年、内閣七人、非翰林者居其半、翰林纂修、亦諸色参用。自天順二年李賢奏定、纂修専選進士。由是非進士不入翰林、非翰林不入内閣、南・北礼部尚書・侍郎及吏部右侍郎、非翰林不任、而庶吉士始進之時、已羣目為儲相。通計明一代宰輔一百七十餘人、由翰林者十九。蓋科挙視前代為盛、翰林之盛則前代所絶無也。

（1）明代閣臣のはじめにつき、『明史』宰輔年表はこう云う、「建文四年壬午秋七月、燕王、皇帝の位に即《つ》き、仍《な》お洪武三十五年と称し、始めて翰林官を簡《えら》びて直文淵閣とす」と。また鄭暁『吾学編』六十五下、皇明百官述上にも「直文淵閣、即ちいわゆる内閣に入りて事を辨ずるなり。……建文四年七月、成祖、翰林待詔解縉《しん》、編修黄淮《わい》を簡用し、尋《つ》いでまた……（別に翰林官五人を選び、つごう）七人を用い、内閣に入らしめ、直文淵閣と名づけ、機務に預からしむ」とあって、これらに拠れば志文は誤りであるかのごとくである。

しかし本志の言うところは、おそらく『吾学編』二十、皇明直文淵閣諸臣表、あるいは同巻附下の皇明直文淵閣表に拠っているので、後者には「洪武三十五年……七月、初めて内閣を建て、翰林待詔解縉を侍読となし、中書舎人黄淮を編修、修撰胡広を侍講、編修楊栄を修撰、王府審理副楊士奇を編修、戸科給事中金幼孜《ようし》、桐城知県胡儼《げん》を検討とし、並びに直文淵閣たらしむ」とある。

同じ『吾学編』で叙述に相違があるのは、この七人が直文淵閣を命じられた際、それまで翰林官でなかった者もみな翰林官に改められ、そのうえで「内閣に入りて事を辨」じたからであろう。つまり彼ら七人は、形式的にはみな翰林官として入閣したのであるが、実際からすれば中書舎人や給事中から入閣した者もいるわけで、この点から言うなら志文の叙述も十分成立しうるわけである。

（2）明朝における『実録』纂修の変遷につき、『翰林記』十二、纂修にこう云う、「国初、纂修にはみな山林隠逸の士を用う。洪武『日暦』の纂修者はみな儒士にして、職官（官僚）は独《ひと》り員外郎呉伯宗一人のみ。戊寅（洪武三十一）年、『太祖皇帝実録』を勅修したるに、纂修の考うべき者は侍読学士兼太常寺少卿高遜志、……儒士楊士奇等となす。永楽初、『太祖実録』を重修したるに、纂修は学士・礼部尚書李至剛、……儒士端礼、……となす。凡《およ》そ外官生儒のこれに預かる者は、みな本院の官より挙薦す。……『太宗・仁宗両朝実録』の纂修官は、左春坊大学士兼侍読学士曾棨《そうけい》、……となす。けだしこれより復《ま》た儒士を用いず。『宣宗皇帝実録』の纂修官は、侍読学士李時勉、（以下京官のみ）……となす。『英宗皇帝実録』の纂修官は、学士柯《か》潜、……となす。けだしこれより専ら本院および詹事府の官を用う。……他書を修むる者に至りては、ことごとくは記すあたわず。大率《おおよそ》成化以後は、纂修にはみな純《もっぱ》ら本院の官を用う。而して『永楽大典』『四書・五経・性理大全』『寰宇《かんう》通志』は、庶吉士もまた与かるを得たり」と。

つまり洪武・永楽中の『実録』纂修では、「山林隠逸之士」とか「儒士」、あるいは地方官なども用いられていたが、宣徳中に至ると「職官」以外は用いられなくなり、さらに正統中には外官がはずれ、成化に至れば翰林院、詹事府の官に純化する、というわけである。むろんこれは『実録』纂修についての話で、「他書を修むる者」と完全には一致しないだろうが、その大体について言えば、まず同じようなものと考えてよいだろう。

（3）　李賢の上言については、『憲章録』二十九にやや詳しい記事がある。すなわち天順二年正月に『大明一統志』の纂修が李氏らに命じられたのだが、「賢かって謂えらく、翰林は実に文学侍従の臣なれば、襍《ざつ》（雑）流の与《あず》かるべきにはあらず。景泰の間、陳循輩は各々私するところを挙げ、進士出身にあらざる者、十にまさに四、五ならんとす。おおむねみな委靡浮薄の流なるも、一時由りて退くるなし、と。ここに至り、上『（寰宇）通志』を重脩（即ち『大明一統志』を編纂）せんと欲するに、ただ進士出身の者のみを推択す。この輩遂《つい》にまさにここに居るべからざるを知り、外職に補せられんことを願う。賢乃《すなわ》ち上に言い、吏部に命じてこれを外除せしめ、翰林これがために一《ひと》えに清し」とあるのがこれ。

ついでここに附された按語に云う、「永楽・宣徳以前、翰林は進士出身に拘《かぎ》らず。方孝孺《こうじゅ》、楊士奇、胡儼《げん》輩は、進士にあらずして文学一時に擅《ほしいまま》にす。李賢に至り乃《すなわ》ちこの論あるは、あに時世の一変にあらずや。時《これ》よりその後、特に進士科を重んじ、而《しか》して翰林は一甲進士および庶吉士にあらずんば預からず、内閣は翰林に由るにあらずんば入らず。夤縁阿附《いんえんあふ》し、もって進むを希《ねが》う者に迨《およ》んでは、則ち反《かえ》ってこの格に拘《かかわ》らず、遂に祖宗の時と大いに異なれり」と。

なお陳循が挙用した非進士出身者たちを外転させたのは、『実録』によれば天順三年五月壬午朔のことで、そのいきさつは以下のとおりだったという。「これより先、学士陳循等、景泰の間に（馬）昇等を挙げて翰林・春坊に在らしむるも、みな進士出身にあらず、おおむね昏鈍庸《こんどんよう》鄙《ひ》なり。ここに至り、上『通志』を重修せんと欲し、内閣の臣李賢を召して謂いて曰く、この書は工夫《しごと》多からず、ただ精しきを加えんと欲するのみなれば、進士出身の者を択びてこれを修めしむべし、と。賢言えらく、進士出身に係らざる者、文学は長ずるところにあらずと雖も、然れども各々才幹の用うべきあれば、よろしく吏部に命じ、授くるに有司（地方官）の職をもってすべし、と。上これに従い、故にこの命あり」と。

この『実録』の記事に拠れば、翰林から非進士出身者を放逐したのは英宗の意向を承けてのことで、李賢はこれに従いつつ、なお彼らを適材適所で用いようとしていた、かのごとくである。だがこの時、英宗が突然に進士偏重の姿勢を示した、というのは分かりにくい話で、これはやはり『憲章録』の言うように、すべて「清流」を驕る李賢の意向によるものであったのだろう。

（4）「進士にあらずんば翰林に入らず、翰林にあらずんば内閣に入らず」二句については、注（3）ですでに見たとおり、『憲章録』二十九の按語が同じ意味のことを言っており、また礼部堂上官と吏部侍郎については『明史』職官志二、翰林院に「成化の時の周洪謨（成化十七年～弘治元年の礼部尚書）より以後、礼部尚書・侍郎は必ず翰林に由り、吏部の（左・右）両侍郎は必ず一の翰林に由るあり」とある。

ただ、ならば志文が『憲章録』に拠っているのかと言えば、それはすこぶる疑わしかろう。というのも普通に考えるなら、ここは下文の「南・北礼部尚書」云々も含めてひとつの藍本に拠っている、というのがもっともありうべきことだろうからである。また職官志の「吏部の両侍郎は必ず一の翰林に由るあり」だが、本志はその「一」を右侍郎と特定しており、このことからすると、両者は異なる来源をもっているのかのごとくである。

志文の直接にもとづくところが何であるのか、それは今のところ後考を俟つとしか言えない。しかしその内容の大体については、上引以外の証言によっても裏づけることができるのである。かく言うのは、正徳より嘉靖初年の大臣であった王瓊《けい》の著『双渓雑記』（『今献彙言』所収）の述べるところで、そこに云う。

「国朝、六部の堂上官を陞用《しょうよう》するに、何の衙門に出身するやを拘《かぎ》らず。如《たと》えば順天（天順の誤倒）の間（四年）には、布政王晅《けん》（蕭晅の誤）をもって礼部尚書となし、初めより礼部は必ず翰林出身を用うるの例なし。また楊士奇は儒士をもって斉府審理副（斉王府の審理所副官）より、胡儼は知県より、……みな入閣するを得、また内閣は必ず翰林出身に由るの拘《かぎ》りなし。成化・弘治以来、南京吏部は必ず須《すべか》らく翰林一人を用うべく、南・北礼部は翰林出身の者にあらずんば陞入するを得ず。これにより翰林の人は多く顕要に陟《のぼ》り、しかして科道・部属は斉軀並駕《かたをならべ》するを得ず」と。なお王氏の言によれば、翰林出身者一人を必ず用うべき吏部堂上官とは南京のそれということで、本志や職官志の言うところとはまた少し異なるのであるが、そのことを今ここで問題にするには及ばぬであろう。

庶吉士が「儲相《ちょしょう》（未来の宰相）」と見なされたというのは、言うまでもなく翰林が清要の衙門として特別な存在となり、それにともなって庶吉士がもつ意味もよほど重くなって以降の話である。つまり張瀚《かん》『松窗夢語』一に「嘉隆以来、専ら翰林をもって入閣せしむ。（翰林は）一甲より外、復た庶吉士の選あり、典遂に（中華書局本は武林往哲遺書本の「遂」字を旧鈔本に拠って「最」に改めるが従わない）宏鉅たり」と言われるような情況があってこそ、こうした呼び名も生じてくるわけである。

じっさい明末になれば、庶吉士を「儲相」と称することはたしかにあった。万暦十年代半ば、王世貞が王錫爵《せきしゃく》に与えた書簡に云う、「庶吉士は歳（「科」の誤か）ごとにまさに考すべし。考取すること十四、五人を過ぐるを得ず、留むる者は五、六輩を過ぐるを得ず。人材は約略《おおよそ》等しきのみ、孰《いず》れの科か儲相に当たらずや」（『弇州《えんしゅう》山人続稿』一百七十六、与元馭閣老の第三）と。ただし管見の限りで言えば、庶吉士を儲相と称した事例は多くなく、明末にはそうした呼称がひろく一般化していた、というわけではおそらくない。

（5）　明代の「宰輔」とはふつう内閣大学士のことを謂い、その起源は注（1）で述べた建文四年の直文淵閣に求めるのが標準的な理解なので、『明史』宰輔年表に拠りつつ永楽帝即位以来、崇禎末年に至る間の輔臣を数えてみると、一百六十三人となって志文の「一百七十余人」とは一致しない。ならば志文の数字は何に拠っているのかと言えば、それはおそらく『春明夢余録』二十三、列輔起家考であろう。『夢余録』では洪武初年の丞相、および洪武十五年に設けられた殿閣大学士の若干名と永楽以下の輔臣をあわせ、すべて一百七十一名の姓氏と初任官（何に「起家」したかを記すゆえに庶吉士を含む）を列挙しているのである。

またこの初任官によって「翰林に由る者十に九」を確かめてみるに、永楽至宣徳間の輔臣は必ずしも翰林出身とは限らず、十一人のうちわずか三人がそうであるにすぎないが、これより後、正統至天啓間の輔臣は、一百七人のうち九十二人が翰林で起家しており、たしかに「翰林に由る者十に九」であった。なお明朝最末期の崇禎年間になると、十七年で輔臣五十人、いわゆる「崇禎五十宰相」の異常事態となるのだが、それでもそのうちの三十九人、八割は翰林出身者である。

なお翰林に起家しない輔臣というのは十に一の少数派ながら、その彼らにしても昇進過程のどこかで翰林官となる、実質はともかく一度はその官銜《かんかん》を帯びるのがふつうであった。「毅愍《きびん》（王文、景泰三年入閣）、文清（薛瑄《せつせん》、天順元年入閣）、文襄（楊一清、正徳十年入閣）、以貞（曹元、正徳五年入閣）のごときは終始翰林に由らず、尤《とりわけ》も特異となす」と言われる（『弇山堂別集』四十五）ゆえんである。

III　科場掌故

輔臣（内閣大学士）の子弟が科挙に合格するということは、明初ではほとんどなかった。[1] 景泰七年、（首輔）陳循と（三輔）王文は自分の息子が順天郷試に落第したことから、主考であった劉儼《りゅうげん》をはげしく攻撃したところ、御史、給事中の方では異論の声が大いにかまびすしくなりその失当を批判した。帝は枉《ま》げて二人の意に従い、その息子も合格者とともに会試を受験させるよう命じたが、内心では彼らのことを卑しんだのであった。[2]

正徳三年、（次輔）焦芳の息子黄中が会試に合格した際には、芳は余計な疑いを避けるためとして読巻（殿試巻の採点）を辞退したのだが、それでも黄中は第二甲の首席となった。ところが芳は心中なお不満で、（読巻官の）翰林たちを降格に処し、それで鬱憤を晴らすに至った。[3] 六年には、（次輔）楊廷和の息子慎が廷試第一（状元）であったが、この時にも廷和は嫌疑を避けるためとして読巻を辞退していた。ただ慎は特に優れた才学によって及第（第一甲で合格）したので、だれも彼のことを悪く言わなかった。[4]

嘉靖二十三年の廷試では、（首輔）翟鑾《てきらん》の息子の汝倹《じょけん》と汝孝がともに受験していた。世宗は二人が一甲をねらっているのではないかと疑い、第一とされていたのを第三に引き下げ、第三を三甲に置いた。答案（の彌封《びほう》）を開けてみると、第三名とされていたのははたして汝孝であったので、帝の疑いは決定的となった。かくて給事中の王交、王堯日は、会試の試験官であった少詹事《せんじ》江汝璧および房考（五経の各経を分担する同考官）たちが、ひそかによしみを通じて賄賂を取っていたと弾劾し、さらに遡って順天郷試の試験官だった秦鳴夏、浦応麒が翟鑾におもねり迎合した罪をも責めたので、汝璧らを（通常の司法機関によらない、皇帝直属の特別警察・審問機関たる）北鎮撫司での裁判（詔獄）にかけることとした。罪状が定まると、詔して汝璧、鳴夏、応麒を廷杖（午門の外で杖責、つまり板状の刑具で尻を責打）したうえ、みな職を免じて郷里に蟄居させ、また翟鑾父子は平民に落とすこととした。(5)

輔臣子弟、国初少登第者。景泰七年、陳循・王文以其子北闈下第、力攻主考劉儼、台省譁然論其失。帝勉徇二人意、命其子一体会試、而心薄之。

正徳三年、焦芳子黄中会試中式、芳引嫌不読巻、而黄中居二甲之首。芳意猶不慊、至降調諸翰林、以泄其忿。六年、楊廷和子慎廷試第一、廷和時亦引嫌不読巻。慎以高才及第、人無訾之者。

嘉靖二十三年廷試、翟鑾子汝倹・汝孝倶在試中。世宗疑二人濫首甲、抑第一為第三、以第三置三甲。及拆巻、而所擬第三者、果汝孝也、帝大疑之。給事中王交・王堯日因劾会試考官少詹事江汝璧及諸房考朋私通賄、且追論順天郷試考官秦鳴夏・浦応麒阿附鑾罪、乃下汝璧等鎮撫司獄。獄具、詔杖汝璧・鳴夏・応麒、並革職閑住、而勒鑾父子為民。

（1）　輔臣子弟の登第につき、王世貞は次のように云う、「父、見《げん》（現）に内閣に任じて子及第（一甲及第）する者、弘治乙丑（十八年）の謝文正（遷）の子丕《ひ》（探花）、正徳辛未（六年）の楊文忠（廷和）の子慎（状元）、万暦丁丑（五年）の張文忠（居正）の子嗣修（榜眼）、庚辰（八年）の懋《ぼう》修（状元）。進士（二・三甲登第）を成す者、正徳戊辰（三年）の焦少師（芳）の子黄中、嘉靖癸未（二年）楊文忠の子慎（「惇《とん》」の誤）、……。一時の盛を極むと謂うべきも、然れども成化以前は皆これなし」（『弇山堂別集』二）と。

これに対し沈《しん》徳符は、「大いに謬《あやま》りて然らず」と真っ向から否定するのだが、実のところ沈氏の発言は、誤解でなければことさらな曲解にすぎない。というのも王氏が述べるのは「父、内閣に任じ、吏部に長たりて、子孫登第」した事例であるのに、沈氏はこれを「大臣事に在りて子弟登第する者」とし、六部侍郎等のおいなどもその例として挙げているからである（『万暦野獲編』十五、現任大臣子弟登第）。つまり輔臣子弟の登第事例となれば、王氏の言うところはなお是認されうるわけである。

もっとも沈氏の挙げるところには、天順元年丁丑科の二甲進士許起が次輔許彬の子であったというのがあって、この事例が確かなら、「成化以前は皆これなし」というのは必ずしもそうでないことになる。だがそれもわずかな出入であるにすぎず、ことさら目くじら立てるほどのことではあるまい。

（2）　この事件につき『万暦野獲編』十四、奏訐《そうけつ》考官は「自来、子弟第せずして、父兄考官を奏訐する者なし。ただ景泰丙子（七年）の順天郷試、内閣陳循、王文のみこれ有り。……この事は古今の創見にして、その踵《くびす》を旋《めぐ》らさずして（たちまち）敗るるもむべなり」と云い、また『菽園雑記』五も「一代の異事」と評している。つまりこれは前代未聞の異常な事態なわけで、その経緯はやや詳しく紹介しておくに足ろう。

『実録』によるに、ことの顛末はおおよそ次のとおりである。まずはこの科を受験していた四夷館訳字生の合否判定をめぐり、陳・王両氏が主考劉儼と黄諫に不正があったのではないかと非難する（八月辛酉条）。これはむろん息子の落第が不当である、考官の判定に問題がある、と主張するための下準備で、ついでいよいよ本題となるのだが、この時の王文の訴えは権勢でのぼせあがった挙句、親馬鹿ないしただの馬鹿ぶりを余すところなく暴露した、いささか滑稽なものと謂えるだろう。

王氏は云う、「臣が子の倫、……試に応じて三場既に畢《おわ》る。臣作る（「作」字はもと脱するが、下文の例に拠って補う）ところの四書・本経義および策論を背誦《あんしょう》せしめたるに、みな行文は通暢、辞理は詳明なれば、臣おもえらく必ず前列に中《あた》らんと。開榜に至るに及ぶに名なし。人をして順天府において倫が作るところの三場の墨巻・硃巻を取らしめてこれを験《しら》べたるに、委《つぶ》さに口誦と相同じ」であり、これが不合格となったのはひとえに採点が不公正であったためである。よって息子の答案と他の合格答案を改めて比較し、「公道」を明らかにしていただきたい、と。

さらにこの時には、陳循も自らの息子瑛《えい》の不合格が不当であることを訴え、これを承けて合格答案と王倫、陳瑛の答案を比較、再審査した結果、彼らは「明年倶《とも》に会試に入るを准《ゆる》す」となったのだが、一方では「劉儼等は考試すること精ならず、罪逃るるを容れざるも、ただ私弊なければ倶にこれを宥《ゆる》す」とされ（八月丙寅条）、輔臣のごり押しは認めたものの、不正はなく、よって処分もなし、つまりこれは「勉《つと》めて二人の意に循《したが》」ったにすぎないのだ、という形で決着した。

ただしこれほど露骨な身びいきにはさすがに反発もあり、また景泰帝も「心にこれを薄《うす》ん」じたようで、八月丙寅（二十九日）の決定より四日後、九月庚午（三日）には「六科給事中言えらく、……その大学士陳循・王文、……今顧《かえ》って子の故をもって聖聴を煩瀆《はんとく》し、ただ私謀をなし、国体を恤《うれ》うるなし。大臣の職、はたして安《いず》くに在りや」という批判が起こり、これに対し帝は「爾《なんじ》らの奏するところを覧《み》るに、誠に理ありとなす。ただ陳循、王文は輔導に年あり、国の老臣なれば、なんぞ一事の失をもってして、にわかにこれが罪を加えんや。それしばらくこれを貸《ゆる》せ」と述べた。つまり景泰帝から見ても、陳王両氏のしわざは明らかに「失」であった。

なお王倫、陳瑛が「倶に会試に入るを准」されたというのは、『双槐歳鈔』五、京闈《けいい》二科挙首によれば、「瑛・倫に挙人を欽賜し、会試に赴くを許す」、つまり皇帝よりじきじきに挙人の称を賜り、その資格で会試受験を許可したということであったが、『菽園雑記』五は「ここをもって阿附する者、欽賜挙人の称あり」と述べる。権貴におもねる輩は、王倫、陳瑛はただの挙人じゃない、天子より直接に賜った、特別の挙人だとはやした、というのである。

またここで批判の声を挙げた給事中は、『明史』陳循伝によれば張寧で、また『双槐歳鈔』五、京闈二科挙首の条にも「礼科給事中張寧、循・文が罪状を劾奏」したとの記事があり、その上奏は張氏『方洲集』（四庫全書本）一に「郷試の時、少保・戸部尚書・大学士陳循、少保・吏部尚書・大学士王文を劾奏す」として収められている。またこれより後のことであるが、翌天順元年正月、英宗の復位にともない陳王両氏は失脚、王氏は処刑、陳氏は辺境で従軍となり、息子の会試受験はむろん実現しなかった。ただし成化帝が即位して彼らの罪が許されると、王倫は字の宗彝《そうい》の名で成化二年に進士合格、最後は大官となっている。

（3）　焦芳が「嫌いを引」いて読巻官を辞退したことは、『実録』正徳三年三月辛亥条に見え、それによれば焦氏の辞退は認められず、「仍《な》お事を供せしむ」となった。ついで同月癸亥条には、新進士に対する授官の記事があるのだが、その後半にこの事件を批評してこう云う、「この歳、焦芳は大学士たりて、必ずその子の黄中を抜きて一甲となさんと欲するも、対《こた》うる所（殿試策）はなはだ劣る。同事、芳の故をもってやむを得ず二甲の首に寘《お》く。芳乃《すなわ》ち劉瑾《きん》に言い、（本来なら一甲三名の対策しか載せない）廷試録に併せて黄中、（三甲伝臚の胡）纘宗《さんそう》の策を刻せしむ。吏部、（状元呂）柟《だん》等を（翰林院修撰等に）選ぶを奏するに及び、遂に内批して（宦官劉瑾の手になる上旨によって）特に黄中に（教習三年を経て授けらるべき検討の）官を授け、またならびに纉宗に及ぶ。時議おもえらく……既にその身を謀り、またその子孫に汲々とし、廉恥を廃し、法制を隳《やぶ》り、科目を辱むること甚だし矣」と。もってことの大体を見るに足ろう。

焦氏が「諸翰林を降調」したというのは、おそらく薛応旂《せつおうき》『憲章録』が最初にはっきり指摘し、以後ひろく知られるようになった事実であろう。その巻四十四（四十六巻本による。四十七巻本では巻四十五）、正徳六年の条に「三月、廷試し、楊慎等に進士及第・出身を賜うこと差あり。慎は輔臣楊廷和の子なり。慎はすこぶる博《ひろ》く習い綴緝《てつしゅう》（著述）するも、京師の人はなお称して面皮（情実）状元となす」と記した後、薛氏は批評を加えてこう言う。

何孟春『余冬序録』（巻五十七）によれば、宋代の科挙では「宰相子弟」にはなはだ厳しく、礼部試に受かっても殿試の受験を認めない、といったことがあったが、「我が朝の景泰間、大学士陳循、王文の子、郷試に第（合格）せざるに、考官を訐訟《けっしょう》し、特に挙人を賜る。弘治（十八年）乙丑科には謝遷の子丕《ひ》、ここに至りて廷和の子慎、その父嫌いを引きて読巻に預からざるも、その子は並びに及第するを得たり。これより前の戊辰（正徳三年）、焦芳は子の黄中の状元及第を得ざるをもって、翰林の諸執事官を降調す。故にこの科は爾《しか》らざるを得ず。……公卿の典刑（型）、宋人に逮《およ》ばざること遠し矣」と。

なお正徳三年の記事はどうなっているかというと、その巻四十三（四十七巻本では巻四十四）の同年三月条に「翰林院編修顧清等を改めて部の属官となす。これより先、焦芳の子焦黄中、会試に中式し、芳が意に殿魁（状元）となさんと欲す。既にして呂柟《りょだん》を取りて第一となし、黄中は二甲の首に居る。芳は諸執事これを抑うと謂い、遂に入りて劉瑾に言い、清等の官を改む」とあって、やや具体的にことの次第を伝えている。

この『憲章録』の記事ならびに批評は、ほぼそのまま『皇明貢挙考』六にも見えている。ただし同書においては、正徳三年戊辰科、六年辛未科条のいずれにおいても『憲章録』に拠るとは言わず、後者においては「『余冬序録』に云う」という形での引用となっている。つまり張朝瑞は「我が朝」以下の、薛応旂の評語まですべて『余冬序録』の文だと考えていたに違いない。これはむろん誤解ながら、もともと薛氏の引用の仕方がそのような誤解を生みやすいものであったのも確かで、あながち張氏の粗忽というばかりではない。

じっさいこの誤解は徐学聚『国朝典彙』にも見られ、その巻一百二十八、正徳六年の条には、『貢挙考』とまったく同じ形で『憲章録』の文が用いられている。徐氏のこの引用は、『貢挙考』からの孫引きということもありえなくはないものの、常識的には『憲章録』に拠ったものであろうから、そうであれば張氏とまったく同じ誤りを犯していた、ということになる。とまれ『憲章録』から『貢挙考』、また『国朝典彙』といった史書の記載を通じ、焦芳の所業は科場の掌故として人口に膾炙するようになったのであった。

(4) 楊慎は「明世、記誦《きしょう》の博、著作の富、慎を推して第一となす」と称される(『明史』本伝)人物だが、それでも輔臣の子をもって状元になったとなれば、実際にはなかなか「人これを訾《そし》る者なし」どころではなかった。『弇山堂別集』八十二に云う、「或ひと曰く、……首相長沙公(李東陽)密《ひそ》かに制策の題をもって慎に示せば、対《こた》うるところ独り詳しく、遂に首冠たり、と。給事・御史また学士(靳《きん》)貴の家人《しもべ》、題を鬻《ひさ》ぎ賄を通ずるを論ずるも、報ぜられず」と。

李東陽が策題を楊慎に漏らしたというのは、世上にすこぶる流布した話だったようで、李氏を刺《そし》った落首には「考試《しけん》に題を売ること涯（李氏は号西涯）怎《いか》でか恕《ゆる》さん」の句があり、「巷議の口、また畏るべきかな」であったという（李詡《く》『戒庵老人漫筆』一、嘲李楊二相）。また注（3）ですでに見たように、『憲章録』には「慎は輔臣楊廷和の子なり。慎はすこぶる博く習い綴緝するも、京師の人はなお称して面皮状元となす」とあって、その状元及第をめぐってはなかなかにかまびすしかったことを伝えている。

ただ楊慎が「記誦の博、著作の富」は疑いようのない事実であり、よって『憲章録』は「すこぶる博く習い綴緝するも、京師の人はなお……」と言い、『皇明貢挙考』も「面皮状元」の話を伝えた後、「然れども慎は幼きより語出ずれば人を驚かせ、長じてますます博く習いて綴緝し、蔚《うつ》として令聞あり。……海内の宗工となり、風流雅致は人多くこれを称す」と言っている。

また『弇山堂別集』が述べる「或ひと」の説についても、『万暦野獲編』十四、関節状元は「けだし用修（楊慎）の博洽《はくこう》をもってせば、大魁を忝《は》ずかしむるなくして、しかも議論を免れざることかくのごとし」と評している。楊慎の状元及第に情実が絡んでいたのかどうか、それは何とも分からぬところながら、後の人から見れば、彼には十分その資格があった。したがってこの点から言うなら、「人これを訾る者なし」というのもあながち出鱈目ではない、となろう。なお楊廷和が殿試読巻官を命じられた際、「子慎の試に預かるをもって迴避を請う」たのは事実だが、ありていに言うならそれは形式を踏んだだけのことで、結果は「允《ゆる》さず」となってそのまま読巻官をつとめたのであった（『実録』正徳六年三月甲子条）。

（5）　翟鑾《てきらん》父子や考官に対する弾劾と処分については、『実録』嘉靖二十三年八月甲午の条に記載されているが、そこに「世宗（汝倹・汝孝）二人の首甲を濫《ぬす》まんとするを疑」って云々という叙述はない。ならばこれは何に拠っているかと言えば、おそらく『続文献通考』四十六で、そこに云う、「この年、少傅《しょうふ》翟鑾の子汝倹・汝孝ともに試中に在り。上、制策を覧、二人の首甲を濫むを得たるを疑い、乃《すなわ》ち第一を抑えて第三となし、第三をもって二甲に寘《お》く。巻を拆《ひら》くに及び、果たして汝孝なり。遂に大いにこれを疑う。科臣王交劾すらく、少詹江汝壁は朋私して賄を納れ、大いに制科を壊す、と。……鑾および二子と汝壁は逮問し、みな削籍す」と。一読して明らかなとおり、その「大いにこれを疑う」までは志文とよく一致しているのである。

なおここには「第三をもって二甲に寘く」とある一方、志文は「第三をもって三甲に置く」としているが、これは志文が偶々誤ったものであろう。というのも『弇山堂別集』八十二の記事は、その表現から考えて『通考』とは異なった来源によるものだろうし、また『通考』に先立つこと十余年の文献でもあるが、そこにも「上、汝倹等の首甲に在るを疑い、因りて第一巻を抑えて第三に寘き、復た第三巻を抑えて二甲第四に寘く。巻を拆けば果たして汝孝なり。上また夢に雷を聞き、遂に（秦）鳴雷を抜きて状元となす」とあって、やはり「二甲第四に寘」いたとしているからである。

神宗（万暦帝）の初年には、張居正が国政を主持していた。その二年甲戌科の礼部試（会試）に息子が落第すると、居正はよろこばず、それで庶吉士を選ばないこととしたのであった。[1]五年に至ると子の嗣修が一甲第二人で及第し、八年にも子の懋修が一甲第一人で及第した。しかも次輔の呂調陽、また張四維、申時行の子もみな相前後して進士となったのである。[2]かくて御史の魏允貞は、上疏して時政の弊害を述べた際、輔臣の子は合格させるべきでないと論じた。これに対し万暦帝は允貞を地方に左遷した。[3]

神宗初、張居正当国。二年甲戌、其子礼闈下第、居正不悦、遂不選庶吉士。至五年、其子嗣修遂以一甲第二人及第、至八年、其子懋修以一甲第一人及第。而次輔呂調陽・張四維・申時行之子、亦皆先後成進士。御史魏允貞疏陳時弊、言輔臣子不宜中式。帝為謫允貞。

（1）万暦二年甲戌科に張居正の子が落第したことについては、『弇山堂別集』八十三に「万暦元年癸酉、……この歳、少師張居正の子嗣文、湖広に在る者は薦を得（郷試に合格し）、その順天に試みらるる者懋修《ぼうしゅう》は薦を得ず。万暦二年甲戌、……張嗣文は中式に与からず」とあり、注（3）で改めて触れるように、志文はこの記事を参考にしたと考えられるのであるが、「その子礼闈に下第」した際、「居正悦ばず、遂に庶吉士を選ばず」という話は出てこないし、また別に不審の点もある。

不審の点というのは、張居正の子は「修」字行（一族中の世代「輩行」が同じ者はその名に同じ字を用いる）であったに相違ない（本注の懋修、次注の嗣修、敬修のほか、『明史』張居正伝には「第五子允修」も登場する）のに、ここには「嗣文」とあること。次注に引く『弇山堂別集』の下文によれば、嗣文は後に敬修と名を更めた、ということであるが、常識的に考えれば、そのいわゆる嗣文とは嗣修の誤りではないのか、と疑われよう。

そこで参考になるのが闕名撰（実際は銭一本の著）『万暦邸鈔』（台北・国家図書館蔵旧鈔本、一九六九年正中書局影印）の記事で、その万暦二年甲戌巻にこう云う、「二月会試す。……時に居正の子嗣修、試に与かるに、場中の巻には倶《とも》に私識《めじるし》あり。房考沈《しん》一貫、直筆に（遠慮会釈なく）塗抹し、批して不通となし、榜を塡《うず》むる（合格発表）に及び得ず（原文「不得」の「不」字は過半が残欠しており推定による。意味は合格者名簿に入りえなかった、ということに相違ない）。（主考呂）調陽、沮喪惴恐《そそうずいきょう》（がっくりと心くじけ、また恐れおののく）に勝《た》えず。一貫云わく、もし罪あらば請うらくは自ら当たり、もって相い累《わずら》わさざらん、と。調陽唯々《いい》たり。後に居正、子の巻の塗抹を見、訝《いぶか》りて曰く、吾が子はもとより不通ならん。然れども諸々の取る所の巻も、またいまだ通となすを得ざるなり、と。故にこの科の会元（孫）鉱は鼎甲に与かるを得ず、更に館選を開かずと云う」と。

『万暦邸鈔』はその流伝情況などから考えて、『明史（稿）』が直接利用したとは考えにくいのであるが、たとえ『邸鈔』そのものではなくとも、それと同系の記事を載せる文献を志文は参用したのであろう。じっさいここに記される沈一貫の言動と張居正の反応は、文秉《ぶんぺい》『定陵註略』一、江陵（張居正）擅政《せんせい》にも異なった表現で見えており、『邸鈔』に記されるところと基本的には同じ話が、あれこれの史籍や雑著によって伝えられていたのはほぼ確かである。

なお万暦二年に館選が行なわれなかったことであるが、すでに本冊三二頁の注（1）で引いた『万暦野獲編』十、館選定制によれば、嘉靖十四年以来、「丑・未に遇わば則ち選び、辰・戌に遇わば則ち停」めるのが「故事」であり、だから「万暦二年に至り、首科と雖もまた選ば」なかったのだという。つまりこの時の「不選」は「故事」に循っただけのこと、嗣修の会試不合格とは関係ない、ということになる。『野獲編』は裏話とかゴシップの類も好んで記す文献であり、それがかく言っているのであれば、張居正のうっぷん晴らし、などということはあまり考えない方が事実に近いのだろう。

（2）　嗣修、懋修らの科第につき、注（1）で引いた『弇山堂別集』八十三のつづきにこう云う、万暦四年に「内閣大学士張居正の次子懋修、順天（郷試）に中式《ごうかく》し、呂調陽の子興周、広西に中式し、張四維の次子嘉徴、山西に中式す。……五年丁丑（会試）、……懋修、興周またこれに与かる。……この歳、読巻官は初め宋希堯を擬して第一となし、嗣修は第二甲第二に在り。上、巻を拆《ひら》きてこれを得、擢《ぬ》きて嗣修を第二に置き、且つ居正に謂いて曰く、朕もって先生の功に報ゆるなくんば、まさに先生の子孫を看るべし、と。後に始めて知る慈寿（慈聖の誤なるべし。後述）及び大璫《だいとう》（宦官の長）馮保の意なりと。宋希堯は遂に二甲第一たり。……七年、……この歳、首輔居正の子懋修、湖広郷試に中式す。八年庚辰、……懋修とその兄敬修、次輔張四維の子嘉徴、また倶に中式す。敬修は即ち嗣文の名を更《あらた》めたる者なり。廷試、……張懋修、蕭良有、王廷譔に及第を賜う。……壬午（十年）、……この歳、新首輔少師張四維の子甲徴、山西郷試第二名に中《あた》り、……次輔・太子太保申時行の子用懋、順天試の第六名に中り、次子用嘉また浙江の試に中る。……十一年癸未、……会試、……甲徴・用懋中式す」と。

以上により、万暦四年以降における輔臣子弟の応試情況がどうであったか、その大体が知れるわけであるが、さきにおけると同様、ここにもやはり不審の点がある。まずは「次子懋修」につき万暦四年の順天郷試、五年会試中式としながら、さらに七年湖広郷試中式、八年会試中式、状元とするのは矛盾で、実際のところ万暦五年丁丑科及第だったのは嗣修、ただし彼は万暦二年の会試不第であるから、その四年順天郷試中式というのはだれか別の兄弟か、あるいはそもそもそんな者はいなかったかであろう。さらに「慈寿」とは「慈聖」の誤りと考えられる。万暦帝の生母である慈聖皇太后は張居正を篤く信頼し、「尊礼すること甚だ至」っていた（『明史』張居正伝）のに対し、慈寿なる名は『明史』以下の史籍に見えないからである。

ここでまた『万暦邸鈔』を見てみるに、万暦五年に嗣修が榜眼で進士及第、八年「二月会試す。……張居正の長子敬修、第三子懋修、倶に中式す」となり、三月甲子の殿試では懋修が状元となったが、「懋修は居正の第三子なり。先の丁丑科に居正の第二子嗣修、及第第二名を賜り、この科、懋修遂に裒《ほう》（本来は「褎《ゆう》」だが通用される）然として（衆に抜きんでて）首に居る。嗣修、懋修が先後の制策は、みな河洛文代わりにこれを為《つく》ると云う。居正の長子敬修もまた二甲十三名にして、礼部主事を得たり」とあり、さらに十一年二月の会試では「この科、閣臣四維の子甲徴、時行の子用懋、倶に中式す。……用懋は丙子（四年）の順天郷試に中式し、弟用嘉は浙江郷試に中式す」という。こちらの記事は、簡略ながらも矛盾や特に疑問を感ずる点はなく、より信頼できるであろう。

『万暦邸鈔』の方が信頼できるというのは、『弇山堂別集』が懋修を次子、敬修はその兄であるから長子、そして嗣修が第三子（以下）としているのに対し、『邸鈔』は長子敬修、次子嗣修、第三子懋修と述べている点からも言える。なぜなら次子嗣修とは、首輔張居正の下で吏部尚書をつとめた張瀚の言うところ（『松窓夢語』一）でもあって、まず間違いないからである。よって『別集』では万暦十年、『邸鈔』では四年のこととする申用懋、用嘉の郷試中式年についても、「けだし」で言うなら後者の方がよいであろう。

なお嗣修、懋修の対策が河洛文の代作であったという話だが、『万暦野獲編』十四、関節状元には「庚辰科状元張懋修、……人謂えらく乃父《おやじ》手ずから策問を撰び、因りてもって進呈す。後、劾されて籍を削らる。人みな然りと云う」とあって、この時の策問は実のところ居正の出題であった、ということは、息子は事前に準備していたのだ、ということになっている。むろんこの話は「人みな然りと云う」うわさ話にすぎず、さきの河洛文代作説同様、その事実たるや否やは知れたものではない。だがたとえ真偽は不明でも、「天下の悪みなここに帰す」ようになった居正の卒後には、関節（試験官と受験生が意を通ずる不正）もその罪状の一として激しく攻撃され、十一年正月癸酉に至って「張懋修等は都《すべ》て著して職を革了し民となさしむ」となった（『実録』）。

（3）　魏允貞の上奏は『実録』万暦十一年三月丙戌の条に見えるが、張甲徴、申用懋ら「輔臣の子」につき彼が言ったのは、中式させないではなく「卑をもって尊を避」ける、つまり父が読巻官を担当する殿試は辞退せよ、というものであったし、彼が受けた処分についても、『実録』に最終的な結果は記されていない。これに対し『弇山堂別集』八十三は、魏氏が「二相の子はまさに中第せしむべからず、と論」じたとし、またその結果彼は「外謫《たく》に坐」せられたとも記しており、志文はこれを参考にしているのであろう。なお魏氏の上疏は呉亮輯『万暦疏鈔』一に「弊を救うの四事を条陳し、采納を賜り以て治道を弘めんことを乞うの疏」として収録されており、これが原疏の面目を最も忠実に伝えている。

ちなみに魏允貞は「外謫に坐」せられたのであるから、その提案はむろん採納されず、張甲徴、申用懋は「常に照らして廷試せよ。四維、時行の読巻は迴避を准《ゆる》すも、（登科）録内に仍《な》お銜（読巻官として官銜姓氏）を列ねよ」と命じられ（『実録』同月辛卯条）、そのまま進士となった。だがそうではあっても、魏氏の上奏はなかなかに意味のあるものだったのである。

というのも『明史』二百三十二、魏允貞伝に「允貞謫せらるると雖も、然れどもこれより輔臣位に居らば、その子には復た登第する者なし」とあるように、これによって現役輔臣の子弟は登第しない、とはたぶん廷試を辞退して参加しない、ことが慣例となったからである。『万暦野獲編』十六、宰相子応挙に「江陵の諸子鼎甲たりてより以来、政府（輔臣）の象賢《しそく》は例として建言する者の議する所となり、婁江（王錫爵《せきしやく》）の公子（衡）の才にして、また指摘これに及ぶに至る。けだし権に触るるの（権貴をも畏れないという）名のはなはだ美なるをもって、その科第を忝《はずかし》むるなきや否やを問わざるなり」と云うのは、このことを傍証していよう。

じっさい王錫爵の場合など、「子の衡、字は辰玉、少《わか》くして文名あり、挙首（首席合格）の才たるも、自ら論を被るに因ると称し、復た会試せず。二十九年に至り、錫爵相を罷めることすでに久しうして、始めて会試第二人に挙げられ、廷試もまた第二たり」（『明史』二百十八、王氏本伝。下文参照）ということで、「被論」のゆえに会試さえ受けなかったのであった。

十六年には、（詹事府《せんじ》）右庶子の黄洪憲が順天郷試の主考をつとめ、王錫爵の子衡が首席となった。すると礼部郎中高桂は挙人李鴻ら（に不正の疑われる点があること）を糾弾した際、衡にも言及してこう言った。「亡き首輔（張居正）の子らが一時にみな合格してより、大臣の子弟は世間より疑いの目で見られるようになってしまいました。今、輔臣王錫爵の子衡は、平素より才能ゆたかと称されており、実力でもって科第を得ることも難しくはないでありましょうが、人々はなお半信半疑であれば、彼も（不正の疑いがある者と）一緒に再試験し、それによって大臣にやましい所のないことを明らかにすべきであります」と。錫爵は激怒し、上奏して申し開きをしたのだが、その言葉づかいは守るべき節度を越えるほどのものであった。これに対し刑部主事の饒伸《じょうしん》がまた反対の上奏をしてこの問題を取り上げた。帝は高桂を地方に左遷し、饒伸を詔獄にかけ、免職としたのであった。糾弾された挙人に対する再試験

では、前と同じく衡を第一とし、かつ落第と判定された者は一人もいなかった。(1)

十六年、右庶子黄洪憲主順天試、王錫爵子衡為榜首。礼部郎中高桂論劾挙人李鴻等、幷及衡言、自故相子一時並進、而大臣之子遂無見信於天下者。今輔臣錫爵子衡、素号多才、青雲不難自致、而人猶疑信相半、宜一体覆試、以明大臣之心跡。錫爵怒甚、具奏申辨、語過激。刑部主事饒伸復抗疏論之。帝為謫桂於外、下伸獄、削其官。覆試所劾挙人、仍以衡第一、且無一人黜者。

（1）この段の叙述は『弇山堂別集』八十四に拠っていよう。十六年八月の順天郷試につき、高桂が関節の疑いを述べ、合格答案の再審査、ならびに不正が疑われる挙人と解元王衡を覆試するよう請うたのは十七年正月で、その上奏は『実録』同月庚午条にも見えるが、『別集』の方がより詳しい。なお『万暦疏鈔』三十四に「科場大いに壊れ、欺罔《ぎもう》風を成さば、積弊を清くし以て人心を快くせんことを乞うの疏」として収められる高氏の上疏は、おそらく原疏にもっとも忠実なもの。

また高桂の上奏に王衡の関節という話は出てこないのだが、そうしたうわさはやはりあったようで、『別集』のつづきに二月のこととして載せられる饒伸の上奏は、黄洪憲の関節を厳しく非難する中でこう言っている。首輔の子となれば、単なる合格ではまだ不十分だと黄氏は考え、「居然として挙首とせり。勢高き者（申時行）は子なくんば則ちその壻（第十一名李鴻）を録す」と。さらにこれとは別に『万暦邸鈔』十六年九月の条にも、王衡が「墨巻の中庸篇は、外簾官袁黄の潤色するあり。二比の親筆内に在り、礼部司官于孔兼等に親しく標掲をなし、該科に送らる」とある。

『邸鈔』にいう「二比」の比とは対のこと。四書題答案の中心部分、いわゆる八股は起、中、後、束の各二比からなっていた（商衍鎏《えんりゅう》『清代科挙考試述録』第七章第二節）。つまりここで言われているのは、内簾のもとに在った王衡の墨巻につき、これを問題とした于孔兼がその本体部分を礼科に送り、弾劾させようとした、ということであろう。もっとも十七年の覆試に親しく関与した于慎行によれば、于孔兼が問題としたのは李鴻の答案であり、しかも礼科の方ではこれを取り上げようとしなかったため、さらに高桂に意を示して弾劾させたのだという（于慎行『穀山筆麈《ひっしゅ》』八、選挙）。これからすると、『邸鈔』の叙述はすこぶる怪しいのであるが、いずれにせよ当時の反内閣派内では、王衡の合格にも情実、ないし不正があったのだと考えられており、それはまた一般士人社会に在っても、ある程度は信じられていた話なのだろう。

王錫爵の「申辨、語激に過ぐ」という志文は、『別集』に録する饒伸上疏中に、王氏の「辨疏……字字剣戟《けんげき》にして（非難攻撃の語に満ちており）、その中に「一の高桂を突出す」と曰うあるは、尤《もっと》も（とりわけ）大臣の語にあらず」とあるのにもとづいていよう。ちなみにこの部分は、『実録』二月甲申の条に節録される饒氏疏文には見えない。このほか、饒疏は『万暦疏鈔』三十四、および『万暦邸鈔』十七年二月の条にも収められるが、取り上げるべき異同は特になく、細かな点ではむしろ『別集』の方がよい。

なおこの事件の顚末につき、志文は高桂の論劾、王錫爵の申辨、饒伸の抗疏、高饒両氏の処分、覆試の結果という順で叙述しているが、これは誤解を招きやすいもので、あまり適当でない。『実録』等に拠れば、ことの次第は実際のところ次のようなものであった。まず十七年正月に高桂の上奏があったのだが、これに対する上旨は「弊端ありやなきやは、該部・科一併に査明し来りて説き、覆試するを必せず」というもので、この時点では覆試は行なわないとされていた（『実録』同年正月庚午条）。

しかし「詞《ことば》、錫爵が子の衡、（申）時行が壻の李鴻に連な」ったため、「大学士申時行等」が自ら覆試を請い、これが認められる（同上辛未、癸酉各条）。その結果、王衡ら八人はすべて問題なしとなり、高桂に対しては「軽率に論奏」したことをもって「両月の俸を奪う」という、比較的軽い処分が下された（同上二月戊寅朔条）のだが、ついで上された饒伸の抗疏は、結論が出た問題をまた蒸し返しているということで、万暦帝をひどく怒らせた。

「饒伸の這厮《やつめ》は妄言もて大臣を排撃し、輔相を刁訐《ちょうけつ》（誹謗）し、好生《はなはだ》理なし。顕《あき》らかにこれ高桂を党護し、朋比して（グルになって）臆を逞《ほしいまま》にし、はなはだ国体を失す。饒信は著して鎮撫司に拏送《だそう》し、朋党の主使《くろまく》を究問して来り説け」となったのである（同上甲申条。ただし万暦帝の「聖旨」については、おそらく原文のままを伝えているのであろう『別集』に依る）。

こうして饒伸は詔獄にかけられ、結論として饒氏は「もとまさに重く処すべきも、輔臣の奏救せるを念《おも》い、姑《しばら》く著して職を革了して民となす。高桂はまさに主使たりて、またこれ朋党なれば、著して二級を降し辺方に調《うつ》して用う」という「聖旨を奉じ」、一件落着したのであった。

なおこの「聖旨」の文字も、上引のそれと同様『別集』に依っている。『実録』では同上丙申条に節録。また『国権』では丙申の一日前、乙未条に繫《か》け、高桂は陝西省甘泉知県に左遷されたと記す。ちなみにこの「聖旨」のうち「まさに主使たりて」と訓読した部分の原文は「雖為主使」であるが、この「雖」はふつうの「いえども」ではなく「唯」の意、ただ、まさに、ということであろう。

二十年の会試で、李鴻が合格した。[1] 鴻は大学士申時行の女婿である。この試験ではいよいよ合格発表という時になって、房考（経書ごとの各房に配属されている同考官）の給事中某が、宰相の女婿は合格すべきでないと異議をとなえた。主考官の張位は十八房の同考官に共同で評価させたところ、みな答案は合格水準に達していると言ったのだが、かの給事中はなお駄目だと言いはる。位は怒って「試験で答案に拠らないというのであれば、いったい何を基準とするのだ。この問題については私が一人で全責任を負おう」と言い、かくて鴻は合格者のうちに入ることができた。[2]

王衡は批判の対象となったことで、錫爵が輔臣の地位に在る間は会試を受験せず、二十九年になってはじめて一甲第二人（榜眼）で及第となった。これ以後、輔臣が国政を担当して

いる間に、その子が合格するということはなくなった。(3)

二十年会試、李鴻中式。鴻、大学士申時行壻也。榜将発、房考給事中某持之、以為宰相之壻不当中。主考官張位使十八房考公閲、皆言文字可取、而給事猶持不可。位怒曰、考試不憑文字、将何取衷。我請職其咎。鴻乃獲収。

王衡既被論、当錫爵在位、不復試礼闈、二十九年乃以一甲第二人及第。自後輔臣当国、其子亦無登第者矣。

(1) 李鴻が合格したのは万暦二十年壬辰科ではなく二十三年乙未科で、『進士題名碑録』によれば、殿試後の最終席次は第三甲一百二十七名。なおこの科の会試正副主考は張位と劉元震で(『実録』同年二月丁未条)、下文に言うとおりである一方、二十年壬辰科の主考は陳于陛と盛訥《とつ》であった(同上同年二月戊戌条)。

(2) この段の志文が何に拠っているのかは未詳。ただしほぼ同内容のエピソードは『定陵註略』一、科場夤縁《いんえん》にも見え、そこでは張位と房考らとのやり取りが次のように記されている。

「乙未の会試、南昌の張位総裁官たり。号を拆《ひら》き榜を塡《うず》めんとするに、李鴻中式す。本房の某、南昌(張位)に請いて曰く、願わくば他巻に易《か》えん、と。南昌故《ゆえ》を問う。某云わく、呉県相公(申時行)の女夫《むすめむこ》に係れば、理として応《まさ》に嫌いを避くべし、と。南昌曰く、信《まこと》に君が言のごとくんば、ただに相公の子弟はまさに読書すべからざるのみならず、幷《あわ》せて相公の女夫もまた読書すべからず。あにこの理あらんや、と。監察御史某旁《かたわら》より冷笑す。南昌曰く、君何をか笑う、と。御史曰く、相公の女夫、あに中《あた》るの理あらん、と。

南昌大いに怒りて曰く、もし相公の女夫は応に中式すべからずんば、則ち応に入場すべからずして、罪は監試官に在り。既にすでに入場せば、則ち内簾の憑《よ》るところの者は文のみ。怎《いかで》かこれ李鴻なるやこれ李鴻ならざるやを知らん、と。御史曰く、請うらくは文字を借りて一看せん、と。看畢《みおわ》りて曰く、文字も也《また》中《まさ》り得ず、と。南昌曰く、衡文《ひょうか》は内簾の職なり。外簾とは預かるなし、と。随いて鴻が巻を取り、各房の同考官に与え（て曰く）、請うらくはこの巻の中り得るや中り得ざるやを看ん（と）。各房倶《とも》に云わく、文字優通にして中り得たり、と。南昌曰く、もし議論あらば、学生《わたくし》一人承当し、もって相い累《わずら》わさず、と。李ついに榜に塡めらるるを得たるも、もし南昌にあらざる者なれば、李は斥けられたり」と。

ここに記される張位と房考、監察御史との会話が、細部まで事実そのままであるのかどうか、それは疑いうることながら、白話（口語）をまじえたその描写は、話をより生き生きとした、面白いものにしていよう。敢えて長々と紹介した所以である。また李鴻は「相公女夫」なので「嫌いを避」けよ、と言われていることだが、実のところ申時行は万暦十九年九月すでに致仕しており（『明史』宰輔年表二）、ふつうならこんな難癖はつけられなかったであろう。しかし李氏の場合は、十六年順天郷試の際に関節が取りざたされた経緯があり、かつ申時行は当時の反内閣「清議」派から目の敵にされてもいて、それだけに科道官からは攻撃を受けやすかったに違いない。

　なおここで用いた『定陵註略』は、特に静嘉堂蔵の旧鈔本に依った。一般に通行するのは影印北平図書館蔵（台北・故宮博物院現蔵）鈔本、および北平本から出たに違いない北京大学図書館蔵鈔本の影印本だが、この系統の本文は実のところあまり好くなく、たとえば上記引文では「願易他巻」を「顧……」、「請借文字一看」を「文事」に誤っている。

（3）王衡が会試を回避したことについては、本冊六七頁の注（3）参照。このほか、『万暦野獲編』十六、挙人再覆試が引く周如綸疏によれば、二十年壬辰科の会試の際、「（王）衡は投巻せずして去り、（首輔王家屏の子）宗濬《そうしゅん》は投巻するも試に赴かず」であった、という。「投巻」とはたぶん試験の前に答案用紙を準備し、これに官印を鈐《お》してもらった上、名簿に登録すること（本書上冊二六八頁の注（1）に引く科挙成式を参照）で、王衡は最初から受験しようとせず、王宗濬は受験登録こそしたものの欠席した、というわけである。

　万暦十一年に魏允貞が輔臣子弟の応試を論じてより、「輔臣位に居らば、その子には復た登第する者な」くなった、と『明史』魏氏本伝は言うが、晩くとも二十年になれば、それはもう動かしがたい不文律となっていたのであった。なおこの話を伝えた『野獲編』によれば、王宗濬というのは誤りで正しくは王濬だというが、宗濬にせよ濬にせよ『題名碑録』にはその名が見えず、もう会試を受けるのをやめたか、あるいはついに合格しなかったものらしい。

科挙にからむ問題が多くなってくると、議論の声もやかましくなっていった。太祖が劉三吾らを重く処罰してより、永楽・宣徳年間までは騒ぎもほとんどなかった。（景泰七年に）陳循、王文が劉儼を攻撃した際には、高穀がこれをおしとどめ、儼は無事にすんだ。[1]

弘治十二年の会試では、大学士李東陽、少詹事《せんじ》程敏政が考官となった。すると給事中華《か》昶《ちょう》が、敏政は試験問題を挙人唐寅《とういん》、徐泰（徐経の誤り）に売ったと弾劾し、そこで帝は東陽に一人で答案を採点するよう命じた。さらに給事中林廷玉が、敏政には疑うべき六つの問題があると攻撃し、敏政は左遷され、寅と泰（経）はともに追放処分となった。[2] 寅は江南においてその才をうたわれた士人で、戊午（弘治十一年）科の応天郷試では首席だっただけに、論者の多くはこれを惜しんだ。[3]

嘉靖十六年、礼部尚書厳嵩《げんすう》は応天（南直）と広東『郷試録』中の語句につき続けざまに問題を指摘し、ことさら世宗が怒るようにしむけた。それで応天郷試の主考と広東巡按御史は、ともに逮捕され罪に問われたのであった。二十二年、帝は手ずから『山東郷試録』に批語を加えて上をそしっているとし、御史葉経を逮捕し宮中（午門外）で廷杖により死に至らしめ、布政使以下もみな辺境の地に左遷したのだが、これまた厳嵩が中傷したものであった。四十年、応天郷試主考官であった詹事府中允（兼翰林院侍読）の無錫《むしゃく》の人呉情は、同県人十三人を合格させて弾劾され、副主考の胡杰《こけつ》とともに地方に左遷された。南直出身の翰林官は、これ

より応天郷試の考官にはなれないこととなった。(4)

科場弊竇既多、議論頻数。自太祖重罪劉三吾等、永・宣間大抵帖服。陳循・王文之齮劉儼也、高穀持之、儼亦無恙。

弘治十二年会試、大学士李東陽・少詹事程敏政為考官。給事中華昶劾敏政鬻題与挙人唐寅・徐泰(経)、乃命東陽独閲文字。給事中林廷玉復攻敏政可疑者六事、敏政謫官、寅・泰(経)皆斥譴。寅、江左才士、戊午南闈第一、論者多惜之。

嘉靖十六年、礼部尚書厳嵩連摘応天・広東試録語、激世宗怒。応天主考及広東巡按御史倶逮問。二十二年、帝手批山東試録議訕、逮御史葉経杖死闕下、布政以下皆遠謫、亦嵩所中傷也。四十年、応天主考中允無錫呉情取同邑十三人、被劾、与副考胡杰倶謫外。南畿翰林遂不得典応天試矣。

(1) 劉三吾らが洪武(三十年)丁丑科場案によって重罰を被ったことは、本志二の南北巻に関する記述(本書上冊三〇三頁)を参照。また陳循と王文に関する一件も、やはり本志二の輔臣子弟登第に関する一段(本冊五二頁)に見える。ただしそこでは高穀のことに触れていないので、以下に若干の補足説明をしておく。

景泰七年八月、礼部とともに答案の再審査を命じられた次輔高穀は、劉儼らに職務怠慢があったことを認めはした(『実録』同月丙寅条)が、同時に「陳循・王文の(主考)劉儼・黄諫を傾けんと欲するをもって、乃《すなわ》ち面陳すらく（お上に直接申し上げるには）循・文はその子を私したれば、儼・諫は罪すべからず、と。循・文は深くこれを銜《ふく》み、故に穀にこの奏（内閣の職を辞したいという願い出）あ」ることとなったのだが、すでに陳王両氏に辟易していたらしい景泰帝は、「賢」者高氏の辞職を認めず（同上九月壬午条）、劉儼らに関する決定が覆ることもなかった。志文に「高穀これを持し」たというのは、この「面陳」のことを指していよう。

（2）　程敏政らの事件については、『実録』によってその基本的経緯を知ることができるが、実のところこれは必ずしも単純な関節案にはあらず、もう少し複雑な背景があるらしい。まず『実録』が記すところはおおよそ以下のとおり。

弘治十二年二月、戸科給事中華昶が「風聞」によって、程氏の徐経、唐寅に対する試験問題漏洩を弾劾し、これを受けて「李東陽をして五経同考試官を会同し、場中の硃巻の凡そ程敏政の看中（合格判定）を経たる者は、重ねて翻閲を加え、公に従いて去取し、もって物議を息《や》めしむ」となった（丁巳条）。その結果、徐唐両名の答案は合格枠内に入っていなかったと報告されたのだが、不正の有無自体は分からず、なお華昶、徐経、唐寅を詔獄に下せとなる（三月丙寅条）。

ついで四月になると、工科都給事中林廷玉が上奏し、言官が獄に下される一方、弾劾された官は何のお咎めもなし、というのはおかしいと主張し、程氏に「疑うべき者六あ」るを述べた。もっとも林氏自身は、程敏政を逮捕せよと要求したわけではなく、「言官・挙人（華氏と徐唐両氏）をもって釈《はな》ちて問わず、敏政は田里に罷帰せしむ」、つまり程氏を失脚させはするものの、事件そのものはうやむやのうちに不問に付すのがよい、と言っていたのであるが、これを契機として程氏に対する攻撃が強まり、ついに「礼部右侍郎兼翰林院学士程敏政を獄に下す」となった（辛亥条）。

程氏は自らにかけられた嫌疑を断乎否定したが、かつて徐経が程氏の門下に在って試題のことを問うた際、想定問題を語っていたことは確認され、結局「敏政に命じて致仕せしめ、昶は南京太僕寺主簿に調し、経・寅は罪を贖《あがな》わしめ（さきに提案されたとおり徒刑とした上でその罪を金銭で贖わせ）畢《おわ》らば、礼部に送りて奏処し、みな黜《しりぞ》けて吏役《りえき》に充《あ》つ」となった（六月己丑朔条）。この判決が出て三日後に程氏は憤死、これについては『実録』の編纂者も、関節は「実にいまだ嘗てあらず。けだし当時その位に代わらんことを謀る者あり、給事中華昶を嗾《そその》かしてこれを言わしめ、遂に大獄を成す」と言っている（同月壬辰条）。

じっさい程氏の失脚が官界内部の軋轢によるものだった、というのはまず間違いないところで、『明史』二百八十六、程氏本伝にもこう言っている。「或ひと言えらく、敏政の獄は、傅瀚《ふかん》（時の礼部侍郎、つまり程氏の同僚で、十三年に尚書となっている）その位を奪わんと欲し、昶をしてこれを奏せしむ、と。事秘なれば、よく明らむるなきなり」と。傅瀚が事件の背後にいたというのは、焦竑《しょうこう》『玉堂叢語』八、志異も言うところで、なかなか信憑性の高い話であるだろう。

また唐寅がこの関節案に巻き込まれたのも、やはり偶然ではないとされ、『明史稿』列伝一百六十二の本伝には「江陰の富人徐経、その（程敏政の）家僮に賄《まいな》いして試題を得たり。事露《あらわ》れ、寅が友人都穆その事を構《かま》え、言者敏政を劾《がい》す。語、寅に連なり、詔獄に下し、謫《たく》して吏となす。寅恥じて就かず、家に帰りて益々放浪す。……穆、字は元敬、呉県の人。……寅を陥《おとしい》るるをもって、世の薄《うす》んずる所となると云う」とある。都穆が友人であった唐寅を陥れようとしたのは、「唐が意にこれを軽んずるをもって、毎《つね》に報復を懐」いていたからで、事件の後、唐氏は都氏を終生許さなかったという（沈徳符『衕帚《へいそう》軒剰語』下、唐伯虎）。

なお志文に程氏の官を「少詹事」とするのは、たぶん彼が「掌詹事府事・礼部右侍郎・兼翰林院学士」だった（『弇山堂別集』八十二）からだろうが、臨時の事務代行を本官のごとくに記すのは適当を欠こう。また志文の徐泰は明らかに徐経の誤り。『憲章録』四十一（四十七巻本では四十二）、弘治十二年二月の条に引く華昶の劾奏には、本冊五五頁注（2）で見た陳循、王文に関わる科場案への言及があって云う、「景泰年間、徐泰は買いて（買収して）順天解元に中《あた》り、事露《あらわ》れて覆試するに、学士高穀曲《つぶ》さに護りて幸いに免《まぬが》る。今、徐経は泰と家を同じうし、敏政また従いてこれを招徠す」と。おそらく志文は、華疏が徐泰に言及していることに牽かれて混乱を来したのであろう。

なお華疏のこの部分は『実録』に見えないが、『憲章録』のほか『国朝典彙』一百二十八にも同文がある。もっとも、後者はおそらく前者に拠っただけではあろう。また『実録』等に拠るかぎり、徐泰の合格に不正があったという話は出てこず、これは徐経をことさら悪く言うため、華氏が「風聞もて事を言」ったもの、ありていに言えば作り話のようである。このほか、事件の結果として志文は程氏が左遷（謫官）されたと言っているが、これも実際には強制的に致仕させられたのであるから、やはり正確を欠くものと言わねばなるまい。

（3）　事件当時の「論者」が唐氏のことをどう見ていたのか、それはよく分からぬものの、不遇の「才子」という評判が定着した後であれば、彼のことを惜しむ声はたしかに一般的なものとなっていた。たとえば何良俊『四友斎叢説』十五にはこう云う、「唐六如《りくじょ》（寅）解元に中るの日、適《たまた》ま江陰の一巨姓徐経なる者あり、その富は江南に甲たり。この年、六如と郷挙（郷試合格）をともにし、六如を奉ずること甚だ厚く、遂に船を同じうして会試せんとす。京に至れば、……その他巡《たけい》を営求し（関節を通じ）てもって進まんとすること、これ有ることなくんばあらず。而して六如は疎狂なれば、時に言語に漏らし、これに因りて罣誤《かいご》し（巻き添えを食い）、六如は竟《つい》に除籍さる。六如は才情富麗、……一たび失身の後に至りては、遂に放蕩して検《しら》べず（行ないを慎まず）、惜しむべし惜しむべし」と。

　このほか、万暦四十年刊本『唐伯虎集』に冠せられる張鼒《ちょうだい》の序文に「先生は磊落不羈《らいらくふき》の才をもって、形骸の外に放浪す。……戊午、弘治（とあるが「郷試」の誤か）第一に発せらるるも、不検をもって落籍し、知る者これを惜しむ」とあるのも同様の事例で、張氏の当時にはこうした評価がむしろ標準的となっていた。

（4）　嘉靖中の事件に関するこの一段は、大体において谷応泰『明史紀事本末』五十四、厳嵩用事と『続文献通考』四十五、郷試沿革の項に拠っていよう。まず嘉靖十六年の『郷試録』摘発につき、前者は「秋九月、礼部尚書厳嵩劾すらく、応天の試官、文字《とうあん》を品隲《ひんしつ》（評定）するに名を書せざるは、大不敬たり、と。……遂に官校（錦衣衛の軍官）に命じ典試官江汝璧、欧陽衢《く》を逮繋して詔獄に下さしむ。……十一月、厳嵩『広東試録』を摘す。……帝怒り、命じて監臨（の巡按御史）余光をば法司に鞫問《きくもん》せしむ」とある。

これが『実録』ではどうなっているかというと、応天のことは九月癸卯の条に、広東のことは十一月癸未の条に見えているのだが、前者については「応天府、『郷試録』を進呈したるに、考官の批語、名を塡《うず》むるを失したれば、礼部に下して参看せしむ」云々とのみあって厳嵩の名は登場せず、この点は『実録』に拠る『弇山堂別集』八十二でも同じである。一方、『続文献通考』の叙述は『明史紀事本末』とおおよそ同じで、厳嵩の名も記されているものの、ことを「十七年」に繋けてしまっている。

ついで二十二年の一件になると、『実録』には記載なし。ただし『弇山堂別集』にはすこぶる詳しく記され、『続文献通考』にも記事があるのだが、なお厳嵩の名は登場しない。それが『明史紀事本末』になると、これは厳嵩のしわざであったとはっきり述べて云う、「秋九月、山東巡按御史葉経を逮し、廷杖して死《ころ》す。初め、経は厳嵩の表裲《り》、惟熂《いい》の賂を受くるを劾し、嵩これを銜《ふく》む。経の山東郷試を監するに及び、嵩は試録中に上を諷するの語あるを摘し、帝を激して怒らしめ、これを逮して京に至らしめ、闕下に杖して死《ころ》す。布政使陳儒以下もみな遠謫さる。これより中外益々側目して嵩を畏る」と。

なお志文の「帝手ずから『山東試録』に批して譏訕《きせん》と」したというくだりだが、『続文献通考』には「上手ずから策に批し、語譏訕を含むとす」とあり、また『弇山堂別集』にも「上、山東進む所の『郷試小録』を覧、手ずから……批して曰く、この策は内に譏訕を含む」云々とあり、たぶん前者に拠ったのであろう。

四十年の事件につき『実録』では、十月甲戌の条に記載があって「考試官諭徳呉情」らが処分されたことを伝えるが、「同邑十三人を取」ったことや、「南畿の翰林は遂に応天の試を典《つかさど》るを得」なくなったことは述べられていない。ならば『弇山堂別集』はと言うと、「これより南畿の翰林に在る者は、南試に入るを得ず、もって例とな」したと言い、さらに「右春坊右諭徳兼翰林院侍読」呉情が無錫の人で、「その邑の薦《けん》に預かる者凡そ十余人、これをもって籍籍たり（やかましい議論となった）」ことをも述べるが、呉氏の官は「諭徳」であるし、「十三人」とも言わない。

これに対し『続文献通考』には、「中允呉情、応天郷試を典るに、大いに賄賂を通じ、同邑の中る者十三人、時論大いに譁《かまびす》し。科臣ならびに副考胡杰の匡救《きょうきゅう》するあたわざるを論じ、倶に外へ謫さる。南畿の人の試を典るを得ざるはこれより始まる」とあって、志文とよく一致するのである。なお呉情の官を中允とするのは誤りに違いなく、これは『実録』に従って諭徳とすべきであろう。また呉氏が翰林であるというのは、『弇山堂別集』にあるとおり、その兼官が翰林院侍読であることによる。

万暦四年、順天郷試主考の高汝愚は、張居正の息子嗣修と懋修、および居正の一味であっった吏部侍郎王篆《おうてん》の息子之衡・之鼎を合格させた。居正が死んでから、御史丁此呂《ていしろ》はさかのぼってその不正を弾劾したうえ、こう言った。「汝愚が「舜もまたもって禹に命ず」（『論語』堯曰《ぎょうえつ》）を試験問題としたのは、帝位の禅譲ということでもって居正におもねろうとしたものに違いありません」と。(1)国政を担当する輔臣は此呂をにくんで地方に左遷したが、論者の多くは汝愚をよしとしなかった。(2)

三十八年の会試では、（詹事府右）庶子の湯賓尹《とうひんいん》が同考であったが、（五経を分担する）各房とたがいに答案を取り換えあい、それがすべて十八人に及んだ。その翌年、御史の孫居相は賓尹が韓敬とひそかに通じていて、答案を取り換えたのはすべて敬のためであった、と弾劾した。この時はちょうど吏部が考察（勤務評定）を行なっているところであったが、尚書孫丕揚《ひよう》はこのことで賓尹・敬を処分に付した。敬の文名はなかなかに高く、士人の多くも敬のことを惜しんだが、彼が宣党（東林「党」に反対する宣城の人湯賓尹の一派）であったことから、斥けられるのも無理ないことだと評した。(3)

四十四年の会試では、呉江の沈《しん》同和が第一名で、同郷の趙鳴陽が第六名であった。同和はもともと文章をよくせず、その文章は大半が鳴陽の手になるものだったのだが、ことが発覚し、両人とも辺境での兵役に送られた。(4)

万暦四年、順天主考高汝愚中張居正子嗣修・懋修、及居正党吏部侍郎王篆子之衡・之鼎。居正既死、御史丁此呂追論其弊、且言、汝愚以舜亦以命禹為試題、殆以禅受阿居正。当国者悪此呂、謫於外、而議者多不直汝愚。

三十八年会試、庶子湯賓尹為同考官、与各房互換闈巻、共十八人。明年、御史孫居相劾賓尹私韓敬、其互換皆以敬故。時吏部方考察、尚書孫丕揚因置賓尹・敬於察典。敬頗有文名、衆亦惜敬、而以其宣党、謂其宜斥也。

四十四年会試、呉江沈同和第一、同里趙鳴陽第六。同和素不能文、文多出鳴陽手、事発覚、両人並謫戍。

（1）この段の叙述は事実関係をうまく整理できておらず、ためにすこぶる混乱したものとなっている。まず張居正の息子たちの応試情況については、本冊六二～六六頁の注（1）（2）で述べたように、『弇山堂別集』八十三の記事に矛盾や誤りがあって分かりづらいのだが、とりあえず確実なのは二子嗣修が万暦五年榜眼、三子懋修が八年状元、長子敬修が八年進士ということで、このうち嗣修は万暦二年会試下第（『万暦邸鈔』）、つまり万暦元年以前の挙人だったということ。

以上をふまえつつ『別集』によって推定すれば、嗣修は万暦元年湖広郷試中式、懋修は同七年湖広郷試中式、敬修は同四年順天郷試中式となるだろう。また王篆の子之衡・之鼎は、『別集』および『実録』十二年三月癸巳条の丘橓《しゅん》疏によれば、前者が万暦十年湖広郷試中式、後者が同年応天郷試中式である。つまり万暦四年順天郷試を受験し合格したのはただ張敬修のみであるし、またこの時の順天主考高汝愚なる人物は、おそらく実在しない。

というのも万暦四年の順天主考は、『実録』同年八月丙寅の条によれば何洛文と許国であるし、また「舜もまたもって禹に命ず」の試第にちなんで丁此呂に攻撃されたのは、万暦七年の応天主考高啓愚だった（『弇山堂別集』八十四。高氏が七年の応天主考であったことは『実録』同年七月庚戌条参照）からである。

ならばなぜこのような叙述がなされたのかと言えば、高汝愚は単なる偶誤だろうが、それ以外は丁此呂の上奏を簡略化しようとして、却って混乱を来したためであろう。丁氏の上奏は『万暦邸鈔』三十四に「党悪羣奸、君を欺き政を乱せば、顕逐を賜りて、もって国法を彰《あき》らかにせんことを乞うの疏」として収められるものがもっとも完全ながら、『国榷』万暦十二年三月戊戌の条にその概略と結果が記されていて、次のように言う。

「山東道御史丁此呂、張嗣修・敬修・懋修・王之鼎の科場を追論すらく、丙子（万暦四年）の房考は今兵部員外郎稽応科にして、主試は許国たり。庚辰（八年）懋修の房考は……、敬修の房考は……。庚辰の主試は申時行、余有丁、……壬午（十年）王之鼎の主考は……。また己卯（七年）の試目は「舜もまたもって禹に命ず」にして、これ居正の逆萌なり、と。時行等各々疏辨す。……吏部尚書楊巍《ぎ》駁すらく、此呂は深文《こじつけ》もて人を大辟《たいざい》に陥《おとしい》ること、先朝の趙文華、王聯のごときなり、と。上怒り、此呂を外に謫す」と。

つまり張嗣修らはみな不正によって合格したのであるから、それに関わった一味はすべて処罰されねばならぬと丁此呂は主張し、またこれとは別に、万暦七年応天郷試の主考高啓愚が出した試題を問題にしたのであるが、志文はそのいわゆる不正をまとめて万暦四年に繋け、さらにこれを不正受験とは関係のない高啓愚に結びつけた上、ご丁寧に高汝愚と誤ったのである。なお『万暦疏鈔』所収の丁疏には「丙子の役、張嗣修のために主《つかさど》る者」とあって、嗣修を万暦四年順天郷試中式としているが、『万暦邸鈔』の記事、および『弇山堂別集』にも「嗣文」が万暦元年に湖広郷試中式であったと述べていること（本冊六二頁参照）からして、これは誤りと判断した。

（2）ここにいわゆる「当国者」とは輔臣のことで、その中でも特に首輔申時行を指していよう。丁此呂の左遷は、注（1）に引いた『国榷』の記事からも分かるとおり、直接には「楊巍の言をもって丁此呂を調《うつ》」したのであるが、これに対する科道官の反対意見は「語、首輔を侵」し（『実録』万暦十二年四月丁未朔条）、「議者」である「清議」派の言官と申時行ら閣臣の対立は、いよいよ抜き差しならぬものとなっていった。

この間の経緯については、『明史』二百三十六、李植伝がうまくまとめていてこう云う、「大学士申時行・余有丁・許国はみな嗣修等の座主なり。言えらく、考官はただ文芸に拠るのみにして、いずくんぞ姓名を知らん、よろしくこれをもって罪となすべからず、……と。尚書楊巍……言えらく、此呂は経旨を顧みず、啓愚を大逆に陥る、と。此呂は坐して謫せらる。（御史の李）植、（江）東之および同官の楊四知、給事中王士性等は平らかならず、交々《こもごも》章して巍を劾し、語、時行を侵す。東之、疏して言えらく、時行は二子みな科に登るをもって、此呂が科場の事を言うを楽しまず。巍は居正を庇《かば》うといえども、実は時行に媚ぶ、と。時行、巍ならびに去らんことを求む。……帝竟《つい》に（申時行・余有丁・許国）三臣を留め、言者を責む」と。

（3）　湯賓尹と韓敬の失脚につき、『実録』が述べるところはおおよそ以下のとおり。まず万暦三十八年二月乙卯に会試、壬申に「貢士韓敬等三百名を取中す」、つまり韓敬は会元で合格、翌三月辛卯に殿試、癸巳に「韓敬等二百九十八名の進士に及第・出身を賜うこと差あり」、つまり韓氏が状元で、会試とあわせ「連元」の合格、これ以上ない成績を収めた。

しかし翌三十九年五月癸卯には、この時の会試同考官であった韓敬の師湯賓尹が考察（勤務評定）に引っかかり、「不謹」と判定されて「冠帯閑住」（免職のうえ官僚身分を有したまま隠居）の処分を受け、さらに七日後の同月庚戌には「翰林院修撰韓敬、病いを患《わずら》いて籍に回《かえ》る（帰郷す）」となり、湯韓の師弟は同時に官場を去ったのであった。もっとも湯氏が「不謹」と判定されたゆえん、また間髪を容れずに韓敬が回籍となった背景につき、『実録』は何も述べていないのだが、これはやはり庚戌科（三十八年）会試に起因する一連の動きと見るのが自然だろう。

というのも『万暦邸鈔』の三十八年二月条には、この時の会試につき「榜首（会元）韓敬は（同考官）徐鑾《らん》の房の落巻たるを、湯賓尹検出して首取し、遂に人言藉藉《せきせき》たるを致す。明年辛亥、賓尹は京察をもって黜《しりぞ》けらる」とあり、また『国榷』万暦三十九年五月庚戌の条も「翰林院修撰韓敬、疾もて去る。敬は先に湯賓尹に師事せしが、賓尹礼闈《れいい》（会試）に在り、房を越え抜きて第一となさば、時にその私を疑い、しかも房を越えて取ること（韓敬だけでなく）凡そ十七人たり。故に言者賓尹を攻めて敬に及ぶ」と言って、湯氏の失脚と韓氏の回籍を会試の不正と関連づけているからである。

ただし湯韓両氏の不正問題が、公式に論議されたのはさらに後の、万暦四十年になってからのことであった。『実録』のこの年閏十一月丁亥条に「礼部奏すらく、旨を奉じて吏部・都察院・吏科・河南道等の官を会同し、庚戌（三十八年）科場の弊を集議す。湯賓尹の韓敬における、門墻《もんしょう》の誼《よしみ》は通国の知るところにして、巻を他房に捜すは確乎として拠るべし。ただこれ財を受くるはいまだ実跡あらず。賓尹はすでに不謹に坐したれば、姑《しばら》く再議を免ずるの外、敬は形跡すでに彰《あき》らかにして、縦恣《しょうし》さらにははなはだしければ、関節の官箴《かんしん》に応合して並論し、不謹の例をもって冠帯閑住せしめよ」とあるのがこれである。

実のところ、この礼部等の議は孫居相の弾劾を受けてのもので、この年の順天郷試では「湯賓尹、韓敬の至交」である鄒之《すうし》麟《りん》が同考となり、やはり落巻を特に捜して合格させるということがあったため、孫氏はこれを糾弾して「遂に科場の積弊を言い、庚戌の事を追論」した（『国榷』万暦四十年十月庚辰条）のであった。孫氏の弾劾文は『万暦疏鈔』三十四に「謹んで見聞に拠り直《ただ》ちに科場の積弊を発《あば》くの疏」として収められ、そこで孫氏は「鄒之麟をもって重く処」するほか、「その庚戌年の湯賓尹と韓敬等との交通関節」についても「一併《いっしょ》に議処」するよう請うているが、これは「清議」派の意向を代表するものであったに相違なく、この上奏により「廷議はまさに官を褫《うば》うべしとするも、その党ために営護し、旨もて法司に下して覆勘せしむ。居相また敬が賄を通ずるの状を発き、敬遂に振るわず」となったのであった（『明史』二百

五十四、孫居相伝）。

結局、湯氏の失脚はたしかに万暦三十九年の考察によるものではあったが、それは孫居相の弾劾とは関係なく、この時に韓氏が官場を去ったのも、公式には「患病回籍」、病気療養のためであった。ただし孫居相が韓敬の追い落としに務めたことは事実で、彼の活動により韓氏は師と同じく「冠帯閑住」となったのである。

もっともこの事件の最終的決着はなかなかつかず、一部の官僚はその「革職」（免職）を要求しつづけた（『実録』万暦四十年閏十一月丁亥、同四十一年三月乙酉条等）。だがこれは受け入れられず、万暦四十七年に至ると逆に韓敬自らによる冤罪の訴えが認められ、素行人品はともかくとして、関節については確かな証拠がないのだから「昭雪を与うるを准《ゆる》す（冤罪と認める）」となった（『実録』同年二月壬申条）。韓氏からすれば、ようやくにして名誉回復が実現したわけである。ただし名ではなく実、すなわち官僚としてのキャリアの方はもはやどうにもならず、「敬遂に振るわず」のままではあった。

なお志文の「敬はすこぶる文名あれば、衆また敬を惜しむ」云々だが、たとえば上引『国榷』万暦三十九年五月庚戌の条には、明朝最末期の清議派士人、ただし最終的には党争に対しすこぶる批判的であった夏允彝《いんい》のことばを引いて「金壇の（東林派士人）于玉立、……諸生中においてひとり韓敬の才を愛し、丁元薦に託してともに姻を結ばしめ、相いともに互いに密にす。乃《すなわ》ち（ところが）敬鼎元となるや、元薦はじめにこれを攻め、于玉立実にその機を発す。これまた人情の解すべからざる者なり。敬の湯賓尹における、往来もっとも密にして、元（会元）

を取るは未だ必ずしも故なくんばあらざるも、敬の才をもってせば、また媿《は》じざるのみ」と言っている。

ちなみにこの夏氏のことばは、その『幸存録』下、門戸雑志に見えるものだが、通行する『明季稗史《はいし》彙編』本は訛誤すこぶる多く、ここも『国榷』引文の方がやや佳いようなので、あえて後者に依った。また宣党なる呼称はというと、これも『幸存録』下、門戸大略に見え、『明史』二百二十四、孫丕揚伝にも言及がある。ただし「その宣党たるをもって、謂えらくそれ宜しく斥けらるるべきなり」とは、何に拠ったものか未詳。

さらに韓氏の「文名」であるが、その「名」は一般的な意味でのそれというより、八股の名手という意味あいが濃厚であろう。そもそも韓氏の師湯賓尹は、その方面における権威であって、今に伝わる当時の挙業書（受験参考書）には「湯睡庵先生」とか「湯会元」「湯太史」（みな湯賓尹のこと）の名を冠するものが少なくない。また韓氏自らにしても、「連元」の実績は受験界の偶像となるにふさわしく、その編著になる八股文集に『韓求仲稿』『程墨文宝』があったという（梁章鉅『制義叢話』題名）。

（4）　この事件については、『実録』万暦四十四年二月戊辰の条に記載があって云う、「天下の挙人を会試し、三百五十名を中式とし、沈同和をもって第一となせるに、都下竟《つい》に伝えて白丁（文盲）会元となす。同和は呉江の人、官籍の余業（官僚であった父祖から伝えられた田産、ということであろう）を席《つ》ぎ（相続し）、冶遊《やゆう》を好むも、筆を拈《と》らば句を成すあたわず。あらかじめ細書を善くする者を購い、時秇《じげい》（試験答案文）を猥《あつ》めて小冊となし、挟《はさ》みて（持ち込んで）

もって闈（試験場）に入り、郷試に中るを得たり。その同邑の趙鳴陽、薄《いささ》か文声ありて、同和結びて姻となる。ここに至り胥役《しょえき》に賄し、三場みな号舎を同じうせしめ、題の出ずるごとに、挟本もて謄写し、まま備わらざる者あらば、鳴陽代わりてこれをつくり、遂に第一を得、鳴陽もまた第六に在り。ここにおいて士論譁然《かぜん》（大騒ぎ）たり」と。

試験の後に落第生が騒いで「士論譁然」となった、というのはよくある話ながら、沈同和の場合はよほどたちが悪かったのか、あるいは事件そのものとは別に、官界内部の軋轢といった問題でもあったのか、とにかく月末にはもう正副主考が辞職を申し出る事態（不受理）となり（『実録』同月癸酉条）、ついで三月に入ると、覆試を行なったうえで「同和は遣戍《けんじゅ》、趙鳴陽は枷責して名を除く（たたいたうえで平民に落とす）」と決まったのであった（『実録』三月甲戌、丙戌条）。よって志文に「両人並びに謫戍《たくじゅ》さる」とあるのは、実のところ正確でない。

天啓四年、山東・江西・湖広・福建郷試の（正副）主考官は、みな策問で朝政を誹謗したとして、上諭をもってきびしく問責された(1)。当初、彼らは降格して左遷と命じられていたのだが、ほどなくして官僚身分剝奪となり、江西の主考であった丁乾学などは裁判にかけられ罪に問われるに至った。これは魏忠賢の怒りに触れたためであった(2)。これよりさきの天啓二年辛酉、（詹事府）中允《ちゅういん》の銭謙益が浙江郷試の主考となったのだが、合格とした挙人銭千秋の（初場）

答案七篇は、その結びの部分に試験官と意を通じていたのではないかと疑われる点があった。合格発表の後、このことを告発する者があり、謙益もみずから訴え出、千秋は辺境での兵役に服せしめることとなったが、いくらもたたぬうちに赦されて帰郷した。(3) 崇禎二年、廷議により内閣大学士の候補者を推薦した際、謙益は礼部侍郎でもってこれに与かったのに対し、尚書の温体仁は外された。すると体仁は千秋の事件をことさら問題とし、疏を上して謙益を攻撃した。謙益はこれにより免職となり、そのまま明の世を通じて官界に復帰できなかった。(4)

天啓四年、山東・江西・湖広・福建考官、皆以策問譏刺、降諭切責。初命貶調、既而褫革、江西主考丁乾学至下獄擬罪、蓋触魏忠賢怒也。先是二年辛酉、中允銭謙益典試浙江、所取挙人銭千秋巻七篇大結、跡渉関節。榜後、為人所訐、謙益自検挙、千秋謫戍、未幾赦還。崇禎二年、会推閣臣、謙益以礼部侍郎与焉、而尚書温体仁不与。体仁摘千秋事、出疏攻謙益。謙益由此罷、遂終明世不復起。

(1)　山東以下四省の考官が「譏刺」のゆえをもって処分されたのは、郷試が実施された四年の明くる年、五年のことであった。『実録』の同年二月庚辰朔の条によれば、「大学士顧秉謙《へいけん》等題すらく、今日、文書官の郝《かく》隠儒、聖諭を捧じたるに、湖広等処の試録の策中、語に譏刺多きがために、臣等をして諭を擬せしめ、考試官ならびに策上に名を列ねたる挙人は、倶《とも》に処分を擬して懲治し、もって将来を警《いまし》めよ、とあり。臣等悚服《しょうふく》にたえず、謹んで旨に遵《したが》い論を擬して進呈す。臣等ひそかに惟《おも》えらく、……今、考試の各官乃《すなわ》ち妄意《みだり》に譏評するは何の関切《かんけい》かあらん、誠に罪なきあたわず。ただ従来、進呈せる録文はみな考官の自作にして、たといまま士子を揀《かん》用《よう》する者あるも、また十に一、二を存せず。録成れば、ただ士子中の前に列なる者を取り、名をその上に刻するのみ、歴科みな然り。……録文の狂肆は挙人と干《かか》るなきに似たり」ということで、問題になった挙人六名については「もと衣巾（生員資格）を革去すべきも、特に請う所を允《ゆる》し、著して三科を罰住せしむ（今後三回受験を認めない）、礼部知道せよ」となった。

　ついで二日後の同月壬午には、本題である考官を処罰する「聖諭」が降され、「正副考官八人をもって、すべて着して三級を降し外に調《うつ》して任用」となり、同時に「罰住三科」という挙人に対する処罰は「二科」に軽減された（『実録』）。なお処分された考官の官銜《かんかん》姓氏は「湖広正・副の翰林院編修方逢年、礼科都給事中章允儒」以下、みな『実録』同月丙戌の条に見えている。

（2）八名の考官に対する処分が、「貶調《へんちょう》」から「褫革《ちかく》」となった事実を一々確認するには及ぶまいが、ここでもっとも甚だしい例として挙げられている丁乾学については、陳済生『天啓崇禎両朝遺詩』小伝にこう云う、「甲子（天啓四年）江西に主試たり。……時に魏奄《ぎえん》（宦官魏忠賢）事を用い、逆焔《ぎゃくえん》（逆党魏忠賢一派の勢い）まさに張《さか》んなり。公、詞臣《かんりん》は言官にあらずと念《おも》えど、然れども憤《いきどお》り中に激し、嘗《つね》に事に因りて諷諫し、もって主上を悟らしめんとし、遂に試策の中に（かつて権力をほしいままにした宦官）王振・汪直・劉瑾《きん》の事を歴引し、反覆して痛切たり。録（郷試録）上され、奄よりて公に切歯し、三級を降し外任に調《うつ》し、すでにしてまた官を奪う。

奸党高守謙なる者、金吾（錦衣衛）の勢を藉《か》り、恐喝して賂を索《もと》む。公叱りて曰く、……。諸奸欲する所を得ず、乃《すなわ》ち数十人を擁し、詐《いつわ》りて緹騎《ていき》（錦衣衛の士官）と称し、公を捕えんとすること甚だ急なり。かつ摧辱《さいじょく》を加え、ことごとく家資を掠して去る。すでにして乃ちその偽《にせ》なるを知るも、然れども公竟《つい》にこれをもって憤鬱して卒す」と。

また鄒漪《すうい》『啓禎野乗一集』五の本伝に云う、「甲子、江西に主考たり。時に璫焔《とうえん》（宦官魏忠賢の勢い）まさに熾《さか》んなれば、公やむを得ず試録をもって弾文に代え、……語侃侃《かんかん》としてややも忌まず。璫これを閲して怒ること甚だしく、旨を矯《た》め（天子の命令をかたって）方逢年・顧錫《せき》疇《ちゅう》等とともに職を削りて民となす。……公は介節剛腸にして、百折するも回《かわ》らず、忠賢ついに丁卯（天啓七年）正月において、奸弁（奸党の士官）高守謙等に命じ、詐《いつわ》りて駕帖《ちょくめい》を伝え、立時《ただち》に勒死《ろくし》せしむ」と。この『野乗』の言にはやや誇張あるようで、細部まで一々は信じがたいものの、その卒年については、特に事実を曲げる必要があるとも思われず、ひとまず従ってよいだろう。

なお天啓四年というのは、魏忠賢一派と「清議」を主持する東林派の対立が決定的となった年で、翌五年から六年にかけ、東林派は徹底的な弾圧をこうむり壊滅した。つまり五年に「清議」派の考官が処分されたのは、彼らが東林に連なる者とみなされ粛清された、ということである。この間の事情については『明史』二百一十六、顧錫疇伝に「天啓四年、魏忠賢の勢い大いに熾《さか》んたり。錫疇、給事中董承業とともに試を福建に典《つかさど》り、程策（策問の模範解答）大いに譏刺するあり。忠賢の党ついに指して東林となし、両人ならびに降調され、すでにして更《あらた》めて削籍さる」とあるのが参考になろう。

（3）　郷試は「子午卯酉」年の八月に挙行されるのが決まり（本書上冊二四一頁、もと万暦『会典』七十七。なお十二支の順から言うと「子卯午酉」となりそうだが、これは四方を「東西南北」というのと相似た慣用表現で、白話では最初から最後まで、全部の意味になる）で、天啓辛酉科は元年に当たる。つまりここに「二年辛酉」と言っているのは正しくないわけだが、これは元年辛酉科の関節が、下に見るとおり二年になってから問題にされたため、両者をひとまとめにして混乱を来したものであろう。

銭千秋関節案については、『実録』天啓二年正月癸亥条に「礼科都給事中恵世揚、壬子（辛酉？）の各省直（十三省と両直、すなわち全国）の試巻を磨勘《まかん》（再審査）して言えらく、……浙江の四十三名に中式せる銭千秋の七義（初場の答案七篇、本書上冊二四八頁参照）結尾は、これを順読せば乃《すなわ》ち「一朝平歩して青天に上《のぼ》る（たちまち易々と大出世だ）」たりて、関節疑うべくんば、まさに提して究問すべし、と。所司に命じて参奏せしむ」とあり、ついで同年六月戊寅には「刑科給事中顧其仁、浙江の試官たりし右中允銭謙益を疏参す。四十二名の挙人銭千秋の関節をもってなり。上、命じて奸徒を捕えてこれを訊《と》わしむ」となった。

審問の結果、銭千秋は関節を仲介するという者二人の話に乗って騙されたのであり、主考は何も知らなかったのだが、とにかく不正受験を試みたのは確かで、よって平民に落として充軍、二人の詐欺犯は枷を加えてさらし者にした上でやはり充軍、考官も「弊を覚りて姦を防ぐあたわざれば、また疏虞《うかつ》の罪を免れがた」いので「罰俸三箇月」という処分が下り（同上十二月丙子条）、これで落着した。

　この事件についての本志の記事で、上引『実録』の叙述に見えない事実関係は、たとえば文《ぶん》秉《ぺい》『烈皇小識』二、あるいは『明史』二百五十四、喬允升伝などに見えており、前者にはこう云う、「天啓元年辛酉、虞山の銭謙益、編修をもって浙江の試を主《つかさど》る。……礼科顧其仁、磨勘して参奏し、謙益もまた自ら疏を具えて簡挙（「検挙」のこと。「検」字が崇禎帝の諱《いみな》であるため、代わりに「簡」字を用いている）す。旨を奉じて部に下さる。部擬すらく……。旨を奉じたるに「擬に依れ」とあり。これ天啓二年の事なり。後、（関節の仲介を持ちかけた徐）時敏、（金）保元は獄に在りて病故し、千秋は（北京の東、薊州《けいしゅう》の）東勝右衛所に発して軍に充てられ、収管して案に存したり。随いて（ほどなくして）赦に遇い、撫按（巡撫・巡按）帖を給して釈放し、事結して久し」と。

　なお『烈皇小識』では主考銭謙益の官を編修とする一方、志文および『実録』天啓二年六月戊寅条では中允となっているが、銭氏が主考に任命された時の官は、『実録』天啓元年六月己卯条によるに、たしかに編修であった。ならば中允とするのは誤りかと言えば、必ずしもそうとは限らず、天啓二年六月当時の官が中允であったのだろう。詹事府の官は翰林官と「職互いに相い兼」ね、その作用は実際のところ「僅かに翰林官の遷転の階」たるにすぎなかった（『明史』職官志二）のであり、銭氏は天啓元二年の間に従六品の編修から正六品の中允に遷った、と考えられるわけである。また『実録』に記される銭千秋の郷試席次は、あるいは四十三名、あるいは四十二名となっているが、そのどちらが正しいのかは未詳。

（4）　輔臣の候補とされた銭謙益が、温体仁の攻撃によって失脚したのは、『国権』、あるいは『春明夢余録』二十四、計六奇『明季北略』四などに拠っても、崇禎元年のことに相違ない。『国権』同年十一月庚申の条に「吏部、閣員を会推す。吏部左侍郎成基命、礼部右侍郎銭謙益、……あり。尋《つ》いで礼部尚書温体仁、銭謙益を銜《ふく》み、その天啓初に浙江に主試たりて、銭千秋を賄中するを訐《あば》き、枚卜《ばいぼく》（閣臣の選用）によろしからずとす」とあり、ついで三日後の癸亥条には「廷臣および温体仁、銭謙益を文華殿に召し、体仁、謙益あい質辨す。やや久しうして上曰く、体仁参する所の神奸党を結ぶとは誰ぞや、と。曰く、謙益の党与ははなはだ衆《おお》く、臣敢えてことごとくは言わず、すなわち枚卜の典も、倶《とも》に謙益より主持す、と。……上、謙益を責め、罪を引きて出でしめ、立ちどころに命じて廷議せしむ。閣臣、謙益をして回籍せしめんことを請うも、たちまち名を除き民となさしむ」という。

この枚卜をめぐる争いにおいて、崇禎帝が最初から温体仁の側に立っていたことは明らかだろうが、それは帝が臣下の「結党」を強く警戒していて、当時の朝廷に在っては、東林「党」の流れをくむ「清議」派官僚よりも、むしろ帝意への迎合につとめた反東林系の方がまだましだ、と判断していたからに違いない。なおこの間の事情については、『明史』三百八、温体仁伝に要領を得た叙述がある。

その他、科挙にからむ事件が摘発されることは、前後を通じて一再ならずあったが、たいていは（北直）順天郷試で問題の起こることが多く、他省がこれに次いだ。(1) そこでは賄賂で買収したり伝手によって頼み込んだり、模範答案集の持ち込みやら身替わり受験やら、受験者名のすり替えとか外から答案などを届けるとか、名をかたったり本籍を偽ったりと、ありとあらゆる不正な手段が用いられ、一々追究しがたいありさまとなったが、なかでも試験官と受験生が意を通ずることが多かった。(2) こうした不正というのは内実がはっきりしないもので、中には腹いせに報復をはかって告発した、といったことも恐らくあっただろう。その他、あれやこれやの瑣末な問題については、ここで述べたてずともよいだろう。

其他指摘科場事者、前後非一、往往北闈為甚、他省次之。其賄買鑽営・懐挾倩代・割巻伝遞・頂名冒籍、弊端百出、不可窮究、而関節為甚。事属曖昧、或快恩讐報復、蓋亦有之。其他小小得失、無足道也。

（1）不正受験が順天郷試において特に多かったことにつき、『実録』嘉靖二十二年十月辛巳の条にこう云う、「初め、順天郷試は歳々冒籍し（戸籍を偽っ）て中式すること多し。……礼科給事中陳棐《ちんぴ》これを劾奏し、因りて京闈《けいい》の弊を歴陳す。その略に謂えらく、国家の賢を求むるや、科目をもって重しとなす。しかるに近年以来、情偽日に滋《しげ》く、……あるいは家に居るの時、才を恃みて奸をなし、倫を敗《やぶ》り化を傷つけ、籍を削られ民となり、兼之《くわえて》累を負いて亡命し、姓名を変易し、敢えて郷に還らざる者これあり。あるいは本地は生儒衆多にして、解額（郷試合格者定員）には限りあるに因り、他方の人数すこぶる少なきを窺見し、学を逃れて京に入り、郷里に投結し、勢要に交通し、詭遇を鑽求《さんきゅう》する者これあり。あるいは順天郷試は四海九州の人多きをもって、人相い識《し》らず、暮夜（後ろ暗いことを）するも知らるるなく、もって代替を買托すべしとする者これあり。

ひとたび開科の歳に遇わば、都城に奔走し、同姓を尋ね覓《もと》め、仮《いつわ》りて宗族と称し、賄嘱して恥ずるなく、詮通《せんつう》して（裏で通じて）保結（身元保証）す。府学を得ざれば則ち武学を謀り、京師を得ざれば則ち附近に走り、生員を得ざれば則ち儒士を求め、百孔（あらゆる手だて）もて私を営み、捷径《ちかみち》を遂げんことを冀《ねが》う。……聖明輦轂《れんこく》の下（天子のおひざ元）、豈《あ》によろしくこの不美の事あるべけんや。

請うらくは所司をして順天府学の冒籍の生員を核究し、倶《とも》に原籍に遣回し、等を降して肄業《べんぎょう》せしめられんことを。京衛武学は武職のまさに襲うべきにあらずんば、濫《みだ》りに入るを得ず。歳貢、援例の監生は挙人、教官の会試の例のごとく、ただ一たび京闈に入るを得たる後は、ただ本省にて試に応ぜしむ。しかして京闈の郷試は各省の法のごとくし、名を唱えて辨検し、混冒するを得ざらしむれば、前弊革《あらた》むべきにちかからん」と（以上『実録』の引文には、中央研究院影印本の校勘記に拠って文字を改めたところあり）。

つまり順天郷試における不正とは、「冒籍」の問題を主とするわけだが、なぜ「京闈」で冒籍が多発するのかと言えば、それは北京が首都であって「四海九州の人」が雲集し、「郷里に投結し、勢要に交通」することも相対的に容易であり、またそうしたさまざまな関係を通じ、出身姓名を偽ったり、替え玉受験といった不正の手筈を整えることも可能となるからである。

ただ順天郷試における冒籍は、単に地方にいられなくなったいかがわしい人物の亡命、といったことだけで生ずるのではなく、首都なればこその、いわば已むを得ない事情にも起因していた。『実録』景泰五年四月癸卯の条に見えるある給事中の上疏に云う、「窃《ひそ》かに詳らかにするにこれらの冒籍の人、その間もとより多くは難きを避けて易きに就き、僥倖を希《ねが》わんと欲す。然れどもまた地里遥遠にして、盤費（路銀）給《た》らざるに因りて、回《かえ》るあたわざる者あり。親に従い外に在りて生長し、郷里を識らざるに因りて、もって回りがたき者あり。ここをもって冒籍して郷試」するのだ、と。

北京に住み着いた地方出身者のうち、どんな手段を用いてでも郷試を受験しようというのは、少なくとも字を識り、ある程度の作文能力を具えた者であるし、また自らの地位上昇のため、相当の金を使いうる人であるから、その主体は生員が捐納《えんのう》で監生となった例監とか、文武の下級官僚や胥吏《しょり》、ないしその子弟などであるだろう。まだ明初百年のうちにある正統九年、ある御史はこう言っている。

「今、南北直隷は、およそ開科に遇わば多く郷貫を詐冒し、報じて生員となし、あるいは素より学問なくして、人を倩《やと》いて代筆せしめ、その弊ただ一端のみにはあらず」なので、各郷試とも選抜をきびしく行ない、「その京に在りてもし軍生、ならびに各衙門《がもん》の吏典、承差人等に係ると称し、学校に由らず、考験を経ざるに遇わば、その間、姦盗貪墨（貪汚）あらざるところなし。これらの徒は一体に試に入るを許さざれば、奔競の風を革《あらた》むるにちかからん」と。

この提案は礼部にも支持されたのだが、正統帝の決定は「賢を求むるの路はよろしく沮塞《そそく》すべからず。生員・儒士・軍生は還《ま》た提督学校の御史に著して考察して試に入れしめ、その吏典、承差人等は、礼部厳切に考察し、果たして経に通じ過犯なくんば、倶に試に入るを容《ゆる》す」というもので、「学校に由らず、考験を経ざる」軍生や胥吏の受験も、提学や礼部の許可を条件に認められたのであった（『実録』正統九年七月丙辰条）。つまり全国から様々な人が集まる「輦轂の下」では、冒籍やそれに類する「捷径」を完全に禁絶するなど、正統中からすでに不可能で、無理にこれを実行しようとすれば、かえって余計な混乱を招く、と考えられたのに相違ない。

なお科挙の不正が「北闈を甚だしとなし、他省これに次ぐ」と言えば、南直や会試で問題が起こることは相対的に少なかった、ということになろうが、上に見た正統九年の上奏でも「南北直隷」と言われているように、北京と同じく国子監や京衛武学があり、また形式的には政府の各衙門も設置されていた南京において、冒籍などの問題が「他省」より少なかった、とは極めて考えにくい。つまりここは「北闈を甚だしとなし、南闈これに次ぎ、他省またこれに次ぐ」というのが実際に近かったのではないか。ちなみに会試であるが、これはすでに激烈な競争を経た後の、かつ礼部直轄の試験でもあり、そこにおける不正はたしかに郷試より少なかっただろう。

（2）科場の「弊端」として挙げられている「賄買鑽営《わいばいさんえい》」以下の解釈は、訳文に示したとおりながら、そのうちの「割巻伝遞」はすこぶる特殊なことばなので、少し説明を加えておく。まずは「割巻」で、談遷『棗林雑俎《そうりんざつそ》』聖集、科牘、割巻倅售の項に云う、「万暦（三十四年）丙午科、山陰（浙江）の監生鄭汝鉱、順天第四に挙げらるるは、仙游（福建）の選貢馬顕忠の巻を本として、牘を割きて倅《さいわい》に售《う》るるなり」と。

つまりこれは他人の答案巻頭を切り取って、そこに自分の姓名などを記してある巻頭を貼りつけること、答案すり替えの一種に相違なく、むろん担当事務官、あるいは胥吏などを買収しておかねばならない。この点については徐珂《じょか》編『清稗《しんぱい》類鈔』二十五、嘉慶戊午湖南科場案の項に「嘉慶（三年）戊午の湖南郷試、富家の子傅進賢なるありて藩胥（布政司の胥吏）に賄し、巻面を割きもって他巻に黏《のり》づけせしむ。時にほぼ名次を擬せしが、これを久しうして黏づけする所の巻、竟《つい》に解元に中る」とあるのが参考になろう。

ついで「伝遞」はというと、兪樾《ゆえつ》『春在堂随筆』六に云う、「癸酉（同治十二年）の福建郷試、王補帆中丞（巡撫の王凱泰）監臨となり、力《つと》めて積弊を除く。……闈中より余に書を与え、五效を臚陳し謂えらく、……伝遞の風、閩《びん》中（福建）もっとも盛んたり。今、闈前（試験が始まる前）に伝遞に積慣する者十二人を訪獲す。放牌の時には親しく頭門に坐し、ただ士子の出ずるのみを許し、一人の入るを許さず、しかして伝遞もって絶ゆ」と。

王氏の言うところは、その具体的な細節になると必ずしも理解にやすからず、あれこれの疑問なきを得ない。たとえば試験の間、貢院内外の出入りはきびしく禁じられるはずだが、ここに「ただ士子の出ずるのみを許し」云々とあるのはどういうことか。あるいは「出」る方の制限はさほど厳しくなく、「入」る方も蛇の道はへびで、なにか裏道があったものか。また「放牌」というのは、告示などの牌子を掲示してみなに通知することだろうが、ここでは試験の開始後に問題を公表することを謂うのか、などなどである。ただ、あれこれと分からぬ点はあっても、科場弊端の一たる「伝逓」とは、答案や参考メモの類をこっそり挙子のもとに届けること、であるのはまず間違いないだろう。

こうした「割巻伝逓」は、晩くとも明代中期にはすでに問題とされていて、弘治十五年の会試前には、「弘治十二年会試奸弊」、すなわち本冊七六頁で見た程敏政、唐寅の事件を念頭に置きつつ、次のようなことが言われている。「近年以来、法出でて弊生じ、巧偽日々に滋《しげ》く」なっており、「原《もと》より学術なき者」は往々にして「かのまさに試みられんとするの日に迨《およ》び、孰《たれ》か受巻等の官となるやを訪知し、郷親に倚《い》託《たく》し、照顧（格別のはからい）を転求し、文章を伝逓し、代替して改作し、あるいは名文を検閲して巻面を割換し、あるいは号を看ると仮称して経書を講解」したりしている、と（周璽『垂光集』論貢挙疏）。つまり「割巻」にせよ「伝逓」にせよ、まずは「受巻等の官」となる者と通ずることが必須だったわけで、さきに見た「士子」の出入によるものとおぼしい「伝逓」は、むしろいささか特殊な事例であるのだろう。

また「関節」であるが、このことば自体は本書上冊三二一頁にすでに登場しているものの、そこでは特に注を加えていないので、今あらためて若干の説明をしておけば、趙翼『陔余《がいよ》叢考』二十九、関節に云う、「関節の二字は唐に起こる。然れどもことごとくは科場を指して言わざるなり。……およそ私を営むの信息（私利を謀って連絡する、意を通ずる）は、みな関節と号せり。……けだし関節の云いは、竿牘《かんとく》（書簡、特に何かを依頼するためのそれ）もて請嘱すること、関を過《よ》ぎるの符節を用うるがごときを謂うのみ。後世の挙子のいわゆる関節に至りては、則ち字眼（目印になる文字）を巻中に用い、もって識別となすものなり」と。つまり不正受験の「関節」とは、受験生と試験官が意を通じて答案を特定できるようにしておき、それを合格させることを謂うわけである。

歴科の試験であったことのうち、常とはいささか異なる事例。

永楽の初年には、兵事の際とてすべてに慌ただしく、元年癸未にはじめて各省に郷試を行なわしめ、二年甲申に会試としたのだが、これは非常事態のゆえに午・未の歳（に郷・会試を行なう）という旧来からの常例に従わなかったのであった。(1) 七年己丑科の会試では、陳燧《ちんすい》ら九十五人を合格としたが、成祖（永楽帝）がちょうど北方遠征に出かけていたため、皇太子は彼らを国子監に送って勉学せしめ、お上が都にもどられてから廷試することとした。九年辛卯になって、やっと（廷試を挙行し）蕭時中《しょうじちゅう》を第一名とした。(2)

宣徳五年庚戌科では、帝は殿前（奉天門）に臨んで親しく策問を出題したのち、武英殿に下がり、（学問・文章をもって仕える）翰林院の儒臣に言うよう、「士を取り立てるには虚文を重んずべきではなく、もし劉蕡《りゅうふん》や蘇轍《そてつ》のごとき者がいて、畏れはばかることなく時政の欠失を直言したならば、朕はこれを格別に重用しようぞ」と。かくて「士を策するの歌」を作って読巻官に示したのであるが、抜擢された第一人（状元）の林震は、特にこれといったはたらきをすることもなかった。[3] 八年癸丑科廷試の第一人曹鼐《そうだい》は、江西省泰和県の（胥吏も同然の最下級官僚たる）典史から会試に合格したのであった。[4]

歴科事跡稍異者。

永楽初、兵革倉猝、元年癸未、始令各省郷試、二年甲申会試、以事変不循午未之旧。七年己丑会試、中陳燧等九十五人、成祖方北征、皇太子令送国子監進学、俟車駕還京廷試。九年辛卯、始擢蕭時中第一。

宣徳五年庚戌、帝臨軒発策畢、退御武英殿、謂翰林儒臣曰、取士不尚虚文、有若劉蕡・蘇轍輩直言抗論、朕当顕庸之。乃賦策士歌、以示読巻官、顧所擢第一人林震、亦無所表見也。八年癸丑廷試第一人曹鼐、由江西泰和典史会試中式。

（1）ここで「永楽初」と言っているのは、永楽帝の在位初年、つまり燕王が帝位に就いた建文四年六月以降の半年あまりを含んでいる。建文四年は壬午歳で、本来なら八月に郷試を挙行すべきであったが、当時は新政権の設立、整備、また旧政権残党の粛清などに忙殺されていた。そこで永楽元年二月己巳、「礼部言えらく、科挙の旧制は、まさに子午（「午」字は校勘記に拠って補う）卯酉に郷試すべきも、去年は兵革倉猝《そうそつ》にして、いまだ挙行に及ばざる者あれば、請うらくは今年秋八月をもって、応天府および浙江等布政司をしてみな補試せしめよ。その北京は郡県の学校、近ごろ兵《せんか》に廃るれば、よろしく暫《しば》らく停止し、永楽三年を俟《ま》ちて旧に仍《よ》りて郷試すべし、と。制して可と曰う」となった（『実録』）。

もっとも礼部は「去年は……いまだ挙行に及ばざる者あ」ったと言っているのであるから、この年に郷試を行なった地方もあることはあったのであろう。ただし首都である応天府、これに並ぶ重地の浙江で郷試を挙行できず、北京に至っては学校が荒廃しているため、とりあえずは郷試を停止、永楽三年に至り復活という情況からすると、科挙の完全実施にはほど遠かったに違いない。よって志文が元年になって「始めて各省をして郷試せしむ」と述べているのは、やかましく言えば事実と出入あろうが、だからと言ってただちに誤りと決めつけるにも及ぶまい。

また会試を翌二年にずらすという決定は『実録』に見えないものの、郷試の挙行が一年ずれる以上、会試もそれに応じて遅れるのは当然だろうし、二年になってそれが挙行されたことは、『実録』同年二月丁酉の条に見えている。なお科挙が規定年に実施されないことは、例外とはいえ絶無ではなく、明代におけるその事例は『春明夢余録』四十一、科場変異の項に記されている。

（2） この記事は『実録』に拠っており、今そのもとづくところを挙げておけば、まずは永楽七年二月己亥（二十六日）条に云う、「この日、礼部天下の挙人を会試し、中式する者陳燧等九十五人を得たるを啓（もと「咨」に作るが、校勘記に拠って改む）す。皇太子、命じて国子監に送り学に進め、車駕（皇帝）の京に回《かえ》るを俟《ま》ちて廷試せしむ」と。

永楽帝が燕王以来の旧地たる「北京に巡狩」するため、皇太子を「監国」（国政代理）としたのは七年二月甲戌朔のことで、壬午（九日）に出発、そして京師にもどったのが翌八年十一月甲戌で、懸案の殿試は九年三月辛酉朔に挙行、三日後の甲子に「廷試（「試」字は校勘記に拠って補う）の挙人に進士及第・出身を賜い、蕭時中を擢《ぬ》きて第一とな」したのであった。

（3）　この一段は『実録』宣徳五年三月乙卯、および丁巳の条に拠っており、その文字も前者のものをほとんどそのまま用いている。ただ結果としては「擢く所の第一人林震、また表見する所なきなり」であった、つまり格別の成果があったわけでもないとされているのに、なぜこの話が取り上げられているのかと言えば、それは『皇明貢挙考』一に、進士対策の故事として特にこの記事が載せられているからかもしれない。

ちなみに同書三、宣徳五年会試の項には「時に廷対の士一百人、林震等に進士及第・出身を賜うこと差あり。震は修撰に卒するも、この科の劉実、廖荘は倶に名臣たりて、張清は名あり」とあって、これによれば、林震はなお初任官に在るうちに卒していた。つまりその「表見する所な」かったのは、むしろ当然なわけである。また劉実、廖荘を「名臣」とするのは、いささか名臣の安売りが過ぎるような気がしないでもないが、とにかく張朝瑞の見方によれば、この時の宣徳帝の意気ごみは、必ずしもまったくの空振りではなかった、ということになろう。

なお劉蕡《りゆうふん》、蘇轍《そてつ》だが、劉氏はもう唐末に近いころ、九世紀の人で、太和二（八二八）年の制科（特別試験）「賢良方正・直言極諫」科を受験。その対策は兵権を握っていた宦官を厳しく攻撃するもので、試験官はこれに感嘆したものの、宦官の威権をはばかって合格させなかったという（『唐書』一百七十八本伝）。

また蘇轍は北宋の人で軾《しよく》（東坡）の弟。やはり嘉祐六（一〇六一）年の制科「賢良方正・能直言極諫」科に応じ、もともとは兄の軾とともに三等（一・二等は唐代以来名のみで、ふつうの合格は四・五等。三等は極めて例外的な最優秀合格）とされたのだが、いくら「直言」でもあまりに「直」が過ぎるとなって、四等に落とされた（『文献通考』三十三）。つまり両者とも、その対策は古今の典型なわけで、『皇明貢挙考』一、進士対策にも「古今の対策、上下に負《そむ》くなしと称さるる者、漢の董仲舒、唐の劉蕡、宋の蘇軾・蘇轍、これその章明較著なる者なり」と言っている。

（4）　典史曹鼐《そうだい》が状元になったことは、人口に膾炙した「本朝の掌故」で、『実録』にもそのいきさつにつき記載がある。まずは宣徳四年四月甲申の条で、そこに「山西代州儒学訓導の事を署せる挙人曹鼐、章を上して言えらく、臣は年少《わか》く学問いまだ充《み》たざれば、人の師となるに堪えず。願わくば太学に就きて読書し、もって下科を待ちて再び試みられん。あるいは別職を授けらるれば、また自ら進むを得ん、と。上、吏部の臣に謂いて曰く、凡そ人の自ら満たざる者、その志は嘉《よみ》すべくんば、県幕を授け、民事を習知せしむべし。もし余力あらば、また学に進むべし、と。遂に江西泰和県の典史に改めらる」とある。

こうして典史となった曹氏は、宣徳八年三月丙辰、帝の「親閲」によって状元となり、さらに大臣となった曹氏が土木の変で死ぬと、『実録』にはその伝を記してこう云う、「才を負い屈せ」ざる彼は、教官から典史となり、「宣徳七年、部匠（下に引く『万暦野獲編』では「部匠を解《おく》りて」とする）京に赴くに、大比《きょうし》に値《あた》り、疏して試に入らんことを乞い、これを許さる。大学士楊士奇、その志あるを嘉し、すでにして果たして京闈の郷試第二人に中る。明年の春闈（会試）もまた高選に在り、廷試に及んで遂に第一人となる」と（正統十四年八月壬戌条）。「署（代理）訓導事挙人」が自ら願い出て県衙門の文書係たる典史、たしかに行政官ではあるがその最末端で、進士などしかるべき出身を有する高等文官から見れば、ほとんど胥吏も同然の首領官となり、改めて順天郷試を突破のうえ、ついには状元合格、大官に至ったというこの成功物語は、当然と言えば当然ながら、いかにも興趣ある話柄として世に喧伝された。

比較的早期の著作では、『双槐歳鈔』四に「典史大魁」としてその故事が取り上げられているし、明末の文献ではたとえば『弇山堂別集』八十一にも記載あり、また『皇明貢挙考』三には、曹鼐が典史となった後、「民を愛し善く劇（繁劇、劇務）を治め、公暇には則ち師儒を延《ひ》きて理性を講明す。尹《ちけん》毎《つね》にこれを誚《そし》りて曰く、状元と作《な》るべし（状元にもなれるだろうよ）、と。鼐曰く、かくのごとからずんば未だ已《や》めず（そうなるまではやめません）、と」といった話が記されている。さらに『明状元図考』（顧祖訓編、呉承恩等補）一にも、直接に『貢挙考』に拠ったのではなかろうが、ほぼ同様の知県との対話が載っていて、これは当時すこぶる流布した話だったらしい。

また以上とは別に、『万暦野獲編』十五の「典史再び郷試に挙げらる」条にはこう云う、「曹文忠鼐、典史をもって殿元に中り、輔臣をもって土木に死すは、人みなこれを知れり。……初め鼐すでに郷試に中り、山西代州の教職となる。……宣徳七年、……遂に再び順天の第二人に中り、因りて連捷し、遂に天下に魁たり。事は国史に見えてはなはだ明らかなり。今世ただ典史をもって会試し巍科《ぎか》（優等合格、ここでは状元及第）するを奇となすも、しかれども再び賢書に登るは、そもそも奇の奇なり」と。

二度の郷試合格というのは、明代を通じて他に例がなくもないのだが、それは冒籍のゆえに最初の郷試中式が取り消され、改めて出身地の郷試に合格した、といった事例がほとんどである（『万暦野獲編』十六、両中郷試）。曹鼐のごとくすでに官に就いた後、また郷試を受けて合格、というのはまったく「奇の奇」で、あるいは曹氏がもつ挙人の資格は、官途に就くためすでに用いられており、会試を受けたいというなら一旦は挙人の資格を放棄し、改めて郷試に合格しないといけない、とでも考えられたものか。

正統七年壬戌科では、刑部の吏員であった南昱《なんいく》、公陵（「松陵」の誤）駅の駅丞であった鄭温がまたともに合格した。[1] 十年乙丑の会試、廷試第一名はともに商輅《しょうろ》であった。輅は（浙江）淳安の人で、宣徳末年（正統帝即位後の十年）乙卯の浙江郷試第一人である。三次の試験ですべて第一であったことから、（科挙の道を歩む）読書人たちはうらやんで三元とほめそやしたが、これは明代ではただ軺一人のみのことであった。(2)廷試の読巻官はすべて甲科（進士）を用いることになっていたが、この年の（正統十年の読巻官であった）兵部尚書徐晞《じょき》、十三年の戸部侍郎奈亨《なこう》は吏員の出であり、天順元年丁丑科の読巻官であった左都御史楊善は訳字生の出であって、当時はまだ出身や資格に格別拘泥していなかった。ただこれより後になると、もはや雑流から会試にあずかったり、廷試読巻官となる者はいなくなった。(3)（天順）七年癸未科会試では、試験当日に会場で火事が起き、死者が九十余人にのぼったが、彼らにはみな進士出身が贈られた。会試の期日は八月に改められ、明年の甲申三月になってはじめて廷試となった。この時には英宗がすでに崩御していて、憲宗は大喪よりまだ歳を越えていないことから、（通常の奉天殿ではなく）西角門に臨御して策問を出題した。(4)

正統七年壬戌、刑部吏南昱・公（松）陵駅丞鄭温亦皆中式。十年乙丑、会試・廷試第一皆商軺、淳安人、宣宗末年乙卯、浙榜第一人。三試皆第一、士子豔称為三元、明代惟軺一人而已。廷試読巻尽用甲科、而是年兵部尚書徐晞・十三年戸部侍郎奈亨乃吏員、天順元年丁丑読巻左都御史楊善乃訳字生、時猶未甚拘流品也。迨後無雑流会試及為読巻官者矣。七年癸未、試日場屋火、死者九十餘人、倶贈進士出身。改期八月会試、明年甲申三月、始廷試。時英宗已崩、憲宗以大喪未踰歳、御西角門策之。

（1）『弇山堂別集』八十一に云う、「正統……七年壬戌、……中式十二名の□□（『皇明貢挙考』三によれば第二甲合格の李森）は都察院の吏、三十三名の南昱は刑部の吏、一百二十一名の鄭温は松陵の駅丞たり」と。また同書八、典史中会試の項にも「曹文襄鼐、太（泰）和の典史をもって……第二人を得、廷試もまた第一人となり、十年ならずして遂に相位に登れり。後には刑部の吏南昱、松陵の駅丞鄭温あるも、然れども位ははなはだしくは顕かならず」とあり、志文はたぶんこれに拠っているのであろう。

ちなみに『万暦野獲編』十五、駅丞進士によれば、正統四年己未科の李郁《いく》は承差（吏員の一種。『明律国字解』吏律一、濫設官吏の条を参照）、成化十四年戊戌科の譚溥《たんぷ》は駅丞であったという。明代前半期であれば、胥吏や胥吏同然の最下級官僚からも、稀には進士登第を果たす者が出ていたわけである。

なお駅丞は駅逓を管理する官だが、その職務は車馬や人夫の用意とか、中央との連絡に当たる官僚の送迎など（『明史』職官志四）で、官とはいえ吏とほとんど択ぶところないと考えてよかろう。また志文の「公陵駅丞」は、他の文献ではすべて「松陵駅丞」となっており、これは「松陵」が正しいに違いない。というのも正徳『会典』一百十九、天下水馬駅の南直、蘇州府呉江県の条には松陵駅の名が記されている（万暦『会典』一百十五では、「旧有《もと》」ったが今は「革《あらた》」めら「廃止さ」れたという）一方、公陵駅というのはどこにも出てこないからである。

（2）　商輅の三元というのは挙子の理想、ないし夢であり、それだけに士人社会ではよく話題とされた。たとえば『菽園雑記』十二が「商文毅公輅の父は府の吏たり。（商氏が）生まるる時、知府、夜はるかに吏舎に光あるを見たり」云々という神秘的予兆のあったことを述べ、その三元という奇跡をいわば定まった数（運命）として述べていたり、また陸深『儼山外集』十八、豫章漫抄一に「商文毅公輅、……郷試より廷試に至るまでみな第一たれば、世称して三元となす。本朝、三元たりし者はただ文毅一人のみ」と云うなどがこれである。

　このように商氏の成功物語は早くから世に喧伝され、晩くとも明代中期には芝居にまでなっていた。弘治中の時事を伝える陳洪謨《こうぼ》『治世余聞』下四に、「近時の戯文《しばい》は盛んに商三元輅の事を伝う」と云っているのがその証で、さらにこの「戯文」はテキストとして整備され、明末には『新刻出像音註商輅三元記』という絵入本に仕立てられ、南京の書肆富春堂より出版されている。このほか万暦以後の著作には、『弇山堂別集』八十一、同書五、三元の条、また『皇明貢挙考』四や同書附録「貢挙紀略」などを筆頭に、商氏の三元をはやす記事が少なくない。

（3）　廷試読巻官の担当者については、本書上冊二八〇〜一頁の注（2）に述べられているとおり、当初は「翰林院および朝臣の文学の優る者」であったものが、永楽以後には「内閣の官、および六部・都察院・通政司・大理寺の正官、詹事府・翰林院の堂上官」となり、景泰・天順以降に至れば「執政大臣」しかこれに当たりえないようになった。つまり読巻官には進士しか用いないというのは、必ずしも明文化された規定によるものではなく、中央省庁の正官、堂上官、さらには「執政大臣」となりうる者が、事実上進士に限られていた、ということに他ならない。したがって明初に在っては、すでに本書上冊一九一～三頁の注（1）で教官から堂々たる高等官、ないしは大官に至った事例を見たように、甲科にあらざる者が大官となることも稀にはあり、そうした人物が読巻官に充てられることも、例外的には起こりえた。

ただ吏員から出た人物が読巻官に充てられるといった事態は、明末人から見ればよほど異常であって、そのため『弇山堂別集』八十一は「（正統）十年乙丑、……廷試読巻官に兵部尚書徐《じょ》晞《き》、戸部侍郎・掌光禄寺奈《な》亨《こう》あり、ともに吏員なり。……十三年戊辰、……読巻官の太常少卿程南雲は乃《すなわ》ち習書字人（中書科などで書写に従事する一種の実習生、後述）たり。……右都御史・掌鴻臚寺楊善もまた守城の生員（後述）たり」と、その事例を特筆し、また『万暦野獲編』十、正統戊辰庶常の条にも「廷試読巻官は例として正途の大臣を用うるに、（正統十三年に）戸部佐侍郎奈亨を用いたるは吏員に係り、太常少卿程南雲は習字人に係り、倶に創見となす」と言っている。

もっとも『弇山堂別集』が奈亨を正統十年の読巻官としているのはおかしく、これは志文が述べるとおり十三年のこと（『実録』同年三月丁酉条）だし、十三年の読巻官だとされている左都御史楊善は、景泰二年（『実録』同年二月己亥条）、五年の読巻官（同前同年二月己酉条）で、天順元年にも「興済伯・掌鴻臚寺」をもってこれに充てられている（同前同年三月丙子条）。したがって志文の言うところも正確を欠くし、その「訳字生」というのは、おそらく程南雲の「習書字人」（あるいは「習字人」）と取り違えたうえ、さらにこれを「訳字生」に誤ったものであろう。

なお習（書）字人だが、馬文升『端粛奏議』九、伝奉事（弘治十四年）のうち「一、伝奉（吏部に由らず宦官の推薦で官に就くこと）を清くしもって冗費を節す」の項に、「近年以来、大小の官員に伝奉の者復《ま》た多く、その他また白衣の人（平民）の中書の処に送られて糧を食み、習字出身もて中書舎人を授かるを得る者あり」と言う。つまり「習字」とは、誥勅などの書写を職掌とする中書科において実習生、ないし下働きとしてつとめ、そのことでやがて「出身」を得、中書舎人ともなりえた者を謂うわけである。

ただし習（書）字人なる呼称は、その実態に応じてつけられた一般的な名であるにすぎず、よって中書科以外でも書写技能者を必要とする官庁には、そのように呼ばれる者が存在していた。梁儲『鬱洲《うつしゅう》遺稿』二、修書籍疏（正徳十二年）に、「監生および鋳印局（礼部所轄）の習字人員」とあるのがその一例である。

ちなみに訳字生とは、本書上冊一一〇頁に言及される「四夷の訳書を習」う者で、四夷館に配置され、その四夷館は当初翰林院に、弘治中からは太常寺に附属していた（『明史』職官志三）。また楊善が「守城生員」だったというのは、靖難の役の際、順天府学生であった彼が北平城の守備にあずかり、その功により出身を得、小官に除せられた経歴を指す（『実録』天順二年五月丁亥朔条の楊氏小伝）。

さらに「雑流会試」の事例だが、注（1）に引いた『万暦野獲編』十五、駅丞進士によれば、成化十四年戊戌科の進士譚溥はもと駅丞だったということなので、天順より後でも、そうしたことが完全に地を払っていた、というわけでは必ずしもない。ただし明代中期に至れば、それはもはや極端な例外であるにすぎず、大勢として言えば、天順中年以降は「雑流会試」なし、と謂いうることとなったわけである。

　これにちなんで「雑流郷試」の事例についても少し述べておけば、明代前半期の順天・応天両郷試に在っては「中額一百三十五名、その五名はもと雑流のために設」けられており、弘治中まではたしかに吏人とか武生、医生をもって受験し合格した者も継続的に出現していた（『春明夢余録』四十一）。ただし雑流に一定の中額を割り当てるといったことは、正徳以降ようやく行なわれなくなったようで、王士《し》禛《しん》によれば「雑流入試」の「例は嘉靖中に至りて始めて革去」された（『香祖筆記』七）という。おそらく正徳中からすでに、雑流のための中額といったものは設けられなくなり、嘉靖中には「入試」（受験）自体が認められなくなっていったのだろう。

（4）　ここの記述は大体のところ『弇山堂別集』八十二、および『皇明貢挙考』一、殿試在喪の項に拠っているようである。前者に云う、「天順七年癸未、……試日に大火し、焚死する者九十余人、主試官に及《いた》りては、ともに牆《かき》を越えて免る。上これを憐み、死せる者に贈りてともに進士出身とせしむ。試期を改むるに八月をもってす。……八年甲申、廷試す」と。

　また後者にはこう云う、「天順八年三月十五日殿試するに、恭《つつし》んで英宗睿皇帝の大喪礼に遇う。期に先んじて本部（礼部）奏准し（上奏して裁可され）、事宜は簡に従う。この日早《あさ》、諸貢士を西角門（奉天殿から見て奉天門の右側の門）に引き、五拝三叩頭の礼を行ないおわらば、奉天殿前の丹墀《たんち》（赤く塗られた地面）内に赴き、策問を俟《し》候《こう》せしむ［殿に御さず、ただ策を伝う］。三月十七日早、文武百官は素服して侍班し、上、西角門に御す。……［登科録］」と。つまり皇帝はたしかに奉天殿に臨御しなかったものの、出題自体はなお奉天殿で行なわれていたのであり、やかましく言えば、志文はやや誤解を招きやすい表現となっていよう。

　なおこの事件、『実録』等の述べるところによって跡づけてみれば、以下のごとくとなる。まず天順七年二月戊辰条に「この日大いに風あり、晩に至り試院火《も》え、挙人の死する者はなはだ衆《おお》し。翌日、礼部以聞す。上、命じて改めて八月に試みしむ」とあり、また同月丙子条によれば、この事件を承け国子監丞閻禹錫《えんうしゃく》が、犠牲者に「進士の名色を賜らんことを乞う」たところ、これが不届きと攻撃され、閻氏は「錦衣獄に下してこれを鞫《きく》せしむ（尋問させた）」となってしまう。ところがいきさつは分からぬものの、とにかく当初は「切責して許さず」であったものが、一転して「既にしてその言のごとくし、みな進士出身を贈る」となった（『万暦野獲編』補遺二、贈進士）。

　ついで閏七月乙亥の条によれば、殿試の日程につき礼部が判断を仰いだところ、「上、命じて明年三月初一日をもって殿試せしむ」となったのだが、翌天順八年正月に帝は崩御、このため礼部が「今三月の朔は、適《たま》ま（ちょうど）国に大喪あり、軒に臨みて士を策するに妨げあれば、試期を改定せんことを請う」と上言し、その結果「十五日に殿試す。凡そ唱名、筵宴、ならびにその他の礼儀は、ことごとく簡に従え」となった（二月戊申条）のであった。奉天殿への臨御を取りやめるなどの措置は、もとよりこの「簡に従」った結果である。

正徳三年戊辰科では、太監劉瑾《きん》が五十人の姓名を記して主考に示し、ために合格定員を五十人増やすこととなった[1]。十五年庚辰科では、武宗（正徳帝）が南方に巡幸していたため、廷試を行なえなかった。翌年、世宗（嘉靖帝）が即位すると、五月に（大喪のゆえをもって天順八年の例にならい）西角門に臨御して策問を出題し、楊維聡を首席（状元）とした[2]。ところで張璁《そう》はちょうどこの科の進士であったが、六、七年もするうちに宰輔となって国政を動かし、その権力は皇帝にも匹敵しようかというほどとなった[3]。

嘉靖八年己丑科では、帝が親しく廷試答案をご覧になり、一甲の羅洪先・楊名・欧陽徳、二甲の唐順之・陳束・任瀚六人の対策には手ずから評語を加え、各人を奨め励まされた[4]。かくて大学士楊一清らは順之・束・瀚および胡経らのすべて二十人を庶吉士に選ぶこととし、その名を列ねて上奏し、しかるべき官に命じて教習（研修）させるよう願い出た。ところがにわかに諭旨が降されて云うには「庶吉士を選ぶのは、祖宗の旧制でまことに善いことであった。ところが近来は大臣が情実によって選抜を行ない、恩を売って「党」（徒党、派閥）を形成し、国家にとって無益と成り果てておれば、今後は庶吉士を選んで翰林院に留めておくには及ばない。唐順之らには全員に官職を授けることとするので、吏・礼の二部および翰林院は合議して報告せよ」と。（吏部）尚書の方献夫らはこれを承けて上旨におもねり、順之らは翰林に留まる必要なしとしたうえ、翰林官の員数を制限し、侍読・侍講・修撰は各々三名、編修・検討は各々六名とし、これを定制とした。これは順之らが（主考官である）張璁・霍韜《かくとう》の門下生（「座師」に対する「門生」）であったにもかかわらず、内心では「大礼の議」（嘉靖帝の実父を礼法上どう扱うべきかにつき、張璁らが帝意に迎合してとなえた意見）を正しくないと考えていて、彼らにつき従おうとせず、璁は心中そのことを憎んでいたためであった。さらに璁はちょうど楊一清を失脚させようともしていて、それで「党」の形成といったはなしを上言したのであるが、これによって今までの定例が廃れてしまうこととなったのであった。(5)

正徳三年戊辰、太監劉瑾録五十人姓名以示主司、因広五十名之額。十五年庚辰、武宗南巡、未及廷試。次年、世宗即位、五月御西角門策之、擢楊維聡第一。而張璁即是榜進士也、六七年間、当国用事、権侔人主矣。

嘉靖八年己丑、帝親閲廷試巻、手批一甲羅洪先・楊名・欧陽徳、二甲唐順之・陳束・任瀚六人対策、各加評奨。大学士楊一清等遂選順之・束・瀚及胡経等共二十人為庶吉士、疏其名上、請命官教習。忽降諭云、吉士之選、祖宗旧制誠善。邇来大臣徇私選取、市恩立党、於国無益、自今不必選留。唐順之等一切除授、吏・礼二部及翰林院会議以聞。尚書方献夫等遂阿旨、謂順之等不必留、并限翰林之額、侍読・侍講・修撰各三員、編修・検討各六員、著為令。蓋順之等出張璁・霍韜門、而心以大礼之議為非、不肯趨附、璁心悪之。璁又方欲中一清、故以立党之説進、而故事由此廃。

（1）太監は宦官十二監それぞれの長だが、『国榷』によれば劉瑾《きん》は正徳元年十月戊午に司礼太監となっていた。司礼太監は「朝廷に大事あらば則ち遣りて（内）閣下に至りこれを議せしむ。閣老を称して老師父となし、閣老はこれを称して老先生と曰う」（李詡《く》『戒庵老人漫筆』二、内閣体）という重職で、正徳帝の信任を得た劉瑾は、これにより内閣をもしのぐ強大な権力を握るようになった。

その彼が正徳三年、自ら選んだ五十人を合格させようとし、その分だけ定員が増やされたという話は、『弇山堂別集』八十二に次のごとく見えている。「或《あ》るひと伝うらく会試院を鎖《とざ》して後、劉瑾片紙をもって五十人の姓名を書し登第せしめんと欲す。主司敢えて拒まず、唯唯たるのみ。瑾曰く、先生輩《がた》は賢者の路を奪わんことを恐るるや、と。即ち科額を開《ひろ》げ、三百五十人みな上第《ごうかく》す」と。

ただこの「或伝」の話が事実であるかどうかは疑わしく、『万暦野獲編補遺』二、士子謗訕《ぼうせん》にはこう云う、「正徳三年戊辰科、……放榜の後、取舎士の心に愜《かな》わざるをもって、流謗（不正を言い立てる流言）禁中に入る。……或ひと伝うらく劉瑾片紙をもって五十人の姓名を書し闈に入るるに、主者難色あり。瑾特にために五十名を増額す、と。その事は必ずしも真ならざるも、而《しか》れども」輔臣焦芳が息子黄中を優等合格させようとごり押しするなど（本冊五七頁注（3）参照）、この科にははなはだ問題が多く、「士子のほしいままに誚《せ》むるも固《もと》より宜《むべ》なり」と。

つまり沈徳符によれば、この科につき士論すこぶるかまびすしかったのは「固より宜な」ることながら、劉瑾が五十人を合格させたという話は「必ずしも真なら」ずというわけで、おそらくこの見方が正しいであろう。というのも五十人云々の話は「或伝」の、要は流言蜚語のたぐいでしかなく、またこの科の三百五十人という額数も、実のところ特段怪しむには値しないからである。すでに本書上冊三〇一頁に示したとおり、成化中の登第者数は二百五十から三百五十名、弘治中は三百名、正徳中は三百五十から四百名で、正徳戊辰科の三百五十名という科額に格別不自然な点はないのである。

（2）　十五年の会試と翌年の殿試については、『実録』正徳十六年五月丙辰の条にこう云う、「これより先、会試に取中《ごうかく》せる挙人の張治等三百五十名は、大行皇帝（崩じたばかりでまだ諡号《しごう》が定まっていない皇帝。すなわちここでは正徳帝）の南巡せるをもって、いまだ殿試を経ず。ここに至り、礼部尚書毛澄等請うらく、五月十五日に引きて殿廷に赴かしめ策を試みん。大行皇帝の大喪に遇《あ》うに縁《よ》り、擬すらくは天順八年の事例に照らし、至日（夏至、この年は十五日だったのだろう）の早《あさ》、諸貢士を西角門に引きて礼を行ないおわらば、奉天殿前の丹墀内に赴かしめ策試せん。十八日早、仍《な》お西角門において諸進士を引きて礼を行なわしめ、制を伝え名を唱うる幷《なら》びに恩栄宴を免ず。文武百官は各々素服を具えて侍班し、楽《がく》は設けて作《おこ》さず、と。詔して可と曰う」と。

つまり正徳十六年の殿試は、まず当然のことであろうが「天順八年の事例に照らし」て行なわれたので、志文に「西角門に御してこれを策す」というのは、天順八年の故事を述べた部分と同様、十分には正確でない嫌いがあろう。ここの叙述は、この時「上は（奉天）殿に御さず、西角門に御して策問を発し、進士楊惟（維）聡……等三百三十人に及第・出身を賜うこと差あり」と述べている『続文献通考』四十六に拠ったものか。

（3）張璁が正徳十六年に進士となった時、彼はすでに四十七歳で、ふつうであれば進士登第の栄誉に満足しつつ、早々に官場を去るところであろう。だが彼は下文に言及される「大礼の議」によって異例の出世を遂げ、登第よりわずか六年余りの、嘉靖六年十月に礼部尚書兼文淵閣大学士として入閣し、二年後の八年九月にはついに首輔となる。しかもよく帝意に迎合するだけでなく、相当の政治能力もあった彼に対し、「帝は始終眷礼《けんれい》し、廷臣卒《つい》にともに二たるなし」（『明史』一百九十六、本伝）であった。志文に「六、七年の間に、国に当たり事を用い、権人主に侔《ひと》し」と云うゆえんである。

以上、張氏の経歴については『明史』本伝、および宰輔年表に拠った。その他、大礼の議については趙翼『廿二史箚記』三十一、大礼之議の項に、簡にして要を得た叙述がある。

（4）嘉靖帝が「親しく廷試巻を閲」したことは『実録』嘉靖八年三月甲寅の条に見えているが、そこには「上、廷試巻を批閲し畢《おわ》り、輔臣に諭して曰く、卿ら昨《きのう》六巻をもって、優と稍《やや》優の各々三に分けて来り看しむ。……勉めて卿ら擬する所の第を取りてこれを分別するにすぎざれば、それいまだ果たして可なるや否やを知らず」云々とある。つまり嘉靖帝が「親閲」したのは、読巻大臣楊一清らがあらかじめ「優」と「稍優」とに区分して進呈した各々三巻、すべて六巻のみであり、帝はこれに評語を加え、「優」と「稍優」各三巻の最終成績を定めたのであった。

なお志文に「一甲羅洪先・楊名・欧陽徳」とあるのは、『明史稿』以来の記述だが誤り。『進士題名碑録』によれば、嘉靖己丑科の一甲は羅洪先・程文徳・楊名である。欧陽徳は嘉靖二年の二甲進士、また嘉靖五年の探花が欧陽衡という人物で、『明史稿』選挙志の撰者はどこかで混乱を来したのであろう。

進呈された六名の試巻に対する御批《ぎよひ》については、『皇明貢挙考』六に「上は一々品題し、巻首に各々批語あり。洪先においては曰く「学は正しく見あり、言は讜《とう》にして意は必ず忠なれば、よろしくこれを首に擢《ぬ》くべき者なり」と。文徳においては曰く」云々とあって、すべてその内容を知ることができる。また『弇山堂別集』八十二、あるいは焦竑《しようこう》『玉堂叢語』六、科目によれば、これら御批をいただいた試巻はすべて『登科録』中に刻されたという。なおこの御批は『別集』にも録されており、それは『貢挙考』と同じく『登科録』を来源としたものに違いないが、両者の文字には若干の異同があり、『別集』のそれは『貢挙考』に劣る。

（5）　この間の経緯につき、『実録』嘉靖八年四月己巳の条はこう云う、「大学士楊一清等、旨を奉じて庶吉士を考選す。唐順之・陳束・任翰三人の廷試策は、上の批奨する所となるをもって、即ちもって冠となし、胡経……等二十人を取り、疏してその名を具え、因りて官に命じて教習せしめんことを請う。上曰く、吉士の選は乃《すなわ》ち我が太宗の制なり。それ当時に在りては、固《もと》より尽善となす。ただ邇年《じねん》（近年）以来、毎《つね》に大臣に私に狥《したが》いて選取せられ、恩を市り党を立《う》つることとこれより始まれば、国において何か益あらん。自今は選留を必せず、唐順之等は一体に除用せよ。……吏・礼二部および翰林院は会議して以聞せよ、と。

ここにおいて吏部尚書方献夫等、議奏して曰く、館閣は……今、聖諭を奉じたるに、選留を必せずとあれば、臣等別に議するを容れず。ただ翰林の員額、これを『（諸司）職掌』に載せる者は数あり。近ごろ吉士を収用し、および陞遷はなはだ濫《みだ》るるをもって、遂に常額より溢《あふ》る。官に定員なきは、これ久しうすべきの道にあらざるなり。乞うらくは『職掌』の外に量りて数員を増し、著して成法となさんことを、……と。疏入り（「入」字は校勘記に拠って補う）、詔して議のごとく行なわしむ。侍読・侍講・修撰は各々増して三員となし、編修・検討は各々増して六員となし、著して令となす」と。

志文の叙述はおおよそこの『実録』の記事を基本としているが、館選を事実上中止させた背景などについては、『万暦野獲編』七、吉士不読書の条（ただし通行本の文字にはまま訛誤があるので、引文は台北・国家図書館蔵旧鈔二十巻本巻三該条の文字に依る）にこう云う、「張永嘉（璁）の入りて相たるや、登第を去ること六年なるのみ。時に嘉靖丙戌（五年）、諸《もろもろ》の庶常館に在り、白雲宗（一種の邪宗。正統、正規ではないの意）閣老をもってこれを呼び、閣に進むごとに揖《ゆう》（お辞儀して挨拶）す。朔望の閣試には、まま赴かざる者あるに、ならびに疾を引きて仮を給さざる（まったく病欠の手続きを取らなかった）に及び、張始めて震怒し、上に密掲し、倶《とも》に指して費鉛山（宏）の私人となす。ここにおいて倶に遣《や》りて外に出し職を授け、一も留めて史官となすなし。

……次科己丑（八年）は、即ち永嘉大主考たり。会元唐順之等二十人を取りて庶吉士となす。

時に朝を挙げての清議は、なお礼を議せる貴人を目して夷狄禽獣《いてききんじゅう》となし、諸の吉士は恩地（師門）を称するを願わず、故をもってまたこれを恨望す。かつみな首揆楊丹徒（一清）の選ぶ所なれば、ますます忿忌《ふんき》を懐く。旨下り改授して甫《はじ》めて数日のころおい、また密掲すらく、この輩は浮薄にして、遠到の器にあらず、と。ここにおいて旨を奉じたるに、邇年大臣は私に狗《したが》い、恩を市《う》り党を立つれば、国において何か益あらん。自今は永く選ぶを必せず、と。けだしなお宏を指し、ならびに一清を侵すなり。ここにおいて教習の大臣は推すを停《や》め、新吉士もまた館に入りて読書せず、即《ただ》ちに応に得《まさ》べき寺の官をもって出して授く。みな部・寺・州・県たり。……順之等の部属に改めらるるに方《あた》るや、吏部尚書方献夫建議し、……侍読・侍講・修撰は旧《もと》二員なるを、今増して三員となし、編修・検討は旧四員なるを、今増して六員となす。上命じ著して令となさしむ。今詞林は充斥し、前より数倍なるに止まらず、玉堂（翰林院）の盛事なりと雖も、盌脱《わんだつ》校書（手当たりしだいに濫授された官）の誚《せ》めを免れず」と。

つまり帝意におもねって異例の出世を遂げた張璁に対し、官界の「清議」は至って冷ややかで、特にエリート官僚候補を自負する庶吉士らの態度は、張氏から見れば鼻持ちならぬものであった。このため張氏は彼らに対し、特にきびしい処置を取った、というわけである。翰林官の定員を定めたことも、沈徳符はむしろ肯定的に述べているが、もともと近年では常に「常額より溢」れていた、つまり「祖制」ではもはややっていけなくなっていたものを、わずかな定員増によって実質的に削減するというのであるから、これはやはり翰林官に対する抑圧の一環であったに違いない。張璁が翰林官や庶吉士を強く嫌っていたことは、『玉堂叢語』八、忿狷《ふんけん》の述べるところでもあって、いわば天下周知の事実であった。

十一年壬辰科になると、すでに館選は行なわないと決まっていたが、九月に至り改めて実施となった。[1] 十四年乙未科では、帝は親しく策問を作り、手ずから批評採点し、韓応龍を第一名に抜擢したうえ、おことばを降して一甲の三人、および二甲第一の席次がそのようであるゆえんを述べられた。そこで礼部はこの聖諭を『登科録』の首に置き、（一甲三名の対策のみならず、当初、読巻大臣李時らが優等巻として進呈した）十二人の対策をすべて席次の順に刊刻したのであった。[2] 二十年辛丑科において、庶吉士の考選で出された問題は、文が「原政」（政を原《たず》ぬ、政治とは何か）、詩が「読大明律」（大明律を読む）であり、ともに帝がじきじきに出題されたものであった。[3] 四十四年乙丑科の廷試では、帝ははじめて殿廷（奉天殿）に臨御されなかった。神宗の時になると、殿廷に臨むことはますます稀になった。[4]

迨十一年壬辰、已罷館選、至九月復挙行之。十四年乙未、帝親製策問、手自批閲、擢韓応龍第一、降諭論一甲三人及二甲第一名次前後之由。礼部因以聖諭列登科録之首、而十二人対策、倶以次刊刻。二十年辛丑、考選庶吉士題、文曰原政、詩曰読大明律、皆欽降也。四十四年乙丑廷試、帝始不御殿。神宗時、御殿益稀矣。

（1）　壬辰科の館選については『実録』嘉靖十一年九月丁巳の条に、侍読学士郭維藩が帝の求めに応じて上言する中で、「庶吉士の選を復し、もって人才を育まんことを請」い、「報聞」（分かったと返事）されたとある。つまり館選の復活は九月丁巳（十二日）に決定しているのであるが、その実施がいつであったのかになると、実のところあまりはっきりしない。『実録』同年十月甲申（十二日）の条によれば、「これより先」に詹事府・翰林院の欠員を補うための選抜を行なう、という決定があり、それで「新進士のいまだ選ばれざる（まだ官職に任命されていない）者において、年三十五より下はことごとく試に就かし」め、若干の曲折があった後、二十一人を選んで「翰林庶吉士に改めんことを奏し、これに従う」となったという。つまりこの時の選抜試験は、通常の館選とはいささか異なっており、その実施がいつであったのかも、九・十月の際という以上の詳細は知れないのである。

（2）　乙未科廷試につき、『実録』嘉靖十四年四月丙申の条はこう云う、「これより先、殿試の日、上は親しく策問を賜い、読巻畢《お》わりたるに及び、論を降して曰く、卿ら進むる所の巻、朕各々覧ること一週たり。その上一巻はまさに題意に合す。それ周道は善くして備わり、朕の法を取る所たり。その上三は……、と。けだし制科ありてより以来、朝廷士を策するに、いまだ親しく聖問を承け、躬《み》自《ず》から披閲することこの挙のごときものあらず。後、礼部は因りて請うらく、聖諭をもって恭しく『登科録』の篇首に列ね、その十二人の対策は、倶に次をもって刊刻せん、と。これに従う」と。志文がもとづくところはこの記事であろう。

　またここに「十二人の対策」とあることであるが、『皇明貢挙考』七はこの時のいきさつを述べ、「上、凡そ廷試の策題は、多く出ずること宸衷《しんちゅう》よりし、臣下の手を仮りず。この歳、上は親しく策題を製し、天に法《のっと》り祖に法るをもって意を立てしめんと欲す。……時に（読巻官の）李時および夏言・顧鼎臣ら、（対策諸巻のうち）李璣《りき》らの十二巻をもって進覧す。上、批答して曰く、卿ら一甲と作《な》すに堪うるの巻十二をもって来呈し、朕各々覧ること一週たり。その上一巻は……、と。時ら（一甲以外の）余巻もみな御覧《ぎょらん》を経たるをもって、敢えて遺棄せず。乃《すなわ》ち李璣……ら九人の対策をもって、みなこれを刻す」と。訳文「十二人」の前に加えた「一甲三名の対策のみならず、当初、読巻大臣李時らが優等巻として進呈した」という数句の説明は、これに拠ったものである。

　なお「おことば」の原文「諭」は、よく「旨」と合して「諭旨」という一語になるのだが、「諭」と「旨」はもともと二つの異なったことばなのであるから、その間には本来相違があるはずであろう。このことにつき『清国行政法』第一編上（臨時台湾旧慣調査会、一九一四）は、嘉慶『大清会典』三に「特に降す者を諭となし、奏請する所に因りて降す者を旨となす」とあるに拠り、「皇帝ガ自己ノ意志ヲ以テ特ニ発スルモノ」が諭だと説明している。むろんこれは、嘉慶時になってはじめて明文化された定義なのではあるが、そのような定義が成立する背景には、長期にわたる用例の積み重ねがあるわけで、少なくともここでの「諭」は、この『大清会典』の説明とよく符合していよう。

（3）　辛丑科の庶吉士考選に際し、帝が「御題を欽降」したことは『実録』嘉靖二十一年十一月庚子の条に見える。なお「欽降御題」の故事はこの年に始まるわけではなく、郭氏『箋正』『考論』両著が指摘しているように、その初めは嘉靖十四年乙未科であった（『実録』同年四月乙巳条）。

（4）　嘉靖帝が「始めて殿に御さ」なかったのは、郭氏両著が指摘するとおり嘉靖十七年戊戌科のことであった（『実録』同年三月戊子条）が、これはたまたまそうであったというにすぎないだろう。またここに取り上げられている四十四年乙丑科の事例（『実録』同年三月壬子条）にしても、もう晩年（翌四十五年崩）の嘉靖帝がこの時に臨御しなかったからといって、そこに格別の意味があるわけではあるまい。志文に記されたところからも分かるとおり、嘉靖帝はむしろ平均以上に殿試に熱心であった。

皇帝が殿試に親臨するという故事は、隆慶、さらには万暦に至っても、基本的には相変わらず維持されていた。隆慶三年己巳科につき『実録』は、「天下の貢士を策試」したとのみ言っているので、どうも臨御はなかったらしいが、五年辛未科では「上、皇極殿（以前の奉天殿、嘉靖四十一年改名）に御し貢士を策試」したというし、万暦二年甲戌科、八年庚辰科、十一年癸未科でもすべて「上、皇極殿に御」しており、万暦十年に張居正が卒したその直後まであれば、特に目立つ変化はなかったのである。

それが十四年丙戌科以降になると、『実録』に「上、皇極殿に御」し云々の文字はまったく現れなくなる。むろん「上御皇極殿」句がないからと言って、ただちに臨御がなかったと断定できるわけではないが、万暦が終わって天啓朝に入ると、二年壬戌科、五年乙丑科とも「上御皇極殿」が復活しており、万暦中年以降の記載はやはり異常と見るべきだろう。つまり張居正亡き後は政治をまったく顧みず、中央省庁の長官人事でさえ欠員を放置して平然としていた万暦帝は、当然と言えば当然、と同時に極めて異常なことながら、殿試への親臨などには何の関心ももたなかったのであった。ただしそうした異常事態は、万暦が終わるとともに平常に復したわけである。

天啓二年壬戌科の会試では、内閣大学士の何《か》宗彦《そうげん》と朱国祚《こくそ》が主考をつとめるよう命じられた。故事《ぜんれい》では、閣臣を（正）主考に、翰林院・詹事府の官一人を副主考とすることになっており、この時にはもう礼部尚書（で詹事府の兼任長官たる）顧秉謙《へいけん》が推薦されていたのだが、特旨によって国祚が任命されたのである。国祚が上疏して辞退すると、帝が曰く、「今年は朕が最初の科挙なので、特に輔臣二人を用いて大典に光を添えようしたのであるから、卿《おんみ》は辞退せぬように」と[1]。それでこれ以後は二人の輔臣が主考となるのを通例とするようになった[2]。

この年にはじめて宗室の科挙受験が実現し、朱慎鋻《しんけい》が進士となったが、宗彦、国祚の奏請に従い、（観政を経ることなく）ただちに中書舎人を授けた[3]。崇禎四年、朱統鉓《とうちょく》が進士となり、当初は庶吉士に選ばれていた。だが吏部は、統鉓は宗室であるので、近侍の官とするには適当でないとして、中書舎人に改めるよう請うた。統鉓は上疏して争い、その結果さきの決定どおり庶吉士を授けるよう命ぜられた。(4) 七年甲戌科では、知貢挙（試験場主任たる提調）の礼部侍郎林釬《りんかん》が、挙人顔茂猷《もゆう》の答案は五経すべてに渉り、二十三篇を書き上げていると上言した。帝はその博通を愛でられ、（規定違反ではあるが）内簾の考官にまわす（採点の対象とする）ことを許した。茂猷は副榜に合格し、また格別のおぼしめしをもって進士を賜り、会試録の首、第一名の前にその名を別項にして記載せしめられた。かくて五経全題に答えて合格する者は、これより続々と現れることとなった。(5)

天啓二年壬戌会試、命大学士何宗彦・朱国祚為主考。故事、閣臣典試、翰・詹一人副之、時已推礼部尚書顧秉謙、特旨命国祚。国祚疏辞。帝曰、今歳朕首科、特用二輔臣以光重典、卿不必辞。嗣後二輔臣典試以為常。

是年開宗科、朱慎鏊成進士、従宗彦・国祚請、即授中書舎人。崇禎四年、朱統鉓成進士、初選庶吉士。吏部以統鉓宗室、不宜官禁近、請改中書舎人。統鉓疏争、命仍授庶吉士。七年甲戌、知貢挙礼部侍郎林釬言、挙人顔茂猷文兼五経、作二十三義。帝念其該洽、許送内簾。茂猷中副榜、特賜進士、以其名另為一行、刻於試録第一名之前。五経中式者、自此接跡矣。

（1）　ここの記述は『実録』天啓二年二月辛未の条に拠っている。志文の「礼部尚書顧秉謙」を訳文では「礼部尚書（で詹事府の兼任長官たる）顧秉謙」としているのも、『実録』に「礼部尚書・掌詹事府事顧秉謙」とあることによる。もっとも「詹事府は多く他官より兼掌す。……成化以後は、おおむね礼部尚書・侍郎の翰林より出身する者をもって」兼掌させた（『明史』職官志二）ので、当時の人であれば、礼部尚書が副主考に推されたと言えば、それは詹事府詹事の官によるもの、とすぐに了解されたことであろう。

また会試主考官選任の「故事」だが、『万暦野獲編』十五、閣臣典試によれば「隆（慶）万（暦）以来、南宮（尚書省礼部、ここでは礼部が主催する会試のこと）の主試は例として輔臣を用い、しかして詞林（翰林院）の大僚をもってこれに副たらしめ、すでに成規あり」ということで、これによれば「翰・詹一人これに副」となるという「故事」は、せいぜい隆慶以来の近例であった。

（2）　天啓二年以降の通例と言えば、わずか二十余年の間の話にすぎないのではあるが、この時以来の会試主考は、天啓五年乙丑科については『実録』、崇禎中の六科については『国権』によるに、たしかにすべて閣臣から選ばれている。しかも明朝最後の会試、崇禎十六年癸未科につき『国権』が記すところ（同年八月乙丑条。この年は情勢が緊迫していたため、会試の日程が大幅に遅れた）によれば、「故事、内閣の首・次（輔）試を主《つかさど》る」といい、じっさい天啓五年以降の主考官は、だいたいにおいてこの「故事」に遵っているのである。当初は学問、文章能力のゆえに翰林官から選ぶとされていたものが、しだいに官位を問題とするようになり、明朝最末期にはこれが極点にまで達した、ということになろうか。

（3）　天啓二年に「宗科を開」いたとは、この年はじめて宗室の進士合格者が出たということ。彼らの科挙受験そのものは、無爵の者であれば万暦十八年より、有爵の最下位者である奉国中尉は二十二年より認められており、三十四年からは将軍、鎮国・輔国中尉も応試しうることとなっていた（本書上冊二二一頁の注（6）参照）。

　ちなみに宗室の郷試受験には特別の定員があったようで、楊士聡『玉堂薈記《わいき》』三にこう云う、「宗藩の科目をもって起家するは、始まること辛酉（天啓元年の郷試）よりす。……科目の開くは、もと天潢《てんこう》（宗室）の俊を収羅せんとするをもってなれば、なんぞ必ずしも限るに定額をもってせん。各省しばしば請うも允《ゆる》されず。己卯（崇禎十二年）に至り、多く宗生一名を中《あ》つる者あらば、輒《すなわ》ち民生一名を裁去す。その後は遂にただ原額のごとくするのみ。これその濫《みだ》りに進むを欲せざるなり」と。

　朱慎鍪《しんけい》がただちに中書舎人を授かったことは、『実録』天啓二年十二月丙寅の条に見え、「上、宗室の開科は今日の特典に係り、朱慎鍪の首《はじ》めて甲第《しんし》に登るは天潢を光《かがや》かしむるに足るをもって、吏・礼二部をして即《ただ》ちに会議し、優《あつ》く京秩を選び、仍《な》お著して令となさしむ。大学士何宗彦・朱国祚の請に従えるなり。後、吏部覆議し、慎鍪を銓註して中書舎人となす」と云う。

　これによれば天啓帝ないし何宗彦、朱国祚は、朱慎鍪に聞こえのよい清秩を授けたかったのだが、銓選の秩序を重んずる吏部がしぶり、結局「優選」とは言いがたい中書舎人とするに止まった、ということになろう。中書舎人はたしかに「京秩」ながら、雑流からも任用される書写の官だし、そのうちの「進士より部選さるる者」にしても、わずかに「科道部属に遷るを得」というだけ（『明史』職官志三）で、格別「優」れたところは見当たらない。

なお本訳注の底本たる中華書局標点本では、「この年宗科を開く」以下数句を前段に属せしめているが、ここではこれを改め、次段の首とした。標点本の段落は天啓二年の記事を一まとめにしたものだが、述べられている内容は輔臣主考の例がひとまとまりで、「この年」以下が宗科の話となっており、これは分けた方がよいと判断したからである。

（4）　朱統鉓《とうちょく》の進士登第は、『題名碑録』に拠れば元年戊辰科であったが、ここで特に四年と言っているのは、おそらくこの年に「仍お庶吉士を授」けたと考えているのであろう。だがそうだとしても、事実とはなおいくらかの出入がある。本書上冊二二二頁の注（7）ですでに概略を述べたように、元年六月、彼は宗室としてはじめて庶吉士に選ばれたのだが、「宗室は館に入るに便ならず」と言うあれば、改めて中書舎人を授けられ、ただちに仮を告げて去」った（『国榷』元年六月辛亥条）。

それが「辛未（四年）に至り、疏を具えて自列し（自分から申し立て）、部覆して仍《な》お還《ま》た館員たらし」めた、と彭孫貽《ほうそんい》『明史記事本末補編』二は云い、志文はたぶんこの記事に拠ったのだろう。しかしながら汪楫《おうしゅう》『崇禎長編』によれば、朱氏の申し出が認められたのは五年六月乙酉のことであるし、さらに『玉堂薈記』一によれば、彼が実際に庶吉士の「職を授」けられたのは「癸酉」、つまり六年になってからであった。よって志文が「崇禎四年、朱統鉓進士となり」云々と述べるのは、はなはだ誤解を招きやすい不適切な表現というにとどまらず、事実関係から言っても不正確で、強く言えば誤った記述である。

（5）　顔茂猷《もゆう》の故事については、『国権』の記事によっておおよそのことを知りうる。すなわちまず七年二月庚午条に「知貢挙（会試を主宰する官の意だが、明代では提調の雅名で、試験場主任、事務長に相当）・礼部左侍郎林釬《りんかん》奏すらく、貢士顔茂猷は初場に五経義を作ること凡そ二十三篇なり。これを謄録せんとすれば違式を恐れ、貼出《ちょうしゅつ》（排除）せんとすればまたその才を重《おし》む、と。旨有り、その該博なるをもって、命じてこれを録せしむ」とあり、壬午に至り「温体仁奏すらく、顔茂猷の五経墨義をば乙榜（副榜）第一に寘《お》く、と。命じて廷試するを准《ゆる》す。ここにおいて会試録は另《べつ》に茂猷を正榜の前に書す」となった。ついで三月辛丑（十五日）の殿試では「乙榜顔茂猷もまた高第たり（二甲二名）」という結果で、めでたく一件落着したのであった。

　顔氏以後の五経中式については、『玉堂薈記』二にこう云う、「甲戌（七年）に顔茂猷の五経もて特に殿試を準《ゆる》されてより、丁丑（十年）には五経（答案が）四巻あるも、ただ掲重熙のみを中《あ》つ。……壬午（十五年、順天郷試であろう）の場中はただ二巻、……明年、二巻みな捷《か》つ（合格した）。また五経の一巻、名は趙天驥《てんき》なる者あり。山西（郷試）に在りて五経をもって中式し、ここ（十六年癸未科）に至りまた中列に在り」と。すなわち顔氏の例が世に喧伝されてより、郷会試において「五経もて中式する者」が「跡を接」したわけである。なお清代に入ると五経中式の事例が「指屈するに勝《た》え」ざるようになること、『陔余《がいよ》叢考』二十九、五経中式の項を参照。

Ⅳ　武挙

武科は呉元年に制定された。洪武二十年には、礼部の願い出を認めて武学を設立し、武挙を行ない、武臣の子弟はそれぞれが属する直隷ないし各省で受験することとされた。[1]天順八年には、全国の文官武官に命じて兵法に通暁し、智謀・武勇が抜きんでた者を推挙させ、各省であれば巡撫・巡按・（都指揮・布政・按察の）三司に、直隷であれば巡按御史に試験させた。これに合格した者は、兵部が総兵官とともに帥府《すいふ》で軍略に関する策問を試み、練兵場で武芸のほどを試験することになる。策問については二題に答え、騎射では四矢、歩射では二矢以上を命中させた者を合格とし、騎射、歩射の命中数がこれの半分であった者は二等合格とした。[2]成化十四年には、太監汪直の願い出に従い、文科にそっくりのっとった形で武科の郷・会試を設けることとした。[3]弘治六年に定められたところでは、武挙は六年に一度行ない、軍略に関する策問をまず課して、それから武芸を試みることとし、策問が不合格であった者は、騎馬・弓箭の受験資格なしとした。十七年にはこれが改定され、試験は三年に一度行ない、合格発表の後に宴を賜うとなった。[4] 正徳十四年に定められたところでは、初場は騎射の試験で、基準距離は三十五歩（五十四メートル余）。二場は歩射の試験で、基準距離は八十歩（百二十四メートル余）。三場は策問一題の試験。子・午・卯・酉の年に郷試を行なう、となった。[5] 嘉靖初年に定められた制度では、各省において武挙を受験する者は、巡按御史が十月に試験を行ない、両京の武学生は兵部において選抜し、ともに（その合格者名簿を会試のため）兵部に送付する。翌年四月に会試を行ない、翰林官二員を主考とし、給事中と六部の司官四員を同考とする。また郷・会試三場の期日はともに月の初九、十二、十五日である。受験資格の承認手続きや受験生の検査、試験の監督や合格発表などについては、大体のところ文科にならうものの、やや簡略化する、とされた。これ以後は中止したかと思うとまた復活といった具合であった。[6] ついでまた文科における南北巻の例にならい、受験生を辺方と腹裏に区分し、合格者十名につき平常では辺方六名・腹裏四名とされた。[7] 万暦三十八年には会試の定員を定め、進士合格者は百名を標準とするとされた。その後、詔を奉じてさらに三十名を増やしたこともあったが、これは常制ではない。[8]

武科、自呉元年定。洪武二十年、俞礼部請、立武学、用武挙、武臣子弟於各直省応試。天順八年、令天下文武官挙通暁兵法・謀勇出衆者、各省撫・按・三司、直隷巡按御史考試。中式者、兵部同総兵官於帥府試策略、教場試弓馬。答策二道、騎中四矢・歩中二矢以上者為中式、騎・歩所中半焉者次之。成化十四年、従太監汪直請、設武科郷・会試、悉視文科例。弘治六年定、武挙六歳一行、先策略、後弓馬、策不中者不許騎射。十七年改定、三年一試、出榜賜宴。正徳十四年定、初場試馬上箭、以三十五歩為則。二場試歩下箭、以八十歩為則。三場試策一道。子・午・卯・酉年郷試。嘉靖初定制、各省応武挙者、巡按御史於十月考試、両京武学於兵部選取、倶送兵部。次年四月会試、翰林二員為考試官、給事中・部曹四員為同考。郷・会場期倶於月之初九・十二・十五。起送考験、監試張榜、大率仿文闈而減殺之。其後條罷條復。又倣文闈南北巻例、分辺方・腹裏、毎十名、辺六腹四以為常。万暦三十八年、定会試之額、取中進士以百名為率。其後有奉詔増三十名者、非常制也。

（1）　武科の制定については、『実録』呉元年三月丁酉条に「令を下し、文武の科を設けて士を取らしむ」として見えているのだが、これはいよいよ統一帝国の樹立も間近という時に発せられた「広く天下の賢を求」める宣言、いわば理念であって、試験による人材登用を実際に開始する、ということではない。文武の「二者は、必ずや三年にして成る有れば（『論語』子路の語を用う）、有司あらかじめ民間の秀士および智勇の人に勧諭をなし、時をもって勉《つと》めて学ばしめ、開挙の歳を俟《ま》ちて、京師に充貢せよ」とそこで言われているのも、むろん未来に向けての話、やがて人材登用の道を大いに開くから、その時のため準備しておけ、というにすぎない。
　さらに洪武二十年に「礼部の請を愈《ゆる》」して「武学を立て、武挙を用い」た、というのは事実に反する。すでに本書上冊二二九頁の注（1）で見たとおり、太祖はこの提案を「文武を析《わ》けて二途となす」ものであり、「はなはだ謂われなきなり」と斥けていた（『実録』洪武二十年七月丁酉条）。行なわれていない武挙を受験する、というのは不可能であろう。ただし「武臣子弟」の「応試」、文挙の受験ということであれば、その例がないわけでもない。

たとえば顧起元『客座贅語』八、科挙事例は、応天郷試につき「国初は府学生・増広生・監生より外、未入流の官吏・武生・医生・軍余・舎人・匠の類、みな試に赴くを得、みな中を取る（合格する）を得。……嘉靖より以後は、遂に中《あた》る者あるを聞かず」と言っている。もっとも顧氏が挙げる「国初」の事例は、実のところ成化元年以降の明代中期のものだし、「武生」の出現も正統以後の話なのであるが、とにかく明初でも武官子弟の科挙受験ということ自体はあったであろう。だがそうした事例がいくらかあったとしても、そのことが志文の根拠になっているわけではなく、ここの叙述が何に拠っているのかは未詳。

（2）天順八年例に関するここの記述は『会典』一百三十五、武挙の項をもとにしているのだが、『実録』では同年十月甲辰条に「武挙の法を立つ」としてやや簡略にその内容を記し、最後に「太僕寺少卿李侃《りかん》の言に従い、兵部折衷して覆奏し、もって取士の法となすなり」とある。武挙を実施しようとした背景などはともかくとして、これにより「武挙の法」制定の簡単な経緯、およびそれが最終的に裁可された日付は知ることができよう。

また「合格」および「二等合格」と訳した「中式」と「次之」であるが、『会典』の規定によれば、「中式」者が武官であれば「量《はか》りて署職二級を加え、旗舎（旗軍舎余、軍戸の長子以外の子弟）・余丁（軍戸の内より軍人の従僕などになっている者）は所鎮撫（武官、すなわち将校の最下級で従六品）を授け、民は各衛の試経歴（もともとで言えば将校には入らぬ従七品の小官の、そのまた「試」、つまり見習い）を授け、倶に月に米三石を支」し、「次之」の場合は「官は量りて署職一級を加え、旗舎・余丁は……、倶に月に米二石を支し、並びに京衛に送り、量りて把総・管隊をもって調《うつ》す（その職につける）を聴《ま》たし」めたという。つまり「中式」はもとより「次之」も合格ではあるのだが、その間に一等と二等の別があるわけである。

なお天順八年の武挙というのは、その「法」を立てたことこそ確かだが、合格者に対ししかじかの職を授けた、といった記事を『実録』等に見出すことはできず、はたして実施されたのかどうかは分からない。ただし武挙を行なうというこの時の決定には、やはりそれ相応の意味があったに違いなく、成化六年にはたしかに挙行され、二人が一等合格、四名が二等で合格している（『実録』同年五月辛丑条）。とはいえ成化六年の事例が、それ以後も恒常的、定期的に継続されたのかというとそうではなく、『実録』成化十三年八月甲辰条によれば、武挙は「いまだ久しからずして随《ただ》ちにまた廃罷」したというし、かつこの時には「武挙は必ずしも設けず」と命じられているありさまであった。武挙制度はまだまだ不安定だったわけである。

なお武官の「署職」とは、昇進の際にすぐ「実授」（正式にその官と）せず、軍功を挙げるまでは職務取扱いとする等級の一種。『会典』一百十八、兵部・官制によれば、「署職は景泰元年に起こり、半級となし、俸を支せ」ざるもので、「およそ署職は逓《たが》い（順次）に本職に一級を加う。署副千戸（従五品）は実授の百戸（正六品）をもって」するといった具合で、「軍功にあらざれば実授を得るなし」（『明史』職官志一、兵部）であった。

また策問の試験場「帥府」というのは、戎政府《じゅう》（明代後半期における京営の本部）の前身らしく、『春明夢余録』三十一によれば、「永楽の間、二帥府を都城内の東西に設け、もって会議の所となす。後、蔽壊するに因り、嘉靖二十九年、戎政府を立つ」という。

（3）成化十四年に決まった新方式の武挙というのは、とりあえずは実施されないままに終わった。このことにつき、『実録』同年五月己卯条はこう云う、「兵部尚書余子俊等、議して武挙の科条を上す。時に太監汪直事を用い、建白をもって名をなさんと欲す。……ここに至り呉綬ために奏草を撰び、武挙の科を設け……んことを請う。旨を得たるに、兵部ただちに集議して以聞せよ、とあり。……衆みな心にその不可を知るも、また敢えて違わず、遂に議して科条を上す。……初め、会議せしめられたる時、学士万安ひそかに計りて曰く、汪直の言うところは呉綬の建白に出ず。聴くべくして行なうべからざるも、然れどもこれを沮《はば》まば必ず禍あらん。何ぞや。武挙もて材を選ぶとは、その号は則ち美《よ》く、可ならざるには非ざればなり。よろしくもってこれに処することあるべし、と。奏するに及び、上、武挙は重事なれば、いまだ即《ただ》ちには行ない易《やす》からず。兵部をして天下に移文し（文書を送って）、教養すること数年、成効あるを俟《ま》ちて、巡按・提挙（下引『野獲編』では「提学」となっており、それが正しかろう）等の官、具奏し起送せよ、と内批して（内廷から直接に聖旨を伝えて）これに処す」と。

つまり外廷の大臣らは汪直の提案に困った挙句、皇帝に対し内々にその処置を願い出、形式的にはこれを認めつつ、その実施は「数年」後にまた、というのは立ち消えになるまで店晒しにすることとしたのであった。この処置に関し『万暦野獲編』補遺三、「武挙殿試を請う」の条はこう云う、「時に万文康（安）国に当たる。心にその非を知るも、これを沮まばまさに禍を得んことを恐るれば、すべからく術もってこれを緩むることあるべしとし、乃《すなわ》ち密奏す。上の内批出ず、……。事方《はじ》めて止むを得たり。文康は生平阿媚《へつらい》をもって寵を取るも、独《ひと》りこの事のみは調停もっとも妥《やす》し」と。万安は閣臣だけに許されている「密奏」（即ち「密掲」で、いわば親展状。一般官僚に公開されることなく直達する）によって皇帝を動かすという「術」を用い、そのことで武挙を実質的に頓挫させたのであった。

　万安が武挙の実施を阻んだのは、それが宦官汪直の意向によるものであったから、というだけのことではなかったろう。武挙は天順八年にも挙行されたか、あるいは挙行されようとしたし、成化六年にはたしかに実施、また次注以下に記すとおり、弘治以降にはある程度恒常的に実施されており、決して汪直個人の、一時的な思いつきといったものではなかった。

　ただ世襲を基本とする武官の人事制度に試験を導入する、というのは大きな改変であり、「祖制」の護持を一義とする守旧派からは不評判であったろうし、既得権益を有する現役武官も、陰に陽に反対したことであろう。「学術な」く、「大体を識《し》ら」ず（『明史』本伝）とか、「生平阿媚をもって寵を取」った（上引『野獲編』）などと称される万安は、事なかれ主義者以外の何物でもなかったはずで、そうであれば彼が何とかして武挙の実施を骨抜きにし、いわばその自然消滅を待とうとしたのは分かりやすい話である。

　この武挙の創設と定着につき、松本隆晴は「世襲制に起因する武官人事の停滞と退廃」が、明朝をして武挙を試みさせたのであるが、それが「長い間制度として確立しなかったのは、武官世襲制と矛盾したからだ」と述べている（「明代武挙についての一考察」、『山根幸夫教授退休記念明代史論叢』上、汲古書院、一九九〇）が、これはまず大方に首肯されうる見解であるに違いない。

（4）ここに述べられる弘治六年の定制は、『会典』一百三十五、武挙の記載に拠るものだが、実のところ『会典』で「弘治六年定」となっているのは試験内容や合格者の扱いなどだけで、ついで「後、六年ごとの九月に一次考試す」云々とあり、さらに「後また令し、策畧を先に弓馬を後とし、もし策佳ならざれば即ち騎射を許さず」と記されているのである。つまり志文に言うところはすべて「後」の話であり、それがいつのことなのかは、次項の「弘治十七年奏准」以前というだけで、はっきりとは分からない。

しかも正徳『会典』一百十一、武挙の項を見てみるに、この事例はまず「弘治初定」で、ついで「後」という形になっている。弘治中に編纂された『会典』が「弘治初」としているものを、万暦初年に至って特に「弘治六年」と改めたのには理由があろうが、その改訂が正しいかどうかは分からないし、また仮に正しいとしても、「後」を六年に含めてしまうことには無理があろう。結局、ここの「弘治六年定」は、少なくとも十分には正確でなく、「弘治中定」くらいにしておくのが穏当なのである。ついで弘治十七年改定例についての記述であるが、これは弘治六年定制のつづきということで、当然ながら上引万暦『会典』の文に拠る。

弘治中の武挙につきなお述べておくべきなのは、志文に言う六年例の後、十一年と十七年にはたしかに武挙が実施されている、ということである。『実録』弘治十一年十月丙子条、および同十七年十月壬午条に記載されるところがこれで、前者では十七人に昇職一級、月米二石を加える、ということは一等合格者はいなかったのであるが、とにかく成化六年の時よりは人数が増え、後者では一等合格が八人、二等合格が二十七人となって、さらに一歩を進めたのであった。

なお十七年の改定例というのは、兵部が合格者の報告をした際、「文挙の引見、賜宴、主席（大臣が宴席を主宰する）等の故事のごとく」にすることを請うたのが認められ、さらに「今後は三年に一次挙行」せよ、と命じられた（上引『実録』の記事）ことによるもの。ただしこれ以後も武挙は「倏《たちま》ち罷め倏ち復」しつつ行なわれたのであって、必ずしも「三年一次挙行」が厳格に順守されたわけではない。この武挙の実施状況については、郭氏『明史選挙志考論』二五五〜六〇頁参照。

（5）　ここに「正徳十四年定」として述べられる規定は、『実録』『会典』には出てこない。まず『会典』について言えば、その武挙の項において弘治十七年例の後に記される事例は正徳三年のもので、その次はもう嘉靖元年のそれとなり、正徳十四年例というのは出てこないのである。また『会典』記載の正徳三年例は、『実録』同年正月庚申条に記される武挙条格を節略したものであるが、この条格には「文挙の会・殿二試の例を参酌し、文挙の郷試の年に遇うごとに、あらかじめ両京十三省に行し（文書を送り）、……撫按より三司とともに考試し、……兵部に送らしむ。次年の夏四月に科を開く。初九日の初場は、その騎射を較べ、人ごとに九矢を発し、中ること三矢以上の者を合式とす。十二日の二場は、その歩射を較べ、また九矢を発し中ること一矢以上の者を合式となす。……十五日の三場は、策二道、論一道を試む」云々とある。

つまり志文にいう「子・午・卯・酉年に郷試す」とは、「郷試」という名を公式に用いたかどうかはともかくとして、少なくとも実質的には、正徳三年の武挙条格ですでに定まっていたし、しかもそれは弘治十七年に武挙を「三年に一次挙行」すと決めた際、提案され認められた規定を重申したものであった。

というのは弘治十七年、時の兵部尚書劉大夏が「武挙を行なわんことを議するの疏」（『御選明臣奏議』十一。『皇明経世文編』七十九にも収められるが、上奏の年次を記さない）を上し、「会・殿二試の事例を参酌し、少しく損益を加え、文挙の郷試の年に遇うごとに、また武挙を将《おこ》なう。期に豫《さき》んじて両京十三省に行移し、……（我こそはと思う者は）所在の官司に赴き投報するを許し、はたして取るべき者あらば、礼もて兵部に送り会萃《かいすい》すること数月（もと「目」に作るが、『経世文編』に拠って改む）、次年において科を開かんことを請う」云々と提案し、「帝これに従う」となっていたのである。

ついで『実録』ではどうかというと、実のところ志文に対応する記事がなくもない。その正徳十三年九月己丑条に記される改訂版の武挙条格がこれで、そこには「一、武挙郷試は文士郷試の年に倣い、十月をもって期となす。……一、会試の年、四月……初九日に馬上箭を試み、十二日は歩下箭、十五日は策一道」云々と記されているのである。ただし言うまでもないことながら、これは正徳十四年ではなく十三年の条格であるし、また騎歩射の距離も出てこない。

ならば志文の根拠は何かというと、それは『続文献通考』四十七の武挙郷試条格であろう。

そこにはまず「凡そ子・午・卯・酉年に遇わば、十月に武挙郷試す」とあり、さらに正徳十四年六月に上奏のうえ承認されたこととして、「初場は馬上箭を試み、三十五歩をもって則となす」以下、志文とよく一致する規定が記されているのである。

しかしながら、これはあくまで郷試の条格であって、会試に関する規定ではない。つまり志文は『続通考』の記事を誤解したのか、とにかく適切に用いることができず、結果として誤った記述をしてしまったわけである。なお『続通考』の記事にはむろんそれなりの根拠があったに違いなく、これをみだりに疑うには及ぶまいが、『実録』等による裏づけが取れないのはやはり弱点で、そのことは意識しておく必要があろう。

なお正徳三年の武挙条格では騎射、歩射ともに九矢と、射る矢の数を明記しているが、これは試験の規定としては当然のことであろう。何本射るかが定められていなければ、何本命中で合格などと言ってみても、まるで意味をなさないからである。またこの九矢というのは、正徳三年戊辰科のみならず、より一般的な武挙の通例であったに相違なく、上引弘治十七年劉大夏《あつ》の上奏でも、『経世文編』本では「初めは騎射を較べ、人ごとに九矢を発し、三矢以上を中るを合式となす。二にはその歩射を較べ、また九矢を発し、一矢以上を中る者を合式となす」と言っているし、正徳十二年の会試に際しても、時の兵部尚書王瓊《けい》は「四月初九日、馬上箭を試み、人ごとに馬を走らせること三回、九矢を射る」と言っている（『御選明臣奏議』十五、武挙議）。

ところが『会典』の天順八年例がそうであったように、武挙に関する政書などの記述では、何本射るかは書いていないのがむしろ通例であり、劉大夏の上奏にしても、『御選明臣奏議』

では何本というところが省略されてしまっている。武を徹底的に軽蔑した学者文人にとっては、武挙の細則など関心の外であった、とそういうことなのであろう。じっさい本志の武挙に関する記事にしても、簡略と言わんよりはむしろ粗略、しかもすこぶる不正確であって、武事に対する撰者の関心がはなはだ低かったことを物語っているのである。

（6）「嘉靖初定制」については、『実録』嘉靖元年七月乙卯条に「詔して武挙の式を定む。騎は四矢以上、歩射は二矢以上、策論は故のごとし」云々と、ごく簡略にその内容を記し、また『会典』武挙の項に「嘉靖元年議准」として、やや詳しい規定が見えているが、前者はもとより後者にしても、志文とは必ずしも一々符合しない。実のところ、ここの叙述は正徳十四年の一節に続いて『続通考』を根拠としており、その武挙郷試条格の後ろに記される、嘉靖元年の武挙会試条格を剪裁して成ったものである。

もっとも「おおよそ文闈《ぶんい》に倣《なら》いてこれを減殺《げんさい》す」の一句については、『実録』ではただ「中式の官生は、文挙の事例に照らし、名を梓《きざ》み宴を賜う」というだけであるし、『続通考』も「文挙の事例に照らし」て合格者姓名や優等答案を載せた武挙録を刊行すること、および賜宴についても「また文挙廷試の事例に照らし」て行なう、と述べられているにすぎない。つまり「これを減殺す」というのは、理としてまさに然るべきことではあって、たぶんそのとおりなのであろうが、史料に拠る記述というよりも、志文の撰者が常識、ないしはその当時の現実にもとづき下した判断であるかのごとくである。

また会試が四月に挙行されるというのは、実のところ嘉靖元年にはじめて定まったことでは決してなく、『実録』によれば正徳三年以来の旧例であった。しかもこの四月開科は嘉靖十七年に至り九月に改められ、これ以降は九月開科が通例となるし、これに合致しない場合でも、すべて秋冬の間に挙行されていて四月開科という例はない。志文の書き方では、明末百年の武会試はあたかも四月挙行が通例であったかのごとくであるが、これは少なくとも不十分な、強く言えば誤った叙述である。

なお嘉靖中の武挙実施状況については、注（4）の末に記した郭氏『考論』の記事を参照されたいが、『実録』嘉靖十九年二月己卯の条に「兵部、武科郷試を開かんことを請う。上、累科いまだ人を得るを見ざるをもって報罷（却下）す」とあるのが「たちまち罷め」た文献的明証。ついで同二十年九月丁未の条には、兵部が「十二事を条上」したうちに「武挙はもともって将材を捜羅せんとするも、近ごろ挙ぐるところ人に非ざるをもって、輒《すなわ》ち報罷せらる。今、給事中任瀛《じんえい》、疏して再《ま》た挙げんことを請えば、幸《ねが》わくば俯してこれに従われんことを」という一条があり、その他の各条とともに「旨を得たるに行なうを允《ゆる》すとあり」となったのが「たちまち復」した実例。これにより二十年には停止されていた武挙が、二十三年には再開されている。このほか嘉靖十四年乙未科も『実録』その他に記載なく、どうも実施されなかったようであるし、万暦中に至っても毎科挙行されていたわけでは必ずしもない。

（7）　文科の南北巻のような区別を武科でも設けるというのは、嘉靖十七年にはじめて提案、裁可されたことで、『実録』同年五月乙亥の条に云う、「詔し、凡そ武挙の科を開かば、試巻は辺方、腹里、および南方に分別して三等となさしむ。給事中朱隆禧等の言に従うなり」と。ついで二十年には、前注で見たとおり武挙再開が請われたのであるが、その際には「俯してこれに従われんことを」と言った後、さらに「仍《な》お辺方・内地に分かち、もし科ごとに五十人を取らば、辺方は則ち三十、内地は則ち二十とせば、材武の用を獲るに庶《ちか》からん」と言われていた。つまり嘉靖十七年五月の段階では、辺方、腹里、南方に三分するとされていたものが、九月になって実際に会試を行なう際には、辺方、内地の二区分に改められ、それが二十年に至っても「仍お」、つまりそのまま継承するよう提案され認められたのであろう。

さらに辺方、腹里（内地）の別であるが、その詳細がはっきり明文化されたのは嘉靖二十二年だったようで、『会典』武挙の項にはこの年の「議准」として、「仍お会試の南北巻の事例に照らし、辺方、腹裏を分別し、薊鎮《けいちん》・昌平・遼東・万全・宣府・大同・山西・陝西《せんせい》・延綏《えんすい》・甘粛・寧夏・雲南・貴州を辺方となし、両京の京衛・南直隷・浙江・江西・福建・山東・河南・湖広・広東・広西・四川・河間・順徳・大名・広平・真定・保定を腹裏となす。もし科ごとに五十名なれば、辺方は三十名を取り、腹裏は二十名を取る」と記されている。

なお志文の「文闈の南北巻の例に倣《なら》い」という句は、直接にはおそらく上引『会典』から来ているのだろうが、これと相似た表現は嘉靖二十年に武挙再開を認めた際、すでに用いられていた。黄光昇『昭代典則』二十八、嘉靖二十年九月「復《ま》た武挙を行ない、辺方・腹裡の名数を分別す」の条に引かれる「聖旨」のうちに、「乃ち会試の南北巻の例に照らし、もし科ごとに五十名なれば、辺方は三十名を取り、腹裡は二十名を取れ」とあるのがこれである。もっとも南北巻という「例」を引くことは、つとに十七年当初からのことであった、というのも大いにありうる話ではある。

（8）　万暦三十八年の武進士中式額数については、『実録』同年九月甲子の条に見えているが、その百名とはこの時新たに定められたのでは決してなく、隆慶以来の旧例に循ったものにすぎない。いったい武挙の額数は、天順以来ずっと漸増傾向にあって、当初の数名より嘉靖前半年には三十より六十名程度、後半年で七十至九十名となり、隆慶二年以降は百名が明末を通じた常例となっていた（注（4）末で引いた郭著の記事を参照）。よってここで特に「万暦三十八年」云々とするのは適当と謂いがたいのであるが、わざわざこのように書いているのには何かもとづく所があるのだろう。ただしそれが何であるのかは未詳。

「詔を奉じて三十名を増す」は『実録』万暦四十一年八月壬子条、ついで天啓二年八月癸未の条に見えるが、『国権』によれば天啓七年十月壬寅にも二十名の増加が命じられていた。これらの増額は時勢の然らしむるところ、もはや絶望というしかない軍事情勢の悪化が関係しているのだろうが、それと同時に、上に述べた漸増傾向が明朝最末期にまで及んでいることの表れ、と解釈してもよいだろう。

穆宗《ぼくそう》・神宗（隆慶・万暦）の時に、武科は武芸と勇猛さこそを重視すべきだ、と言った議者がいた。（1）万暦の末年にはまた、将領たるべき人材を求める武科を特に設けるよう請うた給事中がいて、初場は騎射と歩射・鎗《やり》、（片刃の）刀・（両刃の）剣・戟《ほこ》・拳法・刺殺の術を試み、二場は営陣《じんだて》・地雷・火薬・戦車の諸術を試み、三場は各々が兵法・天文・地理のうち熟知しているものを選んで論ずる、と提案した。これは裁可されたものの、実施されるには至らなかった(2)。崇禎四年、武会試の合格者が発表されると、あれこれの取沙汰がかまびすしく大騒ぎとなった。帝は（詹事府）中允の方逢年と倪元璐《げいげんろ》に命じて再試験させ、翁英ら百二十人を合格とした。逢年と元璐は、目下の情勢がとりわけ人材を必要としているということから、文科挙とまったく同じように殿試と伝臚《でんろ》の（新進士の名を呼ばわる）儀式を行なうよう願い出た。そこで王来聘らに対し、成績に応じて及第、出身を賜った。武挙の殿試というのは、ここに始まったのである(3)。十四年には、各部臣に諭して、特に奇謀異勇科を開くこととした。しかし詔書が下されても、これに応ずる者はいなかった(4)。

穆・神二宗時、議者嘗言武科当以技勇為重。万暦之末、科臣又請特設将材武科、初場試馬歩箭及鎗・刀・剣・戟・拳搏・撃刺等法、二場試営陣・地雷・火薬・戦車等項、三場各就其兵法・天文・地理所熟知者言之。報可而未行也。崇禎四年、武会試榜発、論者大譁。帝命中允方逢年・倪元璐再試、取翁英等百二十人。逢年・元璐以時方需才、奏請殿試伝臚、悉如文例。乃賜王来聘等及第・出身有差。武挙殿試、自此始也。十四年、諭各部臣、特開奇謀異勇科。詔下、無応者。

（1）「武科はまさに技勇をもって重となすべし」と言った「議者」とは、『実録』万暦十一年九月甲辰の条に登場する兵科給事中王亮などのことを指しているのであろう。王氏は軍政に関する八事を「条陳」した際、その第一で武挙の問題を取り上げ、「膂力《りよりよく》騎射を上となし、文の縄墨に中《あた》るを必せず」と述べているからである。もっともこれに対し兵部は、「武試にもっぱら技力のみを取らば、則ち智謀の士かえって遺《す》てらる」と反対し、これが認められている。また志文には「穆・神二宗の時」とあって、必ずしも王氏のことのみを念頭に置いているわけではないらしいが、ならばたとえば隆慶時には誰が、どのような議論をしていたのかとなると、今のところ未詳。

（2）「万暦の末」に給事中が「特に将材の武科を設けんことを請」うたというのは、『実録』万暦四十七年七月壬午朔の条に見える戸科給事中官応震の提案を謂っているのだろうが、そこには結果が記されておらず、「可と報ぜらるるもいまだ行なわれざるなり」とここで言うのが、何に拠ったものなのかは未詳。なおその試験科目のうち、「拳法・刺殺の術」と訳した「拳搏《けんぱく》・撃刺等法」であるが、『実録』はこれを「拳法・摶《たん》（「搏《はく》」字の訛なるべし）撃等法」としており、これは後者の方がよいだろう。すなわち「拳法・格闘の術」ということである。

（3）崇禎四年の武科にちなむ騒動につき、『国権』は以下のように記す。まず崇禎四年八月癸丑、「武挙は技芸勇力を試み、もっぱら文藻のみを取ることなかれ」という上諭が降されたのだが、この方針は遵守されず、少なくとも崇禎帝から見ればそうで、九月乙未には「兵部、武挙を覆試し、技勇多く録されずと奏す」となった。これは「初め、武場は令して技勇・策論を合わせ、兼ねて優るるを最となし、……策論優るるも技勇やや劣るをこれに次《つ》がしめ、技勇優るるも策論逮《およ》ばざるをまたこれに次がしむ。榜出で、仍《な》お言う者あり、遂に（主考の楊）世芳等を獄に下し、改めて……覆試せしむ」となった（同上十月丁巳条）ことを承けたものであった、と。

つまり崇禎帝は技勇こそを重視せよと命じたのに、主考の方ではなお策論重視の態度を取っていたため処罰された、ということだが、この間のいきさつや結果については、李遜之『三朝野記』五（道光中古槐山房木活字印『荊陀逸史』本。他の通行諸本ではこの巻を闕《か》く）に下引の記述があって参考になる。

すなわち「従来、文試には会試・廷試あり、伝臚の礼あるも、武場は則ちしからず。四年の武挙試に董某なる者あり、勇力をもって聞こえ、先に上聴に達す。時に武試を主《つかさど》る者は詞林（翰林）の楊世芳・劉必達たりしが、董は策の程に中《あた》らざるをもって格《とど》めらる。上、諸臣に謂えらく、故《こと》さら聖意に払《そむ》くなり、と。両主考……を獄に下し、命じて期を改め重ねて試みしめ、另《べつ》に方逢年・倪元璐を点（指名）して試を主らしめ、内臣（宦官）をして監視せしむ。……（十一月）初七に掲暁（合格発表）し、初十日に伝臚す。ことごとく文場の事例に照らし、特に王来聘を抜きて状元となし、宴を兵部に賜い、閣臣に命じて席を主らしむ。これより遂に故事となる」というのである。

また志文の「武挙の殿試はこれより始まるなり」については、『明史』二百六十九の王来聘伝にこう云う。覆試の結果、「文榜の例に視て三甲に分かち、伝臚し宴を錫《たま》う。前三十巻をもって進呈し、一甲三人を欽定したるに、来聘首に居り、即《ただ》ちに副総兵を授く。武榜に状元あるは、来聘より始まるなり」と。つまり「武挙の殿試」とは、会試の後にさらに別の試験があるのではなく、会試の優等巻若干を進呈し、その中から状元等一甲三名を選び、文榜と同じように伝臚、賜宴といった儀式を執り行なうことであった。

なおこの点については、『玉堂薈記《わいき》』三に「初め、武榜を臚伝するを議し、謂えらく殿廷は騎射に便ならざるも、もしただ策に対《こた》えしむるのみなれば、則ち文試と異なるなし、と。故に仍《な》お原巻を取りて進呈す。然れども古《いにし》えより軒に臨んで士を策す（天子が親しく受験生を試みる、つまり殿試を行なう）に、いまだ試に与からずして仍お原巻を用うる者あらざるなり」とあるのがよい注釈になろう。

ただし方逢年・倪元璐が「殿試・伝臚を奏請」したというのは、今のところ他の文献によって確認することができないでいる。上に引いた『三朝野記』の書き方によれば、武挙の次第が「ことごとく文場の事例に照ら」すこととなったのは、もっぱら「聖意」のゆえであったかのごとくだし、倪氏自身も新制につき「陛下の武挙を鄭重にし、殊典を創興せらるるを蒙り、臚伝の後、一時翕然《きゅうぜん》としておもえらく人を得ること最も盛んなりと」と言っている（『倪文貞奏疏』二、「四累臣を救うの疏」）。つまり武挙の伝臚等は、たとえ形式的には倪氏らの奏請によるものだったとしても、それは「聖意」を承けて行なわれた、一種の手続きのようなことであったのだろう。

（4）　ここで取り上げられている奇謀異勇科については、『国榷』崇禎十四年十月戊辰の条に

「特に裕国足民（国を裕《ゆた》かにし民を足すの）科、奇謀異勇科を設け、訪求徴辟し、朕が破格に旁求するの意に称《かな》わしめよ」とあって、開科が命じられた日付を知ることができる。ただしこの一条は、史書としての体裁を整えぬまま、上諭の一部を摘録しただけのもので、しかも節略あまりにはなはだしいため、そこから知りうることは多くない。

これに対し下に引く『三朝野記』六（同前）の記事は、相対的にやや詳しく、『国権』の不足をいくらか補ってくれる。いわく「吏部・吏科に諭して曰く、朕惟《おも》うに国を足さん（富国）とせば貴き（大事なの）は民を阜《ゆた》かにするに在り。兵を強くせんとせば要（そのかなめ）は将を択ぶに在り。……今、特に裕国足民科、奇謀異勇科を開き、海内の人士をして的を望んで趨《はし》り、もって自ら見《あらわ》るることあらしむ。訪求・考験、徴辟・選挙に至りては、更に良法を須《ま》ち、務めて豪傑の心を傾け、弓旌《きゅうせい》の色を生じ（賢者の招聘が順調に進み）、もって朕が破格に旁求するの至意に称うを期さん。該部科、詳しく規則を議し来り行なえ」と。

これによれば、上諭を降したのは「部臣」に対してではなく「吏部・吏科」に対してであり、しかもこの時には「詳しく規則を議」すように命じただけで、その「規則」がどのようなものとなったか、さらにはこの特別試験が実施されたのかどうか、は分からないわけである。

案ずるに、「部臣」か「吏部・吏科」かについては、まず後者に「規則」案を提出させ、そのうえで改めて「部臣」に諭した、と解釈できなくもないが、『国権』の記事がこれと同じ上諭に拠っているらしいことからすれば、ここは後者の「吏部・吏科」の方がよさそうであるし、また「規則」案提出を命じたという以外、その実施に関する記事は『国権』にも『三朝野記』にも見当たらないことからすれば、そもそもこの特別試験は実施されないままに終わった、と考える方が合理的であろう。

　そうだとすると、志文に「詔下るも、応ずる者なし」というのは正確を欠く、つまり開科の詔はたしかに下されたが、「応ずる者」があるとかないとかまでは行かなかった、ということになろう。ちなみに『国権』の撰者談遷は、この記事の後に評語を附し、社会の安定は「人主の寛簡に在りて破格の法には在ら」ず、民に塗炭の苦しみをなめさせておきながら、「なお神（精神）を焦がし慮を極め、異材を覬《き》倖《こう》するは、また憊《はい》（むだぼね）ならずや」と冷笑しているが、たしかにこのような「破格の法」は、「応ずる者」の有無にかかわらず、まったく無意味な、断末魔のあがきと言うしかないもの、であるに違いない。

三　銓選

Ⅰ　薦挙

太祖は金陵（後の京師応天府、南京）を降すと、儒士の范祖幹と葉儀を招き、婺州《ぶしゅう》を攻め落とすと、儒士の許元・胡翰らを召しだし、日々経史の古典や政治のあり方を講義させた。(1) また処州を攻め落とすと、耆儒《きじゅ》（老成の大学者）宋濂《そうれん》・劉基・章溢《しょういつ》・葉琛《ようちん》を呼びよせて建康（すなわち金陵、後の応天府江寧県）に来させ、新たに礼賢館（賢者を礼遇する館の意）を建ててそこに居らせた。(2) 濂は江南等処儒学提挙、溢と琛は営田僉事《せんじ》とし、基は自らの陣営に留めて天下平定のはかりごとに参与させた。(3) 甲辰（至正二十四年、朱元璋が呉王となった歳）三月には、中書省に勅してこう言った。「今やわが疆域は日々に拡大しており、文武の士を並び用いなければならないが、卓絶した格別の才能が、この世にいないことなどどうしてあろう。ただ彼らはあるいは山林に隠れ、あるいは士卒の間に潜んでいて、上に居る者が導き抜擢しないかぎり、自ら世に出ることはかなわないのである。今より後、よく上書して意見を述べることができるとか、治道を宣揚しうるとか、武略の衆に抜きんでた者がおれば、（軍政を掌管する）参軍および都督府は、つぶさにその名を上聞せよ。文章は不得手ながら識見に取るべき点があるという場合は、宮中に至って直接にその見解を述べさせてもよい。知府知県で年五十以上になっている者は、行政実務によく通じてはいても、精力はもはや衰えておれば、府州県官をして民間の優秀な人物で年は二十五以上、生まれつき頭脳明敏にして、しかるべき学問見識や才幹のある者を選び、彼らを招いて中書省に赴かしめ、年老いた者とまじえ用いるようにせよ。十年の後には、老いた者は退休する一方、若い者はすでに政事に習熟していよう。このようにすれば人材は足りないということがなく、官にふさわしい者が登用されることになる。この意をば府州県官に下してひろく周知せしめよ」と[4]。かくて州県は毎年才知に優れた者、および武勇や軍略に秀でた者、天文に通暁（し時変を察）するの士を推薦し、時には文書や法律（といった吏学）にも通じているという者にまで及んだ。もっともほどなくして人材登用についての禁令は厳格化され、いい加減な推薦を行なった者は逮捕して罪に問われることとなった[5]。

　太祖下金陵、辟儒士范祖幹・葉儀、克婺州、召儒士許元・胡翰等、日講経史治道。克処州、徴耆儒宋濂・劉基・章溢・葉琛至建康、創礼賢館処之。以濂為江南等処儒学提挙、溢・琛為営田僉事、基留帷幄預謀議。甲辰三月、勅中書省曰、今土宇日広、文武並用、卓犖奇偉之才、世豈無之。

或隠於山林、或蔵於士伍、非在上者開導引抜之、無以自見。自今有能上書陳言、敷宣治道、武略出衆者、参軍及都督府具以名聞。或不能文章而識見可取、許詣闕面陳其事。郡県官年五十以上者、雖練達政事、而精力既衰、宜令有司選民間俊秀年二十五以上、資性明敏、有学識才幹者、辟赴中書、与年老者参用之。十年以後、老者休致、而少者已熟於事。如此則人才不乏、而官使得人。其下有司、宣布此意。於是州県歳挙賢才及武勇謀略・通暁天文之士、間及兼通書律者。既而厳選挙之禁、有濫挙者逮治之。

（1）「大明」創業の過程で、太祖が人材の吸収につとめたのはむろん事実だが、志文の記述は何に拠ったものなのか、『実録』の言うところと出入が少なくない。まず太祖が金陵を下したことは『実録』丙申（至正十六年）三月庚寅条に記され、その際に発せられた上諭には「賢人君子、よく相従いて功業を立てんとする者あらば、吾これを礼用せん」とあり、翌日の辛卯には「儒士夏煜《かいく》・孫炎・楊憲ら十余人を得、みなこれを録用す」となりもした。
しかし范祖幹・葉儀の招聘はこの時のことではなく、『実録』では婺州攻略時の戊戌（至正十八年）十二月に「この月、……儒士范祖幹・葉儀を辟《め》し、既に至る。……二人に命じて諮議たらしめんとするも、儀は疾をもって辞し、祖幹もまた親の老いたるをもって辞す。上みなこれを許す」とある。つまり范葉二氏の招聘は金陵を下してから二年九ヶ月ほど後のことで、かつ二人とも官に就くことを辞退したのであった。

なお許元・胡翰らを召しだしたことは、やはり『実録』戊戌十二月の条に「儒士許元・葉瓚《さん》玉《ぎょく》・胡翰・呉沈・汪仲山・李公常・金信・徐孳《じょじ》・童冀《どうき》・戴良・呉履・張起敬・孫履を召し、みな省中に会食せしめ、日々に二人をして経史を進講し、治道を敷陳せしむ」として見えている。

（2）　ここでは処州の攻略、宋濂ら四人の招聘、礼賢館の創設を一時のことであるかのように述べているが、実際はさにあらず、それぞれの間にはかなりの時間差がある。まず処州の攻略は、『実録』によれば己亥（至正十九年）十一月壬寅のことだが、宋濂らが建康に至ったのは庚子（至正二十年）三月戊子朔で、『実録』には「青田の劉基、龍泉の章溢、麗水の葉琛、金華の宋濂を徴《め》して建康に至らしむ。初め上、婺州に在り、既に宋濂を召見す。処州に克《か》つに及び、また基および溢・琛を薦むる者あり。上もとよりその名を聞けば、ただちに使を遣り書幣をもってこれを徴す。……ここに至り四人ともに建康に赴きて入見す。上はなはだ喜び」云々とある。

ついで礼賢館の創設はというと、これより更に三年余り後のことで、『実録』癸卯（至正二十三年）五月癸酉の条に「礼賢館を置く。これより先、上、諸名儒を聘《め》して建康に集め、ともに経史を論じ、および咨《はか》るに時事をもってし、はなはだ尊寵さる。ここに至り復《ま》た有司に命じ、居るところの西に即《つ》きて礼賢館を創りこれを処《お》らしむ。陶安・夏煜・劉基・章溢・宋濂・蘇伯衡らみな館中に在り」と記されている。なおここには葉琛の名が見えないが、実のところ彼はこの時すでに卒していて、礼賢館中の人となることはありえなかった。『実録』によれば、壬寅（至正二十二年）三月癸亥、洪都（江西南昌）が反乱軍に陥れられた際、知府であった彼はその「難に死」んだのである。

またここで宋濂らを「耆儒《きじゅ》」と称していることだが、実のところこれは必ずしも適当なことばとは謂えない。というのも宋濂・劉基・章溢・葉琛のうち、前二者はたしかに元末からすでに有名な学者であったものの、召しだされた当時の年齢は宋氏が五十一、劉氏が五十で、まだ「耆」（『礼記』曲礼上に「六十を耆と曰う」とある）とは言いにくく、また後二者は学者というより軍事、行政の才をもって取り立てられた人物だからである。

ただし宋濂はたしかに明初を代表する「耆儒」となったし、またここで言っているのは、宋濂の「行状」（洪武十四年鄭楷撰、『献徴録』二十）に「上これ（宋氏ら四人）を尊重し、語るに必ず先生と称して名のらず」と記されるとおり、太祖がいかに賢者を重んじ、熱心に彼らを招いたかということなので、こうした叙述もさほど無理なく成立するのではある。

（3）　宋濂が儒学提挙となったのは、彼が建康に至ってほどない庚子（至正二十年）五月丁卯のことで、『実録』にはこの時「儒学提挙司を置き、宋濂をもって提挙となす」とある。もっとも前注で引いた「行状」には「（庚子）七月、先生をもって江南等処儒学提挙となす」とあって、いくらか食い違いがあるのだが、これは任命と着任の間の時間差といったことでもあるか。なお儒学提挙とは元代の官をそのまま継承したものに相違なく、『元史』百官志七に「儒学提挙司、秩は従五品。各処の行省署するところの地には、みな一司を置き、諸路・府・州・県が学校の祭祀・教養・銭糧の事、および考校・著述文字を呈進するを統《す》ぶ」とある。

章溢が営田僉事に任じられたことについては、『実録』洪武二年五月辛酉条の章氏小伝に「歳庚子、これ（章溢）を薦むる者あり。上すなわち使を遣り、束帛をもって溢および青田の劉基等を徴す。溢、命を聞くや、即《ただ》ちに起ちて建康に至る。上ともに語りてはなはだ悦び、営田司僉事に擢《ぬ》く」とある。一方、葉琛がこれに任じられたのは同時のことでなかったようで、『実録』壬寅（至正二十二年）三月癸亥条の葉氏小伝によれば、「辛丑（至正二十一年）、営田司僉事を授けられ、復《ま》た命ぜられて洪都に守たり」とある。つまり葉氏が営田司僉事となったのは章氏が任命された翌年で、それもすぐに洪都知府に改められたのであった。

なお営田司は丙申（至正十六年）七月己卯朔に江南行中書省を置いた際、その下部官庁の一として設置されたもの（『実録』）。流民などに荒廃した農地を耕作させ、農業生産の回復をはかるための組織であろうが、明朝の官制には引き継がれなかったこともあって、その具体的内実などは未詳。

劉基は庚子の歳（至正二十年）金陵に至った際、さっそく「時務一十八款を陳《の》べ、上これに従う」となってより、ずっと太祖の参謀をつとめ、壬寅（至正二十二年）に母の葬儀のため帰郷した際にも「上、時に人をして書をもって軍国の事を訪《と》わしむるに、公ただちに条答し、ことごとく機宜に合」したという（『献徴録』九、黄伯生撰行状）。また『実録』洪武元年九月癸卯条の陶安小伝によれば、太祖は劉基ら四人を自らの陣営に収めた際、彼らのことを陶安に問うたところ、陶氏は「臣、謀略は劉基にしかず、学問は宋濂に及ばず、民を治むるの才は章溢、葉琛にしかず」と答えたという。彼ら四人がどのような能力を見込まれて太祖に用いられたのか、もって見るに足ろう。

（4）この勅命は『実録』甲辰（至正二十四年）三月庚午の条に見える。なおここでの「有司」は官僚一般の意ではなく、『吏学指南』に「守土親民の司を謂うなり」とあり、また『明律国字解』に「州県の官吏なり」とあるとおり、特に州・県知事のことを謂っている。このことについては次注に引く『実録』の文を参照。

(5)濫挙については、『実録』丙午(至正二十六年)三月丙申の条に「中書に命じ、選挙の禁を厳しうす。初め、府県をして歳ごとに賢才および武勇謀略、天文に通暁するの士を挙げ、その兼ねて書・律に通ずるの廉吏あらば、また薦挙するを得しむ。賢者を得る者は賞し、濫挙および賢者を蔽《おお》う者は罰す。ここに至り復た命じ、知府知県に濫挙する者あらば、来朝を俟《ま》ちてその罪を治め、いまだ朝観《ちょうきん》に当たらざる者は、歳終に逮して京師に至らしめこれを治む」とあり、志文はこれを用いている。

なお『実録』には「府県」「知府知県」とあるものが、志文では「州県」となっていることだが、この相違はさほど気にせずともよいだろう。前者は別のことばで言えば「郡県」ないし「守令」、すなわち基層の地方官を謂っており、今の場合、その指すところは「州県」と大差ない。じっさい徂徠は「有司」を「府州県の官人」とも説明していて、「州県」と「府州県」の差をほとんど気にしていないようなのである。

ただし敢えてやかましく言うなら、土地人民を直接に管理統治する「守土親民の司」は州県のみであって、府はその上級に位置する監察官の範疇に入る。清初の人王士禛《ししん》が「今、郷官の州県官を称して父母と曰い、撫按(巡撫、巡按)・司道(布按二司、道員)・府官を公祖と曰うは、明世の旧に沿えるなり」と言っている(『池北偶談』二十六、曾祖父母)のも、州県と府が別範疇の官なればこそである。つまり『実録』の「府県」を「有司」と称しても、それは別に誤りというほどのことではないのだが、本来からすればやや緩い言い方になっている、と謂えるだろう。

呉元年（至正二十七年）、起居注の呉林、魏観らを派遣し、しかるべき礼をもって四方の野に在る賢者を求めさせた。[1] 洪武元年には、天下の賢才を召し出して京師に至らしめ、知府・州・県の職を授けた。その年の冬には、さらに文原吉・詹同《せんどう》・魏観・呉輔・趙寿らを全国各地に派遣し、賢才を探し求めさせることとし、各人に銀を賜ったうえで送り出した。[2]（洪武三年には、廷臣におことばを降してこう言った。「六部《りくぶ》は全国の政務を統轄するところであり、学識ゆたかで才徳ともに優れた人物でなければ、そこに居らしめるには足りない。おそらくは山林に隠れ住み、あるいはその能力を認められないまま下僚に沈んでいる者もいるであろうから、諸官をしてよくよく気をつけてそうした者を探し出させよ」と。[3] 六年には、また詔を下してこう言った。「賢才は国の宝である。いにしえの聖王は、たとえば殷の高宗の傅説《ふえつ》における、周の文王の呂尚におけるがごとく、賢者を求めることに格別つとめたのであった。かの二君ともなれば、その智にどうして不足があったりしよう。しかるに（刑徒が充てられる）工事人夫（であった傅説）や（賤業とされる）屠殺人（の呂尚）といったやからを懸命に得ようとしたのは、賢才が備わらなければ、治世を実現しがたいからである。鴻鵠《こうこく》（白鳥）が高く翔《か》けうるのは、羽やつばさがあるがためであり、蛟龍《こうりゅう》（みずちや龍）が天空に躍《おど》りうるのは、うろこやひげがあるがためである。人君がよく太平を致しうるのは、それを輔佐する賢人がおればこそである。山林に隠れたる士人のうちに、道徳や学問・文章にすぐれる者がおれば、各官がこれを選び出して推挙し、鄭重に京師まで送りとどけよ。さすれば朕は天下太平の実現をはかるべく、彼らを任用しようぞ」と。(4)この年はかくて科挙を止め、別に各官をして賢才を探し出して推挙させたが、その際には道徳を一義とし、学問・文章がこれに次ぐとした。またその名目は聡明正直・賢良方正・孝弟力田・儒士・孝廉・秀才・人才・耆民《きみん》というものであった。彼らはみな鄭重に京師へ送られ、破格に抜擢されたし、また各省の貢生もやはり太学を経由して官途に就いたのである。(5)こうして科挙を停止すること十年、洪武十七年に至りやっと復活させたのであるが、一方では薦挙の法も科挙とともに行なわれて廃れなかった。(6)

呉元年、遣起居注呉林・魏観等、以幣帛求遺賢於四方。洪武元年、徴天下賢才至京、授以守令。其年冬、又遣文原吉・詹同・魏観・呉輔・趙寿等分行天下、訪求賢才、各賜白金而遣之。三年、諭廷臣曰、六部総領天下之務、非学問博洽・才徳兼美之士、不足以居之。慮有隠居山林、或屈在下僚者、其令有司悉心推訪。六年、復下詔曰、賢才、国之宝也。古聖王労於求賢、若高宗之於傅説、文王之於呂尚。彼二君者豈其智不足哉、顧皇皇於版築鼓刀之徒者、蓋賢才不備、不足以為治。鴻鵠之能遠挙者、為其有羽翼也。蛟龍之能騰躍者、為其有鱗鬣也。人君之能致治者、為其有賢人而為之輔也。山林之士、徳行文藝可称者、有司采挙、備礼遣送至京、朕将任用之、以図至治。是年遂罷科挙、別令有司察挙賢才、以徳行為本、而文藝次之。其目曰聡明正直、曰賢良方正、曰孝弟力田、曰儒士、曰孝廉、曰秀才、曰人才、曰耆民。皆礼送京師、不次擢用、而各省貢生亦由太学以進。於是罷科挙者十年、至十七年、始復行科挙、而薦挙之法並行不廃。

（1）この記事は『実録』呉元年十月甲辰朔の条に、一字を違えずそのまま見える。なお起居注とは甲辰（至正二十四）年にはじめて置かれ、洪武中年に廃止された官（『明史』職官志二）だが、その名からして『実録』編纂の基礎史料となる「起居注」、すなわち朝政に関する日々の記録を編纂する官であったのだろう。つまり後の史官、翰林院修撰・編修・検討に当たるもの。

（2）天下の賢才を召して守令の職を授けたことは『実録』洪武元年閏七月己酉の条に、また「その年の冬」の方も、やはり『実録』同年十一月己亥の条に見える。

（3）この上諭は『実録』洪武三年二月戊子条に「上、廷臣に諭して曰く」として見える。ただし「それ有司をして心を悉《つ》くして推訪せしめよ」の一句は、この時の上諭にもとづいて発せられた詔書のことば。

（4）この詔は『実録』洪武六年四月辛丑の条に「吏部に命じて賢才を天下に訪求せしむ。上曰く」として見えている。なおここに引かれている傅説・呂尚（太公望）の故事だが、彼らが卑しい境遇に在ったところを高宗・文王に見出された、というのははなはだ古くからある伝説で、『楚辞』離騒に「説《えつ》は築を傅巌《ふがん》（地名）に操《と》り、武丁（高宗）用いて疑わず。呂望の刀を鼓す（肉切り包丁を打ち鳴らして使う）、周文に遭いて挙げらるるを得たり」とある。築は土を突き固める杵で、木枠の版とともに土木工事のもっとも基本的な道具であり、よって土木工事、またそれに従事する人夫のことをも版築という。『孟子』告子下に「傅説は版築の間に挙げらる」とあるのがこれ。

　もっとも呂尚鼓刀の話は『史記』斉太公世家に見えない、つまり司馬遷の採用する所とならなかったのだが、『韓詩外伝』八に「太公望は少《わか》くして人の壻となり、老いて去《しりぞ》けられ、牛を朝歌（地名）に屠《ほふ》る」といい、『戦国策』秦五にも「太公望は斉の逐夫（逐《お》われたる夫《おっと》）、朝歌の廃屠、……文王これを用いて王たり」とあるなど、早くから一般に通行した話であった。

（5）科挙の停止については『実録』洪武六年二月乙未の条にこう記されている。「上、中書省の臣に諭して曰く、朕、科挙を設け、もって天下の賢才を求め、務めて経明らかに行ない修まり、文質あい称《かな》うの士を得、もって任用に資せんとす。今有司の取る所は、後生の少年《わかぞう》多く、その文詞を観れば、ともに為すあるべきがごときも、試みにこれを用うるに及んでは、よく学ぶ所をもってこれを行事に措《お》く者ははなはだ寡《すく》なし。朕は実心に賢を求むるに、天下虚文をもって朕に応ずるは、朕が実を責め賢を求むるの意にあらざるなり。今、各処の科挙は、よろしくしばらく停罷し、別に有司をして賢才を察挙せしめ、必ず徳行をもって本となし、文芸これに次がしむれば、天下の学ぶ者は嚮方する所を知り、士習は本を務むるに帰するにちかからん」と。

また洪武中に行なわれた薦挙の名目については『会典』五、選官の冒頭に「国初、賢良方正・聡明正直・孝弟力田・通経孝廉等の科を設け、あるいは耆民および税戸の人材より、科貢の士と並び用い、多く親擢に出ず」とある。また『続文献通考』四十八も『会典』十三、訪挙に記される洪武二十六年定例に拠り、国初では地方官に「応有《あらゆる》賢良方正、および山林巌窟隠逸の士、ならびに経書に通暁したる儒士・秀才・孝廉」を推薦させて吏部に送り、その才能に従って選用したと述べ、さらに「（洪武）六年五月（上述のとおり『実録』によれば四月辛丑）、礼部に命じて賢士を天下に訪求せしむ。……この年、科挙を罷《や》め、もっぱら辟薦《へきせん》を用う。その目に明経行修（「経明行修」の誤りであろう）あり、懐才抱徳あり、賢良方正あり、人材あり、孝廉ありて郷、朝に挙ぐ。しかして各省の貢士もみな業を太学に卒《お》え、次をもって除用せる」とも言っている。志文はおそらく『会典』、および挙げるところの名目、また特に貢生に言及している点からして、この『続通考』の記事に拠っているのであろう。

ついで明初における薦挙の実施情況だが、その概略を知るには龍文彬《ぶんぴん》『明会要』四十九、徴辟の項を見るのがよいだろう。『明会要』は近代になってからの編纂物だし、また『実録』を見ていないという重大、ないし致命的な欠陥がありもするのだが、そこにはいかなる名目で、いつ、だれが挙げられ、何の官に任じられたのかを、出処を明らかにしつつ簡略に記してあって、今の場合は参照するにすこぶる適している。

なお『実録』等に拠ったより詳しい具体例を知りたいのであれば、『明史選挙志考論』二六七頁以下の「洪武時期詔挙人才表」と「洪武時期薦挙授官統計表」、あるいは展龍『元明之際士大夫政治生態研究』（人民出版社、二〇一三）第二章第二節「洪武時期対儒士文人的徴薦和録用」を参照されたい。

もうひとつ、薦挙諸科の一となっている人材（税戸人材）というのは、富民を官に取り立てるため設けられたもので、現実にはおおむね糧長（指定された地域の徴税と税糧輸送を担当する在地の大戸、すなわち地主）の中から選ばれた。その理念は『孟子』（滕文公上）の「恒産ある者は恒心あり。恒産なき者は恒心なし。いやしくも恒心なければ、放辟邪侈《ほうへきじゃし》、為さざるなきのみ」であり（『実録』洪武八年十月丁亥条上諭参照）、「貧しうして仕うる者は常に貪《むさぼ》」（『続文献通考』五十）り、貪官汚吏となって地方に害をなすので、「恒産ある」富民の登用により、地方官の廉潔を保とうとしたのであった。洪武中にはこうした意図のもと、さかんに「税戸人材」の登用が行なわれ、なかには次段の注（4）に見られるように、堂々たる大官に至った者もいた。

貢生からの登用については、本書上冊五六～六二頁の、国子監に関する記述を参照。

（6）　科挙の復活は『実録』洪武十七年三月戊戌朔条に「礼部に命じ、科挙成式を頒行せしむ。凡そ三年に大比《しけん》し、子午卯酉年に郷試し、辰戌丑未年に会試す」云々として見えている。またこの年にはたしかに郷試が実施されており、『実録』同年九月丙申朔条には応天府が郷試中式者の名簿を報告したことが記され、『双槐歳鈔』二、国子試魁の条でも、やはり再開された「京闈」（応天郷試）の故事を記した後、「これより科挙は日々に重く、これに由りて進む者にあらずんば大用に至らず」と述べている。つまり科挙の停止は洪武六年でその再開が十七年、成数を挙げて言えばその間十年が「科挙を罷」めていた期間、となるわけである。

ただし『皇明貢挙考』一では、科挙成式の頒行を記した後に「（張朝）瑞按ずるに、洪武三年庚戌に初めて郷試し、四年辛亥に初めて会試・殿試し、五年に再《ま》た郷試す。六年以後は、けだし科挙を罷むること十有一年たり。十七年に至りまた郷試し、十八年にまた会試・殿試し、以後永く定制となす」と述べている。実際の科挙停止期間を言うなら、むろんこちらの方が正しいのではあるが、その正しさは必ずしも絶対ではない。

というのも科挙の再開は、洪武十五年にはすでに決まっていたことで、『実録』同年八月丁丑朔の条には「礼部に詔し、科挙を設けて士を取らしむ。天下の学校をして三年を期としてこれを試みしめ、著して定制となす」とあるからである。十七年の科挙成式頒行は、この命令を承けての結果なわけで、科挙停止期間の終了をこの時に繋ければ、その間は足掛けでちょうど十年となる。

科挙が再開されて以後の薦挙は、当然のことながらそれ以前より衰えたのであるが、それでも永楽以後と比較すれば、異例の熱意で継続されていた。その具体例は本志下文にも登場するし、より詳しくは前注引郭氏『考論』、ないし展氏『元明之際士大夫政治生態研究』を参照。

この当時は京官であれ外官であれ、高官であろうとなかろうと、みな推挙を行なうことができ、下は倉・庫・司・局（の大使・副使ら）といったもろもろの雑流にさえ、学問や能力のある人物を推薦させていたし、そうして推薦されて京師に至った者にも、またさらに別の人物を推薦させた(1)。かくて世を逃れて深山や岩穴に、あるいは草ぶきの陋屋に隠れ住む者にも、すべて朝廷に通ずる途が開かれ、平民から大官に至った者は数えきれないほどであった。耆儒の鮑恂《ほうじゅん》・余詮・全思誠・張長年らは年九十余りになっていたが、召されて京師に至ると、ただちに文華殿大学士に任命された(2)。儒士の王本・杜斆《がく》・趙民望・呉源は、特に四輔官（中書省廃止後に一時設置されていた顧問官）兼（太子の教育係）太子賓客に任ぜられた(3)。賢良の郭有道（允道の誤り）、秀才の范敏・曾泰・税戸人才（恒産ある富民の人材）の鄭沂《き》、儒士の趙翥《しょ》はいきなり（六部の長官）尚書に取り立てられた(4)。儒士の張子源・張宗徳は（同次官の）侍郎に、耆儒の劉堉《いく》・関賢は（都察院の次官）副都御史に、明経の張文通・阮仲志は（同第二次官）僉都《せんと》御史に、人才の赫《かく》従道は（裁判審査を掌る大理寺の次官）大理少卿に、孝廉の李徳は（首都の長官たる応天）府尹に、儒士の呉顒《ぎょう》は（国子監）祭酒に(5)、賢良の欒《らん》世英・徐景昇・李延中、儒士の張璲《すい》・王廉は（一省の財政、民生を掌る）布政使に、孝弟の李好誠・聶《じょう》士挙、賢良の蔣安素・薛《せつ》正言・張端、文学の宋亮は（布政司の次官）参政に、儒士の鄭孔麟・王徳常・黄桐生、賢良の余応挙・馬衛・許安・范孟宗・何徳忠・孫仲賢・王福・王清、聡明の張大亨《だいこう》・金思存は（同第二次官）参議になるなど、大抜擢を蒙った者はおよそかくのごとくであった。[6] さらに下からしだいに昇進して高位高官に至った者も、これまた無数にいた。帝はかつて「経書に明らかで品行方正、よく当代の政務に通ずるの士は、召して京師に至らしめよ。年六十より七十歳の者は、翰林に置いて顧問に備え、四十より六十歳の者は、六部および布（政）按（察）両司の官として用いようぞ」と礼部に諭したことがあった。けだし当時に在っては、出仕の途はこれ以外になく、それで往々にしてにわかに大官となる者が多かったのである。[7] かくて推薦により官職を授与すべきだと吏部が上奏した者は、多い時には三千七百余人にのぼり、少ない場合でも一千九百余人に至った。[8] さらに家産の豊かな者、老成の者はみなお目通りできることとし、その申し上げるところが上意にかなえば、ただちによき官職が与えられた。[9] かくて会稽の僧郭伝などは、宋濂の推薦によって翰林応奉に抜擢されたのであるが、[10] これらはすべて事実であると確かめうるところなのである。

時中外大小臣工皆得推挙、下至倉・庫・司・局諸雑流、亦令挙文学才幹之士、其被薦而至者、又令転薦。以故山林巌穴、草茅窮居、無不獲自達於上、由布衣而登大僚者不可勝数。耆儒鮑恂・余詮・全思誠・張長年輩年九十餘、徴至京、即命為文華殿大学士。儒士王本・杜斆・趙民望・呉源特置為四輔官兼太子賓客。賢良郭有（允）道、秀才范敏・曾泰、税戸人才鄭沂、儒士趙翥起家為尚書。儒士張子源・張宗徳為侍郎。耆儒劉堉・関賢為副都御史。明経張文通・阮仲志為僉都御史。人才赫従道為大理少卿。孝廉李徳為府尹。儒士呉顒為祭酒。賢良欒世英・徐景昇・李延中、儒士張璲・王廉為布政使。孝弟李好誠・聶士挙、賢良蔣安素・薛正言・張端、文学宋亮為参政。儒士鄭孔麟・王徳常・黄桐生、賢良余応挙・馬衛・許安・范孟宗・何徳忠・孫仲賢・王福・王清、聡明張大亨・金思存為参議、凡其顕擢者如此。其以漸而躋貴仕者、又無算也。嘗諭礼部、経明行修、練達時務之士、徴至京師。年六十以上七十以下者、置翰林以備顧問、四十以上六十以下者、於六部及布・按両司用之。蓋是時、仕進無他途、故往往多驟貴者。而吏部奏薦挙当除官者、多至三千七百餘人、其少者亦至一千九百餘人。又俾富戸・耆民皆得進見、奏対称旨、輒予美官。而会稽僧郭伝、由宋濂薦擢為翰林応奉、此皆可得而考者也。

（1）「倉・庫・司・局の諸雑流」にまで人材を推薦させたことは、『実録』洪武十四年三月丙申の条に「内外の倉・庫・司・局官に勅し、各々賢良方正・文学材幹の士一人を挙げしむ」として見えている。なお雑流というのは正途出身でない、つまり科挙を通じて、あるいは貢生から官途に就いたのではない者をいい、典型的には吏員あがりの小官を指す（本書上冊一九、二一頁参照）が、その雑流が任ぜられる職の代表的なものが「倉・庫・司・局」の大使、副使といった「雑職」である。銭穀器物の保管や製造などを職掌とする大使、副使は、すべて八、九品ないし未入流の官であり、官僚体系の底辺を構成していた。

また「転薦」については、『実録』洪武十五年九月己酉の条（ないし『続文献通考』四十八）

に「吏部、経明行修の士鄭韜《ていとう》ら三千七百余人をもって入見せしむ。上これに諭して曰く、……卿らはもとよりみな賢人君子たるも、山林の下、またあに卿のごとき者なからん。それことごとく挙げてもって朕が用となせ、と。ここにおいて」彼らに知るところの人物を推薦させ、「また使いを遣わしこれを徴す」となった、という事例が見え、同様のことはおそらく他にもあったのだろう。

（2）本段に挙げられている被薦者のうち、「儒士王本」等より「儒士呉顒《ぎょう》」までの諸氏は、すべて『続通考』四十八にまとめて記されており、「耆儒鮑恂《ほうじゅん》」らについても、前注で「転薦」の事例として引いた記事に続いて記載されている。しかも以下に見るごとく、本志の叙述と『続通考』の言うところには、偶合とは到底考えがたい一致が認められ、ここの文字が『続通考』に拠っていることはまず疑いないだろう。ただしその『続通考』の記事も、大体のところは『実録』で裏づけられるはずなので、以下に関係記事を引いておく。

まず「耆儒鮑恂・余詮・全思誠・張長年」等四人については、『実録』洪武十五年十一月辛酉の条に記載されているが、志文とはいささか出入がある。というのも『実録』のこの条に全思誠は登場せず、かわりに張紳となっているし、また推薦された四人のうち「恂・詮・長年の三人、先に京に至る。恂は年八十余、詮・長年もまたみな七十余たり。上……命じて文華殿大学士となす。恂等力《つと》めて老疾をもって辞す。……翌日、郷里に放還す。紳は後《おく》れて至り、陝西鄠《こ》県の儒学教諭を授けらる」というからである。

この異同のうち、志文が全思誠ら四人とするのは『続通考』を襲ったものに相違なく、その全氏は廖道南（正徳十六年進士）撰の伝（『献徴録』十二）に「洪武十六年、耆儒をもって徴され、文華殿大学士を授けらるるも、勅を賜りて致仕す」とあり、また致仕の事実は『実録』洪武十六年四月戊子の条によって確認できる。結局、全氏は鮑恂らと一緒に薦挙された人物ではないが、その時期が近く事跡も相い似ていることから、後には往々にして混同されるに至ったのであろう。

ついで鮑氏らを「年九十余」ということだが、これは何に拠ったものか未詳で、『実録』に拠れば鮑氏は八十余歳、他の二人が七十余、全思誠あるいは張紳の年齢は知れずとなる。さらに志文では鮑氏らが文華殿大学士に任ぜられたかのごとくであるが、実際には官職を受けることなく「郷里に放還」となったのであった。ただし志文に登場しない張紳は、上ですでに見たように、放還ではなく鄠県学教諭となっている。

（3）儒士王本らが四輔官に任ぜられたというのも、やはり『続通考』にもとづく記述に相違なく、『実録』洪武十三年九月丙午条には「始めて四輔官を置き、太廟に告げ、王本・杜佑・龔斆《きょうこう》をもって春官となし、杜斆《がく》・張民望・呉源を夏官となす」とある。つまり志文ないし『続通考』に拠れば、四輔官となったのは四人であるかのごとくなのだが、じっさいは六人であった。

実のところ、王本以下諸人の推薦に関する『続通考』の記事は、おそらく『弇山堂別集』十、布衣超擢の項にもとづいているのだが、『別集』では『実録』に拠ってであろう、六人が四輔官に任ぜられたと記している。つまり志文が直接依拠したのはやはり『続通考』であって、『続通考』が拠った『弇山堂別集』ではない、ということである。

なお四輔官とは「徳もて天人を合し、四時を均調《ととの》え、もって至治に臻《いた》らしむ」べき官（『続通考』八十六）で、「均しく四季を職とし、上中下三旬をもって人ごとに各々これを司り、雨暘《うよう》（雨と晴れ、大候）を験《しら》べるもの（『弇山堂別集』七）であるが、六人では四季三旬のすべてを担当できないためであろう、春夏二官のみが任命され、「ただ秋冬官は欠き、（王）本らをもってこれを摂せしむ」（『実録』洪武十三年十月戊午朔）となっていた。

（4）「郭有道」の「有」字を『続通考』（ないし『弇山堂別集』）は「允」に作る。さらに『実録』洪武十五年五月癸酉条に遡っても、「賢良方正の郭允道をもって戸部尚書となす」とあるし、この『実録』の記事に拠っているのであろう『明史』七卿年表も郭允道としている。つまりこの「有」は「允」字の誤り、それもちょっとした読み間違い、書き間違いといった、ごく単純な誤りであるだろう。

ついで「秀才范敏」については、『実録』洪武十三年四月癸丑条に「戸部郎中范敏に命じて本部尚書の事を署せしむ」とあり、また『明史』一百三十八の本伝には「洪武八年、秀才に挙げられ、戸部郎中に擢かれ、十三年、試尚書を授かる」とある。すなわち范敏はいきなり尚書で「起家」した（はじめて官に就いた）のではなく、郎中から「署尚書」（代理、事務取扱）ないし「試尚書」（見習。本注下文参照）に任ぜられたのであった。なお『続通考』は「賢良郭允道、秀才范敏・曾泰を戸部尚書となす」と言っていて、これならさほど問題ないのだが、志文は他の事例と一緒にした上で、すべて尚書で「起家」としたため、やかましく言えば不正確な叙述となってしまっている。

曾泰については、『実録』洪武十五年八月丁酉条に「秀才曾泰をもって戸部尚書となす。泰は江夏の人。学行あり、故に不次にこれを用う」とある。なお曾泰の前任者郭允道はわずか三ヶ月前に戸部尚書に任ぜられたばかりであったし、范敏にしても『実録』に拠るに、十四年正月戊子には「戸部試尚書范敏、不称職（職に称《かな》わず、能力不足）をもって免」ぜられていた。『明史』が范敏らの伝を立てるに際し、「洪武朝を終うるまで、戸部尚書となる者は四十余人、みな職に久しからず、績用著《あらわ》るること罕《まれ》なり」というゆえんである。当時に在って、財政制度の確立とその安定的運用はきわめて重要、かつもっとも困難な課題であったため、洪武帝はしきりに抜擢人事を行なったのだが、帝が期待したような人物はついに現れなかった、ということなのだろう。

鄭沂《き》と趙翥《しょ》につき『続通考』は「税戸人材・義門鄭沂を礼部尚書となし、儒士趙翥を工部尚書となす」と言っていて、これが志文の拠るところなのであろう。ただし『実録』洪武十三年八月己亥条には「義門の鄭沂をもって礼部尚書となし、税戸人材の湯行を吏部右侍郎となし、厳奇良を戸部左侍郎となし、藩長寿を都察院右僉都御史となし」云々とあり、これに拠れば、税戸人材をもって抜擢されたのは湯行以下の諸氏であって、鄭沂は義門ということで挙げられたとなる。また同六年九月庚子条には「賛善大夫（洪武初年の詹事府に置かれた官）趙翥を工部尚書となす」とあり、趙翥は決して工部尚書で「起家」したわけではなかった。『実録』と『続通考』（ないし『弇山堂別集』）を比べれば、少なくとも一般的には前者の方をより信ずべきであり、そうであればここの志文は鵜呑みにできない、となろう。

（5）　張子源より呉顒《ぎょう》に至る諸人はみな『続通考』（ないし『弇山堂別集』）に見えているが、志文と一々符合するわけでは必ずしもない。まず張子源・張宗徳は、『続通考』に拠ればそれぞれ試礼部右侍郎、試兵部右侍郎にされたのであって、とりあえずは見習としての任用であった。またその任命は『実録』によれば洪武十四年十二月壬子のことであったが、『実録』には「儒士張子源を試侍郎となす」とのみあって、「礼部」の文字はない。

耆儒劉堉《いく》・関賢が任ぜられた官は、『続通考』によれば「諫院左右司諫」、劉氏が左司諫、関氏が右司諫で、『実録』によればそれは洪武十五年十月己亥のことであった。諫院とは洪武十三年以降の数年間にのみあった官で、給事中の別名と考えておけばよく（『明史』職官志三）、都察院の官ではないし、そもそも都察院に都御史、副都御史が置かれたのは洪武十六年で（同上二）、十五年にその官に就くことはありえなかった。

志文がこのように誤った理由は不明ながら、あるいは『続通考』の文を剪裁する際、「耆儒劉堉・関賢為諫院左右司諫、……儒士藍子貞・張伯益為都察院左右副都御史、……明経張文通・阮仲志試左右僉都御史」とあるところをいい加減に删節してしまったのではないか、などとも想像されよう。本志を編纂したのはむろん明史館の史官であるが、その下には吏員やそれに準ずるような下役がいて、史料の鈔写など雑務を担当している。ところがそうした下役や吏員の仕事ぶりというのは、時として信じがたいほどでたらめである場合があり、言われたところを全部写すのは面倒だから、適当に端折ってしまった、くらいのことは十分あり得るのである。

張文通・阮仲志につき『続通考』は「試左右僉都御史」に、また赫《かく》従道もやはり「試大理寺右少卿」に任ぜられたとしており、その時日は『実録』によればそれぞれ洪武十七年五月丙寅（二十九日）と同二十三年三月丁丑である。ただし『実録』に記された張文通の官に「試」字はなく、これよりわずか二ヶ月あまり後の同年八月壬申（七日）に彼が左遷された時にも、やはり「左僉都御史張文通」と記されており、張氏のみは最初から実授であったらしい。

　李徳が府尹に任ぜられことは、『続通考』に「南京応天府府尹となす」として見え、『実録』によれば、それは洪武二十年二月己丑のことであった。府尹とは漢の京兆尹に由来する京府の長官で、明代では応天府尹、および永楽以降の順天府尹がこれだが、『続通考』にいう「南京応天府」は、洪武二十年当時の呼称では「京師応天府」であっただろう。府の長官ではあるが、本書上冊二五六頁の注（3）に記したとおり、両京府の長官は知府とはいわず、中央政府に直属する。呉顒が祭酒となったのは、『実録』によれば洪武十五年四月癸卯で、翌年正月丁巳には免職となっている。

（6）欒《らん》世英以下の諸人については、志文が依拠したとおぼしいまとまった記述が見つからないので、以下に対応する『実録』の箇所を示しておく。まず欒世英・徐景昇・李延中三氏の布政使任命は洪武十四年七月丁未条、張璲・王廉両氏は同年九月辛丑条に見え、李好誠の参政任命は同年五月戊戌条、聶《じょう》士挙・蔣安素両氏は同年八月戊寅条、薛《せつ》正言・張端両氏は十五年正月戊申条に、宋亮は十四年十二月丙寅条に見える。

　また鄭孔麟・王徳常両氏が参議に任ぜられたことは十四年二月乙亥条に、黄桐生・余応挙・馬衛三氏の任命は同年三月癸巳条に、許安・范孟宗および張大亨《だいこう》三氏は同年三月戊戌条に、何徳忠と金思存両氏は同年七月壬寅条に、孫仲賢は布政使についてすでに見た同年七月丁未条に、王福・王清両氏は参政についてすでに見た十五年正月戊申条に見える。なおこのうちの余応挙につき、通行する史語所影印（北平図書館蔵紅格鈔）本は余応奉に作り、校勘記に「広（方言館）本は奉を挙に作る」とある。これに拠れば、明史館が用いた『実録』は広本と同系の本だったようだが、他の諸本がみな「奉」に作っているらしいことからすれば、あるいは「奉」字が正しいのかもしれない。

（7） この時の上諭は『実録』洪武十九年七月癸未の条に見えていて、次のように云う、「詔して経明るく行ない修まり、時務に練達するの士の、年七十以下の者を挙げ、郡県をして礼もて京師に送らしむ。上、礼部郎中鄭居貞に諭して曰く、……もし年六十以上、七十以下の者なれば、まさに翰林に置き、もって顧問に備え、四十以上、六十以下の者なれば、すなわち六部および布政使司・按察（使）司においてこれを用うべし」と。

また当時は「往々にして驟《にわ》かに貴き者多」かった、ということについてであるが、注（3）で言及した『弇山堂別集』十、布衣超擢の項で王世貞はこう述べる。「（洪武十三年正月に断行された）胡（惟庸）陳（寧らに対する粛清）の後より、羣臣に意に当たる者鮮《すく》なく、法網は厳密にして、誅斥あい継ぎ、学士大夫もまた引避するところ多し。ここにおいて高爵を愛《おし》まず、資を越えてもって天下の賢俊を収めんとし、朝《あした》には徒歩（平民）なるに暮れには金紫（大官）なる者あり。永楽中もまたままこれを行なう」と。薦挙の実例としてこの段で挙げられているのは、その大半が洪武十三年から十五年のものであるが、これはたしかに王氏が言うとおり、明初政治史の一大事件たる胡惟庸の獄に連動して行なわれたところ、と考えられよう。

（8）官を除すべしと吏部の上奏した被薦者が、一度に三千七百余人の多きに至ったとは、注（1）で転薦の事例として引いた『実録』洪武十五年九月己酉条の記事によるものだろうが、すでに見たように、これはそれだけの「経明行修之士」を「入見」せしめたという話であって、彼らがみな官職を授かった、ということではない。また一千九百余人の方は、『実録』同年正月丁亥条に「礼部に命じ、使いを遣わして福建・湖広・江西・浙江四布政司、および直隷の府州に往き、書を善くする者を選ばしめ、凡そ千九百十人を得たり」とあるのを根拠としようが、これまた「善書」という技能をもって官庁ではたらく者を求めたのであって、必ずしも薦挙、抜擢の事例には当たらない。

むろん前者の三千七百余人は、その相当部分が官に取り立てられたことであろうし、後者の「善書」者からも、あるいは堂々たる高官が出たかもしれない。当時の政権が、科挙によらぬ方法で大量の人材を登用していたのは、紛れもない事実である。ただ、上記の事実をただちに大量薦挙の実例とするのは、ウソとは言わぬまでも、相当の誇張なわけである。

なお一次の薦挙によって多数の者に官を授けた事例としては、たとえば『実録』洪武二十三年六月戊寅条に「吏部に命じ、天下の耆民の才徳あり、典故を知る者を選ばしめ、授くるに官をもってすること凡そ四百五十三人」とあり、また同年十一月癸丑条に「耆民百六十七人を選び、府州県官を授け、諸司に歴事せしむ」とあるなど、他にもあれこれその例がある。もとよりそれらの事例における授官者数は、ここにいわゆる「その少なき者」よりさらにずっと少ないものではあるのだが、こちらは修辞ならぬ実数であり、たしかに尋常でない数であった。「この時」、すなわち胡惟庸粛清以来の数年、前注で述べた洪武十三年から十五年にかけての一時期に在っては、「仕進に他途な」く、大量薦挙が日常的に実施されていた。

（9）洪武帝が「富戸・耆民」を召見して親しく品定めし、その評価によって官を授けた、ところにあるのは、あるいは『春明夢余録』三十四の記述に拠っているのかもしれない。というのも『夢余録』は注（7）で見た洪武十九年の上諭を引いた後、「時に孝廉・人材、および郡県学貢する所の士、もしくは富戸・耆民はみな見《まみ》ゆるを得、見（衍字か）旨に称《かな》えば即ち不次に擢《ぬ》かる」と述べているからである。

もっとも富戸・耆民の召見、選用というのは、『夢余録』なり何なりの記述を襲わずとも、ただちに『実録』によって知りうるところではある。まず「耆民」の方について言えば、『実録』洪武二十六年正月戊申条に「詔して天下の耆民の来朝を免ず。これより先、詔して天下の民の年五十以上の者は、京師に来朝せしめ、民の疾苦を訪《や》い、才能ある者は抜きてこれを用い、その年老いて治道に通ぜざるは、則ち宴賚《えんらい》してこれを遣る。ここに至り、来たる者日々に衆《おお》し。上、吏部尚書詹徽《せんき》等に諭して曰く、朕、来朝の耆民はその中にまた年高き者、道途を跋渉して労苦するあれば、人を遣わし所在に馳せしむべきを念《おも》い、これを止む」とあるのがその証である。

科挙が停止されていた間、なかでも胡惟庸の獄以後の洪武十三年より十五年ごろには、現実的必要もあって、薦挙がとりわけさかんに行なわれ、その中で耆民の進見も定例化していた。

しかし科挙が再開されると、その必要性はようやく低下しはじめ、「来たる者日々に衆」いことがむしろ負担になりだした、とそういうことを上引の史料は物語っているのであろう。多数の「耆民」を引見、任用するといったことは、もともとはなはだ異例の事態であり、体制が安定し、人事制度の整備が進んでくれば、停止に向かうのは当然である。

ただし富戸の召見はさらに後年まで行なわれていたようで、『実録』洪武三十年四月癸巳条にこう云う、「戸部、富民の籍名を上す。これより先、上……曰く、……今、天下の富民、田里の間に生長し、民事を周知せば、その間あに才能の用うべき者なからんや。それこれを戸籍に稽《かんが》え、名を列ねて以聞せよ、朕まさにここに選用せん、と。ここにおいて戸部奏すらく、……今、籍を稽え浙江等九布政司、直隷応天十八府州の、田七頃（四〇ヘクタール余）に贏《あま》る者、万四千三百四十一戸を得、その戸名を列ねてもって進む、と。命じて印綬監に蔵《おさ》め、次をもって召して至らしめ、才を量《はか》りてこれを用いんとす」と。

ここで言われている一万四千余戸の富民とは、常識的に考えれば召見の候補というにすぎず、彼らをみな実際に召見した、といったことはありそうにないが、それでもこの時よりしばらくの間は、おそらく相当の熱意をもって召見が実行されていたのであり、最初からまったくの具文（名目だけ）、ということはなかったに違いない。

(10)　郭伝については『続通考』四十八に次のごとく云う、「（洪武）七年八月、上、武楼に御し、宋濂侍す。問いて曰く、天下定まるといえども、朕はなお意を宿学の士に垂る。卿その人を知るや、と。濂対《こた》えて曰く、会稽に郭伝なる者あり。跡を釈氏に寄すといえども、まことに一代の奇才なり、と。上これを頷く。……召見して日々に左右に侍らしめ、もって顧問に備う。……擢かれて翰林応奉となり、起居注に陞《のぼ》り、考功丞に遷る」と。志文はこれに拠っているのであろう。

なお『続通考』の記述では、郭伝は洪武七年八月ないしその少し後に召見され、それから翰林応奉に抜擢されたとなるが、『実録』洪武十一年二月甲子条には「考功監丞郭伝に命じ、湖広布政使司右参政を署せしむ。伝は会稽の人、洪武六年、翰林応奉となり、七年に起居注に改められ、八年に兵部主事に遷り、十年に考功監丞に改めらる」とある。郭氏が宋濂の推挙によって官を授かった、というのはたぶん事実なのであろうが、その官を授かった時については、『実録』に従うのが穏当であろう。

科挙が再開されても、(科挙と薦挙の)両途は並び用いられていて、どちらか一方のみを重んずる、軽んずるということは決してなかった。建文・永楽の間であれば、薦挙で任官した場合でも京官では翰林、外官では布政使を授けられる者がなおいた。(1) かくて楊士奇は在野の士人でもって、陳済は平民でもって、にわかに『太祖実録』の総裁官に任命されたのであり、(2) その資格に拘泥せぬことはさてまたかくのごとくであった。ただこれ以後は科挙が日々に重んじられる一方、薦挙は日々にますます軽んじられ、文章をよくする士人はおおむね試験によって立身し、そのことを栄誉と考えたのである。官僚たちはしばしば賢者を求めるという詔書を奉じはしたが、（野に隠れた）人材というのはもはや枯渇していて、ただ昔からの先例を形ばかり踏襲したというにすぎなかった。(3)

洎科挙復設、両途並用、亦未嘗畸重軽。建文・永楽間、薦挙起家猶有内授翰林、外授藩司者。而楊士奇以処士、陳済以布衣、遽命為太祖実録総裁官、其不拘資格又如此。自後科挙日重、薦挙日益軽、能文之士率由場屋進以為栄。有司雖数奉求賢之詔、而人才既衰、第応故事而已。

（1）ここで「建文・永楽間」云々と言われているのは、『実録』洪武三十五（建文四）年七月辛卯条に「儒士曾日章を擢きて翰林院侍読となす」とあるのと、同永楽十八年閏正月庚辰条に「人材馬鱗を擢きて湖広左布政使となし、盛熙を江西左布政使となし、……」というのに拠る記述であろう。ただし後者の馬鱗、盛熙は『続通考』四十八（およびその本づくところであろう『弇山堂別集』十、布衣超擢）では馬麟、盛儀となっており、さらに馬麟については『実録』にもそう作る本がある由で、校勘記は「麟」が正しいとしている。

なお「両途並びに用いらる」の一句については、本書上冊二〇頁注（2）の「三途並用」についての説明、および本冊二一八頁の注（4）を参照。ここでいう「途」とは「出身」（任官資格）を得る途径のことで、明代後半期では常に「三途」と称される。ただしその「三途」が具体的に何を指しているかについては、細かく詮索してもあまり意味がなく、要は科挙とその他の出身と考えておけばよい。

（2）　前注で引いた『続通考』の馬麟らに関する記事のすぐ前に、「初め、詔して『高廟実録』を修めしめ、布衣陳済と学士解縉等を総裁となす」とあり、志文が陳氏の名を挙げるのはこれに拠るものであろう。ただしこの『続通考』の叙述は、『弇山堂別集』八、布衣総裁国史の項を襲ったものに相違なく、しかも下に見るごとく、明らかに誤りである。この誤りは、王世貞がたまたま何かの勘違いをしたのか、それともさらに本づくところがあったのかは分からないが、いずれにせよ明末にはよほど流布した話だったに相違なく、『万暦野獲編』補遺一、総裁永楽大典の項には「今人ただ（陳）済のかつて重修『太祖実録』総裁たるを知るのみ」とある。

『太祖実録』は建文元年、永楽元年、九年とおよそ三修されたが、そのいずれにおいても、陳済もしくは楊士奇が総裁となったことはない。もっとも本朝の掌故（近現代史）に通じていることをもって知られる鄭暁の『今言』一は、三修時の総裁を楊氏とし、やはり明代掌故書の白眉たる『万暦野獲編』一、国初実録の項も同様なのであるが、同じ『野獲編』一でも監修実録の項では、姚広孝・夏原吉が監修、総裁が胡儼・黄淮・楊栄、纂修が胡広等で楊士奇・金幼孜《ようし》がこれを補佐したとしており、国初実録の項とは言うところ同じくない。

ならば『実録』ではどうなっているかと言うと、その永楽九年十月乙巳の条によれば、姚広孝・夏原吉を監修、胡広・胡儼・黄淮・楊栄を総裁、そして「楊士奇、金幼孜等を纂修官と」したということで、『野獲編』監修実録の項とは少しく出入あるものの、とにかく楊士奇が総裁になったことはないに違いない。ただし楊氏は、初修時からずっと纂修官であったし、太宗、仁宗、宣宗『実録』編纂に際しては、いずれにおいても総裁となっている。このはか、歴朝『実録』纂修の経緯などについては、呉晗《ごかん》「記明実録」(『中央研究院歴史語言研究所集刊』第十八本、一九四八。後『読史劄記』、三聯書店、一九五六などに所収) 参照。

陳済については、当初『文献大成』と名づけられた勅修の類書が、「なおいまだ備わらざること多」きをもって重修となった際、「儒士」の陳氏らを総裁とした、という記事が『実録』永楽二年十一月丁巳の条に見え、また同二十年九月庚申条の陳氏小伝にも「詔して『永楽大典』(すなわち重修『文献大成』)を修めしむるに、布衣より招入して総裁となし、書成りて右春坊右賛善を授く」とあるが、『実録』纂修の総裁になった、などという話はまったく出てこない。

このほか、陳氏の伝記としてもっとも基本的、かつ信頼できる文献であろう金寔《きんしょく》撰の行状(『献徴録』十九)でも、「総裁」については『大典』纂修時に「布衣をもって召至され、都総裁(上引『野獲編』によれば「ただ元時のみこれ有」る官名で、陳氏以外「本朝に在りてはいまだこれを見ず」という)とな」った、とあるのみである。つまり彼が『実録』纂修の総裁になったというのは、単なる事実誤認であるに違いない。ただすでに見たように、明代後半には王世貞や沈徳符といった掌故の大家も陳氏『実録』総裁説を伝えており、この誤伝はすこぶる一般化していた。

(3)　この段の最後に「有司はしばしば賢を求むるの詔を奉」じたとあるように、洪熙・宣徳以後にも薦挙を命ずる詔は出されつづけており、『続通考』には洪熙元年より隆慶三年にいたる間の諸例（すべて『実録』で確認できるが、ここでは煩を避けて一々引かない）が挙げられている。ただし成化以降のそれは、ひろく民間の人材を登用するというより、むしろ陳献章、胡居仁（『続通考』は胡を呉に誤る）といった特定の士人を抜擢した個別事例であるにすぎず、薦挙本来の趣旨からはずいぶん遠ざかっているし、隆慶三年の事例に至っては、推薦された若干名の挙人を微官に取り立てたという内容で、これを薦挙と謂うことさえはばかられよう。

さらになお明初百年に在った時期でも、正統十四年の詔では「各処の挙到せる儒士は、永楽年間の事例（『実録』永楽九年閏十二月己未条に、被薦者は「吏部考験」し、もし無能であったり、官となってから収賄などの汚職が明らかになった場合は「挙主連座」とする、とある規定を指すか）に照らし、翰林院に送りて厳しく考試を加えて選用し、中《あた》らざる者は原籍に発して民となす」と言い、景泰三年の詔でも「挙ぐるところの人、後贓罪《ぞうざい》（収賄など不正な財物取得）を犯さば、挙主を連座す」と言っていて、すでに薦挙に対してすこぶる抑制的な態度を見せているのである。

実のところこうした態度は、『続通考』の記事に見えるよりもさらに早い時期から、すでに露わとなりつつあった。洪熙帝は薦挙に際して「濫挙」を戒め、「自今、必ず挙主連座の法を厳しうせば、実材を得るに庶《ちか》からん」と言っている（『実録』永楽二十二年十月乙卯条）し、宣徳帝も「比者《ちかごろ》一二大臣の薦挙するところ」が不肖者ばかりであった、と叱責したのである（同上、宣徳二年十月丙辰条）。

かくて宣徳三年、「挙ぐるところ多くはその人にあらず」という情況に対して帝は、被薦挙者を試験し、成績不良者については「その挙主を罰す」と決めた。こうなってくれば、薦挙が下火に向かうのは当然だし、薦挙出身者に向けられるまなざしもようやく冷たいものとなり、その地位も急速に低下する。この時には「各部の辦事官の、人材・吏員をもって出身する者十余人、まさに正・従八品もて叙用すべきも、自ら才短しと陳《の》べ、雑職に就かんことを願」い、これが認められていた（同上、宣徳三年二月己卯条）。出身の途としての薦挙は、この時にはすでに吏員と同等でしかなく、彼らが就く官もこれにともない雑職が相当であり、科貢出身者と同じような職に就けば、それはむしろ不必要な不利益、不愉快を彼らにもたらすと考えられたのであった。

こうした趨勢のゆえに、『続通考』は薦挙の項の末で云う、「按ずるに、霍韜《かくとう》（嘉靖十年代の大臣）曰く、国初の用人は薦挙を重しとなし、貢挙これに次ぎ、科挙を軽しとなす。今は則ち科挙を重しとなし、貢これに次ぎ、薦挙は行なわれず」と。ここでの所謂「今」は、ごく大雑把にとらえるなら、洪熙・宣徳以降のことと考えてもよいだろう。王世貞が「国朝文臣の仕に入るの正途は、ただ進士・郷科・歳貢・選貢あるのみ。その任子（恩蔭）および国初の賢良方正・人材の挙薦またこれに次ぐ」と言って（『弇山堂別集』十、文臣異途）、「挙薦」を「国初」に限定しているのも、もとより上に述べたような実情を踏まえたものである。

宣宗（宣徳帝）はかつて御製の「猗蘭操《いらんそう》」および「招隠詩」を出してきて諸大臣に賜い、それにより（民間の人材を登用しようという）自らの意を示したことがあった。だがこれに応えて実際に推薦を行なった者はわずかしかいなかったし、世間の方もみな薦挙などつまらぬことと軽んずるようになっていた。[1] 正統元年、行在《こうざい》吏部が言うよう、宣徳年間にかつて詔し、全国の布政・按察二司の官および府州県の知事にそれぞれ賢良方正一人を推薦させると致しましたが、今でもそのままに継続されて終わっておらず、これは停止すべきであります、と。帝は朝廷が賢者を求めることは停止すべきでないとしたが、今後推薦されてやってきた者には、六部・都察院・翰林院の堂上官（長官・次官、すなわち正官）が試験を行ない、合格した者は登用するが、不合格であった者は任用しないこととさせた。かくて薦挙による出身はますます少なくなった。[2]

宣宗嘗出御製猗蘭操及招隠詩賜諸大臣、以示風励。実応者寡、人情亦共厭薄。正統元年、行在吏部言、宣徳間、嘗詔天下布・按二司及府・州・県官挙賢良方正各一人、迄今尚挙未已、宜止之。帝以朝廷求賢不可止、自今来者、六部・都察院・翰林院堂上官考試、中者録用、不中者黜之。薦挙者益稀矣。

（1）御製「猗蘭操」と「招隠詩」にちなむ話はもともと別の時のもので、前者は『実録』宣徳四年十月丙戌条に、後者は同六年二月丙申朔条に見えている。その内容はというと、前者には「上、御製「猗蘭操」を出して諸大臣に賜う。……これに諭して曰く、賢を薦め国のためにするは大臣の道なれば、卿らよろしく勉《つと》めて朕が意に副《そ》うべし」とあり、後者では「上、しばしば詔して賢を求むるも、なお遺逸あらんことを慮《おもんぱか》り、「招隠詩」を作り、以て大臣に示す」という。またここで「大臣に示す」と言っているのは、『実録』同年六月壬戌条に「朕かつて「招隠詩」を作りて羣臣に賜い、もって賢を求むるの切を示す」とあることからして、やはり大臣に賜わったということである。

　御製詩の題となっている「猗蘭操」とは、もともと孔子が自らを傷んで作ったと伝えられる琴曲の名で、その歌詞は賢者が時に逢わず、才を懐いたまま埋もれていることを詠ずる。宣徳帝がその名を用いたのは、むろん賢者を求める自らの意を示すためである。また「招隠（隠者を招く）詩」というと、左思のそれなど六朝期の作が有名だが、上引『実録』宣徳六年六月壬戌条に「けだし彼の隠を招かんと欲するは、これと倶《とも》に遯《のが》れんとす。朕はすなわち意、賢者を招徠してこれを用うるに在り」というとおり、御製詩の内容は『楚辞』の「招隠士」に淵源すると謂ってよく、左思の作などとはその志向において正反対である。

　「実に応ずる者は寡《すく》なし」二句については、前段の注（3）を参照。宣徳帝が理念としての薦挙を重視したことは事実だろうが、現実におけるその意味、ないし価値は、すでに洪武中とは比較にならないほど小さなものとなっていた。

（2）　吏部の上言とその結果は、『実録』正統元年八月壬申条に見える。宣徳中に地方官をして賢良方正を挙げさせたというのは、宣徳八年四月戊戌、華北の旱害に際して下された詔に列挙される「寛恤《かんじゅつ》」措置の一で、民に対する恩恵として挙行が命じられたもの（『実録』）。
なお「行在吏部」の「行在」とは、天子が外出している際の所在地で、理念上の臨時首都などもそういう。たとえば南宋初年には、実際の首都である臨安（杭州）を行在と称し、京師はあくまで東京開封府だとされていた。同様に明朝でも、その首都は本来南京に置かれていたわけだが、永楽帝が北京で政権を樹立したため、北京政府の行政部門、すなわち全国の行政を実際に担っている六部を「行在某部」と称した。その後この「行在」の呼称は、一時的に廃止されたこともあったが、正統六年までは大体において使用されつづけた。

天順元年に詔して、「在野の士人のうちに、学は天人を貫き、才は経済（経世済民、世をおさめ民をすくう）に堪え、しかも世俗から遠ざかって名声や出世を求めようとしない者がおれば、関係の主管各官はありのままに報告せよ」と命じた。(1) 御史の陳迹（「述」字の誤）が（江西省）崇仁の儒士呉与弼《よひつ》の学問品行を上奏してきたので、江西巡撫韓雍に命じて鄭重に召し出し上京せしめた。(2) 京師に着くとすぐお目通りさせ、左諭徳に任命しようとしたが、与弼は病気を理由に辞退してこれを受けようとしなかった。帝はまた李賢に命じて文華殿で引見せしめ、おもむろにねぎらって言うよう「卿《あなた》の学問品行を重んずればこそ、特に宮僚（太子を輔導すべき詹事府の官）を授け、太子の教育をお願いしたいのです」と。だが与弼はあくまで辞退した。そこで文華殿で宴を賜ったうえ、賢に宴会でのお世話をするよう命じ、勅書を降して褒賞をとらせ、（朝廷の使者たる）行人をつかわして郷里まで送らせたが、これは異例の恩典であった(3)。成化十九年になると、広東の挙人陳献章が推薦され、翰林院検討を授けたうえその帰郷を許したが、礼遇のほどは大いに減じていた(4)。その後、弘治中には浙江の儒士潘辰が、嘉靖中には南直の生員文徴明と永嘉の儒士葉幼学が、みな推薦により翰林院待詔を授けられた(5)。万暦中には湖広の挙人瞿《く》九思がまた待詔を授かり、江西の挙人劉元卿は国子監博士を授かったが、江西の処士章潢《こう》はわずかに郷里にいたまま（北京）順天府訓導（の肩書）を授かったにすぎなかった(6)。また（南）直隷の処士陳継儒と四川の挙人楊思（「師」字の誤）心らはみな推薦されこそしたものの、礼部に処遇の検討が命じられただけであった(7)。

天順元年詔、処士中、有学貫天人、才堪経済、高蹈不求聞達者、所司具実奏聞。御史陳迹（述）奏崇仁儒士呉与弼学行、命江西巡撫韓雍礼聘赴京。至則召見、命為左諭徳、与弼辞疾不受。帝又命李賢引見文華殿、従容顧問曰、重卿学行、特授宮僚、煩輔太子。与弼固辞。賜宴文華殿、命賢侍宴、降勅褒賚、遣行人送帰、蓋殊典也。至成化十九年、広東挙人陳献章被薦、授翰林院検討而聴其帰、典礼大減矣。其後弘治中、浙江儒士潘辰、嘉靖中、南直隷生員文徴明・永嘉儒士葉幼学、皆以薦授翰林院待詔。万暦中、湖広挙人瞿九思亦授待詔、江西挙人劉元卿授国子監博士、江西処士章潢僅遥授順天府訓導。而直隷処士陳継儒・四川挙人楊思（師）心等雖皆被薦、下之礼部而已。

（1） 天順元年に薦挙が命ぜられたのは、同年七月丙寅（六日）に紫禁城の正門である承天門が火災に遭ったためで、この「上天が譴《せ》めを示」した事件に対応して、数多くの「寛恤」策が実施のはこびとなり、薦挙もその一とされた（『実録』同年七月癸酉条）のである。つまりこの時の薦挙が熱意をもって実施された、などということはおよそ考えがたく、むしろそれはまったく形式的な、言ってしまえば有名無実なものであったろう。

（2） 呉与弼が推薦を受け、招聘の命が巡撫に降されたのは天順元年の前年、景泰七年のことで、『実録』同年十一月丙子の条には「山東道試監察御史陳述」が呉氏を推薦した結果、「吏部に命じて巡撫・右僉都御史（江西巡撫のことだが、巡撫は形式上あくまで差遣、臨時の職なので、必ず都察院の官銜を帯びる）韓雍に移文し（公文書を送って）、礼をもって聘起して京に赴かしむ」とある。

なお志文にいう「御史陳迹」の「迹」は「述」字の誤りに相違なく、『実録』諸本には異同ないようだし、それに淵源する諸書の記載、たとえば『明史』呉氏本伝でももとより「陳述」となっている。さらに陳迹という人物はここにしか登場しないのに対し、陳述の方は『蘭台法鑑録』七に小伝があって、「字は宗理、直隷嘉定県の人、宣徳元年の歳貢たり。河南道御史に除され、江西を巡按し、四川左参政に累陞して致仕す」という。これによっても、景泰七年に山東道試監察御史であったのが陳迹ならぬ陳述であったこと、これはまず疑いあるまい。

また志文では巡撫韓雍の招聘によってただちに京師に至ったかのごとくだが、実のところこの時は「竟《つい》に至らず」（『明史』本伝）だったのであり、「至ればすなわち召見」したのは「天順元年、（権臣）石亭《せきこう》賢者を引きて己が重となさんと欲し、大学士李賢に謀り、属《しょく》（嘱）して疏を草せしめてこれを薦め」（同上）た時であった。呉氏の「行状」（門人婁諒《ろうりょう》撰、『献徴録』一百十四）に「縉紳徳を尚《たっと》ぶの士、累《かさ》ねて章を上し褒薦するも、倶《とも》に疾を引きて起《た》たず」であったが、「天順元年十月、忠国公石亨」が推薦したことにより上京した、と述べるとおりである。呉氏としては、帝が勅をもって直接「爾《なんじ》それ恵然として（快く招請に応じて）道に就き、もって朕が翹待《ぎょうたい》の（到来を切望している）意に副《そ》え」と命じている（『実録』同年同月壬寅条）以上、これに従わないことはできなかったのであろう。

（3）　呉氏が郷里を出発したのは二年三月で（行状）、五月には陛見のはこびとなり、それ以降のことは『実録』五月壬寅の条に見える。また最終的に「与弼は既に年老い疾あり、職を供するあたわざれば、その請うところを允《ゆる》」すとなったのは、『実録』によれば七月辛卯のことであった。

また呉氏の受けた恩典がよほど異例のものであったことについては、王世貞に次のような発言がある。すなわち王氏は天順帝の呉氏に対する「二勅三旨一諭」を引いた上で、「内閣の輔臣といえども、その優礼遠くは過ぐるあたわざるなり」と言っている（『弇山堂別集』八、三布衣優礼）のである。王氏のいわゆる「三布衣」とは陳遇、武周文と呉氏のことだが、前二者が洪武・永楽期の、薦挙がはなはだ盛んであった時期の人であることを思えば、呉氏の事例はたしかにごく特殊なものであったろう。

（4） 陳献章の被薦、授官、帰郷のいきさつについては、『実録』成化十九年九月甲午の条にこう云う、「吏部に聴選せる監生の陳献章に授けて翰林院検討となし、帰りてその親を養うを許す。献章は広東新会県の人。挙人より国子監に入り、しばしば会試するも中《あた》らず、吏部に歴事し、選を需《ま》ちていまだ及ばずして（任官の順番がまわってこないうちに）、家に回《かえ》りて徒に授け、また試に就かず。

ここに至り広東布政使彭韶《ほうしょう》、巡撫都御史朱英、みなその学行用うべきを言い、礼をもって徴聘せんことを乞う。吏部謂えらく献章は乃《すなわ》ち聴選の人にして、隠士の比にはあらず、揆《はか》るに祖宗の法度をもってするに、安《いずく》んぞ聘を用うるをなさんや、と。遂に移文して取りて京に至らしめ、その学ぶところを試み、量擬して職を授けんと欲す。献章疾を称して試に就かず。……上その巡撫等の官に前後こもごも章して共に薦められ、しかも監生にはまた親老ゆれば回りて侍養を願うの例あるをもって、遂に特に授くるに翰林院検討をもってし、しかもその回るを聴《ゆる》す。

献章が人となり、貌《かたち》は謹愿《きんげん》にして、詩文をつくれば取るべき者あるも、しかれども理学においてはいまだ究めざるなり。郷薦を領して太学に入りてより、務めて自ら矜持《きょうじ》しもって名を沽《う》る。会試偶《あ》わざるに因り、海南に家居し、また仕進せず。一時の好事、妄《みだ》りに推尊を加え、目して道学となす」と。

つまり彼はあくまで聴選監生として処遇されていたわけであり、呉与弼の例と比べれば、たしかに「典礼大いに減」じていた。またここに引いた『実録』の記事は、陳氏に対してきわめて辛辣で、今では王陽明に先駆し、明代心学の端緒を開いたとされるその学問についても、「理学においてはいまだ究めざるなり」とまったく評価していない。『実録』のこのような態度には、何か特殊な原因があるのかもしれないが、おそらくこれは、弘治ごろにはまだ圧倒的な勢力を誇っていた正統派の、保守的な観点を反映したものであるのだろう。つまり嘆かわしい正学からの逸脱は、彼のエセ道学から始まったのだ、というわけである。

（5）　潘辰のことは『実録』弘治六年十二月丁亥条に、文徴明については文嘉「先君行略」（一九八七年上海古籍出版社版『文徴明集』附録）に、また葉幼学については『実録』嘉靖八年四月壬午条に見えるが、陳献章以下につき志文が直接拠ったのは、おそらく『続通考』四十八の記事であろう。なお潘氏らが授かった翰林院待詔とは、翰林院の属官中最下位の、常には設けられざる従九品の微官。呉与弼の左諭徳（従五品）はもとより、陳献章の検討（従七品）と比べても格段の差である。

（6）　瞿九思が「先後地方官の奏薦」をもって待詔を授けられたことは、『実録』万暦三十八年閏三月己巳条に見える。ただしその記載によれば、瞿氏は「疏して辞し、著述の余業を終えんことを乞」い、その結果「原官もて致仕するを准《ゆる》し、なお有司をして月に米五石を給せしめ、以て資助を示す」となった。つまり彼は待詔に任ぜられるやただちに「原官もて致仕」したのであり、その授官は最初から授官という事実のみに意味がある、名誉の問題であった。

この点は劉元卿、章潢でも基本的には同じである。『実録』万暦三十七年十一月丙午の条に拠れば、劉氏は「給事中鄒《すう》元標の薦をもって、家に即きて国子監博士を授け、すみやかに召して礼部主事に陞すも、帰らんことを乞う」ということで、彼もやはり実際の勤務なしで官銜のみを授かったのである。ついで章氏はと言うと、『実録』万暦三十三年十月戊辰条に「江西の隠士章潢に遥授して順天府儒学訓導となし、有司をしてその門を旌表《せいひょう》せしめ、なお量りて月米を給す」とあり、ここでもその職は最初から名だけのものであった。

(7)　楊思心のことは『実録』万暦三十五年正月庚辰の条に見えるが、志文の「思心」を『実録』は「師心」に作り、『明史稿』でも同様、さらに万暦『四川総志』八に楊師心小伝があることからして、これは師心が正しく、思心とするのは『明史』が『明史稿』を引き写す際、その音の近い（shiとsiだが、南方の発音ではhが落ちる）ことから生じた、単純な誤りに相違ない。また陳継儒の被薦は、『実録』万暦三十五年三月己卯条に記されている。なお『実録』はたしかに楊陳両氏被薦の事実を伝えているのだが、その結果については何も述べていない。志文に「これを礼部に下すのみ」とあるのは、おそらくそのことを反映した叙述であるのだろう。

崇禎九年、吏部はまた孝廉の薦挙を行なうよう提案し、こう述べた。「わが祖宗列朝に在っては、ずっとたまさか挙行されるというだけで、定制というものはございませんでした。今やあまねく全国でこれを行ない、注意深く人物を探し求め、はたして孝廉・懐才抱徳（才を懐《いだ》き徳を抱《いだ》く）・経明行修（経明らかに行ない修まる）の士が見つかれば、布按二司ないし道員より巡按に報告し、あらためて調査確認してから上奏し、試験をした上で官に取り立てることとすべきであります」と。かくして全国いたるところで薦挙がむやみに行なわれたが、みな（農民反乱軍の「流賊」に）蹂躙され荒れ果ててしまった府州県の知事を授けただけで、結局のところさしたる効果はなかった(1)。十七年に至ると、河南、湖広の（「賊」に）陥落した州県知事のポストについては、すべて巡撫・巡按が自らの裁量で人員を選んで交替配置させてよく、その出身は科挙であれ雑流であれ生員であれ、すべておかまいなしとした(2)。ただこれは急場しのぎに慌てて人材を求めたものであって、平時における人材登用の制度とは異なる。

正徳四年に、浙江省政府の高官が余姚《よよう》の周礼・徐子元・許龍、上虞《じょうぐ》の徐文彪を推薦した事例になると、（権力を握っていた宦官の）劉瑾《きん》は四人がみな（かつての輔臣で正徳初年に劉瑾を誅するよう請うた）謝遷の同郷で、しかも詔書の起草は（かつての首輔で謝遷と協力関係にあった）劉健の手に出ていたことから、上旨をかたって礼らを（勅命による特別裁判たる「詔獄」を掌る）鎮撫司に下し、辺境の衛所に流して充軍せしめ、布政使の林符・邵宝《しょうほう》・李賛および参政・参議・府県官の十九人を処分して罰米二百石とし、あわせて健・遷の官位を剝奪し、そのうえ正式の禁令として、余姚の人は京官に就きえないと定めた(3)。これは薦挙によってわざわいを得たもので、さきのとはまた別の通常から逸脱してしまった事例である。

　崇禎九年、吏部復議挙孝廉言、祖宗朝皆偶一行之、未有定制。今宜通行直省、加意物色、果有孝廉・懐才抱徳・経明行修之士、由司道以達巡按、覆核疏聞、験試録用。於時薦挙紛紛遍天下、然皆授以残破郡県、卒無大効。至十七年、令豫・楚被陷州県員缺悉聴撫・按官辟選更置、不拘科目・雑流・生員人等。此則皇遽求賢、非承平時挙士之典。

　至若正徳四年、浙江大吏薦餘姚周礼・徐子元・許龍、上虞徐文彪、劉瑾以四人皆謝遷同郷、而草詔出於劉健、矯旨下礼等鎮撫司、謫戍辺衛、勒布政使林符・邵宝・李賛及参政・参議・府県官十九人罰米二百石、幷削健・遷官、且著令、餘姚人不得選京官。此則因薦挙而得禍者、又其変也。

（1）　崇禎九年の孝廉薦挙につき、ここの叙述が直接に拠ったところは明らかでないが、潘星輝『明代文官銓選制度研究』第二章はおおよそ次のように言う。『国権』に拠れば、これは武挙人陳啓新の上言から起こったことのようである。ただし眉史氏『復社紀略』に拠れば、実のところ陳氏は温体仁に使われていたにすぎず、そこには当時の党争にからんだ複雑な背景がある、と。

潘氏がかく言うのは、『国榷』崇禎九年二月壬辰条に「淮安の武挙陳啓新上言すらく、今、天下に三大病あり。曰く科目（科挙）もて人を取る。……曰く資格もて人を用う。……曰く推（官）知（県）もて科道を行取す。……再《ま》た治病の薬を陳《の》ぶ。……一、科目を停《や》めてもって虚文を黜《しりぞ》く。一、孝廉を挙げてもって実行を崇《たっと》ぶ。……上その言を異とし、立ちどころに吏科給事中を授く」とあり、また四月丙子条には「吏部覆すらく、中外の官、薦挙すること共に二百人、と。上、武英殿に召対せしむ」とあることによるものだが、実のところ薦挙の実施は、陳氏の上言よりおよそ半年前にはすでに命じられていた。

すなわち『国榷』崇禎八年八月丙午の条に云う、「諭す。……按ずるに祖宗朝の保挙の成法は遵《したが》うべければ、着して（命じて）両京の文職三品以下五品以上は、各々知府に任ずるに堪うるの一人を挙げ、科第貢監を論ずるなかれ（科挙合格者でも貢生でもかまわない）。翰林・科道、在外の撫按・司道・知府官は、各々州県官一人を挙げ、貢監吏士を論ずるなかれ（貢生でも吏員でも特に資格のない士人でもかまわない）。期を過ぎて挙げざる者は議処し、失挙せば連座す、と。その議は吏部（主事）の呂大器に始まる」と。

陳啓新の上言は、『復社紀略』の言うとおり温体仁、薛《せつ》国観らの意向による行動であったろうが、そこで提案された薦挙につき、党争との関連からのみ説くことは、必ずしも十分には正しくないだろう。というのもこの当時、崇禎帝は外廷の科挙官僚一般に対して強い不信感を懐いており、ついには現状を目して「これ士大夫の国家（朝廷ないし皇帝）に負《そむ》けるなり」とまで言っていた（『国榷』崇禎七年八月辛未条の上諭）からである。つまりこの時の薦挙は、皇帝と外廷（科挙官僚）の相互不信という、すこぶる深刻な事態から発生したものであった。

なお薦挙の結果が「みな授くるに残破の郡県をもってし、ついに大効なし」であったことについては、潘星輝著（七九頁）に引かれる『戴名世集』（中華書局、一九八六）六、沈《しん》寿民伝の叙述が、これを裏づけるよい証言となるだろう。すなわちそこには「この時、天下多故（多事多難）にして、上の用うるところの人、文武みな効あらざれば、謂えらく科挙は天下の士を得るに足らず、と。歳丙子（九年）、薦挙の制を復す。……この時、科目は積重して（長い間に動かしがたいものとなっていて）反《かえ》すべからず、諸々の薦挙せらるる者をば州県（知事）となすに、吏部はおおむねみな予《あた》うるに荒残の地をもってし、多く賊禍に罹《かか》る。その免るる者もまた往々中《あ》つるに文法（法例罰則の類）をもってし、ここにおいて凡そ薦挙せらるる者は多く棄去し、また場屋（試験場）に入りもって科第（科挙合格）を取らんと欲す」と述べられているのである。

(2)『国権』崇禎十七年二月庚辰（二十一日）条に云う、「吏・兵二部に諭して曰く、豫・楚残破し、郡県の料理《おさめ》に人を需《もと》むれば、各撫按は悉《ことごと》く自ら吏を選び更置するを聴《ゆる》す。科目・雑流・生員・布衣に拘《かかわ》らず、ただ才変を済《すく》うに堪え、品行人を服さば、即《ただ》ちに塡用を与えよ。よく義・募兵を倡《とな》え、一州を恢復するあらば、即ちに一州を授け、一県を復さば、即ちに一県を授く。功懋《さか》んなれば賞を懋んにし、決して少《やや》も靳《おし》まず。一応《あらゆる》練兵・安民・理財の事は、倶《とも》に撫按、所属とともに便宜に挙行する聴し、朕は中制せず（その過程に口をさしはさまない）」と。志文はこの記事、ないしはこれと同系の史料に拠っていよう。

同系の史料というのは、『国権』がもとづいたのであろう邸鈔（官報）より派生した記述で、たとえば計六奇『明季北略』二十、堪任督撫諸臣（督撫に任ずるに堪うるの諸臣）の同日条とか、闕名『崇禎長編』（『痛史』所収二巻本）二の同年二月己卯の条がこれ。なお『長編』では二月辛酉を朔（一日）としてこの記事を己卯に、すなわち十九日に繋けるが、二月朔は庚申であるし、この上諭を庚辰ではなく己卯に繋けるのもおそらく誤りであろう。

（3）この事件については、『実録』正徳四年二月丙戌の条にそのいきさつが見えていてこう云う、「大学士劉健・謝遷を勒《ろく》して（処分して）民となす。これより先、詔して材を懐き徳を抱くの士を訪挙せしむ。浙江は余姚の周礼・徐子元・許龍、上虞の徐文彪四人をもって詔に応ずるに、所司いまだ納れず、四人はしばしば奏して用いられんことを求む。時に（劉）瑾、健・遷を恨むことといまだ已まず。四人はみな遷が同郷にして、詔を草するは建に由るをもって、因りてこれを罪せんと欲す。……遂に礼等を鎮撫司に下して鞫問《きくもん》（尋問）せしむ。

吏部尚書劉宇、瑾が意に阿《おもね》り、布政使林符・邵宝・李賛、参政伍符、参議尚衡・馬輅《ばろ》、知府劉麟、推官譙聡《しんそう》、知県汪度を劾して訪挙実を失えりとす。しこうして鎮撫司の獄辞、健・遷に連及す。……既にして旨下り、健・遷はみな民となし、礼等は辺衛に謫戍《たくじゅ》し、符等は各々罰米三百石とし、聡・度は仍《な》お職を罷めしめ、かつ令に著けて、今より余姚の人は京官に選ぶことなからしむ」と。つまり処分された浙江の地方官は十九人ではなく九人、罰米も二百石ではなく三百石というのが正しいようである。

なおこの事件、志文が正徳四年云々と言っているのは、最終的な処分が下された時に依ってそう記したものであって、薦挙の実施は「これより先」の、おそらく正徳元年のことであろう。というのも詔の起草者である劉建は、劉瑾の専横がますますはなはだしくなる中、正徳元年十月、謝遷とともに致仕しているからである。この時の薦挙は正徳帝の即位に際し、いわば名目的に行なわれたものにすぎず、それゆえ『続通考』四十八にも記事がないのではないか。その後、推薦された謝遷の同郷人が遅々として「所司」（主管当局、すなわちここでは吏部）に承認されない中、薦挙の不公不正を口実に疑獄が起こされた、というわけである。

Ⅱ　任官・保挙

官僚の任命については、文官であれば吏部が、武官であれば兵部が主管するが、わけても吏部の職掌はとりわけ重大である。吏部にはすべて四司あり、なかでも文選司は銓選（任官・遷官事務）を、考功司は考察（勤務評定）をつかさどっていて、その職務はとりわけ重要であった。[1] 選人（任官の候補）には進士・挙人・貢生のほか、官生・恩生・功生・監生・儒士があり、[2] さらに吏員・承差・知印・書算・篆書・訳字・通事といったあれこれの雑流があった。[3] 進士がひとつの途《みち》（途径、コース）をなし、挙・貢らがもうひとつ、吏員らがまたもうひとつとなっていて、これがいわゆる「三途並びに用う」である。[4] 京官（中央省庁の官僚）のうちの六部主事・中書・行人・評事・博士、外官（地方官）のうちの知州・推官・知県は進士から選任する。また外官のうち（一部の）推官・知県および学官は挙人・貢生から選任する。京官のうち五軍都督府と六部の首領官、通政司・太常寺・光禄寺・詹事《せんじ》府の属官は官生・廕生から選任する。州県の佐弐《さじ》官と都指揮・布政・按察三司の首領官は監生から選任する。

（京府、京衛ではない地方の）外府・外衛・塩運司の首領官、中外の（中央地方を問わず倉・庫などの大使、副使等）雑職は入流未入流とも（官品のある職であれそうでないものであれ）、吏員・承差等から選任する。[5] 以上が任官についての概略である。その間の出入りやくいちがいについても、ここから推測していけばほぼ了解できよう。初めて官を授けられる場合は聴選といい、昇進する場合は陞遷といった。[6]

任官之事、文帰吏部、武帰兵部、而吏部職掌尤重。吏部凡四司、而文選掌銓選、考功掌考察、其職尤要。選人自進士・挙人・貢生外、有官生・恩生・功生・監生・儒士、又有吏員・承差・知印・書算・篆書・訳字・通事諸雑流。進士為一途、挙貢等為一途、吏員等為一途、所謂三途並用也。京官六部主事・中書・行人・評事・博士、外官知州・推官・知県、由進士選。外官推官・知県及学官、由挙人・貢生選。京官五府・六部首領官、通政司・太常・光禄寺・詹事府属官、由官・廕生選。州・県佐弐、都・布・按三司首領官、由監生選。外府・外衛・塩運司首領官、中外雑職入流・未入流官、由吏員・承差等選。此其大凡也。其参差互異者、可推而知也。初授者曰聴選、陞任者曰陞遷。

（1）「吏部の職掌もっとも重」かったことは、吏部が六部の首であり、その尚書（長官）は「けだし古《いにし》えの冢宰《ちょうさい》の職にして、五部に視《くら》べて特に重しとなす」と称される（『明史』職官志一）ことからも理解できよう。吏部の四司とは文選、験封、稽勲、考功の四清吏司で、文選は「官吏班秩の遷陞《せんしょう》、改調の事を掌《つかさど》」り、験封は「封爵、襲廕《しゅういん》、褒贈《ほうぞう》、吏算の事を掌」り、稽勲は「勲級、名籍、喪養の事を掌」り、考功は「官吏の考課、黜陟《ちゅっちょく》の事を掌」った（同上）。細かい点はともかくとして、四司が掌管するところの大体はこれで分かるだろう。

（2）　選人となる者の資格につき、進士・挙人は問題ないとして、貢生以下についてはいくらか説明が必要だろう。まずここで言われている貢生および「官生・恩生・功生・監生」は、すべて「国学に入る者は、通じてこれを監生と謂う」（本志一、国子監の章、本書上冊二一二頁以下を参照）広義の監生、つまり国子監の学生であるが、そのうちの貢生はおそらく「納貢」（金銭によって、捐納で監生の資格を得た生員）を除く歳貢・選貢・恩貢を謂うのであろう。また官生は廕監のうち三品以上の京官子弟のそれ、恩生は特恩によって父祖の官品を問わず廕監となった者である。

ついで功生はというと、その名は本志一には見えず、職官志二、国子監の項に、祭酒・司業が教育すべき者として「凡そ挙人・貢生・官生・恩生・功生・例生・土官・外国生・幼なき勲臣および勲戚大臣子弟の監に入る者」とあるくだりに登場する。また『春明夢余録』五十四、国子監に「祭酒は国学の挙人・貢生・官生・恩生・功生・例生・夷生・幼なき勲臣の教訓の事を掌る」とあるのは、おそらく職官志が拠るところと同系の史料に淵源しているのだろうが、とにかくこれによっても、国子監の学生種別のうちに功生なる範疇があった、というのは確かだと考えられよう。

ならば功生とは何かと言えば、本志一、国子監・廕子入監の項（本書上冊九五頁以下）を見るに、「また軍功の廕をもって錦衣たる者あり、往往にして太学に由らず、その他は並びに入監す」とあり、これからすると文官ではなく武官の子弟で、勲功、武功による廕監となった者を功生と謂うらしい。

ついで監生であるが、本志のいわゆる「官生・恩生・功生・監生」が、上に引いた職官志や『春明夢余録』では「官生・恩生・功生・例生」と表現されていることから分かるとおり、これは例監のことであるに違いない。なおこうした意味での監生については、『明律国字解』問刑条例・名例律・五刑条附のうちに「監生と云は国子監の書生也。……後には納粟ノ監生とて、富民の子、辺塞の軍餉《ぐんしょう》を納めて監生となるあり。故に監生には不学なるあり。故に俗語には、不学の儒者を通じて監生と云なり」とあるのが参考になろう。つまりもともと「監生」は国子監の学生一般を指すことばであったのだが、後になると例監が多きを占めるようになったため価値が下がり、ついには庶民が捐納によって資格を買っただけの監生、「民生」とか「俊秀」とかいわれる者（本書上冊六五頁）を主として指すようになったわけである。

儒士というのは「生員にあらずして科挙に応ずることを認められた者、というのが基本的、ないしもっとも普通の意味」（本書上冊四四頁）なのだが、ここでは書写技能をもって特定官庁・部局に採用された者を指している。『会典』五、選官に見えるところで言えば、「凡そ（中書科）制勅・誥勅両房の中書官は、旧例みな挙人・監生・儒士をもって相兼ねて取用す」、「凡そ文華殿書辦は、例として書を善くするの監生・儒士をもって選補す」、「凡そ礼部鋳印局の儒士は、印を辨じて三年満つるの日、本局の副使に除授す」とあるのがこれで、最後の例に見えるとおり、彼らも一定期間の勤務の後、選人として陞遷《しょうせん》を待つことになる。

各種の選人につき、志文はまず「進士・挙人・貢生より外、官生・恩生・功生・監生・儒士あり」と述べているが、進士と挙・貢はむろん堂々の正途出身であるし、官・恩生、およびたぶん功生もこれに準ずるものとされていた。ただし例監になるとこれらと同列ではなく、どこまでいっても「異途」とみなされたのであるが（本書上冊六六頁）、それでもとにかく国子監の学生ではある以上、あくまで「士」の、読書人の範疇でとらえられるべき者ではあり、ゆえにここの叙述では「監生・儒士」までがひとまとまりを成しているのだろう。「又有」以下の吏員ら「諸雑流」は、この点からして別範疇となるわけである。

（3）吏員以下は胥吏《しょり》、もしくは胥吏とほとんど択ぶところのない下級専門職員であるが、その彼らも一定の勤務年限を経れば、出身を得て正規の官僚体系のうちに入りうることとなっていた。『会典』八、吏役参撥《りえきさんぱつ》によれば、「吏員は両考して役満つれば、起送して京に到らしめ、各衙門《がもん》に参撥す」といい、地方で三年に一度の勤務評定を再度経た者は中央各省庁に送られ、さらに「凡そ吏員は、……みな九年満つるをもって出身せしむ。……在外両考、在京一考をもって満となす」ということで、地方で両考六年、中央で一考三年の勤務を無事に終えれば、その勤務する官庁の格と各々の職務によって、それぞれ相当の官を授けられることと定められていたのである。

もっとも地方から中央に送られ、さらに官界に入るというのは、決して吏員の一般的な姿ではなかった。彼らはむしろ地方・中央の各官庁に長く蟠踞し、さらにはその地位が一種の既得権益となって、あるいは売買され、あるいは世襲されたりもした。こうした吏員のあり方については、顧炎武『亭林文集』一、郡県論八、また『日知録』八、吏胥、さらには『清国行政法』一下、雑途・吏胥の項などを参照。

さてここに「諸雑流」として挙げられている「吏員・承差・知印・書算・篆書・訳字・通事」であるが、前三者については『明律国字解』に「吏典・知印・承差……等」という律文（吏律・職制・濫設官吏の条）を説明して云う、「吏典は吏の総名なり。知印・承差も吏のるいにて、よき格の者なり。生員辦事の内と見えたり。知印は承差よりは上なり。知印は五府・六部・宗人府、在外は都・布・按の三司に皆あり。五府・宗人府の知印は従八品にぬけ、六部・都察院の知印は正九品にぬけ、都・布二司の知印は従九品にぬくる。官吏の文巻に連署するとき、印をうけとりて押す役と見えたり。承差は遠方の使を勤る役なり」と。

志文の「吏員」と『明律』の「吏典」ではその名が異なるものの、『明律』では胥吏のことを常に「吏典」と称しているので、これはやはり『会典』ないし本志の「吏員」と同義、つまり「吏典」も「吏員」も「吏の総名」と考えておけばよかろう。また知印については『会典』五、選官に「凡そ知印。……永楽十七年奏准すらく、宗人府・五府・六部・都察院に欠あらば、役満ちたる承差の内において引奏し選用す。三年満つるの日、考中せば宗人府・五府は従八品もて用い、六部・都察院は正九品もて用い、中《あた》らざると考を願わざる者は、倶《とも》に雑職もて用う。都司・布政司の知印は、従九品もて用う」とあって、『国字解』はおおよそこれにもとづいている。

なお「知印・承差も吏のるいにて、よき格の者なり」と徂徠が言っていることだが、これについては下に引くいくつかの史料が参考になろう。すなわちまずは『会典』五、選官に「凡そ入選の禁例。弘治十三年奏准。文職の官吏、監生、知印・承差の人等」云々とあることで、ここでは知印・承差が現役の官僚や監生とならぶ資格として、特にその名を挙げられている。つまり知印・承差とは、下文に登場する「三途並用」のうちの、雑流を代表するひとつのカテゴリーだと考えられるわけである。

次は知印についてで、李東陽『懐麓堂文前藁《ぜんこう》』二十八、明故両淮都転塩運使司知事周君（澄）墓誌銘にこう云う、「湖広布政使司かつて知印を欠く。知印なる者は印記の出入を主《つかさど》り、役《えき》は勤むといえども、諸従事と伍せず。君は名の府県の薦むるところとなるをもって黽勉《びんべん》（しぶしぶ）役に就くも、その好みにはあらず。馬布政なる者あり、つねづねこれを器許し、あるいは諏《はか》るに政務をもってし、またやや自ら見《あら》われ、広州府倉大使（従九品）を授かる。……秩満ち、……浙江上雲県主簿（正九品）に遷る。……吏部に上るにおよび、考して優格に入り、……両淮都転塩運使司知事（従八品）に擢《ぬ》かる。……君、三職二十年を歴《ふ》るも、官は八品にすぎず、矻矻《こつこつ》として日夜を窮め、竟《つい》に勤をもって死す」と。

また承差については、何景明『何大復先生集』（三十八巻本）三十七、封徴仕郎・中書舎人・先考梅渓公（何信）行状にこう云う、「公……三十に及び、藩司辟《め》して承差となさんとし、その責令すること厳しく、脱解すべからず。公曰く、命なり。……それ立身は人に在りて地には在らざるなり。承差は卑しといえども、予なんぞこれに就くを恥《は》じんや、と。既に承差となり、見るならく承差となる者はみな富子弟たりて、縦侈《しょうし》にして循《したが》わず、衣馬を矜炫《きんげん》するのみ。余は則ちまた卑賤にして汙《けが》るること甚だし。すなわちこれを恥じ、ともに羣《む》れず。……公両《ふた》たび駅丞（未入流）となるに、庳《ひ》（卑）官をもってみずから貶《おとし》めず、威厳あり、気義を厲《はげ》ます。……すなわち浩然として嘆じて曰く、もって去るべし。吾卑役となりてより歴官に至るまで、いまだかつて一日も屈せず、……と。遂に足疾を称して官を罷《や》められんことを求めて還《かえ》りたり」と。

つまり承差も知印も官庁に徴用される「役《えき》」（徭役）であり、その身分は当然「官」ではなく「吏」の範疇に在った。また中央省庁はともかく、布政司の知印は必ずしも承差から選ばれるわけではないが、たしかに「よき格の者」ではあって「諸従事と伍せず」、時には官僚から「政務」を相談されることもあった。さらに周澄の場合で言うと、彼は「都司、布政司の知印は、従九品もて用う」という規定のとおり、従九品の府倉大使で起家し、「三職二十年を歴」て従八品に至ったのであった。

承差はどうかと言うと、『会典』十二、考覈《こうかく》二に「正統元年奏准。在外三司の承差に欠あらば、民間の丁糧相応にして殷実の家において、その才貌用うべき者を選」ぶとあり、これに当たる者は「みな富子弟」となるわけである。ただし何信などからすれば、それはあくまで「卑役」であり、事実また「歴官」の途も、知印より厳しいのであった。『会典』五、選官に「凡そ承差。在外の都・布・按三司で役満つれば部に到り、各衙門に分撥して事を辦ぜしめ、二年満つる日に駅丞に除す」とあるように、承差が就く官は未入流の微官にすぎず、何信の官歴も「両たび駅丞となる」のみで終わっていた。

なお徂徠のいわゆる「生員辦事の内と見えたり」は、もし知印・承差が生員から選ばれるという意味であるなら、そういう事例も個別にはあるのかもしれないが、一般的には正しくないだろう。

ついで「書算・篆書・訳字・通事」の書算はというと、『会典』八、吏役参撥に「凡そ戸・兵二部の書算に欠ありて、移文（吏）部に到らば、直隷常（州）鎮（江）二府に類行して（分類したうえ公文を送り）所属の殷実戸内にて揀選し、起送して（吏）部に赴かしめ、考中せば該部に転送して役に着かしむ」とあり、また同十二、考覈二には「凡そ戸・兵二部の書算、九年考満して一等に中る者は、資格に依りて出身せしめ、二等の者は雑職もて出身せしめ、三等の者は冠帯閒（閑）住せしむ（官僚身分のみを与えて職には就けない）」とある。

つまり書算というのは財務を職掌とする戸部、および膨大な兵員の給料や軍需を掌管する兵部における会計業務に従事する吏員で、成績がよければ「雑職出身」以上の「依資格出身」も可能なのであった。「資格に依りて出身」するとは、不確かながらおそらく、二品衙門である六部の吏員として正八品で出身する（『会典』八）ということで、もしそうであれば、これは専門職のゆえに知印・承差よりさらに「よき格の者」ということになる。

篆書はというと、その名からして印章の篆刻を担当する者と推測できようし、そうであれば尚宝司の職員かとも思われるのだが、実のところ尚宝司の職掌は「宝璽・符牌・印章を掌りて、その用うるところを辨ず」、つまり宝璽等の出納、使用、またその記録などであって、篆刻担当の職員がいるのは宦官衙門の尚宝監などであっただろう（『明史』職官志三）。

　こうした宮中に勤務する技術者の人事については、黄訓『名臣経済録』（四庫全書本、本来は「皇明」の冠称がつく）十八に収める馬文升「明詔を重んじ、老成を信じ、もって初政を慎むの疏」（正徳元年二月二十六日具題。馬氏は時の吏部尚書）に引かれる吏科給事中安奎の上奏が参考になる。安氏は云う。

　今、御用監で「書篆人員」を急ぎ求めているが、吏部は「自来内府の各衙門用うるところの雑辨事の人は、ともに本部の選送に由らざれば、よろしく本監より径《ただ》ちに自ら能書の人を訪求して用に応ぜしむべし」と言っていた。ただこれは認められず、結局吏部が試験をして八名を合格させたのだが、彼らに対しては「務《つと》めて吏部の擬する所に照らし、必ず事を辨ずること十年満日を候《ま》ちて冠帯を給与し、再《ま》た事を辨ずること五年満日にして、量《はか》りて鴻臚寺の序班（従九品）に除し、前に仍《よ》り（これまでどおり）事を辨ぜしめ、考満ちて陞用するを必せず、著して定例となせ」と。

　つまり「内府の各衙門用うるところの雑辨事の人」の人事は、本来吏部がやるものではないし、その出身への道も長く、満十年でやっと官俸なしで名目のみの官僚身分が与えられ、さらに五年の勤務で従九品の雑職に就くこととなるものの、実際の職務は変わらず、かつそれ以上の昇進もないのであった。もとより御用監の「書篆人員」と志文の「篆書」が同じものとは限らないのだが、その採用や処遇といった人事のあり方については、まず大差ないと見てよかろう。もっとも『会典』等には出てこない「篆書」が、特にここに取り上げられている理由は分からない。

外交文書の翻訳に従事する訳字は、本志一、監生歴事の項に登場し、本書上冊一一三～四頁の注（3）から（5）で説明されている翰林院所属の四夷館訳書に淵源するもので、当初は監生から選抜されるエリートであったし、進士に合格する者も多かった。しかし積極的な対外政策を放棄した宣徳以降になるとその地位は低下し、宣徳元年からは「兼ねて官民の子弟を選」ぶようになり、さらに弘治七年には四夷館の所属も翰林院から太常寺に移った。

かくて明代中期以降の「四夷館訳字生」は、「習学すること三年にして考中せば糧を食ましめ（評価のうえ合格となれば手当を支給し）、また三年して考中せば題（上奏）して冠帯を給し、また三年して考中せば序班を授け、旧に仍《よ》りて辦事せしむ」（『会典』五、選官）という、雑流の中でもすこぶるみすぼらしい職となったのである。また通事は通訳で、鴻臚寺に属するが、その出身に至る道は訳字とまったく同じであり、最短九年で「序班を授け、旧に仍りて辦事せしむ」というものであった（同上）。

（4）「三途並用」の「三途」については実のところ諸説あって、進士、挙貢と吏員ら雑流のことを謂う、という本志の理解が常に通用しているわけでは決してない。このことは本書上冊二〇頁の注（2）ですでに指摘しておいたが、そもそも官僚人事につき「三途並用」ということばが公式に用いられたのは、潘星輝『明代文官銓選制度研究』第二章によれば、『実録』嘉靖九年十一月己酉条の詔書に見える例が最初だろうという。すなわち明代後半期になって、進士偏重の風がますます甚だしいものとなり、その弊害もようやく明らかとなる中で、これを救正すべく持ち出されてきたのが「三途並用」という「祖宗以来の旧典」だったわけである。よってそのいわゆる「三途並用」とは、進士以外の出身をより積極的に認める、という意味にすぎず、「三途」の内容を固定的に、確定したものと考えてもあまり意味がない、となろう。この点で上に言及した本書上冊の注は訂正を要する。

（5）進士が就く職については、すでに本書上冊二八四頁注（2）において、『皇明貢挙考』一、進士選格引李默等『吏部職掌』（すなわち『四庫存目叢書』所収万暦刊本の文選清吏司・求賢科・進士除授の項）によって確認ずみ。挙貢等が就く職についても、やはり本書上冊六七頁の注（3）で、存目叢書本『吏部職掌』同上・挙監考選の項によってその大概を紹介しており、ここの記述と格別の出入はない。

ただし学官が挙貢より選ばれるというのは、『吏部職掌』の記載ではなく別の「故事」に拠っている。すなわち明初より会試副榜の挙人を教官とする例があり、また晩くとも成化中になれば、教官の不足を歳貢からの採用で埋めるようになっていたのである。このことについては、本書上冊七四～五頁の注（4）と（6）、および同七八頁の注（2）を参照。また吏員、承差の任官についてはこの段の注（3）を参照。

なお原文の「中外雑職入流・未入流官」につき、標点本は「中外雑職・入流・未入流官」とするがよくないだろう。ここの「入流・未入流」は、決して「雑職」と並列の関係にあるのではなく、訳文に示したごとく、外府等の首領官と中外の雑職はすべて、入流未入流ともに、の意だろうからである。

（6）聴選というのは、一般的な意味では「選をまつことなり。挙人・監生・生員人、或は官人・吏人にても、丁憂などにて解官したるは、入選を願ふて京都へ来る、是を聴選と云なり」（『明律国字解』問刑条例・詐欺官私取財（官私を詐欺して財を取る）条附）であって、必ずしも「初授」の場合とは限らない。つまり何らかの理由で「前官をばやめて、いまだ官を得ざる内は、吏部の選を待ゆへ聴選と云」（同上、刑律・官吏受財の条）のである。しかしながら、ここでわざわざ「初めて授けらるる者を聴選と曰う」と言っているのは、下の一段で述べられる「選人之法」における術語を解説したもので、その場合の「聴選」は「陞遷」と対になって、特に「初授」を指すことになるわけである。

人材を選用して官につける方法として、毎年吏部は六度の審査と選抜を行なう。その内わけは引選が六度、類選が六度で、（これとは別に）遠方選も二度ある。初任の場合と昇進降格の評定については、偶数月に大選（すなわち引選）し、審査を行なう順番については奇数月に定める。（任期途中で）新しい職に改められるとか、降格されるとか、喪が明けて官に復帰すべく沙汰を待っている者は、奇数月に急選（類選）する。[1]（府の佐弐《さじ》官、州県正官の欠員を埋める）揀選《かんせん》は三年に一度挙行する。挙人が特恩（による教職授与）を願い出た場合や、歳貢が教職に就くための選考は不定期に行なわれる。[2] すべて昇進については、必ず（三年に一度で三度の）勤務評定を満了しなければならない。もしあるポストにすぐ任命すべきで、満了期間まで待っていられない場合は、推陞ということになる。それが内閣大学士、吏部尚書であれば、廷推（廷臣による推薦）かあるいは特旨を奉じて決定する。[3] 侍郎以下および（国子監）祭酒の場合は、吏部が三品以上の高官と共同で廷推する。[4] 太常卿以下は、吏部の推薦により、（通政司の左右）通政・参議以下は、吏部が弘政門で（司礼監官と）会選（合同で選考）する。詹事《せんじ》は内閣の、各衙門の属官はそれぞれの掌印官（長官）の推薦による。[5] 地方官では、ただ総督・巡撫のみが廷推で、九卿（六部、都察院、大理寺、通政司の長官）参加の下、吏部が会議を主宰する。[6] 布政使・按察使のポストは、三品以上の官が共同で推挙し、監司（布按二司の諸官）については職位にしたがって順々に昇進させる。[7]

選人之法、毎年吏部六考六選。凡引選六、類選六、遠方選二。聴選及考定陞降者、双月大選、其序定於単月。改授・改降・丁憂候補者、単月急選。其揀選、三歳挙行。挙人乞恩、歳貢就教、無定期。凡陞遷、必満考。若員缺応補、不待満者、曰推陞。内閣大学士・吏部尚書、由廷推或奉特旨。侍郎以下及祭酒、吏部会同三品以上廷推。太常卿以下、部推、通・参以下、吏部於弘政門会選。詹事由内閣、各衙門由各掌印。在外官、惟督・撫廷推、九卿共之、吏部主之。布・按員缺、三品以上官会挙、監司則序遷。

（1）この一段は銓選制度の中でもはなはだ重要な部分を概説したものながら、叙述が簡略に過ぎて何を謂っているのか分かりにくく、そもそも本志の編者自身が、どこまで制度の内実を理解していたのか疑わしいところさえある。したがって上記の訳文には、翻訳というより解釈と言った方が適切な部分があるのだが、ここではそのような解釈を導いたゆえんを示すべく、志文の根拠と考えられるところ、また文中に用いられている術語の意味などにつき、知りえたかぎりを記しておく。

まず「凡引選六、類選六」から「歳貢の教に就くは定期なし」までの部分につき、志文が主として拠った文献は『続文献通考』八十七に違いなく、そこには「凡そ選は、歳ごとに引選すること六たび、類選もまたかくのごとくす。遠方選は二たびす。朝覲《ちょうきん》の歳には揀選《かんせん》すること一たび、歳貢の教職に選ぶ者は常期なし」とある。もっともこの『続通考』の言は、実のところ鄭暁『吾学編』皇明百官述上の記述をそのまま用いたもので、両者の文は一字を違えない。

ついで『会典』五、選官の項を見るに「歳ごとに大選あり、急選あり、遠方選あり、歳貢の教に就くの選あり、まま揀選あり、挙人の恩を乞うの選あり」とあって、これと前引『続通考』の言を併せれば、志文の基本が形を成すこととなる。ただこれでは大選、急選の何たるかは分からぬままだし、この両者と引選、類選の関係も一向に明らかでない。さらにこの段の志文は、まず最初に「毎年吏部は六考六選す」と言うのであるが、一年に六度というのは引選、類選のみの話で、他の遠方選や揀選などには該当しない。つまり「選人之法」を説明するに際して、あたかも一般的な通則であるかのごとくに「六考六選」と言うのは不適当だし、また「凡そ」以下の叙述を理解しにくくもしていよう。

引選・類選と大選・急選の関係については、潘星輝『明代文官銓選制度研究』一四八頁以下に説明があり、管見の限りではこれがもっとも詳しい研究のようである。よってここでは、訳注者の考えによって若干の訂補を加えつつ、その大略を記しておく。

『諸司職掌』（潘著では単行本に拠っているもののごとくだが、『皇明制書』所収本、正徳『会典』二所引、さらには万暦『会典』五の「洪武二十六年定」とある記事でも同じ）類選の項には、起復・考満官は引選し、裁減・改降（潘著では「改・降」と二つに分けるが、これは万暦『会典』の句読のとおり一つのことばとすべきだろう）・截替《せったい》などの官員は「類奏して例に照らして選用」するとある。また潘著には引いていないが、進士・監生などは「引奏して選用」するともあり、「引選」とはこの「引奏選用」の意に相違あるまい。さて如上に拠るなら、「類選」とは単に類を分けて銓選するという一般的な意味にすぎず、その主要なやり方に「引選」（すなわち「引奏選用」）と「類奏……選用」があるということになるだろう。

ついで呉寛『匏翁《ほうおう》家蔵集』（潘著では検索の便からであろう、四庫全書本『家蔵集』を用いているが、テキストとしては『四部叢刊』本の方がよく、今はそちらを用いる。もっとも以下に引用する部分について言えば、両者に実質的な差はない）四十三、啓事余情序を見るに「選に急選あり、常選あり。急選は多きも数十人に止まり、疏を具えて奏請するのみ。常選はおおむね二月に一たび挙行し、則ち数百人に至る。その儀、天子朝を視《み》畢《おわ》れば、退きて便坐に就き、尚書……階を升《のぼ》りて奏を進む。奏し已《おわ》らば、……尚書以下……出て闕左の旁舎に次し、旨を得るを候《ま》ちて、乃《すなわ》ち疏を啓《ひら》きて榜を塡《うず》め、衆に掲示す」とある。

呉寛が述べる「常選」の次第は、『会典』五にいう、「凡そ引選は、……吏部官、旨を請いて選官す。上退きて便座に御し、選官の総数を奏し畢らば、官を引きて叩頭せしむ。……吏部官出でて闕左に就き、本（題本、すなわち上奏文）の御覧を経て発出せらるるを候ちて榜を塡め、午門の東廊に掲示す」と一致するし、それはまた朱国楨『湧幢《ゆうどう》小品』八、大選詩にいう「毎年双月に大選す」の次第と完全に一致しもする。つまり引選とは双月に挙行される大選であり、「疏を具えて奏請するのみ」の急選は類奏であるに違いない。

今案ずるに、引選が大選であることはまず疑いなく、志文に大選は「聴選および陞降を考定する者」を対象とするというのと、『会典』に進士・監生などは「引奏して選用」、起復・考満官は引選とあるのも、はなはだよく符合しよう。ならば類選はどうかと言えば、裁減・改降などの官は「類奏……選用」というのと、改授・改降などが急選というのは基本的に同じことであろうから、これも潘氏の言うごとく、「類奏……選用」の類選すなわち急選と考えてよいだろう。

もっとも潘氏は、類選と類奏をあくまで分けて考え、前者は本来大選と急選の両方を含む一般的な概念であったとした上で、明朝最末期の著作である魯論『仕学全書』上一に「凡そ歳に六選す。両越月ごとに吏部、引きて朝堂に赴かしめ、簽《せん》を掣《ひ》きて（くじ引きで）大選す。その丁憂（服喪）・病痊《びょうせん》（病気治癒）より起復すると降調の各官は、別に部堂に赴かしめて類選す」とあることからして、類選と類奏は明代中期以降その意味が混淆しはじめ、明末に至れば類奏の意味で類選の語が用いられるようになったのだろうと述べている。

しかしながら類奏とは「類奏……選用」することなのであるから、これを類選と称しても問題ないはずで、してみれば類選には広狭の両義があった、と考えられるのではないか。上で見た呉寛のいわゆる常選につき潘氏は、このことばはふつう大選、急選の両方を含む意味で用いられており、呉氏が特に大選だけの意でこれを用いているのは狭義の用法だ、と言っているが、類選につき同様の解釈をしても格別不都合あるまい。

以上で引選・類選と大選・急選の関係はほぼ明らかになったであろうが、大選の「序は単月に定む」というのと、「単月に急選」というのにはなお問題がある。実を言えば、前者が何を謂ったものかはよく分からず、「定於単月」句のもとづくところも未詳である。また後者の叙述は明らかに不正確で、潘氏も『実録』万暦三十四年五月壬午条の蕭《しょう》近高疏などによって、少なくとも万暦中には「大選の前数日、必ず急選あり」で、急選もやはり双月に挙行されていたことを指摘している。

ならば「単月急選」の句はどこから来たかと言えば、潘氏は方以智『通雅』二十二、官制・仕進の項に「今文選（司）は単月に急選し、双月に大選す」と云い、また光緒『大清会典事例』四十三に「順治初年定。双月には推升、大選し、単月には急選す」とあることからして、おそらく明末清初の制度によってかく述べたのだろう、と謂っている。案ずるに、潘氏のこの推定は十分首肯しうるもので、まず間違いないだろう。ただ『通雅』について任道斌《じんどうひん》の研究を引き、「崇禎十年冬に執筆を開始し、康熙初年に至って出版された」と言っているのは、はなはだ誤解を招きやすい。

というのも、この書には崇禎十四年自序、十五年又序が冠せられ、凡例も十六年のもので、刊行はたしかに康熙まで降るものの、その成書は崇禎中に在るからである。つまり『通雅』が述べるところは明末の制度であって、清初の制度とは関係ない。また「順治初年」の定制はと言えば、入関直後の清朝政権が明朝の銓選制度を踏襲せず、新たに独自の制度を定めたとしたら、それはよほど特殊、ないし重大な問題であったということで、そのようなことは今の場合ほとんど考えられない。結局、「単月急選」とここで言っているのは、明末清初の制度によるというよりも、明朝最末期の制度にもとづくもの、と謂った方がよいわけである。

なお志文の「改授・改降・丁憂候補者」につき、標点本は「改授・改降・丁憂・候補者」としているが、これはおかしいだろう。「丁憂候補者」とは「丁憂」（服喪）があけて沙汰を待っている「候補」の謂であろうし、しかもここの「候補」は、「改授・改降・丁憂」の各々すべてにかかっていると考えられるからである。

遠方選については、すでに本書上冊六八〜九頁の注（4）で説明しており、ここではそれが年に二度行なわれる、と記されている点のみを考えておきたい。上記の注（1）で述べたとおり、「遠方選二」という叙述はおそらく『続文献通考』にもとづき、遡っては『吾学編』に淵源していようが、ならば『吾学編』は何に拠ったのであろうか。確かなことは分からないのだが、李黙等『吏部職掌』文選司・求賢科・開選遠方の項に「正徳四年、該本部（吏部）題准。雲貴ならびに各辺省の軍衛・所・司の首領（官）、衛学および王府の教授の欠多ければ、合《まさ》に遠方を告《こ》う（請う）を願う監生をして考選して除補すべし。……毎年二次選用せよ」とあって、あるいは鄭暁はこの例を念頭に置いていたのかもしれない。

ただし、これは決して遠方選一般に関する規定などではない。ここで述べられているのは、辺境に置かれた衛所等の首領官、ならびに衛学、王府教官についての話だが、それよりもずっと重要な職である州県知事などはどうなるのか。またこの正徳四年例が定まる以前はどうであったのか。遺憾ながら、今はそうした疑問に十分答えるだけの用意がないので、取りあえずは参考資料として、『会典』五、選官の関係部分を提示するだけに止めざるをえない。

さてその関係部分であるが、まずは揀選の条にこう云う、「成化二年題准。朝覲の年の後ごとに、府佐（同知など佐弐官）・州県正官の員欠は、科（科挙出身、ここでは聴選の挙人）・貢（歳貢）・監生の挨次《じゅんばん》いまだ及ばざるの者をもって揀選して除補す。あるいは遠方の知県に欠多ければ、地方相応ずるの科・貢・監生をもって選補す」と。つまり成化二年の段階では、遠方知県は揀選の一環として「毎朝覲年後」（『吏部職掌』に「朝覲考察後」、すなわち朝覲にともなう地方官に対する審査が終了した後、とあることからして、朝覲のその年ということであろう）、つまり三年に一度、挙人・貢監より「地方相応」を考慮しつつ選ばれていた。

また遠方選（原文では「選除辺遠地方」）の条には「（嘉靖）三十一年題准。辺方の州県等の官は、もっぱら北人を用う。山西・陝西・北直隷・山東・河南の挙・貢ならびに援例の監生をもって、量《はか》りて遠方に就くを願わば年を減ずるの例に照らし、部に赴かしめて考選するを許す。挙・貢の優等なる者は、授くるに州県の正官、あるいは府の佐弐をもってし、援例の監生は授くるに州県の佐弐をもってし、毎年の春季（三月）に挙行すること一次とす」とあって、この時の規定では、辺方（北方の辺境地方）の府佐・州県正官についての考選は、毎年一度、三月に行なうとされていた。

結局、「遠方選二」というのは、ある特定範囲の職に対する、特定時期の規定であるにすぎず、これをもって遠方選一般に関する、また明代を通じた定制と考えるのは誤りだ、となるだろう。ならば遠方選全体の変遷はいかなるものであったのか、となるわけだが、上述のとおり今この問題に答える用意はないし、また実際問題として、そのような考証はここでの注に収まる範囲を越えてもいよう。

（2）　揀選については、注（1）で引いた『会典』五、揀選の成化二年題准を参照。ただしこの成化二年例は、揀選に関する初めての規定というにすぎず、これがその後もずっと遵行されていたわけではない。そのことは『会典』を見ればただちに了解されるところなので、以下に後続の記事を引いておく。

まずは「弘治十三年奏准。毎年二・八月には常選を除くの外、揀選すること一次とす」とあれば、揀選はこの時より一年に二度挙行されることとなった、と考えられるであろう。ただし『吏部職掌』文選司・求賢科・揀選官員の項に録される弘治十三年例には「大選を除くの外、各処の府佐・州県正官の欠多きに遇有すれば」揀選するとあるので、これは毎年二・八月に必ず揀選を実施する、というのではなく、地方官の欠員が多い場合は行なう、ということである。結局のところ揀選は、当然と言えば当然ながら、その必要性に合わせて実施されるのであり、よって嘉靖四十五年には「今後揀選は、ただ欠多きに遇わば酌量して奏請し、まま一たび挙行し、二・八月の例に拘定するを必せず」となった。よって『吾学編』に淵源し、『続文献通考』にもとづく本志の言は、揀選の初制を述べているにすぎず、明一代の通制に関する説明として言えば、とても適切とは謂いがたい、となろう。

ついで「挙人の恩を乞い、歳貢の教に就く」であるが、このうちの前半一句は州県正官以下、さまざまな職に就くことでは決してなく、『吏部職掌』同前・選用教職の項にいう「下第の挙人、恩を乞いて教に就く」ことであろう。つまり志文の「教に就く」は、実のところ挙人にもかかっている、ということである。

もともと挙人は「(吏)部に在りて選を候《ま》」ち、行政官となることもできるのであるが、それにはずいぶん長い時間が必要であったし、また教官はその地位「卑冷」なるがゆえに忌避されがちで、一般にはむしろ依親(自宅研修)か入監し、次の会試に備えることを望む者が多かった(本書上冊七六頁以下を参照)。しかしながら、たとえ教官でもとにかく早く官に就きたい挙人はやはり存在したのであり、そうした「乞恩」者に対しては、「礼部、引きて廷試に赴かしめ、(吏)部に咨して選除し、……ともに実授を与え」たのである(『吏部職掌』同前)。

しかも教職を希望する挙人は、官途の壅滞《ようたい》がはなはだしくなるにつれて増加したと見え、嘉靖四十四年には「乞恩」者数に対する「員欠(ポスト)」が半分しかないということになった。

かくて「以後は恩を乞いて教に就くに遇うごとに、礼部はあらかじめ本部（吏部）に行し（文書を送って）、欠の多寡を査し、然る後に題請して（吏）部に咨す」と決められ（同上）、降って万暦四十四年に至れば、「乞恩」の定員が定められさえする。『実録』同年九月壬辰の条に「礼部、貢生廖汝忠《りょうじょちゅう》の疏を覆して言えらく、教職の設けはもともって明経（貢生）の選を待つに、挙人と副榜の下第して恩を乞う者衆《おお》くなりてより、貢途の陞は日々に壅《ふさ》がる。請うらくは自今以後、下第の挙人の恩を乞うは、限りて三百名と定め、永く定額となさんことを。……これに従う」とあるのがそれである。

こうした「就教」を望む「下第挙人」は、会試の年に出現するのであるから、その「乞恩」は辰・戌・丑・未歳のことに相違ないし、また嘉靖八年には「副榜の挙人とともに三月に選除す」（『吏部職掌』同前）という規定も設けられている。つまり「挙人乞恩」につき「定期なし」と言うことはできない、少なくとも嘉靖以後を含む明一代の通制としてそう言うことはできないわけである。とはいえ明末に在っても、それは「乞恩」者数や「員欠」の情況を勘案しつつ行なわれたのであろうから、会試の年ごとに必ず行なわれたかどうか、また常に「三月に選除」されたかどうかは微妙であるだろう。

「歳貢の教に就く」については、やはり『吏部職掌』同前に「歳貢の生員の教に就くを願う者は、翰林院より考して中《あた》らば、訓導を除授し、毎年三・九月の二次に選用す。……もし考察の後、欠多きに遇わば、酌量して多く選ぶこと一次とす」とあり、年に二度、ないし場合によっては三度の考選があることになっていた。またこの規定は、『会典』の記事から見るに、どうも嘉靖十六年に定められたものらしく、明末にはたしかに通例であった。

「毎年三・九月の二次に選用」が明末の通例であったとは、注（1）で触れた蕭近高の疏文から分かるところで、以下に改めてその言うところを、大選、急選について述べた部分も含めて引いておく。すなわち「戸科左給事中蕭近高言えらく、政務の稽緩（遅延）すること、日一日に甚だし。大選の期のごときは、双月の二十五日に定めらるるも、今は選に臨む時、必ず期を改むるをもって請えり矣。大選の前数日には、必ず急選あり。今、二月の急選、五月に至りて始めて下れり矣。三・九月には教職を銓除す、これ定制なり。乃ち三月の教職、今に至るもなおいまだ選に就かず矣」というのがこれである。

こうして見てくれば、教職の銓除は三・九月に行なうのが定制であって、志文の「定期なし」は誤りとなろう。郭培貴『箋正』『考論』両著が、この記述を妥当でないと謂うのもたしかにもっともである。しかしながら、三・九月選用というのは嘉靖中年以後の話にすぎず、それ以前がどうであったのかは分からないし、また「定期なし」とは本朝の掌故に精通した鄭暁の言うところでもあれば、明代前半期における教職銓除は、必要に応じて臨時に行なわれていたのかもしれない。つまり「定期なし」が十分に正しくないことは明らかだが、さりとて完全に誤りかどうかは分からず、よって今はより慎重な態度を取っておいた方がよい、となろう。
（3）　陞遷に関するこの部分の記述は、おおよそ注（1）で引いた『続文献通考』八十七の下文に拠っていて、そこには「凡そ陞は考を満たすを必す。久しく任ずる能わずして、考の満つるを待たざるは推陞と曰う。類推（京官六品以下、外官五品以下の陞遷人事につき、まとめて決裁を請う場合）は（一つのポストに）一人（の候補）を上して旨を取り、単推（中級官僚につき個別に決裁を請う場合）は二人を上す。三品以上の九卿（衙門の官）、および僉都《せんと》御史、祭酒は廷推し二人あるいは三人を上す。内閣、吏部尚書は勅推し二人あるいは三・四人を上し、みな旨を請う」とある。

ただし志文の「もし員欠応《まさ》に補うべく、満つるを待たざる者なれば」という句は、おそらく『会典』五、推陞の項から来ており、そこには「旧制、陞は考を満たすを必す。もし員欠当《まさ》に補うべく、考の満つるを待たざる者なれば推陞と曰う。類推は一人を上し、単推は二人を上す。三品以上の九卿、および僉都・祭酒は廷推し二人を上す。閣臣、吏・兵二部の尚書は、大九卿（衙門の）五品以上の官、および科道を会して廷推し二人を上し、あるいは再《ま》た三・四人を上し、みな上より裁《さば》くを請う」とある。

この両者、表現に小異はあるものの内容はだいたい同じながら、『続通考』の「内閣、吏部尚書は勅推」を『会典』が「閣臣、吏・兵二部の尚書は……廷推」としている点は、やはり無視できぬ相違と謂えるだろう。ならばこの異同、志文は前者に拠っているわけだが、どちらが正しいのであろうか。率直に言うとよく分からない。ただとりあえず言えるのは、両者のうちいずれかはどうしても誤りだ、というわけでは必ずしもない、そのように考えずとも事を説明しうる、ということである。

なぜなら『続通考』の記事は、さきの選官と同じくやはり『吾学編』の文字をそのまま用いたもの、つまりそれは王圻による万暦中の叙述ではなく、鄭暁による嘉靖中の叙述であり、万暦初年に編纂された『会典』の記事と若干の不一致があっても、格別おかしくはないからである。嘉靖中には閣臣と吏部尚書の選考のみ、勅命をもって廷推に下されていたのが、万暦初年になると兵部尚書についても同様の扱いとなった、とは十分にありうることであろう。

なお『会典』がこの項の冒頭で「旧制」と断っているのは、それが万暦初年には行なわれざることすでに久しくなっていたからである。そもそもここにいわゆる「旧制」とは、『会典』十二、吏部・考功司の首に「国家考課の法、内外の官は満三年を一考となし、六年にして再考し、九年にして通考し黜陟《ちゅっちょく》す」とあるのがそれで、下文に「即ち古《いにし》えの三載にして績を考え、三考にして幽明を黜陟す（『尚書』舜典）るの遺意」と云うように、これこそが人事考課のあるべき姿、その理念であった。

じっさい明初の、薦挙がさかんに行なわれ、定期の考課とは別の、不定期の抜擢人事が日常的であった時期に在っては、この理念と現実はおおむね一致し、さらに明初百年までであれば、「三考黜陟」の「遺意」はなお現実のうちに生きていた。だが弘治以降の明代後半期に至ると、もはやこの「祖制」は維持しがたくなっており、だからこそ『会典』では、九年ではじめて昇進もしくは降格、というのを「旧制」と謂っているのである。つまり明代後半期の陞遷は、「考を満たす」ことなく推陞で行なうのがむしろ常制であった。

もうひとつ、閣臣や吏部尚書を選ぶにつき「特旨を奉」ずる場合であるが、これについては『吏部職掌』文選司・開設科・会推大臣の項に云う、「内閣大学士、吏部尚書は多く特旨の簡用に係る。その命ありて廷推に下す者は、本部（吏部）応《まさ》該に推に与かるべきの官に請うて闕に赴き会推す」と。官爵（人事権）とは皇帝権力の核心に他ならず、政府最高首脳の人事ともなれば、皇帝自らが直接に決定を下すこともいわば当然、少なくとも理念としてはそうであった。

（4）「侍郎以下および祭酒」の二句は、明らかに不適切である。というのも、ここでは上文で閣臣、吏部尚書の推陞について述べ、ついで「三品以上の九卿（九卿衙門の正官で三品以上の者。尚書、侍郎など）、および僉都御史（正四品）、祭酒（従四品）」（今は『続通考』の文字を用いる）がどうであるか、ということを説明するはずなのに、「三品以上九卿」を「侍郎以下」としてしまったことで、吏部（ないし吏・兵二部）尚書以外の尚書や都御史らについては何の説明もない、となってしまうからである。またそもそも「侍郎以下」と言えば、正官のみではなく属官まで含まれるかのごとくであるが、ここで問題とされているのはむろん正官のみ、つまり「侍郎以上」である。

さらに吏部が「三品以上」と会同して廷推する、という部分であるが、彼らが廷推するその対象は、上述したごとく「侍郎以下」ではなくて「三品以上九卿」等であり、吏部が会同する「三品以上」というのも、九卿衙門三品以上堂上官ということに他ならない。つまり政府中枢部門の長を推陞するに際しては、その集団が自ら候補を選定する、ということである。

この点は『吏部職掌』（同前）に「尚書（正二品）・侍郎（正三品）・都御史（正二品、副は正三品）・通政使（正三品）・大理寺正卿（正三品）の員欠は、本部、各部院・通政司・大理寺の三品以上の大臣と会同して推挙し、僉都もまたあずかる（四品官ながら僉都御史もこの内に含める）」とあるのを参照。また祭酒については、『会典』五、推陞に「凡そ両京国子監祭酒の欠は、旧例、吏部題推す（吏部が題奏して推挙、すなわち「部推」によっていた）。嘉靖十四年令し、巡撫都御史の例に照らして会推せしむ」とあり、本志（すなわち『続通考』）の叙述はこの明代後半期の規定に依拠している。

以上を要するに、志文の「侍郎以下」二句は混乱したものと謂うしかなく、本来であればこもすなおに『続通考』に拠って、「三品以上の九卿、および僉都御史・祭酒は廷推し、二人あるいは三人を上す」などとしておくべきであったろう。

（5）「太常卿以下は部推」については、『吏部職掌』同前・推挙京堂の項に「両京の太常寺卿・少卿、府尹・府丞、光禄寺卿・少卿、太僕寺卿・少卿……は、ともに先に欠《ポスト》を題し、本部、二員を推挙して簡用す」とある。また「通・参以下」については、『会典』同前に「近例。通政司の左右参議に欠あらば、吏部、各衙門の科目出身官に行して（文書を送付して）揀選す。本部定擬し、掲（掲帖）を具えて司礼監に送り、日を定めて引きて弘政門に赴かしめ、司礼監官と公同して揀選す」とあって、志文はこの万暦初年の制度を反映しているに違いない。

もっとも『会典』の「左右参議」と志文の「通・参以下」には無視できない相違があるわけだが、『吏部職掌』同前には『会典』とほぼ同内容の記事があって、その冒頭は「通政司左右通政・参議に欠あらば」となっている。このことからすると、『会典』に「通政」の文字がないのは単純な脱文のゆえ、と考えるのが素直なのではないか。ならば「通・参以下」の「以下」はどうかと言えば、これはさきの「侍郎以下」と同様、志文の誤りというのが常識的な判断であろう。

「詹事は内閣に由る」については、『会典』同前に「凡そ詹事府、翰林院掌印官の欠は、ともに内閣より推補す」とあって問題ないのだが、「各衙門は各掌印に由る」の一句はもとづくところ不明で、その確かさには不安がなくもない。またその訳文については、「各衙門」は詹事が内閣に由るのと同様「各掌印に由る」となっているので、「各衙門の属官はそれぞれの掌印官の推薦による」と訳しておいた。

なおこの「各掌印に由る」だが、それは各衙門の長官が自分だけで、吏部をまったく介さぬ形で属官の人事を決定した、ということではありえないだろう。そもそも文官の人事については「吏部に帰す」のが大原則だし、部属などについて言えば、本志下文に「大小九卿の属員は、みな常選官にして、選授遷除は一切吏部に由る」とあり、また『吏部職掌』同前・推補京官にも「六部の郎中・員外郎、大理寺の寺正・寺副に欠あらば、本衙門の俸を歴《ふ》ること年深きの員外郎・主事、左右寺副・評事と、在京・在外各衙門の相応の官員を儘《つ》くし、相兼ねて推補す」とあるとおりである。

ただし通常で言うなら、六部属官の昇進人事は主事が員外郎に、員外郎が郎中にと「序陞」するのが一般的であったろうから、そういう場合は掌印官の名で昇進候補者の名簿を吏部に提出し、吏部はそれをほぼ自動的に承認していたのではないか。仮にそうだとすれば、そうした人事のあり方を「掌印に由る」と称しても、それは別にかまわないであろう。

(6)　督撫の推陞については、『会典』同前に以下のように記されている。すなわち陝西三辺・宣大総督は「五府・大九卿の堂上官、及び科道を会して廷推」し、薊遼《けいりょう》・両広総督も同様だが、

「五府を会さず」であった。ついで万暦五年からは、「三辺・宣大総督もまた薊遼の例に照らして五府を会さず」となった。また巡撫はと言うと、「旧例。内地に在る者は戸部を会し、辺方に在る者は兵部を会して推挙す。嘉靖十四年令し、九卿の例に照らして会推せしむ」となった、と。督撫というのは明代中期以降になってようやく普遍化し、制度的にも安定を見たのであるが、志文が述べているのはその中でも嘉万以降の、明末の情況である。

（7）ここでは「布按」を布按二司の長官、「監司」を次官以下のごとくに訳していて、志文の翻訳としてはたぶんそれでよいのだろうが、事実から言うと問題があり、十分には正しくない。まず「布按の員欠は、三品以上の官会挙す」だが、これは明代前半期に行なわれていた制度で、『実録』正統五年十一月壬子の条に「行在工科給事中呉昇、四事を建言す。一、近例、方面官（布按）は在京三品以上の官をして薦挙せしむ。……然れどもこれ暫《しばら》くすべくして常とすべからず。もし久しうせば則ち必ず賄賂もて請託するの弊あらん。乞うらくは吏部に帰して選用せしめ、奔競の風を杜《とざ》すにちかからしめんことを、……と。上曰く、方面および府州の正官は、仍《な》お先皇帝の勅旨に遵《したが》い会挙せよ」とある。

　布按を在京三品以上の官に会挙させるのは、正統五年当時の「近例」で、「先皇帝の勅旨」によるものだったわけだが、その「勅旨」というのは、宣徳『実録』の末（十年正月丁酉条）に帝の治績を称揚する中で、「方岳（布按）郡守（知府）、軽々しくは付畀《あたえ》ず、必ず羣臣に命じて会挙せしめ、令甲《ほうりつ》に著」けたとある、その「令甲」のことであろう。ただしこの例は、決して明末に至るまでずっと遵行されていたのではない。『実録』成化六年六月甲子条に「上、会挙の官には多くいまだ当たらざるあるをもって、吏部の臣に諭して曰く、今、方面には欠員多ければ、爾等《なんじら》選任人を得るに務め、欠ごとに両員を推挙して来聞せよ。官を会して保挙するを必せず、著《つ》けて令となせ」とあれば、それは成化六年に至り廃止されたのであった。

「監司は序遷す」というのは、この成化六年以降の例であるに相違なく、『会典』五、推陞に「嘉靖四年題准。旧例を査照するに、僉事の副使・按察使に逓陞し、参議の参政・布政使に逓陞するには、本省および附近の省分に就きて転遷せしむるも、驟《にわ》かに更《あらた》め数《しばし》ば易《か》え、もって奔走して事を廃するを致すを必せざれ」と云う。つまり「監司（布按二司）」の官は参議から参政、そして布政使という風に「序遷」するのが成化以来の「旧例」だったわけである。結局、「布按」と「監司」を別のものとして並列させたこの数句は、明代前半の制度と後半のそれをひとくくりにしたもので、そこには無理ないし混乱があると謂わざるを得ないだろう。

なお郭氏『考論』が指摘しているように、監司官の人事はまったく序遷だけ、というわけではなく、科道官が外転し（京官から外官に改められ）て就く場合があった。『万暦野獲編』十一、科道俸満外転に「正（徳）嘉（靖）以後、都給事（正七品）の外転は必ず参政（従三品）に陞ること固《もと》よりなり。また序を論じて俸を論ぜず、たとい都科を拝すること僅かに一日のみなるも、また三品を得。ただ西台（監察御史、正七品）は則ち然らず。京堂に転ずるにあらざれば、ただ副使（正四品）を得るのみにして、九年を満たすと雖もまた然り」と云うのがこれである。つまり成化六年以降、監司官の人事は序遷によるとなったのであるが、「正嘉以後」にはそれに科道官の外転が加わったのであった。

辺境地帯の防衛に当たる兵備道などは、おおむねしかるべき人を選抜して推薦者が保証を行なった後、勅書を付与し、辺境地帯の知府およびその佐弐官にも勅が付与された。[1] 薊遼《けいりょう》（総督管轄下）の昌平・薊州など、山西（巡撫管轄下）の大同・河曲・代州など、陝西《せんせい》（三辺総督管轄下）の固原・静寧など六十一処はみな辺欠（辺境地帯ポスト）であり、その選任についてはとりわけ慎重に行なわれた。功績を挙げた者は常例を越えて抜擢し、辺防に失誤のあった者はきびしく処罰して赦さなかった。[2] 内地の監司はおおむね職位にしたがって順々に昇進したが、後になるとやはり序次にこだわらない等級を越えての昇進が多くなり、一年のうちに四、五回も昇進し、僉事（正五品）から参政（従三品）に至る者まで現れた。監司には定制以外に新たな官職が数多く設けられ、（参政・参議が地域ないし職務を決めて就く道員の）分守道・（副使・僉事が就く）分巡道のほか、往々別にいくつもの肩書ができ、制度としての統一が取れなくなってしまった。[3]

其防辺兵備等、率由選択保挙、付以勅書、辺府及佐弐亦付勅。薊遼之昌平・薊州等、山西之大同・河曲・代州等、陝西之固原・静寧等六十有一処、倶為辺缺、尤慎選除。有功者越次擢、悞封疆者罪無赦。内地監司率序遷、其後亦多超遷不拘次、有一歳中四五遷、由僉事至参政者。監司多額外添設、守巡之外、往往別立数銜、不能画一也。

（1）　辺境地帯の兵備道を選任するに際しては保挙を行ない、さらに辺欠の知府・佐弐官にも勅書が付与される、という本志の記述が何に拠っているのかは未詳。ただ保挙に関しては、『実録』天啓五年四月丁未の条に見える次の記事が参考になろう。すなわちこの時、広西道試御史梁炳は銓選について上奏する中で、「古《いにし》えに保挙連坐の法あり。我が朝の嘉靖年間に議准すらく、両京の九卿ならびに各科道は、広く詢《たず》ね博《ひろ》く訪い、才略人に過ぎ、忠誠もて事に任ずる者ありて、あるいは各辺の督撫たるに堪え、あるいは各辺の兵備・有司たるに堪え、あるいは屯塩を清理するに堪うれば、見《げん》（現）任・去任を分かつなく、各々另《べつ》に疏薦せよ。日後、挙ぐる所の人はたして成績あらば、挙主を並《あわ》せて一体に升賞し、もし事を偾《やぶ》り民に殃《わざわい》せば、即《ただ》ちに挙主をもって重く罪罰を加えよ」と述べているのである。

梁氏が引く「嘉靖年間議准」は、「防辺兵備」のみにつき保挙することを謂ったものではないが、たしかに「各辺兵備・有司」のそれが実施されていた、少なくとも実施するよう命じられていたことを伝えており、志文の言うところを何ほどか裏づけるものと考えられよう。

またいわゆる「嘉靖年間」については、『実録』嘉靖五年七月辛亥の条にこう言う。南京戸科給事中林士元が上奏し、「今、藩（布政司）臬《げつ》（按察司）郡（府）県の諸臣は、（巡）撫（巡）按官の奏挙を許」しているが、思わしい結果が得られていない。「臣査するに、挙主連坐の法は成化・弘治の間けだし嘗てこれを行なうも、知らず何時か竟《つい》に廃さ」れてしまったのだが、現状を改めるには「この法に非ずんば可ならず」である、と述べたところ、「自今、撫按官の挙ぐるところ」については連坐の法を適用するよう命じられた、と。もとよりこれは、梁氏のいわゆる「嘉靖年間議准」そのものではないのだが、それでも嘉靖初年の当時に地方官の保挙が問題となり、少なくとも部分的にはその実施が命じられていた、ということを伝えている。

さらに辺境の要衝に配置される兵備道は重要な職なので、特に勅書を付与するということであるが、そうした事例は、少なくとも個別的にはたしかにある。かく言うのはまず『実録』成化十五年十二月辛未条の記事で、そこに云う、「四川按察司僉事戴賓《たいひん》を陞して副使となし、松潘の兵備を整飭《せいちょく》せしむ。初め、巡撫・右副都御史孫仁等奏すらく、松潘は四川西陲《せいすい》の重地となす。……我が朝、洪武初年に克服してより以来、あるいは師を興して征討し、あるいは兵を宿して防備するに、遣《や》るところはみな重臣名将たり。正統・天順の間、命を奉じて鎮守せしは、みな侍郎・都御史にして、職位尊崇なり、故に威令行なわれやすし。その後、鎮守太監閻礼《えんれい》、僉事高澄を会保してもって副使となし、これによりて因循し、おおむね副使をもって整飭せしむ。これを侍郎・都御史に較ぶれば、職位既に殊なり、事に掣肘《せいちゅう》多し。今見るに僉事李廷璋《ていしょう》をここに調し、兵備を整飭せしめんとしたれば、則ちその職位、副使とまた同じからざるありて、将来事を行なうに、尤《もっと》も（とりわけ）掣肘せられん。乞うらくは廷璋および僉事戴賓の両人中において一人を擢任し、もって副使となし、仍《な》お勅諭を賜い、もっぱら兵備を理《おさ》めしむれば、職位すこぶる重くして、辺務修挙するを得るにちかからん、と。吏部覆奏し、これに従う」と。

西南辺境（遠方）の兵備道となるに際し、勅書が与えられている事例は他にもあって、『実録』弘治四年五月戊子の条によれば、雲南按察司僉事賀元忠を副使に昇進させ、「西南極辺」の「要害の地」たる騰衝《とうしょう》の兵備道に任じた際にも、やはり「これに勅を賜」ったという。またこれは「防辺兵備」ではなくて新設の兵備道についての話だが、『実録』嘉靖元年五月丁巳条には「兵部会議して添設を請うに従」い、新たに置かれた密雲（北直）、饒州《じょうしゅう》（江西）、汝寧・南陽（河南）兵備道の任命に際し、「各々関防（正規の官制内に在る官に与えられる正方形の官印に対し、差遣、すなわちもともとは臨時に派遣された職務担当者に対して給される長方形の職印）を鋳給し、これに勅を賜」ったとある。

つまり西南「遠方」の「防辺」はもとより、新設など何か特別な事情で任命される兵備道にも勅諭を賜っているわけで、そうしたことは、取りあえず実例を挙げられないでいるものの、北部「辺方」のそれについても当然あったであろう。ただし彼ら「防辺兵備」に勅を賜うということが、制度化された、一般的な通例であったのかどうか、また通例であったとすれば、それはいつ定まったのか、といったことは未詳。志文に「率」（おおむね）とあるのも、あるいはそうした曖昧さを表現したものか。

なお「辺府および佐弐」にも勅書を付与した、という事例は未確認ながら、「各辺有司」や辺境「各府佐弐」は「防守の頼るところ」であるから、その選任や昇進降格については特に意を加えて実施せよ、と命じられたことはあった。このことについては、下の注（2）に引く高拱《こうきょう》の上奏を参照。

ちなみに兵備道の正式名称は整飭兵備道で、按察司副使・僉事がその任に当たる。当初は総兵の下に派遣され、書類事務をさばき、機密にあずかりはするものの、「いまだかつて身ずから軍務を領せざるなり」であったが、弘治中よりひろく全国に設置され、武官を監督したといい（『明史』職官志四）、しだいに軍務にも関与するようになった。

また勅書とは、もともとは皇帝が臣下を戒勅する（いましめる）文書であったのだが、明の「今制」では「諸臣の差遣には、多く勅を予《あた》えて事を行なわしめ、詳しく職守を載せ、申《の》ぶるに勅詞をもってす」となっていた（徐師曾『文体明辨序説』）。上文で言及した弘治四年の賀元忠に賜った勅も、確かにそのようなものである。さらに念のため申し添えれば、ここにいわゆる「多く勅を予」うとは、帝自らが特にある任務を担当するよう派遣した臣下の「多く」ということで、地方に出向する者には誰彼なく、ということではむろんない。勅を賜るというのは、何と言っても「欽差」を明示する特別のことであった。

（2）「薊遼の昌平」より「封彊を悞《あやま》つ者は罪して赦《ゆる》すなし」までの一節は、『実録』隆慶四年六月庚子の条に録される高拱の上奏に拠っていよう。すなわち「吏部の事を掌《つかさど》れる大学士の高拱言えらく、薊遼・山・陝の沿辺有司は、寔《まこと》に民を牧すると虜を御するの責を兼ね、たとい才力ある者をもってこれとなすも、なお堪えざるを懼れ、たといこれを優厚して作興するも、なお振るわざるを恐る。乃《すなわ》ち（ところが）その地に官たる者は、雑流にあらざれば則ち遷謫《させん》、遷謫にあらざれば則ち多くは才力堪えざるの人なれば、劣をもってこれに処《お》らしむと謂うなり。……請うらくは今より各辺の有司は、必ず年力精強、才気超邁なる者を択びて除補し、あるいは治に成績あり、兼ねて武事に通ずる者を査して調用せんことを。

　而してまたその賞罰を議すらく、よく困窮を保恵し、皆をして業を楽しましむる者あらば、三年をもって率となし、内地の官に比べ等を加えて陞遷せしめよ。よく患を捍《ふせ》ぎ敵を禦《ふせ》ぎ、特に奇績を著す者あらば、軍功をもって論じ、不次に擢用せよ。もしそれ才略恢弘《かいこう》にして、大用に当たるべくんば、即ちこれより兵備となし、巡撫となし、総督となすも不可なき者なり。ただ治効をもって準となし、その出身資格を論ずるを必せず。もし乃ちこれを用いて効あらず、地方に益なき者なれば、三級を降して別に用いよ。もし乃ち観望推委し、もって事を誤るを致す者なれば、軽きは則ち罷黜《ひちゅつ》し、重きは則ち軍法もて罪を治めよ。

……査し得たるに、薊辺は則ち昌平……等の州県、山西は則ち河曲……等の州県、陝西は則ち固原……等の州県、この六十一処は乃ちこれ辺方なり。……その各府の佐弐の辺に在りて事に任ずる者は、賞罰また前議に同じうせよ、と。疏入る。上答えて曰く、辺方の有司は防守の頼るところにして、誠によろしく意を加えて人を択ぶべくんば、悉《ことごと》く議のごとく行なえ」というもの。

　なおこの奏疏は『高拱全集』（岳金西・岳天雷編校、中州古籍出版社、二〇〇六）掌銓題稿二に「辺方の有司を議処し、もって疆圉《きょうぎょ》を固むるの疏」として収録されるが、文字にはかなりの出入がある。また『実録』の六月庚子は四日で、通例で言えばこれは旨を奉じた日付なのであるが、文集には「隆慶四年六月初四日題。初六日、奉聖旨」とあって、ここでは上奏の日付で記しているようである。

　さて志文のもとづくところはこれでよいとして、問題は「その地に官たる者は、雑流にあらざれば則ち遷謫、遷謫にあらざれば則ち多くは才力堪えざるの人」だという現実が、高氏の上奏によって一変する、などとはおよそ考えがたいということである。辺欠は重要であるから、そこにはしかるべき人材を配置すべきだというのは、実のところ以前からまま言われていたことであった。たとえば『実録』嘉靖二十六年五月丙辰の条では、陝西三辺総督曽銑《そうせん》が「辺方守令」および「監司」の人事を重視すべしと言い、これに対し嘉靖帝は「邇《ちか》ごろ西北の辺防は事多く、兵備・(分)守(分)巡・有司官の職任は至って重ければ、今後は務めてすべからく選びてもって充つべし。その政績卓偉なる者は、総督等の官、不時に奏保して陞擢するを聴《ゆる》し、不才にして事を僨《やぶ》る者は、また即《ただ》ちに劾罷せよ。両広・四川・雲貴の夷に近きの地方もまたこの例を用う」と命じたのであった。

　またやはり『実録』によれば、高拱の上奏より少し前、隆慶二年六月己卯朔にも、吏科給事中鄭大経が人事について上奏する中で、「辺選を重んず」べきを述べて採納されており、高氏が指摘した問題自体はつとに認識され、高氏が述べたような解決策も、一再ならず提案されてはいた。しかしながらこうした問題の指摘、解決策の提示によって、事態が大きく改善されたという形跡は一向になく、そのことは高氏の上奏についても、やはり同じであったに違いない。つまり本志に言うところは、事実というより理念による叙述、と考えられるわけである。

（3）　内地監司の昇進が序遷によることは、すでに前段の注（7）で述べたし、これがしだいに「超遷して次に拘《かかわ》ら」なくなっていったことも、そこで引いた『会典』五、推陞の嘉靖四年題准に「驟《にわ》かに更《あらた》め数《しばし》ば易《か》え、もって奔走して事を廃するを致すを必せざれ」とあることから窺えようが、そのいわゆる「驟更数易」につき、正嘉間の官僚であった韓邦奇は次のように言っている。

「官は久しく任ぜざれば、治を言わんと欲すと雖も、みな苟《かりそめ》なるのみ。……わが高皇の法、三年に一考し、六年に二考し、九年に三考し、然る後……あるいは平除し、あるいは一級を陞《のぼ》し、あるいは二級を陞す。……弘治以前はみなこれを遵行す。旧事、按察司の官はただ按察使のみ布政に陞り、副・僉は布政司に陞る者あること鮮《すくな》く、ただ風力著《あらわ》れざるの人のみ、ままもってこれに陞す。……布政司の官もまた按察司に陞る者鮮し。正徳中に至り、ただ躁進（出世亡者で）恥なきの士、権幸に干求して速化を図るに、吏部はその年資なお浅く、奈何《いかん》ともすべきなきにより、あるいは僉事をもって参議に陞し、あるいは参議をもって副使に陞し、しこうして祖宗の成法壊《やぶ》る矣」（『春明夢余録』三十四、久任）と。

韓氏によれば、監司の昇遷につき「祖宗の成法」が無視されるようになったのは正徳中からのことで、その結果、それまで布按二司の序遷は各司の内においてのみ行なわれていたのに、昇進の速度を上げるため、両者の間で相互乗り入れが行なわれるようになったのであった。そしてこの相互乗り入れは、嘉靖中を通じて常態化し、ついには正規の制度として定着し、万暦『吏部職掌』文選司、推陞方面の項には、堂々「両司は挨次《じゅんばん》に互転す（布按二司官の転遷は両者の間で相当する官を往復しながら進む）」と記されるに至っている。

なお「一歳の中に四五遷し、僉事より参政に至る者あり」というのは、まず相当の誇張に相違なく、それがそのまま事実であるとは考えがたいだろう。しかし官僚の昇進がはなはだ安易に行なわれている、とは韓邦奇の後にもずっと言われつづけたことであった。たとえば隆慶末年の首輔であった高拱は、政権を追われた後の万暦初年、推陞につきこう言っている。「前朝の官はなお久任し、三考はなおその人あり。また後には久任の法行なわれず、まことにいまだ三年に及ばずして陞る者あり。また陞ることいまだ三年ならずして、また陞り再び陞る者あり。けだし四五陞するもいまだ一考ならず、いわんや三考をや」（『本語』五）と。

　志文と高氏のこの発言にはかなりの違いがあるので、前者が直接に拠ったところは別の誰氏かの発言であったろうが、いずれにせよ推陞の制が「久任の法」を空洞化させたのは確かだし、またそのことに対する批判の声は、高氏より後にも絶えることがなかった。たとえば『実録』天啓三年閏十月戊申条に見える戸科給事中孫紹統の上奏はこう指摘する。「司道をもってこれを言わば、陞遷あまりに易く、いまだ幾ばくならずして臬司《げつし》（按察司）に移り、いまだ幾ばくならずして藩司（布政司）に移り、近ごろは且つ人々《だれもが》京卿に熱心たり。ただ速化を知るのみにして、績成に管《かかわ》らず」と。

　だがこうした批判がいくら繰り返されようと、推陞の制はずっと変わらず維持された。官僚自身の切実な利害に関わるとなれば、どれほど問題だと指摘されつづけようと、改められることはついになかったのである。

　ついで額外に添設された監司についてであるが、これは『明史』職官志四に按察司属の四十一道等を挙げた後、「自後、各省は事に因りて添設し、あるいは置きあるいは罷《や》め、紀《しる》すに勝《た》うべからず」といい、また兵備道を挙げた後にも、「その他にまた協堂道（副使。河南・浙江にまま設く）、水利道（浙江）、屯田道（江西・河南・四川三省の屯田にして駅伝を兼ぬ）、管河道（河南）、塩法道、……あり」と列挙されているものを考えればよかろう。

外官（地方官）のうち府・州・県知事とその佐弐官、京官では大小九卿衙門（中央諸省庁）の属員はみな常選の官であって、その選任昇進はすべて吏部が取りしきる。(1)（任地をどこにするかについて）当初は（くじ引きによる）拈鬮《ねんきゅう》法が用いられていたが、万暦年間に至って掣籤《せいせん》法に変わった。(2)（万暦）二十九年、文選司員外郎の倪《げい》斯蕙《しけい》が人事に関する十八の問題を箇条書きにして上奏したのだが、そのうちの一条が「掣籤を議す」であった。（吏部）尚書李戴は実施してはどうかと上申して許され、孫丕《ひ》揚《よう》がついでこれを実施した。(3)これ以後はその失当を批判する者もおりはしたが、明の世が終わるまでついにこれを改めることはなかった。(4)

在外府・州・県正佐、在内大小九卿之属員、皆常選官、選授遷除、一切由吏部。其初用拈鬮法、至万暦間変為掣籤。二十九年、文選員外郎倪斯蕙条上銓政十八事、其一曰議掣籤。尚書李戴擬行報可、孫丕揚踵而行之。後雖有譏其失者、終明世不復更也。

（1）府州県知事や中央省庁属官の人事については、『大学衍義補』十、「銓選の法を公にす」の「今制、四品以上および在京の堂上五品官、在外の方面官は、みな職名を具え、取ること上裁よりす。五品以下および在外の四品にして方面にあらざる者は、則ち先にその職任を定め、然る後に奏聞す」という説明がしばしば引かれ、確かにこれは「一切吏部に由」って行なわれる常選官の人事とそうでないものとの界限を、すこぶる明快に述べたものであるだろう。

ただしここにいう「在外の方面官」とか、「在外の四品にして方面にあらざる者」が何であるのかは、必ずしも自明ではあるまい。いったい「方面官」というのは、必ずしも厳密に定義された法制用語ではなく、それが何を指すのかについては、いささか曖昧な部分がある。

もとより大体で言うなら、それは布按二司（わけても布政司）の正官（すなわち布政司の参議以上、按察司の僉事以上。このうち僉事のみは五品官で「四品以上」ではない）を指すと考えておけばよいのだが、前段注（3）で引いた『吏部職掌』文選司、推陞方面には「行太僕寺卿・苑馬寺卿は、倶《とも》に副使の内において推し、少卿は倶に参議・知府……の内において推す」とあったり、さらには「各処知府欠」への推陞に関する一条もあって、これらの規定によれば、方面官には知府なども含まれることとなる。じっさい清代になっても、たとえば『六部成語註解』には「道台（道員）・知府はみな称して方面の大員となす」とあって、知府を「方面大員」と称しさえしているのである。

しかしながら、同じ『吏部職掌』の推陞外属を見るに、そこには「府州県の正佐官および各衙門の首領官、塩場、駅逓等の官は、各々歴俸に照らし、相応《あいまさ》にその考薦の優劣を査し、留めて（科道官に昇任させる）行取に備うるを除くの外、倶《とも》に資格に照らして才を量り推陞すべし。その京官および方面に推す者は、陸続と欠に遇わば具題せよ」とあり、この場合「府州県の正佐官」は明らかに「方面」とは異なる範疇に在る。

これは楊士奇のいわゆる「方面官および府州県正官」（『東里別集』代言録、勅諭公・侯・伯・五府・六部・都察院等衙門正官因災修政）とよく符合するものであり、『大学衍義補』の「方面（官）」も楊氏のそれと同じであるだろう。つまり正四品の知府は「在外の四品にして方面（布按二司官）にあらざる者」であり、ゆえに「府州県の正佐官」として常選官に区分されるわけである。

ついで「大小九卿」であるが、実はこれもすこぶる曖昧なことばで、『万暦野獲編』二十、小九卿の項に云う、「本朝、六部・都（察院）・通（政司）・大（理寺）を大九卿となすは言うを必せず。ただ小九卿はその説一ならず。……衆説紛々として定論あるなし。たとい公事ありて会議するに、旨を奉じて大小九卿公同にせよの諭あるも、また竟《つい》に何《いず》くに属するやを知らざるなり。近ごろこれを侍従の諸公に問わば、則ち太常・詹事・京尹・光禄・太僕・鴻臚・国子・翰林・尚宝をもって定めて小九卿となすも、始まること何時《いつ》よりするやを知らず」と。つまりここにいわゆる大小九卿とは、要は中央諸省庁のことを謂ったものと考えておけばよく、その「九」が何を謂っているかを詮索してみても、今の場合はあまり意味がない、となる。

（2）拈鬮《ねんきゆう》と掣籤《せいせん》はともにクジを引くことで、国初に行なわれたという前者の例につき郭培貴

『箋正』は、『国権』洪武四年三月乙酉朔の条に「貢士を奉天殿に策す。……進士は伝臚の後、東宮の注授を聴《ま》つ。職名を写して丸となし、耦進《ぐうしん》して（二人一組になって進み）これを分拈せしむ。下第の貢士のみな県丞を授けらるるも、また丸を拈して注選す」とあることを引き、その上でこれがこの時だけの臨時の措置であったのか、常制であったのかは分からないと言う。

　その後郭氏は『考論』において、志文の根拠は『国権』のこの記事なのであろうが、これはたまたまこの時に行なわれただけのことで、決して常制ではなかったとした。この常制でない、という点はおそらくそのとおりで、潘星輝『明代文官銓選制度研究』第三章（一九〇頁）は黄景昉『国史唯疑』一の、以下のような記事を引いて「参証」としている。すなわちこの時の拈鬮は『宋潜渓集』に見えているが、それは「時になおいまだ干支の期および観政、選官等の法」が定まっていなかったためだ、というもの。

　ちなみに黄氏が引く『宋潜渓集』とは、宋濂『宋学士文集』十、鑾坡《らんぱ》集「葉賛玉の墓銘の後に題す」のことで、そこには新進士が「青宮（東宮に同じ）に趨《おもむ》きて注授を聴《ま》ち、職名を写して丸となし、耦進してこれを分拈せしむ」とあるのだが、「下第の貢士」については触れるところない。『国権』の記事にはむろん何か拠るところがあるのだろうが、その根拠の確かさは取りあえず不明で、この点はいささか不安である。

　洪武四年の拈鬮が臨時の措置であったとすれば、これ以降の常制はどのようなものであったのか。この点については張萱《ちょうけん》『西園聞見録』三十、銓授の記事が参考になろう。すなわち「李冢宰《ちょうさい》（吏部尚書）裕（成化二十二〜二十三年在任）は、大選ごとに二日を先んじ、後堂に一木《もく》榻《とう》を設け、上に「皇天これを鑒《かんが》みよ」の四字を書す。公と二侍郎は傍らに坐し、文選司の官は前に立ち、欠員と選人をもって一々資格の可否を第し、手牘に注し、謹んでこれを緘《と》づ。期に至らば引奏して榜を塡《うず》め、更に舛錯《せんさく》なくして、庶官もまた人を得ると称せらる」というのである。

この故事は、木榻（木製の長いす）に「皇天これを鑒みよ」の四字を書いた、といった細節は別にして、孫承沢が「これ吏部原行の法」という（『春明夢余録』三十四、陞除）とおり、当時における常選の一般的なあり方を写したものであるに違いない。つまりそれは、吏部堂上官が事務担当の文選司官の輔佐を得つつ、「資格の可否」を吟味して決めるものであった、少なくともそのようであるべきものと考えられていた、ということである。

これが掣籤法に変わるいきさつについては次注で検討するが、実のところくじ引きによる人事は、掣籤法以前にもないわけではなかった、と潘氏は言う。『吏部職掌』等によれば、監生や吏員の撥歴については以前からくじ引きが用いられており、掣籤法とはこれを官にまで適用したもの、そして特にその名を改めているのは、監生や吏員と官をひとしなみにしないため、官の体面を重んじてのことであった、というのである。

この潘氏の見解は「蓋し然り」の説であって、特に名を改めたゆえんについてはひとつの解釈、ないし推測というにすぎないが、監生や吏員に適用されていたくじ引きを官にまで及ぼしたのが掣籤法というのは、なかなかに聴くべき意見であるだろう。もっとも問題は、なぜくじ引きを官にまで適用したのか、そのようにした理由は何か、であるだろうが。

（3）掣簽法の制定、施行につき、ここでは李戴が倪斯《げいし》蕙《けい》の上奏にもとづいて提案し、ついで孫丕《ひ》揚《よう》がこれを実施したとなっているが、これは明らかに誤りである。そもそも李戴が吏部尚書であったのは万暦二十六～三十一年であるのに対し、孫丕揚の在任期間は同二十二～二十四年で、李氏が提案して孫氏が実施、などということは最初からありえない。

　掣簽法は万暦二十二年、吏部尚書となった孫丕揚によって制定、施行されたもので、その事実関係については黄雲眉『明史考証』（第二冊、中華書局、一九八〇）、また郭氏の両著や潘著に詳しい。この掣簽法の目的については、『明史』二百二十四、孫氏本伝に「丕揚は挺勁《ていけい》（剛直）にして撓《たわ》まず、百僚に敢えて私をもって干《もと》むる者なきも、ひとり中貴（宦官）の請謁を患《うれ》う。すなわち創《はじ》めて掣簽法をつくり、大選・急選ことごとくその人の自ら掣《ひ》くに聴《まか》せ、請寄は容るるところなし」とあるのが簡にして要を得た記述であろう。

　倪斯蕙と李戴については、『実録』万暦二十九年七月甲寅の条に、吏部尚書李戴が「銓政（十八事）を陳言」したが、それは「文選司員外郎倪斯蕙の上条する所」であったとあり、その十八事のうちにはたしかに「掣簽を議す」という一款も含まれていた。ただしその内容は不明だし、そもそも李氏の上奏は「報ぜられず」で、却下されているのである。また同三十年七月己卯の条には、吏部が「倪斯蕙の上議せる十八款」を改めて提案し、今度は「詔して議に依りて行なわしむ」となったとあり、その十八款のうちには「曰く掣簽を議す。よろしく地方を分かち、人情に愜《かな》わしむべし」というのもあるのだが、これはむろん掣簽法の創設を提案しているのではなく、その施行につき改善を求めたものであるに違いない。つまり掣簽法自体は、この時より以前から行なわれていたわけである。

（4）　掣籤法に対する批判で比較的早期のものというと、まずは于慎行の言を挙げることができよう。彼の『穀山筆麈《ひっしゅ》』五に云う、孫氏は「内人（宦官）の請託、もって従違（従うと違《たが》うだが、今は「違」の方が主）しがたきを患《うれ》い、外官を大選するに、立てて掣籤の法をつくる。一時宮中あい伝えてもって至公となし、下は小民閭巷《りょこう》に逮《およ》ぶまで、翕然《きゅうぜん》として称誦するも、その体にあらざるを知らざるなり。古人は除吏条格（官僚任用規定集）を見れば、却《しりぞ》けて視ず、おもえらく一吏にして足れり、と。いかんぞ衡鑑（人事銓衡）の地、自ら一吏の職に処《お》りて秉成《へいせい》するところなきや、またはなはだ陋なり。……古えより以来、この法を聞かず」と。

　ついでは『万暦野獲編』十一、掣籤授官の条にもおおよそこう言う。孫氏が始めた「古今いまだ有らざるところ」のこの法は、その当初に在ってはなお「便計」となしえた。だが「その後に至るや、選司の官は大選に遇うごとに二三日を前《さき》んじ、輒《すなわ》ちその火房（伙《か》房、部局の部屋）を扃《とざ》し」てくじに細工を施し、「名づけて做《さ》籤《せん》と曰い、公然と人に告げ、もって諱《き》（隠し事）となさず。ここにおいて奸を作《な》し科を犯すは反《かえ》って曹掾《そうえん》（胥吏）に在らず矣」と。つまり掣籤法施行の結果、かつては胥吏がやっていたような不正を、堂々たる文選司の官が公然と行なうようになった、というわけである。

　このように掣籤法に対しては明末から根づよい批判があり、その結果、天啓三年には一度これが停止されたという。『春明夢余録』三十四、陞除に云う、「選法の壊るるは万暦甲午（二十二年）籤を置くより始まれるなり。……（吏部尚書）趙忠毅（南星）疏すらく、掣籤の法は古えよりいまだ有らず。万暦年間より始めてこれを用いてもって公を示すも、その初めよりすなわち行なうあたわず、遂に造籤の法ありて、欠《ポスト》を討《もと》むる者意のごとくならざるなし。御史翟《てき》学程の疏、もって笑うべしとなすに至る（『実録』天啓三年十月丙寅条）は、まことにまたその然るを怪しむなし。……よろしくこれを変え、もって祖宗の旧に復すべきに似たり、と（趙氏の奏疏はその『味檗《みはく》斎文集』二に「再《ま》た良心を剖《さ》き、己を責めて公を秉《と》るの疏」として収めらる）。遂に抽籤の法を停《とど》む。天啓末に至りて復《ま》た行なわれ、人因りて銓部（吏部）を譏《そし》りて籤部となす」と。

つまり掣籤法はその施行以来、たちまちのうちに造籤法となり、「笑うべ」きものに成り下がってしまったのであるが、さりとてこれを停止して「祖宗の旧に復」してみても、それで問題が解決するわけではなく、結局はすぐに復活したのであった。ちなみに明末の掣籤法は清朝に受け継がれ、そのまま沿用された。この点については『清国行政法』一下、吏部銓選の備考一（二三二頁）を参照。

洪武年間に南北更調（出身と任地の南北を互換する）の制を定め、南人の任地は北方に、北人の任地は南方とすることになった。その後、官制がようやく定まってくると、学校の教官以外は自らの出身省では任官できないこととなり、南北で制限するのではなくなった。[1]

そのかみ、太祖はかつて奉天門に臨んで人事を取りさばかれ、さらに資格にはこだわるな、と述べられた。それで候補者の中にはいきなり侍郎を授けられる者さえいたのだが、もっとも多かったのは布按二司の官であり、進士と監生、および薦挙に由る者がまじえ用いられた。(2)給事中・御史についても、いきなり任命される場合と昇進の場合が相半ばしていた。永（楽）宣（徳）以後になると、人事はしだいに資格にしたがって運用されるようになるのだが、それでも台省（御史・給事中）についてはなお初授の者が多くいた。(3)弘（治）正（徳）以降に至り、はじめて資格ばかりに拘泥するようになって、挙人・貢生は進士とともに正途と並び称されはしたけれど、その間の格差は天地もただならぬほどとなった。(4)隆慶中に大学士の高拱《こうきょう》がこう言った。国初では、挙人から尚書にまで昇って名臣となった者もはなはだ多くおりました。それが後になると進士ばかりが重んじられる一方、挙人はひどく軽んじられるようになり、今ではそれが極点にまで達しております。なにとぞ官を授けて後は、ただ政績のみを評価し、出身については問題とせぬようになされますよう、と。だが積もりに積もって形成された趨勢はもはや動かしがたく、これをもとに戻すことはできなかった。(5)崇禎年間には、論者によってしばしば三途並用の説が改めて取り上げられ、陳新甲とか孫元化といった一、二の挙人を推薦し、重要な職に就けたこともあったが、結局は失敗に終わった。また武挙人の陳啓新を給事中としたこともあったが、これまたその声望地に落ちる結果となった。(6)かくて朝廷では、資格にしたがう方がまだましだ、とまた考えるようになったのだが、堂々進士に登第しながら国を誤った者も、決して少なくはなかったのである。

洪武間、定南北更調之制、南人官北、北人官南。其後官制漸定、自学官外、不得官本省、亦不限南北也。

初、太祖嘗御奉天門選官、且諭毋拘資格。選人有即授侍郎者、而監司最多、進士・監生及薦挙者、参錯互用。給事・御史、亦初授陞遷各半。永・宣以後、漸循資格、而台省尚多初授。至弘正後、資格始拘、挙・貢雖与進士並称正途、而軒輊低昂、不啻霄壌。隆慶中、大学士高拱言、国初、挙人躋八座為名臣者甚衆。後乃進士偏重、而挙人甚軽、至於今極矣。請自授官以後、惟考政績、不問其出身。然勢已積重、不能復返。崇禎間、言者数申三途並用之説、間推一二挙人如陳新甲・孫元化者、置之要地、卒以傾覆。用武挙陳啓新為給事、亦声名潰裂。於是朝端又以為不若循資格、而甲榜之悞国者亦正不少也。

(1)　南北更調の制とは、任官や異動に際して特定の条件に当てはまった場合、そのポストからはずれる「廻避」制度の一種であるが、出身地による廻避というのは、この時にはじめて定められた。従前における回避は「親属をもって廻避」するもので、明代でも同じ官庁に父子・兄弟・叔姪が居ることのないよう、「卑より廻避」する（下位者が上位者を避ける）ことなどが、洪武元年に定められている（『会典』五、改調）。

ならば出身地はどうかと言えば、従前は特に避けるべきものとはされておらず、それどころか、場合によってはむしろ望ましいとさえ考えられていた。『日知録』八、選補に云う、「南人は南に選ばれ、北人は北に選ばるる、これ昔年の旧例なり。宋の政和六年詔し、知県の注選は、はなはだ遠きと雖も三十駅を過ぐることなかれ、と（『文献通考』三十八）。三十駅なる者は九百里なり。……南北互選の後より、任に赴くの人はややもすれば数千里たれば、必ず挙債（借金）するを須《ま》ちて、はじめて官に到るを得。しかも土風は諳《そら》んぜず、語言は暁《さと》りがたければ、政権の寄する（頼みとする）ところは多く猾胥《かつしょ》（悪賢い胥吏）に在り」と。

顧炎武のこの批判は、少なくとも選人の立場から言えば、たしかに当たっていようが、洪武帝はそうした士人の不満など一顧だにせず、強い意志をもって籍貫の南北による廻避を実施させていた。『実録』洪武四年十二月丙戌の条に云う、「この時、吏部の銓選は南北更調をばすでに定めて常例となす。しかるに遠きを厭《いと》い近きを喜ぶ者ありて、往々南籍をもって改めて北籍を冒《おか》し、北籍をもって南籍を冒す。上……吏部に諭してこれを禁絶せしむ」と。社会の最下層に出自する洪武帝は、地方の有力者がそのまま当該地方の官となった場合、どのような弊害が生ずるのかよく分かっており、またそのことを深く憎んでもいたのだろう。

この南北更調制は、当初はどうも明確な細則がないままに実施されていたようであるが、『実録』洪武十三年正月乙巳の条に「上、奉天門に御して官を選び、吏部に命じて北平・山西……の人をもって浙江・江西……の有司においてこれを用い、浙江・江西……の人を北平・山東……の有司においてこれを用い、広西・広東・福建の人もまた山東・山西……の有司においてこれを用いしむ」とあることからすれば、この時に至ってようやく明確な規定が成立したのであろう。

　このようにして定まった吏調制が、「その後……また南北を限ら」なくなる過程はよく分からない。ただ、それが本貫所在の省分廻避に変わったのは比較的早くからのことらしく、明代後期の人にとって、本省廻避はもう祖制と言ってもよかった。『実録』隆慶五年七月丙戌の条に云う、「吏部（尚書で首輔の高拱）言えらく、国家（朝廷、本朝）人を用うるに、本省に官するを得ざらしむるは、けだし親族の在る所、法を行なうに難く、身家あい関わらば、姦を為すにやすきをもってなるも、これただ民社（土地人民、地方行政）の責めある者なれば則ち然るのみ。もしそれ学・倉、駅逓、閘壩《こうは》等の官は、……初めより民社の寄（あずかり、行政責任）ある者にあらざるなり。しかもまたその官はなはだ卑しく、その家はなはだ貧しく、一たび遠地を授かれば、あるいは官を棄つるも（たとえ官を辞することになっても）赴くあたわず、あるいは任を去るも帰るあたわず（期間が満ちて離任することになっても帰郷できない）、零丁（うらぶれたさま）万状、その情矜《ようすあわれ》むべし。近例、教官の辺遠の人に係る者は、本省を授かるを得、地方はなはだもって便となす。乞うらくは前項の雑流をして、これを視て（これにならって）もって例とし、隔府の近地を酌量して銓補するを得しめんことを、と。これに従う」と（以上は『高拱全集』掌銓題稿五「卑官の地方を議処し以て人情に順《したが》うの疏」にも収められ、『実録』とは個別の字句に異同ある外、「二十六日（丙戌）具題、二十八日奉聖旨」という）。

高拱にとって「本省に官するを得」ないことは、揺るぎない「国家」の定制であったわけだが、その一方、彼の当時には「教官の辺遠の人に係る者」を例外とする「近例」が成立してもいた。実のところ、教官が廻避の例外とされることは、少なくとも個別的には早くからあって、『万暦野獲編』十一、憲臣改学官の項には、老親を養うためという理由で、翰林官や堂々たる行政官が本省の教官に改められることを願って許された事例が挙がっている。すなわち永楽十三年乙未科の榜眼・探花で翰林院編修であった李貞・陳景著（『弇山堂別集』八、翰林改教授を参照）、また弘治元年に雲南按察司僉事であった林淮、正徳五年の御史陳茂烈などである。

むろんこれらの諸例は、エリート官僚が孝養のため特に貶官を願ったもので、教官一般の話ではまったくないのだが、教官の地位、権限は雑流並みであるから、廻避を問題にせずともよい、という考えは早くからあったことが分かるだろう。また高拱の提案につき『春明夢余録』三十四、陞除は、「よろしく教官の例に照らし、隔府の近地を酌量して銓補すべし」としており、規定どおりに言えば「教官の辺遠の人に係る者」のみが対象のはずながら、実際の運用においては条件を附すことなく、教官一般に適用されていたらしい。

なおこの「近例」の成立時期につき、『万暦野獲編』十一、監生選正官はこう云う、「教官の本省に選ばるるを得るは、余幼きより大父（祖父）に聞くに云うならく、これ張永嘉（璁《そう》、嘉靖十年前後の首輔）奏して准行せし者なり、と。近日大老（大臣、特に輔臣）ありてまた新鄭（高拱）の建白するところに帰すは、則ち大いに然らず」と。これは嘉靖当時の官場をじっさいに経験した人の証言であるから、相当に聴くべきものであるだろう。

（2）太祖が奉天門に御し、廷臣に対し資格にこだわるなと諭した、という話は『実録』洪武二十二年九月戊辰条に見える。ただしこの時は「奉天殿に御」しこそすれ、「選官」は行なっていない。おそらくここの「御奉天門選官」という文字は、注（1）で引いた『実録』洪武十三年正月乙巳の条から来ているのだろうが、そうだとすればそれはやはり一種の混乱、特に目くじら立てるほどのものではないが、ちょっとした間違いではあるだろう。なおこの当時行なわれていた破格の抜擢人事については、本冊一六〇頁以下の、薦挙に関する記述を参照。

ちなみに抜擢されて就くポストは「監司もっとも多」かったということだが、これにつき王世貞（『弇山堂別集』十、布衣超擢。本冊一八三頁の注（7）で引いたところの下文）は、数多くの具体例を列挙したうえで「あに空印の事（洪武九年に起こった地方官僚の粛清事件。これは官場の慣例をことさら咎めた意図的なもので、この年には行中書省を廃止し、地方を皇帝に直属させている）発し、藩臬《はんげつ》（布按二司）の諸臣ともに罪を得たるや」と言っている。さすがは掌故の大家、王氏はよく見ていると謂うべきだろう。旧来の方面官を軒並み粛清し、これを被薦挙者で置き換えたことには、たしかにはっきりとした政治的意図があったに違いない。

（3）給事中・御史への任用につき、『会典』五、選官はこう云う、「凡そ給事中・御史は、旧《もと》みな類選す（ここでは常選と同じで、他の官と同じように叙任されていた、ということであろう）。後に給事中は、ただ進士の内、年三十以上の者において考選して奏補す。その御史は、進士・挙人・教官等の項をもって選除す。また後には行人・博士・進士（出身）の中書および行取せる進士・挙人出身の知県・推官をもって……考選す。……弘治十五年令し、給事中は博士・行人をもって兼ねて選ばしむ。また令し、給事中は監察御史の例に照らし、歴練の老成者を選びて除補せしむ」云々と。

これによれば、もともと給事中・御史は「初授・陞遷」ともに任ぜられていたのが、給事中は基本的に進士が初授される官となった一方、御史はむしろ初授を避けて「歴練の老成者を選」ぶようになり、ついで給事中にも御史の任用方針を適用し、やはり「老成者」から選ぶようになった、となろう。つまり志文の言うところと実際のありさまは、特に給事中について、いささか異なるところがあるようなのである。

もっとも志文と同様、給事中・御史を初授するという事例は時とともに減少した、と述べる史料もないわけではない。朱国禎『湧幢小品《ゆうどう》』八、考選台諫に「祖宗の旧制、凡そ給事中・御史の欠は、ただ進士の内の、年二（「三」の誤りであろう）十以上の者において選補し、あるいは逕《ただ》ちに吏部に入る（試職を経ないでただちに実授された、の意か）。弘治の間、始めて中（書）行（人）評（事）博（士）に及び、正徳、始めて推官・知県に及び、正徳の末年には、ことごとく進士考選の例を廃す」と言っているのがこれである。

御史の場合、当初は初授ということもあったものが、後にはもっぱら「老成」を択んで授けるようになった、というのは疑えないであろう。潘星輝著に紹介される劉球『両渓文集』九（四庫全書本。乾坤正気集本八）「監察御史鄺《こう》君に贈るの序」に云う、「朝廷、御史の職を重んじ、始めや著令して必ず士の儒より出身する者を択びてこれとなさしめ、これよりして胥徒雑芸（胥吏や雑流）は与《あず》からざるなり。今天子（正統帝）改元の初め、始めて在任の御史に詔し、常《かつ》て官を歴《へ》、事に錬《ね》れる（習熟した）者を挙げてこれとなさしめ、これよりして初仕の者は与からざるなり。いまだ幾ばくならずして、また三品以上の達官に詔し、知るところの才行ある者を挙げてこれとなさしめ、これよりして才行、達官に聞こえざる者は与からざるなり」と。

さらにまた、同じ劉氏がこれよりやや後に述べたところにこう云う、「御史は……始め吏部の選用せる監生・進士の才質ある者をもってこれとなすも、これを久しうして賢不肖ここに均し。乃《すなわ》ち罷《や》めて「選を待つの官を雑選」させて（あれこれ選ばせ）やはり試職六ヶ月とし、ついでまた吏部に「すでに仕えている者から、大臣に薦挙せしめたうえ試職六ヶ月となり、さらに進士・監生の出身で「その仕えて中外七品以下の官となりて治行著《あらわ》れたる者」を試験して任ずるとなった（同上十三、乾坤正気集本七「方侍御を送るの序」）、と。

もっとも正統以降の情況には、正式の官歴がない辦事進士も御史になりうるとされるなど、またいくぶんか変化があるのだが、とにかく正統初年という早い段階から、御史が純然たる初授官でなくなったことは確かであろう。ただしそのことと資格への拘泥とはいささか話が違うのであって、ここの叙述は必ずしも適当ではない。

給事中につき、当初の初授がやがて資格重視の風気によってそうでなくなったとするのは誤り、少なくとも十分には正しくない。このことについては、本書上冊二八五頁に引いた城井隆志氏の論文「明代の六科給事中の任用について」に明らかにされているので、今はこれによってその要点のみを述べておけば、まず永楽・宣徳中、当初は「かなり雑多な官から任用されていたのが、次第に進士・監生の初任及び在外教官の陞遷」にしぼられていき、「正統になると進士初任のみとなり」、この状態が弘治初年まで続く。だが弘治末年からは御史と同様に「歴練の老成者」の任用が求められるようになり、嘉靖以降は進士初任の官でなくなったのであった。

以上を要するに給事中と御史は、明代前半期に在っては性質の異なるものと考えられており（下段の注（1）参照）、ためにその任用法も異なっていた。すなわち給事中は、かなり早い時期から雑多な出身が排除され、進士初任（一種の観政進士である庶吉士を含む）のみの官となったのに対し、御史の方は当初こそ監生・進士の初任官とされることもあったが、やはり早い時期から「歴練」が望まれるようになったのである。

ところが明代後半期になると、給事中は御史とほぼ同じ性格のものと見られるようになり、かくて給事中の任用法も御史のそれに一体化される。上に引いた朱国禎の発言が、給事中と御史を台諫としてひとくくりにした上、その任用法にも何らの区別をしていないのは、明末の現実を生きた人が、その明末的感覚で過去をも説明したからに他ならない。つまりもし資格への拘泥ということを問題にするなら、ここは初任か陞遷かではなく、進士の出身であるかその他であるのか、ということこそを問題にすべきなのである。科道官ともに「歴練」の官が求められたとはいっても、大勢としては進士偏重の風が、時とともにますます甚だしくなっていったのは確かだからである。

（4）　進士偏重の風についての概略は、本書上冊二〇頁の注（1）を参照。ここで特に弘治・正徳以後と言っているのは、あるいは前注で述べた給事中・御史選任法の変化が念頭に在ってのことか。一旦は進士初任のみの官となった給事中に対し、御史と同様に「歴練」が要求されはじめたのは、『会典』によれば弘治十五年からのことであったし、『湧幢小品』も「台諫」選任に関する「祖宗の旧制」が、弘正間から変わりだしたと述べているからである。

もっともそうした科道官選任法の変化のうちに、「資格」偏重の風潮を見ることは、前注ですでに述べたごとく、必ずしも正しくないだろう。しかし明代の政治、経済、あるいは文化等のどの面から見ても、弘正の間が分水嶺となっているのはまず疑いないところである。そして「資格」の問題について言うなら、何か画期的な制度の改変などがこの時期にあったというわけではないにせよ、人事の硬直化、出身によってその後の昇進がだいたい決まってしまうことが、ようやくにしてきびしく批判されはじめる。

弘治最末期の十八年四月ごろ、南京刑部主事胡世寧は次のように述べた。「わが祖宗の朝は、みな賢を立つるに方なく（『孟子』のことば。さまざまな方途によって賢者を登用したので）、故によく真才実用を得て治功を成したるなり。今は則ち清要の官は、もっぱら一途の士を取るのみ。内閣の推のごとき、先には李賢・薛瑄《せっせん》のごときは翰林に由らざるに、今は則ちもっぱら翰林をもってす。翰林の選、先には胡儼《こげん》・劉球のごときは庶吉士に由らざるに、今は則ちもっぱら庶吉士および進士の第一甲をもってす。むかし年富のごときは教官より陞り、給事中王翶《おうこう》は寺正より左遷されてまた御史に陞る。今は則ちこれらの人は用いられず。……進士は初め美官に選ばるれば、則ちただ資に循いて立ちどころに要地に登るべし。一たび外職に除せらるれば、則ち才ありといえども、しかれどもあるいは終に下僚に滞る。資格の拘すでに定まり、薦挙の条はいたずらに設けらるる（まったくの有名無実）のみ」（『胡端敏奏議』一、応詔陳言疏）と。

なお胡氏の上疏を「十八年四月ごろ」としたのは、疏文によればこれは「弘治十八年二月二十二日早《あさ》、欽奉」した「聖旨」に応じたものである一方、『実録』では五月丙戌（二日）条にその内容を節録した後、「命じてその奏を所司に下さしむ」という結果が記されているからである。胡氏の上奏がいつのことであったのか、正確なところは分からないけれど、三・四月の間であるのは確かだろうし、さらに「けだし」で言うなら、四月中と考えるのがまず常識的であるだろう。

胡氏が「進士は初め美官に選ばるれば、則ちただ資に循いて立ちどころに要地に登るべし」と言っていることについては、郭氏『箋正』に紹介されている南京太常寺少卿呂㦂《りょじょう》、および兵科給事中周序の発言が参考になろう。『実録』弘治七年八月庚午条に録される呂氏の言に云う、「今、府州県官の政績ありて顕用を得る者は、ただ進士のみを然りとなし、挙人これに次ぐ。歳貢・吏員に至りては、則ち異政ありと雖も、また顕用さるること少なし」と。

同じく『実録』弘治八年十二月（『箋正』が八月とするのは誤り）戊辰条の周序の言に云う、「朝覲《ちょうきん》の黜陟《ちゅっちょく》はまさにその資格を問うべからずして、ただ才のみこれ視る。しかるに近歳以来、ただ監生・吏員のみをもって罷黜《ひちゅつ》に抵《あ》て、挙人・進士を薦抜に当つ」と。弘治中には「資格の拘すでに定まり」、かつては必ずしも隔絶したものでなかったキャリアとノンキャリアの格差は、もはやどうにも越えがたい、絶対的なものとなっていたのである。

（5）　高拱の上奏は『実録』隆慶五年六月乙卯の条に見え、その結果は「それ議のごとく挙行せよ」というものであった。なおより完全な疏文を見ようという場合は、『高拱全集』掌銓題稿五、「科目の人才を議処し、もって治道を興さんとするの疏」を参照。ちなみに『全集』本の末には「隆慶五年六月二十五日、具題す。二十七日、聖旨を奉じたるに」云々とあり、これを信ずれば『実録』の記事は、疏を上した乙卯（二十五日）の日付をもって、その結果をあわせて記したものとなる。

ついで「しかれども勢すでに積重し、また返るあたわず」だが、資格のみに拘《かかわ》ることの不可は、万暦以降も相変わらず指摘されつづけており、高拱の上奏に対し「議のごとく挙行」せよと命じられたからといって、それで事態が一変する、などということはむろんなかった。万暦中の議論で『実録』に見えるものを少し挙げておけば、たとえば五年三月甲寅条に見える上諭に「科甲（科挙合格者、特に進士）貢途（監生）はただ士子出身の階級のみ。職を授けたるの後は、ただまさに功能を考核しもって殿最となすべく、あにまた資格をもって限りとなすを得んや」とあるとか、十一年十二月癸酉条に載せる左副都御史丘橓《きゆうしゆん》の上奏にも、現下の問題点として「資格に拘る」ことを挙げ、「有司の挙薦はまず甲科を尽くすに、糾劾は則ちまず挙・監を尽くし、賢否を問わずしてまず出身の途を計る」と指摘しているなど。

（6）　「三途並用」については本書上冊二〇頁の注（2）、および本冊二一八頁の注（4）を参照。崇禎中に至り、資格による人事の非が改めて声高に語られ、さらには特別の抜擢人事や薦挙がいくらか実施されたことには、郭氏や潘氏が言うとおり、当時の絶望というしかない情勢がむろん関係しているだろう。しかしながら本冊二〇四頁の注（1）で述べたとおり、崇禎中年以降の「崇禎帝は外廷の科挙官僚一般に対して強い不信感を懐いており、ついには現状を目して「これ士大夫の国家（朝廷ないし皇帝）に負《そむ》けるなり」とまで言っていた（『国権』崇禎七年八月辛未条の上諭）」。つまり「三途並用」が明朝最末期に至ってことさら主張されたその背景には、「皇帝と外廷（科挙官僚）の相互不信という、すこぶる深刻な事態」が存在していたのである。

陳新甲は『明史』二百五十七本伝によるに、四川・長寿の人。万暦の挙人でその才能、特に軍事的なそれによって順調に出世し、崇禎十三年には兵部尚書にまで登りつめる。これは文字どおり異例の出世で、本伝は「弘治初の賈俊《かしゅん》より後、乙榜（挙人）に尚書に至る者なし。兵事まさに亟《すみ》やかにして、諸大臣、中枢（兵部）を避け、故に新甲これとなるを得」と謂っているが、いかに「諸大臣、中枢を避け」たという事情があるにせよ、それが大抜擢であることは間違いない。ただし彼は終わりを全うできず、十五年に至って帝の怒りを買い、棄市（公開処刑）となった。

孫元化は『明史』二百四十八の本伝によるに、嘉定の人で天啓の挙人。徐光啓より学んだものという西洋の砲術を善くし、軍務に従事して登萊巡撫（官は右僉都御史）に至る。ただし清側に寝返った孔有徳への対処に失敗し、やはり棄市に処せられた。陳啓新は淮安の人で武挙人。その事跡については、すでに言及した本冊二〇四頁の注（1）参照。

給事中と御史は科道と称される。科（給事中）は五十名、道（十三道監察御史）は百二十名で、明初から天順・成化の間までであれば、進士でも挙貢でも監生でも、いずれも任用されえた。昇任による場合は、推官・知県からの外、あるいは学校の教官からということもあった[1]。その後、監生および合格したばかりの新進士はともに選ばれないこととなり、あるいは（翰林院の観政進士である）庶吉士が改官して授けられ、あるいは進士から京（中央）官・外（地方）官となって三年後の勤務評定を経た者が考選（審査任用）された。京官であれば両京の（吏部を除く）五部の主事、中書舎人・行人・（大理寺）評事・（太常寺）博士、国子監博士・助教など、外官であれば推官・知県がその対象で、このうち推（官）知（県）より中央に転入させ（て科道官とす）る場合は、これを「行取」と称した。また特別の推薦があった場合は、在職期間がまだ足りなくても（俸禄の支給月数が足りず、三年考満を経ていなくても）その選にあずかりえた[2]。考選の員数は科道の空きポストの数次第で、何人という定員はなかった。職を授けるに当たっては、吏部と都察院が合同で人事案を定め、給事中についてはみな正規の官を授ける一方、御史の場合は必ず一年の試職（見習）を経てから正規の官としたのだが、ただ庶吉士のみはこの例の適用外であった[3]。

給事中・御史、謂之科道。科五十員、道百二十員、明初至天順・成化間、進士・挙貢・監生皆得選補。其遷擢者、推官・知県而外、或由学官。其後監生及新科進士皆不得与、或庶吉士改授、或取内外科目出身三年考満者考選。内則両京五部主事、中・行・評・博、国子監博士・助教等、外則推官・知県、自推・知入者、謂之行取。其有特薦、則俸雖未満、亦得与焉。考選視科道缺若干、多寡無定額。其授職、吏部・都察院協同注擬、給事皆実補、御史必試職一年始実授、惟庶吉士否。

（1）　科道官はともに政治の欠失や百官の不正を正すため、直言することを任務とする「言官」だが、『明史』職官志は監察御史につき「内外百司の官邪を察糾するを主《つかさど》る」と言う一方、六科については「侍従規諫（おそばに附き従ってお上をいましめ諫める）、補闕拾遺（詔勅の問題点を事細かく指摘する）、六部百司を稽察するの事を掌る」と言っている。つまり前者は官僚に対する監察を職掌とするのに対し、後者は監察もさることながら、むしろ皇帝に対する諫言を主たる任務とする、というわけである。じっさい給事中というのは唐代では門下省に属し、不都合と認めた詔勅を差し止める権限を有する（『日知録』九、封駁を参照）など、貴族が皇帝権力を掣肘するための官であったので、歴史的経緯から言っても、『明史』のような説明は当然であるだろう。

もっとも前段の「資格」に関する注（3）の末で述べた（二六四頁）ように、明代中期以降、御史と給事中はしだいに同じ範疇のものと考えられるようになって、その扱いも一体化してくるのだが、いずれにせよ明代では「今世、翰林・吏部・科・道を呼びて四衙門となす、その精華の選を極むるをもってなり」(『万暦野獲編』十、遍歴四衙門)で、両者は翰林とも肩を並べる典型的なエリート官僚であった。本志がその選任に関して特に紙幅を割いているのは、まったくそのためであるに違いない。

ただここで「科五十員、道百二十員」と言っていること、これには明らかに問題がある。『会典』二百十三、六科によれば、洪武六年に六科の「各々に給事中一員を設」けたといい、これからすると当時の定員は六名ということになるだろう。もっとも正徳『会典』一百六十七には「一員」の二字なく、また『続文献通考』八十六は「凡そ八十一員」と言っており、さらに万暦『会典』でも下文に「年長の者一人を推して科事を掌らしむ」とあれば、そのいわゆる「一員」には何かの誤り、ないし叙述の不備があるようである。

ついで二十四年には科ごとに都給事中一人、左右給事中二人、また吏科は給事中四人、戸科八人、礼科六人、兵科十人、刑科八人、工科四人ですべて五十八人(『続通考』同上に拠れば、吏科四人以下は景泰三年例で、それが正しいのではないか。また当然と言えば当然ながら、正徳『会典』四ではこれを定制として記載)となり、万暦八年には減員があって四十三人とされ、十一年に一部が復活して五十人、かくして「今共に五十員となす」であった。つまり定員五十人というのは、万暦十一年以後の「今」の数字を採用したものであって、明一代を通じた定制などでは決してない。

また御史についても、やはり『会典』二、吏部によれば「国初、浙江等十二道監察御史六十員を設け、後に増して十三道一百一十員となすも、後に全くは設けず」といい、百十人が定員だが、欠員があるのが常、ということであった。つまり御史の定員が百二十人であったことはなく、ここにいわゆる「百二十員」とは偶誤、単純な筆誤か何かで、「一」を「二」に誤っただけではないか、と考えられるのである。

「天順・成化の間まででであれば」挙貢や監生、また学官も科道官となりえたというのは、正確には「宣徳まででであれば」としなくてはならない。すでに前段注（3）において、城井論文や潘星輝著に拠りつつ述べたように、給事中は早くも正統中から進士のみの初任官となっていたし、御史についてもすでに正統のころから「老成」より選任すべきものとされ、挙貢や監生に初授されることはありえなくなっていた。また教官から科道官に昇任する事例は、本書上冊一九一頁の注（1）で引いた『掖垣人鑑《えきえん》』、および葉盛『水東日記』六、教官不得任御史の条によって知られるように、わずかな例外はあるものの、やはりほぼ宣徳以前に限られるのである。

（2）　科道官をどのような者から選任するかについては、これまた前段注（3）所引『会典』五、選官の記事を参照。「三年考満」が条件となることについては、『実録』成化六年九月庚子の条に「吏部言えらく、近例、凡そ御史の欠員は内外官を問うなく、ただ進士に発身し、三年秩満つるを経たる者をば考選して欠に補す。然れども欠くるところの員多くして、選に備うるの官少なく、一《ひと》えに近例のごとくせば、則ち御史は人に乏し。請うらくは凡そ知県・推官に任ぜられ、科目より出身し、三年の上（以上）を歴《へ》、政績顕著なる者をば次をもって行取し、各道に送りて問刑（司法研修）せしめ、例に照らし都御史のその用うべきを覈《かく》して奏補し、否《しか》らざれば則ち（吏）部に送りて別に用うるを聴《ゆる》さんことを、と。詔してこれを是とす」とある。

もとよりこれは御史の任用についての話であるが、すでに見たとおり給事中についても「監察御史の例に照らし、歴練の老成者を選」ぶようになれば、「三年考満」は給事中についても必須の条件となろう。またここで科目出身の知県・推官を行取して御史とする、という例が開かれていることは注意するに足る。給事中についての推知行取は、下文でまた言及するとおりもっと後のことなのだが、御史については成化六年に始まる、と見てよいだろう。

給事中を主事や中行評博・推知から考選するようになった時期については、前段の注（3）で引いた『湧幢小品』八、考選台諫に「弘治の間、始めて中行評博に及び、正徳、始めて推官・知県に及ぶ」とあったが、さらに『実録』嘉靖九年六月丙子の条にも、吏科都給事中夏言が給事中の任用を論じた上奏を録し、「弘治の間、始めて行人・博士をもって兼ねて選び、正徳の間、始めて在外の推官・知県をもって兼ねて選ぶ」と言っている。

もっとも『湧幢小品』にはたしかに「中行評博」とあるのだが、このうちの「評（大理評事）」は、より信頼すべき史料である『会典』や『実録』には登場しない。さらに万暦元年より五年に至る間の吏部尚書であった張瀚《かん》も、「余銓を秉《と》れるの日（吏部尚書在任中）、……旧制、科道官欠くれば、例として中書・行（人）・博（士）等の官、および在外の推官・知県において行取して選授し、一時の急欠は則ち暫く司属をもって改補す」（『松窗夢語』八）と言っており、万暦初年の銓例では、評事を科道官に改めるということはなかったかのごとくである。

按ずるに、張瀚が述べる科道官の銓例は、実のところ科道の科、給事中についての話であって、御史には当てはまらないだろう。というのも『実録』嘉靖十四年十月庚戌（史語所影印の通行本では庚辰だが、これは校勘記にいうとおり誤り）の条にこうあるからである。「吏部、科道の人を欠くるをもって、内外を行取し、考選すること主事・評事等の官に及びて改授せんと疏請」し認められた、と。明代後半期になると、給事中と御史は同じ言官として「科道官」とひとくくりにされることが多くなり、ここでも「科道官」の考選につき「評事」が登場しているのであるが、すでに見たところからして、嘉靖十四年の段階でも評事が考選されうるのは御史のみで、まだ給事中にはなれなかったと考えられる。

　万暦末年に書かれた『湧幢小品』は、「中書行博」ならぬ「中行評博」を科道考選の対象と述べているが、これは「科道」、すなわち給事中と御史両方の考選に関する叙述としては、必ずしも誤りとは謂えないだろう。またおそらく万暦末年になれば、評事から給事中となることもすでに可能となっていて、もはや「中書行博」というカテゴリーは存在しなくなっていたのではないか。

　よって『湧幢小品』よりさらに後の文献である李清『三垣《さんえん》筆記』巻上、崇禎に「往例、科道を考選するに、内は中行評博を用い、外は推知を用いたるが、部属改授の例出てより、ここにおいて六部の各司官は郎中に升るを視ること地獄に錮《つな》がるるがごとく、繁差（繁忙な役目）を管するを視ること縲絏《るいせつ》（牢獄）に坐するがごとく、ただ日々科道に夤縁《いんえん》して（あらゆる手づるでもって科道となり）華選（出世）の地となさんとす」とあるのも、そのまま事実と受け取ってよいだろう。

　また上引の文章で李清が「部属改授の例」に言及し、それを推知行取より後のこととしている点だが、これは『会典』の記載から確認できる。すなわちその巻五、選官の項に「(嘉靖)二十七年題准。急欠の科道官は、在京の各部寺等の官をもって考選して改授す。三十二年令し、科道は部属をもって改用するを許さず。隆慶……四年題准。歴俸まさに三年に及ばんとする中書・行人、ならびにすでに三年に及べる博士・助教等の官、および各部員外郎・主事を取りて(科道に)改選す。万暦二年令し、各部員外郎は御史に改授するを准《ゆる》さず」とあるのがこれである。つまり「部属改授の例」は嘉靖二十七年に始まったのだが、三十二年には停止され、隆慶四年に再開、ただしその四年後の万暦二年になると、員外郎は御史に改授せずと定められた。

　この『会典』に見える規定の変遷は、『掖垣人鑑』の記載とうまく符合している。すなわち『人鑑』によれば、「在京各部寺等官」より給事中となる事例は嘉靖二十七年が最初で、そのうちわけは五名の主事と一名の南京評事であった。ちなみに後者の南京評事はよほど特殊な例外で、すでに述べたごとく、万暦初年までの科道(と言われるが、実質的には給事中)銓例に評事が含まれることはなかったし、またこの事例が南京官からの改授である点も、その特殊性を示すもののごとくである。

　嘉靖二十七年の次は隆慶元年が一人、三年が三人、四年が激増して十二人、さらにこの年には員外郎からも四人が考選され、五年が二人となる。『会典』に載せられる隆慶四年例というのは、おそらくこの隆慶初年の現実を公認したもので、結果として四年には主事からの改授が激増し、かつ「部属」の範囲が員外郎にまで及んだのであろう。ただし員外郎がじっさいに考選対象となったのは、『人鑑』に拠るかぎり四年の一度だけで、それはあくまで例外であった。

ついで隆慶六年以降になると、『人鑑』の最後の記事である万暦十一年まで、部属が給事中に改められた事例はなく、じっさい次段の注（1）で引く『実録』の記事からしても、「部属改授」が本格的に行なわれるようになるのは、万暦中年以降のことであったに違いない。つまり志文が「内は則ち両京五部主事」云々と言っているのは、もう明朝も最末期にさしかかったころの考選例を述べたもの、と考えられるわけである。

なお「五部」というのは、六部のうち吏部を除く五部ということに相違なく、上で見た考選の諸例でも、給事中に考選された主事は例外なく、すべて戸部以下の五部所属に限られている。ただし吏部主事を給事中にしないというのが例として定まったものなのか、つまり成文化された規定であるのか、それともなお慣例というに止まっていたのかは未詳。

「行取」ということばについては、『六部成語註解』に「外省の州県官、才能衆に出で、声名大いに著《あらわ》る者あらば、例として吏部より文を行《や》りて調取し来京せしめ、御史あるいは部員をもって用う。この例、康熙年にはこれ有るも、今はなし」とある。つまりそれは明代から清初の康熙中まで行なわれた人事制度で、外官を京官に改めるべく「行文調取」することを謂う、というわけだが、一般的な説明としては取りあえずこれで十分であろう。

特別の推薦があれば考満していなくても考選にあずかれるというのは、明文化された規定というより、事実としてそうであった、ということかと思われる。前段の注（3）で引いた劉球の証言によれば、正統中には「三品以上の達官」に御史候補を推薦させたことがあったというが、権勢を誇る「達官」の推薦があれば、考満の有無などまず問題でなかっただろう。

（3）科道官の欠員をいかに補うかについては、『会典』五、選官の項に概略が記されていて、その一部はすでに引用したところだが、若干の重複を厭わず改めて引いておけば以下のとおりである。「給事中は……進士の内、年三十以上の者において考選して奏補す。その御史は……吏部、都察院と会同して考選し、両京に送りて理刑（都察院での法務研修、問刑）あるいは試職とし、満つる日に陞除し実授す」と。つまり「吏部・都察院協同して注擬」するのは御史だけで、給事中については吏部のみで行なわれた。

なお『実録』万暦三十五年八月癸亥の条には「吏部、都察院とともに考選す。よろしく給事中を授くべき者、胡応台……等十四人、よろしく御史たるべき者、呂図南……等三十八人」云々とあって、給事中についても「吏部・都察院協同して注擬」する場合があるかのごとくだが、ここでも都察院が「注擬」したのは御史のみであったろう。すでに繰り返し述べたように、明末になれば科道は一体のものと考えられるようになっており、その人事についても、両者を一時にまとめて行なう、ということはあっただろう。しかし給事中の任用につき都察院が発言権を持つというのは、六科が都察院とは統属関係のない独立した官庁である以上、法制上通らぬ話に違いない。

また「多寡に定額なし」については『会典』二百九、急欠選用に「（弘治）六年奏准。御史の員欠は、幾年に一次行取すと限定するを必せず。ただ欠八員以上に至らば、吏部と会同して考選し、原職に照らして分送して理刑せしめ、あるいは理刑すること半年、あるいは試職一年にして、本院仍《な》おその任に堪うる者を考して除授す」とある。なお理刑なら半年、試職なら一年というのは、おそらく後者であれば昇給はないものの前職の月俸をそのまま受け取る、つまりキャリアに数えられるのに対し、前者はあくまで研修なので正規のキャリアにならない、ということが関係するものと思われる。

給事中の補充につき、『会典』には御史ほどはっきりした記載がない。ただしその巻二百十三、六科には「凡そ各科の左右給事中、欠くること五員以上に至らば、吏科欠を開して（箇条書きに列ね）吏部に送り、欠を題して補わんことを請う。……もし都給事中の員欠に遇わば、即日に欠を開し、部に送りて具題す」とあり、都・左右給事中についての規定は明確である。

ならばただの給事中はどうかと言えば、本段の注（2）で引いた夏言の上奏文（『実録』嘉靖九年六月丙子条）の中に「六科は給事中五十八員を額設し、祖宗以来、額員みな備わる。嗣後乃《すなわ》ちことごとく補するを必せずの旨あり。然れども都・左右給事中は五員以上を欠かば則ち必ず陞補し、給事中は十五・六員以上を欠かば則ち必ず選補し、また著して例となす」とあって、給事中についても「十五・六員以上」の欠員で選補、という規定があったことが知られる。ただし前引『会典』の記事にせよ夏言が引く規定にせよ、いつ「著して例とな」したものなのかは未詳。

嘉靖・万暦年間には、部の属官を科道官に改めることは認めない、と命じられたことがあったが、後にはやはりまま行なわれた。(1) 挙人・貢生から推官・知県となった者は、規定では進士とともに考選するということになっていたが、その比率はおおむねわずか四分の一を占めるにすぎなかった。嘉靖年間には、監生をも選考に加えよと命じられたことがあったが、ほどなくして停止され行なわれなくなった。(2) 万暦中には、あらゆる政府機関が機能不全に陥った。二十五年には、新任および旧来からその任に在った御史と給事中は、規定員数の半ばにも満たなくなっていた。三十六年には、給事中はただ数人がいるだけ、御史もただ二人のみとなり、南京六科は一人で（各科）都給事中の印をあずかる（その職を代理する）こと二年に及んだし、南京（都察院の監察）御史もまた一人だけしかいなかった。中央の都察院は空席だらけとなり、地方への派遣も多くが欠員の状態で、（南直）淮安・揚州・蘇州・松江の諸府、江西・陝西・広東・広西・宣大・甘粛・遼東の巡按御史および陝西の茶馬、河東の巡塩御史は、欠員のまま数年に至った。給事中陳治則は早急に考選を実施するよう請うたが、認められなかった。(3)

嘉靖・万暦間、常令部曹不許改科道、後亦間行之。挙貢推知、例得与進士同考選、大抵僅四之一。嘉靖間、嘗令監生与選、已罷不行。万暦中、百度廃弛。二十五年、台省新旧人数不足当額設之半。三十六年、科止数人、道止二人、南科以一人摂九篆者二歳、南道亦止一人。内台既空、外差亦缺、淮・揚・蘇・松、江西、陝西、広東・西、宣大、甘粛、遼東巡按及陝西之茶馬、河東之塩課、缺差至数年。給事中陳治則請急考選、不報。

（1）　前段注（2）で見たとおり、御史のみならず給事中についても部属改授が認められるのは、嘉靖二十七年からのことであったが、この例は五年後の三十二年に停止され、それから十七年を経た隆慶四年に至り、やっと再開となったのであった。ただしこれ以降でも、隆慶六年より万暦十一年以降まで、少なくとも十余年の間は、部属が給事中に改められることはなかった。つまりここに「部曹をして科道に改むるを許さざらしむ」というのは、主として「科道」の科、給事中のことだと考えられるわけである。

ならば「科道」の道、御史の方はどうかと言えば、『実録』正徳五年三月戊辰の条に見える「署郎中等官」を御史とした事例を始めとして、嘉靖中にも主事・評事などを御史とした事例がままあり、改授を「許さざらしむ」とは言えないだろう。ただし御史であっても、部属改授にはやはり根強い抵抗があったのであり、そのことは万暦初年の情況からはっきり看て取れる。

かく言う根拠は『実録』の記事で、まずその万暦二年四月己巳の条には、主事十人、評事一人を御史としたことが記されているのだが、おそらくこの人事と関係して、同年七月丙戌条には吏部が「部属に風憲（科道）を改授するは、もと一時の急欠に因れば、まさに両京の部属に申飭《しんちょく》し、各々官常を守り、競進を懐《おも》うことなからしむべし」と上奏して認められた、とある。

この時の「中飭」(戒告) は、必ずしも部属改授の全面否定ではなく、臨時的措置にすぎぬこの制度をあてにして、「競進」(出世競争) にうつつを抜かしてはならん、と訓戒したということであったろうが、それにしてもこの時の吏部から見れば、部属改授は決して好ましいことではなかった。またこのような態度から考えれば、万暦二年に「各部員外郎は御史に改授するを准《ゆる》さず」と決められた (前段注 (2) 引『会典』) のは、部属改授の制自体に対する消極的、否定的な姿勢の現れと見ることができよう。

　じっさいこれより後の十余年中、部属改授の制はほぼ停止されていたようで、万暦十五年に一度復活しはしたものの、すぐにまた取り消され、制度的定着をなお見なかった。まずその停止と復活だが、『実録』万暦十五年七月己丑の条に吏部の上奏を録してこう言う。「往時、科道の員欠は部寺の各属をもって選改せしも、既にして一二の夤縁《いんえん》するに懲りて、遂にこの挙を停《や》」めたのだが、これは不合理なので「今後、科道に欠あらば、常に照らして行取するを除くの外、もし有司 (地方官、ここでは推知) の資俸いまだ及ばず、才望相応ずる者少なければ、旧例に査照し、部寺各属をもってまま改除を行な」うよう提案し、「これに従う」となった、と。

　ところが『実録』同年十月戊寅の条によれば、吏科左給事中張養蒙が「競進」防止の観点から「部臣を科道に改むるは祖制に非ざるなり。……臣謂《おも》えらく改選の例は止めざるべからざるなり」と述べ、その結果「部属は旧例に係らざれば、改選を准《ゆる》さず」と命じられたという。復活したばかりの部属改授の例は、わずか三ヶ月ほどでまた停止されたのである。もっともこの決定は少なからぬ官僚の不満を買ったに相違なく、前段注 (2) で引いた李清の証言からしても、ほどなくして撤回されたか、あるいははっきりとした決定のないまま、なし崩しにまた改授が認められるようになり、万暦末年にはそのまま定着することとなったのであろう。

なおここの原文で「常令」となっているところ、『明史稿』は「嘗令」に作っているのだが、これはその方が尋常である。もとより「常」と「嘗」は通用するので、その意味に変わりはないものの、本志でも下文では「嘉靖間嘗令」としているように、本来の字義からすれば「嘗」の方がふつうに違いない。つまりここの改字は、なにか意図あってのものというより、単に同音の通用字であるがゆえに混淆を来しただけ、ということであろう。

（2）　挙貢に出身した推知の行取については、『会典』五、選官に「(万暦) 五年令し、推官・知県等の官を行取するには、四分をもって率となし、進士は三分、挙人・歳貢は一分とし、一体に科道に選除す」とある。これは『実録』同年三月己酉の条に見える命令によるもの。なおこの四分の一という比率は、「僅かに四の一」であったというより、挙貢出身者にも陞遷の途を一定の割合で開いておこうとしたもの、いわば彼らに対する一種の優待策であったろう。これより後、万暦十一年の行取においても、吏部が推知・中行博士から選ぶとだけ言っているのに対し、帝は特に「挙貢の推官知県は、四分の一をもって選用せよ」と命じている（『実録』同年三月乙酉条）が、これもやはりそうした配慮があったからだと考えられる。

監生を考選に含めることは、『会典』同前に「嘉靖十年令し、挙人・歳貢・監生に賢能の者あらば、一体に給事中・御史ならびに部属の京職に考選す」として見えているが、その詳細は『実録』嘉靖十年三月辛丑条に記されている。すなわちこの時、吏部が「挙貢監生の部に在りて次を需《ま》つ者を揀選《かんせん》」する許可を求めたのに対し、帝は「進士に発身する者は、必ずしも循良ならざるに、概《おおむ》ね（一律に）行取して科道・部属に選用さるるを得。挙人はあるいはまま一たび預かるのみにして、監生は全くなければ、何に由りてか自ら効《いた》さん。往《さき》にしばしば詔し相兼ねて擢用せしむるも、竟《つい》に遵行せず。今次の揀選は、務めて公を秉《と》り実を責め、賢能にして心を立てて国のためにする者あらば、一体に科道部属に選び、著して令となせ」と命じ、その結果「旨、吏部に下り、遂に挙貢監生の科道部属に堪うる者を併せ選ばんことを請い、詔して議のごとくせしむ」となったのである。

つまり「嘉靖の間、かつて監生をして選に与からし」めたことは、たしかに疑いのない事実なのだが、その後どうなったのかと言えば、志文にいうとおり「すでにして罷めて行なわれず」であった。『実録』に見えるかぎりで言えば、監生出身者が科道に取り立てられることは、さきの人事よりわずか半月後の四月乙卯朔に、歴事監生を試御史とした実例があるものの、これは三月の人事の補遺というか、一連のものであるに相違なく、それ以後にはまったく記載がないのである。

（3）「万暦中、百度廃弛《はいし》」したことについては、趙翼『廿二史劄記』三十五、万暦中欠官不補の項が、簡にして要を得た概観を与えてくれよう。すなわちそこに云う、「万暦末年、怠荒日々にはなはだしく、官欠くるも多くは補われず。旧制、給事中は五十余員、御史は百余員なるに、ここに至り六科はただ四人のみにして、五科は印に属する所なく（都給事中が不在）、十三道はただ五人のみにして、一人数職を領し、在外の巡按はおおむね代わるを得ず。六部の堂官

（尚書・侍郎）はわずかに四・五人のみ。……これを観ればこの時廃弛の大概を見るべし」と。

万暦二十五年に至ると、科道官は定員の半ばに満たなくなっていた、とはおそらく『実録』万暦二十六年七月丙戌条に記される湖広道御史畢《ひつ》三才の上奏に拠るものであろう。そこで畢氏は言う。本来の制度では、六科は四十人以上、監察御史は百人以上が定員であるのに、「今、台省の新旧の人数を儘《つ》くすも、なおいまだ額設の半ばに当つるに足らず」と。なお志文の「二十五年」とは単なる偶誤か。また三十六年の情況については、『実録』同年四月戊寅条に吏科都給事中陳治則の言として見えている。なお科道の欠員は万暦中年からずっと問題となっており、陳治則もこれより前、万暦三十四年五月戊子に「累《かさ》ねて（何度も）科道の諸臣を考選せんことを乞う」たのだが、結果は「報ぜられず」であった（『実録』）。

三十九年、考選を請う上奏がなされたが、やはり内廷に留め置かれて音沙汰ないままであった。推官・知県で科道官に抜擢されるはずであった者は、命が下るのを北京で待つしかなく、去るも留まるもままならぬ羽目となった[1]。四十六年には、掌河南道御史の王象恒がまた言うよう「十三道御史で勤務に就いているのはただ八人のみで、六科給事中も五人しかおらず、しかも冊封《さくほう》（藩王などへの封爵授与）や典試（試験監督）といった種々の差遣（派遣任務）、および内外の巡回監察が満了したとか、病気を届け出て交代を願う者が続々と出てきておれば、すみやかに当面の事態を打開すべき方法を講ずべきであります」と。また大学士方従哲もこう言った。「考選されるはずの諸臣は、じっと沙汰を待つこと六年になり、つぶさに辛酸をなめております。吏部の提案では礼部と都察院に文書を送り、（それにもとづき冊封や典試につき礼部が、御史の任務については都察院が）順次上奏のうえ当面の任務に彼らを派遣する、というのですが、これは一時しのぎの便法にすぎません。それよりは格別のご配慮でもって吏部の人事案を認め、諸臣が命を受けてそれぞれの官職に就く、という朝政本来のありかたを保つ方がよいでありましょう」と。しかしこれらの上請もついに認められないままであった。[2] 光宗（泰昌帝）即位の初めに至り、考選を請うたこれまでの上奏すべてに沙汰が下り、かくて科道官は一旦にして整然とその陣容を整えたのであった。[3]

三十九年、考選疏上、復留中不下。推知擬擢台省、候命闕下、去留不得自如。四十六年、掌河南道御史王象恒復言、十三道御史在班行者止八人、六科給事中止五人、而冊封典試諸差、及内外巡方報満・告病求代者踵至、当亟議変通之法。大学士方従哲亦言、考選諸臣、守候六載、艱苦備嘗。吏部議咨礼部・都察院、按次題差、蓋権宜之術。不若特允部推、令諸臣受命供職、足存政体。卒皆不報。至光宗初、前後考選之疏倶下、而台省一旦森列矣。

（1）『実録』万暦三十九年二月甲午の条に録す大学士葉向高の上奏に云う、「凡そこの（科道に考選されて以後、ずっと任命を待っている）諸臣は、みな郡県（府県の官、すなわち今は推官と知県を謂う）を敭歴《ようれき》（歴任の意。もと「剔《てき》歴」に誤るが、校勘記に拠って改む）し、労苦辛勤し、乃《すなわ》ちよく賢能をもって推擢せられ、一官を遷転す。今、長安（首都、すなわち北京）に旅食し、茫として職事なく、日また一日、消磨剉折《ざせつ》す」と。志文はおそらくこれにもとづいているのだろう。

　なお「考選の疏上《のぼ》るも、また留中して下らず」というのは、『実録』の記事が葉氏の上奏のみで終わっていて、その結果を記していないこと、および当時の通例からしてまず間違いないところだが、さらに『実録』同年四月丙申条に録される葉氏の上奏でも、目下の急務として「科道官を考選せんとするに、命を候《ま》つこと日久しく、深く不便となす」と言っており、また翌四十年正月壬子条でも、吏部尚書孫丕《ひ》揚《よう》が「科道の諸臣を考選するに至りては、なお旨を候ちつつあり」と言っていることからして、確かに「また留中して下らず」であったことを確認できる。

（2）掌河南道御史、正確には「河南道掌道事御史」。王象恒の上奏は『実録』万暦四十六年正月庚寅の条に見える。そのいわゆる「当面の事態を打開すべき方法」（原文「変通之法」）とは、「命を候《ま》つの諸臣をもって挨次《じゅんばん》に題差し、見在《げんざい》の（今、北京にいる）者は一欠あらば即ち一人を註し、仮（休暇）を給せられし者は到ること一人あらば即ち一欠を註す」というもの。下文で見るとおり、これはやがて「吏部議」のうちに取り入れられ、改めて提案されているが、方従哲がこの「議」を「一時しのぎの便法」（原文「権宜之術」）と評しているのは、それが考選そのものを正式に承認しないまま、臨時の措置で当面の必要をなんとか満たす、というものだったからである。

なお王象恒の「河南道掌道事御史」なる職銜であるが、これは何のことかというと、そもそも彼は「始め河南道をもって起こり、京通倉（京倉と通州諸倉）を視たり。……年余、改めて北畿を按ずるも（北直巡按御史となったが）、旋《たちま》ち河南道を掌《つかさど》り、計事（官僚の勤務評価）を領」した（倪元璐《げいげんろ》『倪文貞公集』九、立宇王公墓誌銘）といい、河南道の官で北直の巡按御史に差遣され、さらに本官たる河南道の事務を兼務することとなったので、「河南道掌道事御史」となるわけである。また河南道は「両京、直隷衙門を協管」する十三道のうちの都察院担当で、「独り諸々の内外の考察を専らに」（すなわち「計事を領」）した（『明史』職官志二）ゆえ、彼が科道官の補充を要請したのは職掌からして当然のことであった。

方従哲の上奏、およびそれが「報ぜられず」であったことは『実録』万暦四十六年六月庚申の条に見え、これが志文の拠るところであろうが、その「礼部・都察院に咨《し》し、次を按じて題差す」二句は、『実録』では「各官をもって礼部・都察院に咨送し、其の挨次に題差するを聴《ゆる》す」となっている。両者を比較すれば、前者は文章をなるべく短くしようと剪裁につとめ、結果として表現は簡潔になったであろうが、事実関係がいささか把握しにくくなっているのに対し、後者はごく普通の文書的表現を用い、その分だけ内容の理解は容易である。つまり吏部が「咨」すとは「各官」の人事書類を送付することであり、それによって「題差」するのは「其」、つまり礼部・都察院だとはっきり分かるわけである。

（3）　万暦帝の崩御と泰昌帝の即位により、「台省一旦にして森列せり」となったことについては、『（光宗）実録』万暦四十八年七月己亥の条に「吏部、考選（部曹や推知より選抜）と散館（庶吉士から授官）の科道官を補用せんことを請う。旨を奉じたるに、各官は詔に遵い補用せよ、とあり。ここにおいて庶吉士の暴謙貞を吏科に、韓継思を刑科に、考選の恵世揚を工科に補す。ともに給事中たり。その考選は命を候《ま》ちて三吝し、久しうすること八年に至る者あるに、旬日ならずして次第にともに下り、言路始めて疏通せり」とある。

もっともここで新たに補用されたのは給事中だけで、しかも庶吉士が二人、考選が一人とわずかな数に止まるのであるが、それはたぶんこの日の任命を始めとして、「旬日ならずして次第に（科道官の欠員任用の命が）ともに下」ったということなのであろう。なお「候命三吝」の「三吝」とはどういうことなのか、実のところよく分からなかったのだが、今は吝を嘆息の意として、「任命を待ちながらくりかえし嘆くばかり」くらいのことと考えておいた。

また「遵詔補用」句の「詔」とは万暦帝の遺詔のこと。遺詔とは皇帝の遺言のことだが、むろん実際の執筆者は時の政府首脳である。その内容は『（光宗）実録』万暦四十八年七月戊戌の条に「大行（崩御したばかりでまだ謚《おくりな》のない）皇帝の遺詔を午門に頒《わ》かつ。詔内に言えらく」として記され、そのうちに「両次の考選と散館を拝せる科道官は、ともに職を授けしむ」という一節がある。

考選では優等者に給事中を、次等の者には御史を授け、さらにこれに次ぐ者は六部の属官として採用するのを例とした。これは（必要に応じて挙行される）不定期の選考ではあったが、実施の前には九卿、および御史と六科の諸臣の手になる訪単（評価書）が提出され、往々これをもとに成績を決めていた。(1) 崇禎三年、吏部は考選を終えると、給事中と御史に抜擢すべき者若干名を上奏したのだが、そのうちの中書二名については、訪単の評価が肯定と否定に大きく分かれていたので、そのことを報告して指示を請うた。帝は吏部が責任のがれをしていると叱責し、あらためて最終人事案を取りまとめるよう命じたのだが、そもそも訪単というのが、本来あるべき制度からはずれたものだと責めたわけではなかった。(2) 考選にあずかりうるのは京官だと進士に限られていたが、推知の場合は挙貢出身者でもみな行取されえた。しかし全国の府県官は進士が十の三、挙貢が十の七であるのに、推知の行取となると進士が十に九で、挙貢はわずか十の一であるにすぎなかった。しかも挙貢が授けられるのは、たいてい御史ばかりで給事中はなく、南人が多く北人は少なかったのである。御史王道純がそのことを問題にすると、（崇禎）帝は人事に当たってはその能力こそを問題とすべきで、もともと資格などにこだわるべきではないとし、所管官庁（吏部）がしかるべく斟酌して施行するよう命じた。(3) 当初の制度では、御史に急な欠員が生じるとそのたびに行取を行なっていたのだが、神宗の時に三年に一度と定められ、またここ（崇禎中）に至り毎年一度行なうとなっていた。だが帝は吏部尚書閔洪学《びんこうがく》の要請にしたがい、以前のように三年ごとに行なうとした。(4)以上が言官選任法の大略である。

考選之例、優者授給事中、次者御史、又次者以部曹用。雖臨時考試、而先期有訪単、出於九卿・台省諸臣之手、往往拠以為高下。崇禎三年、吏部考選畢、奏応擢給事・御史若干人、而以中書二人、訪単可否互異、具疏題請。帝責其推諉、令吏確議、而不責訪単之非体也。京官非進士不得考選、推知則挙貢皆行取。然天下守令、進士十三、挙貢十七、推知行取、則進士十九、挙貢纔十一。挙貢所得、又大率有台無省、多南少北。御史王道純以為言、帝謂用人当論才、本不合拘資格、下所司酌行之。初制、急缺風憲、不時行取、神宗時、定為三年、至是毎年一挙。帝従吏部尚書閔洪学請、仍以三年為期。此選択言路之大凡也。

(1)　科道官の考選で六部属官を授けられる場合があることは、本冊二八二頁の注（2）で引いた『会典』五の嘉靖十年令に、挙人貢監の優秀者も「一体に給事中・御史ならびに部属の京職に考選」せよ、と定められていることから看て取れよう。もっともこの嘉靖十年令の重点は、挙人貢監をも考選の対象とするという点にこそ在って、しかもそれがたしかに実施されたと分かるのは、この命が出たその時だけなのではある。しかし考選をへて「部属の京職」に改められるというのは、少なくとも明末に至ればふつうのこととなっていたに違いない。というのも『実録』天啓五年四月己卯の条によれば、この時「吏部等の衙門、行取せる各官を考選」した結果、十四名を給事中、三十六名を御史とし、さらに五十名に「部属等の官を授」けているからである。当時に在っては、考選は外官が京官に改められるためのはなはだ重要な途径となっていた。

「訪単」というのは、郭氏『箋正』『考論』両著でも紹介されているように、もともと京官に有能な下僚を推薦させるべく提出させた調書で、『実録』嘉靖四十四年三月戊申の条に云う、「吏部尚書厳訥《げんとつ》（もと「納」に誤るが、校勘記に拠って改む）等言えらく、今年朝観考察の後、……雑流・冗職になお遺良あるを懼るるや（「遺」はもと「遣」に、「懼」はもと「慎」に作るが、ともに校勘記に拠って改む）、すなわち訪単を創立し、朝官に発来し、各々所属の府佐以下の治行卓異なる者を挙げしめ、部に送りて議処す」と。つまりそれは下層の小官にも「超擢」の途を開き、そのことで官界の士気を高めようとする意図をもって、嘉靖四十四年に「創立」されたのであった。

ところがこの「訪単」は、やがて考察（勤務評定）にも用いられるようになり、ようやく弊害が目立ちはじめた。『実録』万暦十五年正月甲辰の条に「左都御史辛自修上言すらく、京官の考察は関係重大なるに、ただ台諌・銓曹（吏部）の訪単に憑《よ》りて拠となし、毀誉は愛憎に出で、是非半ばは訛伝たりて、中傷の念多く、国のためにするの念少なく、もって彼此牴牾《ていご》し、公私夾襍《きょうざつ》するを致す」とあるのは、そのことを言ったものである。

訪単による評価が往々「毀誉は愛憎に出で、是非なかばは訛伝」となったことには、それが匿名の文書であるということが関係していた。沈徳符は云う、「今制、匿名の文書は禁じて行なうを得ず。ただ内外の大計（勤務評定）のみ、吏部は訪単を発出し、塡注して繳納《きょうのう》する（元に戻す、提出する）におよびては、各々姓名を著さず。穢状《あいじょう》を開列する（箇条書きに書き並べる）こと紙に満つといえども、誰氏に出ずるやを知るなし」（『万暦野獲編』十一、考選訪単）と。

考察に訪単を用いたのは、もともと「公論に咨《はか》りてもって（官員の）賢否を定」めるためで、それが匿名であるのも、自由な「公論」を保証し、ひろく忌憚のない意見を求めたからであったろう。そして実際、匿名の訪単にはそれなりの効果があったようで、万暦中年に至っても「事はおおむね覈実《たしか》」と称されていたのであるが、一方では「然れどもまま因りてもって悪《にく》む所を中《あ》つる者あ」った（『明史』二百二十九、沈思孝伝）し、まして万暦後半年以降、党争がますます激しくなる中では、それが「愛憎」、「訛伝」に左右されるようになるのは必然的であった。かくて考選はようやくその実を失いはじめる。

万暦末年ごろの考選につき沈徳符は云う、「士人は闈《い》に鎖《とざ》されて廷に敭《あ》ぐる（天子にお対《こた》えする、すなわち殿試）より外、その試事の最も重きものは、吏部の科道を考選すると、内閣の庶常を考選するにしくはなく、尤《もっと》も（とりわけ）華選となす。先朝はともに文字を視て甲乙をなし、かつ疆域（出身地方。庶吉士については省ごとに人数の割り当てがあった）に拘定せず、各々義命（天命、本分）をもって相安んず。今は未だ試みざるの前、采訪その半ばに居り、請託その半ばに居り、甚だしきは暮夜に先容し（裏口で話をつけ）、紙上の語はわずかに曳白《えいはく》（白紙答案）を免るるのみなれば、便《すなわ》ち彀《こう》（合格者のうち）に入るに足る」（『万暦野獲編』十五、閣試）と。沈氏のこの証言には誇張もあろうが、庶吉士および科道の考選という「華選」にも、明朝最末期に至ればあれこれの不正が横行するようになっていたということ、これはまず事実であるに違いない。

（2）「崇禎三年」云々以下は汪楫《おうしゅう》『崇禎長編』の記述に拠るもので、まずはその巻三十三、崇禎三年四月丁卯の条にこう云う、「吏部旨を奉じ、十八日に題を出して考選したるに、宋可久……等四員は……給事中に任ずるに堪う。王之良……等十員は……御史に任ずるに堪う。……その中書の陳士奇・潘有功は、単内可否互いに異なり、遽《にわ》かに清班を授けがたきに似たれば、まさに万暦四十二年の例に照らし、疏を具えて題請すべし、と。帝命ずらく考する所の科道官は擬に依りて行なえ。士奇・有功は既に共に才品を推すと云わば、吏部まさに衡鑒《こうかん》（自らの評価、判断）あるべし。なんぞ訪単やや異なるに因りて、輒《すなわ》ち擬請（人事案）定まらざるや。顕《あきら》かに推諉《すいい》（責任逃れ）たれば、それ更に確議して以聞せよ」と。志文の一節はこれによるもの。

（3）『崇禎長編』三十五、崇禎三年六月甲子の条に「河南道試御史王道純上言すらく、……総《す》べて天下の守令を計るに、甲科は十の三に当たり、挙貢はその七たるに、考選の及ぶところの者、甲科はその九を得、乙榜はその一を得るのみにして、かつ台ありて省なく、南多くして北少なし。……帝謂えらく官を辨じ才を論ずるには、あに資格に拘《かかわ》らんや。奏内の選除・挙劾・考選等の項は、吏治に関わるあれば、所司ただちにために酌行せよ」とあり、ここの一節はこれによっている。

（4）　閔洪学の要請というのは『崇禎長編』四十五、崇禎四年四月乙丑の条に録される「吏部上言」のことであるに相違なく、そこに云う、「台省は朝廷耳目の官となし、委任至って重ければ、遴選《りんせん》おのずからよろしく至って恪《つつし》むべし。……ただ近日、諮訪の繳単《きょうたん》は姓名を書せず、遂に愛憎をして行ないやすからしめ、うたた事後の評駁を煩わしうす。今後、訪単をば部に繳《かえ》すには、よろしく明らかに某人開単すと註し、もって天下の公を昭らかにすべきに似たり。

　その考選の典例、祖宗はもと急欠の風憲官員をもって不時に行取せしが、神宗朝に始めて変えて三年部に留むとなす。然れどもこれを行なうこと年を歴《へ》、また画一にして守るべしと覚ゆ。近来、人情営競（出世に狂奔）し、径竇《けいとう》（裏口）開きやすし。もし年々挙行せば、……ひそかに慮《おそ》るらくはそれ未来の功名を思想し、反って見在《げんざい》の職業を曠《むな》しうせん。あるいは員欠数多なれば、まさに新たに奉じたる明旨のごとくし、その循卓もっとも著《あらわ》れたるを択び、特に疏して題請し、もって聖裁を聴かん、と。

　帝謂えらく官員を考選するにはただ訪単に藉《よ》れば、自後つとめて実跡を得、兼ねて姓名を註せ。その三年一考は、近例に照らして行なえ。もし風憲の員欠する者あらば、精《くわ》しく賢卓を核《しら》べ、有司題明して行取し、毎年一挙に拘定するを必せず、永く著して令となせ」と。「初制」以下の一節はこの記事に拠ったもの。

　ただし科道官の行取が、万暦中に至り三年に一度と定められた、というのは事実と符合しない。というのも『実録』万暦十五年七月己丑の条に「吏部、行取の期を覆議すらく、節年（これまで）あるいは三年に一たび取り、あるいは一歳に一たび取り、大率《おおよそ》科道の員（もと「題」

に作るが校勘記に拠って改む）欠をもって准となす。科臣楊廷相等、有司久任の労を念《おも》い、酌《く》むに三年両取をもってす。人欠に多寡あり、資俸に浅深あるに至りては、また随時に斟酌し、あるいは間歳に一たび行ない、あるいは一歳に一たび行なうとす。科臣の見、臣等と同じなり」とあって、これが認められているからである。つまり少なくとも万暦中年の行取について言えば、実質的には「急欠の風憲官員をもって不時に行取」するという祖制のまま、不定期に行なわれていたのであった。

　さらに降って万暦末年になっても、『実録』万暦四十四年正月己亥の条には「礼科給事中亓《き》詩教言えらく、国家、台諫の官を重んじ、因りて設けて考選の例あり、毎年一たび挙げ、あるいは間歳に一たび行なう。戊戌（二十六年）より以来は、取るに時をもってせず、考するに時をもってせずして、命の下るもまた時をもってせず」とあって、万暦後半年における考選が、まったく「時をもってせず」という状態であったことを伝えているのである。

　ならば行取の期を「神宗の時、定めて三年とな」したとはまったく無稽の談なのかと言えば、たしかに事実とは符合しないだろうが、天啓・崇禎中になるとそのように考えられていたらしい。なぜなら『実録』天啓三年十一月庚午の条を見るに、吏部が五月に行なわれた行取の追加措置を請うたのに対し、帝は「命じて三年一考の例に遵わ」しめた、とあるからである。このころになれば、「三年一考」は遵うべき定例として引証されるようになっており、それが崇禎中になれば、万暦中の定例と考えられるようになっていたのであろう。

保挙というのは人事銓衡制度の不足を補うためのものだが、同時に吏部の職権をなにほどか侵すということにもなる。(1)それは洪武十七年、全国各地より上京参内する官僚に命じ、清廉で有能な部下を推薦させたことに始まった。(2)永楽元年には、京官の文職七品以上、地方官については知県に至るまでに命じ、各々知るところの者一人を推薦せしめ、その能力に応じて抜擢したが、後に腐敗汚職のありさまが明らかになった場合は、推薦者を連坐せしめており、つまりは当時もまま保挙の法を行なうことがあったわけである。しかし洪武・永楽の当時では、官僚人事はすべて吏部の申請にもとづいて行なわれていた。(3)

保挙者、所以佐銓法之不及、而分吏部之権。自洪武十七年命天下朝覲官、挙廉能属吏始。永楽元年、命京官文職七品以上、外官至県令、各挙所知一人、量才擢用、後以貪汚聞者、挙主連坐、蓋亦嘗間行其法。然洪・永時、選官並由部請。

（1）　保挙は「銓法の及ばざるを佐《たす》くるゆえん」、とはもとよりそうに違いなく、またそうでなければ実施する意味がなかろうが、理念ではなく現実から言えば、それは「吏部の権を分かつ」ものゆえよろしからず、という批判も早くから存在していた。『春明夢余録』三十四、保挙に云う、「保挙の一事、三楊（宣徳より正統初年にかけての重臣楊士奇・楊栄・楊溥）国に当たりし時、借りてもって吏部の権を攘《さら》わんと謂《おも》い、部の意平らかならず、事ついに漸《ようや》く寝《や》む」と。

官僚人事は吏部の専権事項である以上、保挙は停止すべしとの声は、たしかに三楊当国の当時からあった。『実録』正統三年十一月乙未の条に云う、「行在通政司左通政陳泰言えらく、古者《いにしえ》、庶官を択任するはことごとく選部に由り、ここをもって職任は専らにして事体は一たり。頃年《きんねん》、朝臣をして各々知るところを薦めしむるは、恐らくは私謁の門を開きて奔競の風を長ずれば、乞うらくは杜絶して一に銓部に帰せしめんことを、と」。なおこの件は吏部に下されたが、吏部の返答は「旧に仍《よ》りてこれを存す」（これまでどおりとす）るのがよいというものであった。

またやはり『実録』正統十二年二月己未の条に云う、「礼科給事中余《よ》忭《べん》言えらく、銓選の典は経（経常、常道）なり。保挙の例は権（権宜、臨時措置）なり。経を守りて酌むに権をもってせば、則ち治功成り、権を行なうに専らにして経を失わば、則ち政柄移る」ので、「保挙の例はただ時宜に権《か》る（臨時に行なう）のみにして、もって久しく行なうべから」ず、どうか「選官はともに吏部より奏請」するという「祖宗の旧典」に復していただきたい、と。この上奏は廷議に付されたが、その結果は「且《しばら》く旧に依りて行なえ」というもので、保挙はやはり継続された。

さらに天順より成化初年にかけての首輔李賢は、保挙を批判してこう云う、「宣廟（宣徳帝）の時、二楊（西楊・楊士奇と東楊・楊栄）事を用い、天下の士の己に由りて進退せざるを思い、方面・風憲・郡守令・在京三品堂上官に勅して挙保せしむ。……尋《つ》いで勅し、今後御史・知県は、在京五品以上の官の保挙するを許す、と。これによりて天下の要職は吏部除く（叙任する）を得ず、すでにして奔競の風大いに作《おこ》り、贓《ぞう》（汚職）をもって露《あら》わるる者はなはだ衆《おお》し。ついで弊をもって言う者あり、遂に御史・知県の挙保の例を罷むるも、郡守以上は旧に仍《よ》りて二楊の門に出で、みなその去取の権を操《と》るに由れるなり」（李氏『古穣《こじょう》文集』三十、雑録三、もしくは『紀録彙編』二十三の『古穣雑録摘抄』。なお霍韜《かくとう》輯『明良集』所収の『天順日録』にはこの条が含まれており、ためにこれを『日録』の記事とすることもままあるが、本来から言えばこれは『紀録彙編』のごとく、『日録』ではなく『雑録』の文字とすべきであるだろう）と。上引『夢余録』に「三楊国に当たりし時、借りてもって吏部の権を攫わんと謂」うとあるのは、こうした発言を背景としたものである。

もっとも『夢余録』の撰者孫承沢は保挙を強く支持していて、「それ天下の大、人才の広きをもってして、僅かに用を銓衡の一司（吏部）に取るのみなるは、網疎なることはなはだし。官をしてその人を得、人をしてその才を尽くせしめんと欲すれば、保挙を舎《お》きてそれ奚《なに》にか由らん。……明の人を得る、洪（熙）宣（徳）を盛んとなす。けだし大いに保挙の法を行なえばなり」と言っている（同上）。

実のところ本志も下文に見るとおり、「その時（宣徳中）吏治蒸蒸として、極盛と称さる」と述べており、ここはおそらく『夢余録』を参考にして書かれているのだろう。ただし叙述の建前としては、一方の立場に偏せざる「中立、公正」な態度が望ましい、とまあそうなるわけで、そこから「銓法の及ばざるを佐くるゆえん」句の下に、「吏部の権を分かつ」という句を加え、いわば両論併記的な叙述にしたものと思われる。

（2）『実録』洪武十七年七月甲寅の条に見える。なお郭氏『考論』は、洪武帝による求賢の命が洪武十七年以前にも数多くあって、その中には保挙と見てよいものが含まれることを指摘し、保挙の十七年開始説に異議を唱えている。ただし保挙の保挙たるゆえんは、挙主の責任を問うところに在るわけで、この点を厳格に実施しはじめたのは、やはり洪武十七年からであろう。

というのも『実録』に見える記事で、挙主が推薦の不当をもって処分されたというのは、洪武十七年四月乙未条の事例が最初のようだし、同年七月丙午には「薦挙に冒《ま》濫多」いことを戒める上諭が降され、そして甲寅に至り「挙主の姓名を簿録し、任満つるを俟ちてその当否を考え、併せて黜陟《ちゅっちょく》をなす」と、挙主の責任をきびしく問うことが制度的に明確化されているからである。つまり本志の叙述は、必ずしも十全ではなかろうが、さりとて誤りというわけでもない、となるわけである。

（3）ここにいわゆる永楽元年の保挙とは、実のところ永楽九年に行なわれたもので、その詳細は『実録』の同年閏十二月己未の条に見えている。ただし『会典』五、保挙の項には、元年に「内外諸司の文職官をして臣民の中に下僚に沈滞し、田里に隠居する者あらば、各々知るところを挙げし」めたとあり、さらに『実録』永楽元年九月辛巳の条がこの記事を裏づけてもいる。むろん『会典』（ないし『実録』）元年の記事は薦挙でこそあれ、保挙であったかどうかは定かでないのに対し、九年の方は「その保するところ才にあらず、あるいは職を授けたるの後、闒《とう》茸《じ》（愚鈍無能）貪汚なれば、挙主連坐す」（『実録』）ということで、志文のいわゆる元年が九年の誤りであることは確かなのだが、志稿執筆の際、どこかで『実録』九年の記事と『会典』の記載を混同したのであろう。

「洪・永の時、選官は並びに部請に由る」句は、『実録』景泰三年十二月癸卯の条にもとづくもので、そこに云う、「吏部言えらく、洪武・永楽の間、官員を銓選するは倶《とも》に本部に属《しょく》して掌行せしむ。宣徳・正統以来、始めて大臣をして挙保せしむ。景泰の初め、御史練綱ら保官の私に狥《したが》えるを言うをもって、廷議して奏し允《ゆる》され、仍《な》お本部に帰す。今、綱また本部の銓授不当なるを言い、旧例に照らして挙保せんと欲するも、恩を蒙りて寛宥さる……と。詔して曰く、方面（布按二司）・郡守（知府）は務めて人を得んと欲し、所以《ゆえ》に朝廷かつて大臣をして挙保せしめ、また吏部をして推選せしめ、これを行なうこと已に久しきも、ことごとくは当たるあたわず。今後はただ布政使・按察使のみ欠あらば、三品以上の官を会して名を連ねて共に保せしめ、その余は還《ま》た吏部をして訪求し推選し、務めて公道に従わしむ」と。

ここに見える吏部の発言は、自らを批判する御史の言に反駁したもので、そこにはむろん偏りや誇張が含まれている。洪永の間では、人事はすべて吏部が掌り、保挙は行なわれなかったのかと言えば、すでに見たとおり、そんなことはないわけである。ただ洪武・永楽中にはたまさかであった保挙の実施が、宣徳・正統中の三楊執政期になるとさかんに行なわれるようになり、景泰以降はまた下火に向かうというのは、大勢として言えばたしかにそのとおりであるだろう。

仁宗朝の初めに至ると政治の一新をはかり、洪熙元年にはまた保挙を行なうよう特に命じ、京官については五品以上、および給事中と御史、地方官については布按二司の正官・佐官（長官と副官）、および府州県の正官（知事）に各々知るところを推薦させた。ただし現任の府州県正官・佐官、およびかつて汚職の罪に問われたことのある者を推薦することは許されなかったのであるが、その他の官、および下僚のうちに埋もれているとか、あるいは軍戸民戸の庶人の中に、廉潔公正で人民をしかるべく治めていくだけの能力のある者がおれば、ことごとくその名を上聞させた。[1] 当時はまだ京官ばかりが重んぜられるということはなく、御史・給事中も考満（三年一考の勤務評定。初制では三考で昇進）すれば、吏部が上奏して布按二司の官や知府に昇任させていた。[2] かくするうちに新たな制度が定められ、およそ布按二司および知府に欠員が生ずれば、三品以上の京官に保挙させることとなった。[3] 宣徳三年、況鍾《きょうしょう》・趙豫らが推薦によって蘇州や松江などの知府に抜擢された際には、特に勅書を賜って任に赴かしめた。十年に郭済・姚文らを知府とした時も、やはり同様であった。彼ら保挙された者のうちには、郎中・員外郎・御史および司務や行人・（大理寺）寺副もすべて入っており、常例に依ってはいなかった。だがそのうちの多くは、後に優れた政績を挙げた。[4] 六部の属官および御史は、それぞれの長官が推薦して取り立てたので、おおむねよくその職務をこなしたし、吏部の長であった蹇義《けんぎ》・郭璡《かくしん》も、またしばしば勅諭《おことば》を奉じた(5)。帝はまた諸臣が連坐をおそれて推挙をはばかることをおもんぱかり、大学士楊溥に対して完全無欠な人材の得がたいことを語って言うよう「ひとことの推薦で、どうして生涯にわたる保証などできよう。優れた人材を得ようというなら、とりわけ平素からの育成を心がけるべきであろう」と。かくて当時の行政は非常にうまくいき、極盛と称されたのであった(6)。ついで英宗（正統）朝に至っても、すべて旧来のやり方が遵守された。しかしそれも長く行なわれつづけると、どうしても弊害が生じないわけにはいかず、推挙される者があるいは郷里の親戚や旧知とか、以前から個人的に親しい関係にある部下や門生であったりすることともなった。また布・按二司の大官である方正や謝荘らが、保挙のために罪に問われるということもあった。さらにまた保挙してくれる官僚のいない場合は、京官の御史、外官の知府など、往々にして九年（定制どおり三考）を終えても昇進できないことがあった(7)。

至仁宗初、一新庶政、洪熙元年、特申保挙之令、京官五品以上及給事・御史、外官布按両司正佐及府州県正官、各挙所知。惟見任府州県正佐官及曾犯贓罪者、不許薦挙、其他官及屈在下僚、或軍民中、有廉潔公正、才堪撫字者、悉以名聞。是時、京官勢未重、台省考満、由吏部奏陞方面・郡守。既而定制、凡布按二司・知府有缺、令三品以上京官保挙。宣徳三年、況鍾・趙豫等以薦擢守蘇・松諸府、賜勅行事。十年、用郭済・姚文等為知府、亦如之。其所奏保者、郎中・員外・御史及司務・行人・寺副皆与、不依常調也。後多有政績。部曹及御史、由堂上官薦引、類能其官、而長吏部者蹇義・郭璡、亦屢奉勅諭。帝又慮諸臣畏連坐而不挙、則語大学士楊溥以全才之難、謂一言之薦、豈能保其終身。欲得賢才、尤当厚教養之法。故其時吏治蒸蒸、称極盛焉。沿及英宗、一遵厥旧。然行之既久、不能無弊、所挙或郷里親旧、僚属門下、素相私比者。方面大吏方正・謝荘等由保挙而得罪。而無官保挙者、在内御史、在外知府、往往九年不遷。

（1）洪熙元年に「特に保挙の令を申《の》」べたというのは、『実録』洪熙元年八月壬申条の記事に拠っている。曰く「中外に勅して守令を挙げしむ。勅して曰く、……朕……即位の初め、首として詔して賢を求め、今既に数月、中外に勅して守令を挙げしめたるに、薦《すす》むる者いくばくもなし。賢才の生ずる、何の地かこれ無からん。ただ賢のみ賢を知り、各々その類をもってせば、寧《なん》ぞ知らざる者あらんや。賢を薦めて国のためにするは、君に事《つか》うるの義なり。それ在京の五品以上、および監察御史・給事中、在外の布按二司正・佐官および府州県正をして、各々知る所を挙げしむ。……もし挙ぐる所の人、職を受けて贓罪《ぞうざい》を犯す者あらば、挙ぐる者連坐せしむ、と。……

けだし上かつて侍臣と任官の要を言う。上曰く、……吏部の除官はただ資格に循《したが》えば、郡守県令において何ぞかつて訪挙し抜擢せん。かくのごとくなれば用うるところ豈《あ》によく人を得、百姓豈によく安んずるを得ん。自今、守令に欠あらば、必ず官に命じて薦挙せしめ、且つ挙主連坐の法を厳しうせば、もって人を得べきに庶幾《ちか》からん、と。遂にこの勅を下す」と。

ただし仁宗（洪熙帝）はこの年の五月すでに崩じているので、「仁宗の初め、庶政を一新す」句のすぐその後に、宣宗の勅を引くのは誤解を招きやすい書き方だろう。とはいえ、仁宗が「庶政を一新」すべく保挙を行なおうとしていたことは事実であり、それは仁宗とか宣宗がというより、二楊（士奇・栄）を中心とする時の政府の意向であった。

仁宗が発した保挙の命は、『実録』永楽二十二年十月乙卯の条に見えており、以下のように云う、「上、吏部に命じ、在京七品・在外五品以上の文官（もと「武」に作るが校勘記によって改む）および知県をして、五品以下の見任《げんにん》官および軍民中において、徳性は淳篤、行止は端方……なる者を訪挙し、才を量《はか》りて擢用せしむ。もし賢を蔽《おお》い、および濫《みだ》りに挙ぐる者あらば、罪を論ずること律のごとくす。挙ぐる所の人、後に贓罪を犯さば、挙ぐる者（「者」字は校勘記に拠って補う）連坐せしむ。また諭して曰く、……自今、必ず挙主連坐の法を厳しうせば、実材を得るに庶《ちか》からん」と。洪熙元年に「保挙の令を申」べたという、その「申」（重申、かさねる）とは、この永楽二十二年の命令を承けてのことであろう。

（2）明初の当時は「京官の勢い未だ重からず」、科道官も常例として布按二司の官や知府に遷っていた、というのは確かなことながら、実のところ「台省考満せば、……方面・郡守に陞」るのは何も明初だけのことではなかった。「華選」と称される科道のうちでも、給事中は御史よりさらに重んじられ、考選の優等者のみが任ぜられていたのであるが、その給事中が「方面・郡守に陞」るのは、少なくとも万暦初年まででであれば、ごくふつうのことである。

かく言うのは、万暦初年以前の給事中につき、その官歴を網羅した『掖垣人鑑』の記載によるもので、明初百年は言うに及ばず、正徳・嘉靖以降になっても、給事中が布政司の参議ないし参政、按察司の僉事もしくは副使に昇任するのは常のことであったし、知府に遷るというのも格別例外などではなかった。もっとも給事中から知府になるという場合、任地が辺境の貧しい地方になることはごくまれだし、また正徳中の給事中で知府に昇任した十五人のうち、十三人までが直隷の知府となっている（同上書十二）、などというのは、その任地につきしかるべき配慮がなされたことを示していよう。給事中というのは将来を嘱望されるエリートなのであるから、これはまず当然と謂うべきか。

結局、科道官が「方面・郡守に陞」るのは、決して特殊明初的現象ではないわけだが、「京官の勢い未だ重からず」の方は、たしかに明初時期に限った話であった。このことは本書上冊の二八五～六頁の注（2）に引いた王錡《き》や李開先の証言、あるいは本冊二六五頁の注（4）で引いた胡世寧の発言などを見れば十分理解されよう。なお明代中期以降の京官偏重とは、地方官で起家するとそのまま地方まわりに終始し、順調な昇進、特に中央政界での出世が望みがたくなることを嫌ったもので、エリートの京官が外転し、やがて省級の高官となることは、当然と言えば当然ながら、別に珍しいことではなかった。

（3）　この「定制」については、『実録』宣徳七年三月庚申朔の条に記載されているが、そこでは「自今、布政司・按察司の官、および知府・知州に欠あらば、吏部は在京三品以上の官に行移して（文書を送って）挙保せしめ、および布政司・按察司の堂上官をして名を連ねて挙保せしむ」とあり、京官のみならず布按二司の長にも保挙を命じていた。保挙の対象を知府・知州にまで及ぼすとなれば、各省の実情を知る布按官にも推薦させるのは、むしろ当然であったろう。

（4）　況鍾・趙豫らを知府に抜擢したのは、宣徳三年ではなく五年のことで、『実録』同年五月癸亥の条に云う、「行在礼部郎中況鍾等九人を陞《のぼ》して知府となす。これより先、上聞くならく郡守に除（叙任）するはことごとく資格に由り、多く任に称《かな》わず、はなはだしきは貪黷《たんとく》暴刻なる者あるに至る、と。ここに至り行在吏部、郡守九員を闕《か》くるを奏す。上、行在六部・都察院の堂上官に命じ、京官の廉能なる者を挙げてこれを擢用せしむ。ここにおいて吏部尚書蹇義《けんぎ》等、鍾および戸部郎中羅以礼・兵部郎中趙豫・……を挙ぐ。上、鍾を擢きて蘇州を知《おさ》めしめ（知蘇州府事、すなわち蘇州知府とし）、以礼をして西安を知めしめ、豫をして松江を知めしめ、……駅を馳せて任に之《ゆ》かしむ。これに勅を賜いて曰く、……」と。

　なお況鍾らの抜擢が五年であっても、それが上文の「この時、……既にして制を定め」たのより前の話であるのは同じである。つまり況氏らの抜擢は、宣徳七年の定制に依るものではなく、またそもそも保挙であったのかどうかも、『実録』の記事からは確認できない。ただ三楊に主導される当時の政府中枢が、現在の方面・知府は「ことごとく資格に由」っているため、「多く任に称わ」なくなっていると考え、またおそらくは吏部の権限を弱めて自らの権力増大を図るためでもあったのだろう、薦挙ないし保挙を推進していたことはたしかだし、またそうした姿勢こそが宣徳七年の定制を導いたのに違いない。

　宣徳十年の郭済ら任用については、『実録』宣徳十年五月戊子の条に見えていて、こう云う、

「直隷の鎮江・太平、河南の開封……の十一府、ともに知府を欠く。行在吏部尚書郭璡《かくしん》等、在京三品以上の官を会し、行人郭済・郎中姚文・……員外郎李儀・……監察御史蔣彦広・司務陸震・寺副唐復の十一人を奏保し、その欠に補せんとす。上これに従い、勅を賜いて曰く……」と。この十年の知府任用は、五年の事例とは異なり、「在京三品以上の官を会」した「奏保」、つまり七年の定制に従ったものであった。

況鍾・趙豫らはいずれも有能かつよき地方官として知られる。たとえば況氏につき、『明史』一百六十一の本伝は「剛正廉潔、孜孜《しし》として民を愛し、前後蘇（州）に守たる者よく及ぶなし」と述べ、同時に抜擢された羅以礼ら三人も、やはり同巻の各伝においてその名宦《めいかん》ぶりを称されている。また趙豫は『明史』二百八十一、循吏に立伝され、その末に「はじめ豫とともに郡に守たる者、蘇州の況鍾・常州の莫愚……は並びに皦皦《きょうきょう》として名績を著し、豫は尤《もっと》も（とりわけ）愷悌《がいてい》（人となり温潤）をもって称さる」とある。

一方、十年の保挙によって抜擢された諸人はというと、実のところさほど目立った話はなく、わずかに郭済につき「正統の初め、鎮江知府に遷り、両考ともに（三年ごとの勤務評定で二回連続して）最（最優等）をもって書せらる」と言われる（『献徴録』八十三、朱睦㮮《ぼくけつ》撰伝）程度である。この相違は、おそらくまったくの偶然ではないだろう。というのも五年に況鍾らを抜擢したのは、「ことごとく資格に由」る人事制度に対して薦挙の有効性を示そうとしたもので、その人選は最初からよく吟味され、また任用後の政績も意図的に、おそらく実質以上に、称揚されたと考えられるのに対し、十年の方は七年の保挙定制化以降の話であり、その政績をことさら喧伝する必要はあまりなかったであろうからである。

（5）　蹇義は永楽帝即位の当初より宣徳中を通じ、三十余年にわたって吏部尚書を務めた人で、諸帝からの信頼も厚く、宣徳初年当時には内閣の楊士奇・楊栄、および戸部尚書夏原吉とともに、文字どおりの元老として重きをなしていた。郭璡は永楽中からの吏部侍郎。宣徳三年に蹇義が老齢のため「官・禄（尚書の肩書と俸禄）はことごとく旧の」ままで吏部の実務から離れると、四年に「代わりて尚書とな」った（『明史』一百四十九および一百五十七の蹇義・郭璡各本伝、また同一百十一、七卿年表）。

その彼らに対し、宣徳帝はたしかにしきりと選官に関する上諭を降していて、まずは『実録』洪熙元年閏七月乙丑条に「上、西角門に御し、行在吏部尚書蹇義・侍郎郭璡らに諭して曰く、天下の治は必ず賢才を頼む。……今後、方面官および府州県正官を除授せんには、みなすべからく慎んでその人を択び、もって朕が委任に称《かな》えしめよ」とあり、ついで同洪熙元年十一月壬戌、宣徳元年十二月癸未、同二年正月庚戌、同十月丙辰、三年二月己卯の各条にも、やはり賢者・真才を求める上論のあったことが記されている。

さらに郭璡が尚書となって以降も、同宣徳五年八月甲申、同十二月戊辰の条などに同様の上諭が見えているが、実のところ宣徳帝ないし三楊ら政府首脳が郭氏に望んでいたのは、積極的に何かを行なうというよりも、むしろ何もしないこと、吏部独自の主張をひかえ、ひたすら中枢部の意向に従うことであったかもしれない。というのも『明史』郭氏本伝は次のように述べているからである。

「璡は六卿に長たりといえども、然れども望軽し。また政は内閣に帰し、布政使より知府に至るまでの闕は、京官三品以上の薦挙に聴く。既にしてまた命じ、御史・知県はみな京官五品以上の薦挙に聴かしむ。要職の選擢はみな吏部に関（問い合わせ）せず。正統初、左通政陳恭（上段注（1）に引く『実録』に拠れば、「恭」は泰字の訛。『題名碑録』に拠れば、陳泰は永楽二年進士）言えらく、古者《いにしえ》庶官を択任するはことごとく選部に由（っており、保挙は廃止すべきであ）る、……と。吏部に下して議せしむ。璡は遜謝して敢えて当たらず、事ついに寝《や》む」と。このような人物を「六卿に長」たらしめておくことは、三楊らにとってすこぶる好都合であったろう。

なお伝文中の「御史・知県はみな京官五品以上の薦挙に聴かしむ」であるが、これは上段の注（1）で引いた李賢の発言でも問題とされていた制度で、正統元年に始まった。『実録』同年十一月乙卯の条に云う、「行在吏部に勅して曰く、今、両京の御史および天下の知県は人を欠けば、よろしく在京三品以上の官をして各々廉潔公正にして、事体に明達し、御史に任ずるに堪うる者一員を挙げしめ、在京四品官および国子監・翰林院の堂上官（従四・正五品）、各部郎中・員外郎（正・従五品）、六科掌科給事中（正七品）、各道掌道御史（正七品）をして、各々廉慎明敏にして、寛厚民を愛し、知県に任ずるに堪うる者一員を挙げしむべし。なんじ吏部また詳察を加えてこれを擢用せよ」と。

つまり御史を薦挙するのは在京三品以上の官、知県の方は在京四品官および一部の五品官と正七品の科道官という別があったわけで、これを一括りに「京官五品以上の薦挙」と言ってしまうのは正確を欠く。ただし知県の方は、下段の注（1）で見るとおり「在京五品官」、ということは郎中・員外郎、による薦挙が中心だったらしい。

もっともこの薦挙による知県の任用はわずか四年ほどで、御史の方も六年余りで廃止された。知県は全国に千名以上おり、臨時の措置ならともかく、これを恒常的に薦挙で起用するというのは、あまり現実的でなかったのである。よってそれは早くも正統五年に停止され（『実録』同年十一月壬子条）、御史の方も正統七年に至って停止されたのであった（『実録』同年六月壬子条）。

（6）この上諭は『実録』宣徳五年八月丙戌条に見える。なお保挙を積極的に行なっていた当時の「吏治」が「極盛と称」されたとは、上段注（1）で引いた孫承沢の見方（『春明夢余録』三十四）に同じで、すでに述べたとおり、志文の撰者はおそらく孫著を参照しているのであろう。

（7）「沿いて英宗に及ぶも、一にその旧に遵《したが》う」以下の一節は、上段注（1）で一部を引いた余《よ》忭《べん》の上奏（『実録』正統十二年二月己未条）にもとづく。余氏は保挙の停止すべきを訴えて言う。宣徳帝はすべての賢才を遺すところなく用いるため保挙を実施したが、「特《た》だこれを行なうこと既に久しければ、弊なき能わず。故にその挙ぐる所は、あるいは郷里の親旧、あるいは僚属の門下の素《もと》より相い私比する者たり。……近者《ちかごろ》、福建布政使方正は妓を挟《さしはさ》みて酒を飲むをもって罷めて民となされ、按察使謝荘は姦淫欺罔《ぎもう》をもって戍辺《じゅへん》に謫《たく》さる。ほか按察使曹習古……のごとき、……みなすでにその罪を按挙するも、いまだ挙保の人を連坐したるを聞かず。互相に倣傚《ほうこう》し、畧《まつた》く惧《おそ》れを知らざるゆえんなり。……もしそれ有為にして守あるの士は、媚びを取りてもって効尤《こうゆう》する（悪しきにならう）を恥ずれば、なんぞ玉を衒《てら》いて售《う》るを求むるに忍びんや。御史に任ずること九年にして陞用を得ざる者あり、知府に任ずること九年にしてまた原職に除せらるる者あるは、みな官の保挙するなく、遂に賢否混淆するに至るに由る」と。

ただし志文に「方面の大吏方正・謝荘等は、保挙に由りて罪を得」たとあるのは、余忭の発言を誤解したもの。彼らが罪に問われたのは、保挙のゆえではなく自らの行状によるものであり、その彼らの事例を余氏が特に挙げたのは、現行の保挙では本来の連坐制が機能しておらず、方・謝のごとき破廉恥な官僚を推薦しても、その責任は一向に問われていない、ということを指摘するためであった。

正統七年、推薦による知県任用の制度を廃止した。(1) 十一年、御史黄裳がこう言った。「給事中・御史は、国初では（吏部が）上奏して方面（布按二司官）・知府に陞遷させておりましたが、近年、方面・知府はおおむね朝廷の高官が保挙して昇進させるものとなりました。ですが給事中・御史とは摘発弾劾を職掌とするものであれば、だれの意にも逆らうことがない、などということがどうしてありえましょう。どうか吏部に勅し、かつてのように規定に従って吏部より上奏のうえ任命することとされますよう」と。帝はこれを正しいと認め、吏部に議論のうえ施行せよと命じた。明くる年、給事中余忭《よべん》がまた方正・謝荘の失態につき批判し、挙主の責任をも問うべきだと論じた。さらに方面・知府に欠員が出た際には、吏部が願い出てお上の裁定を仰ぐべきだとも言った。これに対し（吏部）尚書王直・（元老の）英国公張輔らは、「方面・知府は保挙により昇進させておりますが、よく職務を全うしている者が多ければ、むやみにこれを改めるべきではありません」と述べた。英宗はそのまま輔・直の意見に従ったが、余忭の奏疏をも採納し、（保挙の失につき）言官が指摘弾劾することを認めた(2)。十三年には御史涂《と》謙《けん》がまた、推薦によって方面・知府となってしまうと、すぐにそれまでの節操を失ってしまう、という弊害を述べ、かつてのように洪武の旧制に遵い、（三考）九年の勤務評定を経過した内外官の中から選抜して昇進させるか、あるいはお上自らが能力・人望のある朝臣を択んで任用されますよう、と請うた。これは詔して認められた。大臣による推挙という制度はかくて廃止されたのであった(3)。

正統七年、罷薦挙県令之制。十一年、御史黄裳言、給事・御史、国初奏遷方面・郡守、近年方面・郡守率由廷臣保陞。給事・御史以糾参為職、豈能無忤於一人。乞勅吏部、仍按例奏請除授。帝是其言、命部議行。明年、給事中余忭復指正・荘等事敗、謂宜坐挙主。且言方面・郡守有缺、吏部当奏請上裁。尚書王直・英国公張輔等言、方面・郡守保挙陞用、称職者多、未可擅更易。英宗仍従輔・直言、而採忭疏、許言官指劾。十三年、御史涂謙復陳挙薦得方面・郡守、輒改前操之弊、請仍遵洪武旧制、於内外九年考満官内揀択陞授、或親択朝臣才望者任之。詔可。大臣挙官之例遂罷。

（1）　上段の注（5）で述べたとおり、知県保挙の制が廃止されたのは正統五年のことで、『実録』同年十一月壬子の条に云う、「行在工科給事中呉昇、四事を建言す。一、近例、方面官は在京三品以上の官をして薦挙せしめ、県令は在京五品官をして薦挙せしむ。然れどもこれ暫くすべくして常にすべからず。もし久しうせば則ち必ず賄賂請託の弊あらん。乞うらくは吏部に帰して選用せしめられんことを、（さすれば）奔競の風を杜《ふさ》ぐに庶《ちか》からん、と。……上、行在吏部に命じて詳議して以聞せしむ。尚書郭璡ら議奏すらく、方面は数少なければ、よろしく仍《な》お会挙すべし。県令は欠多ければ、よろしく本部より選用すべし、……と。上曰く、方面および府州の正官は、仍お先皇帝の勅旨に遵いて会挙せよ。その知県は吏部、進士・監生および聴選官の内において、学行ある者を択びてこれに授けよ」と。

　なお七年には広東巡按張善が「近くまた県令を薦挙するの制を罷め、もっぱら吏部に委ねて銓除せしめ、故に県令のよくその職を挙ぐる者少な」いので、保挙を復活させるべきだと主張したが、正統帝の判断は「紛更するを必せず」で、知県保挙制の廃止が確認された、ということがあった（『実録』同年二月乙卯条）。ここに七年云々とあるのは、あるいはこれと関係するか。

（2）　黄裳の提案が認められたことは、『実録』正統十一年十月癸卯の条に見える。また余忭の上奏とその結果は、すでに見たとおり『実録』正統十二年二月己未の条に記されていて、「吏部尚書王直ならびに太師・英国公張輔」の覆奏内容もそのうちに記されている。なお張輔は燕王（永楽帝）のクーデター「靖難」以来、しばしば大功を挙げた武臣で、「四朝に歴事し、……蹇《けん》（義《ぎ》）・夏（原吉）・三楊と心を同じうして輔政」したといい（『明史』一百五十四、本伝）、当時の朝廷における最高首脳の一人であった。

（3）涂謙《とけん》の奏請、およびそれが認められたことは『実録』正統十三年七月癸巳の条に見えるが、そこでは事の経緯を記す前、冒頭にまず「大臣、官を挙ぐるの例を罷む」とあって、この時の決定を特筆大書している。つまり志文の「大臣、官を挙ぐるの例ついに罷む」という句は、『実録』の文字をそのまま自らの総括として採用したもの。

景泰中、また保挙を行なおうとした。これに対し給事中林聡は、推薦でむやみに速く昇進させることの弊害を述べたうえでこう言った。「目下、参政などの官に三十余名の欠員が出ており、これについては取りあえず三品以上の官に保挙させることと致しましょう。しかし今後はただ布按二司（の長たる布政使・按察使）についてのみ、三品以上の官に連名で共同推薦させることとし、それ以外はすべて吏部に任せられますよう」と。詔してすべてこれに従った。(1) 成化五年、方面（布按二司の官）について保挙を行なうようにと科道官がまた願い出たところ、吏部はついでに知府にまで保挙を及ぼそうとした。帝は言官の願い出を認めたものの、知府の欠員についてはこれまでどおり吏部が推薦せよと命じた。(2) 明くる年、共同での推薦には不適当なものが多いことから、方面官についても吏部が二名の候補を挙げて上奏することとし、保挙の制度を廃止した。だがほどなくして都御史李賓が、在京五品以上の管事官および給事中・御史に各々知るところを推薦させ、知州・知県として任用するようにと願い出、これは認められた。(3)

景泰中、復行保挙。給事中林聡陳推挙驟遷之弊言、今缺参政等官三十餘員、請暫令三品以上官保挙。自後惟布按両司、三品以上官連名共挙、其餘悉付吏部。詔並従之。成化五年、科道官復請保挙方面、吏部因弁及郡守。帝従言官請、而命知府員缺仍聴吏部推挙。踰年、以会挙多未当、弁方面官第令吏部推両員以聞、罷保挙之令。既而都御史李賓請令在京五品以上管事官及給事・御史、各挙所知以任州県。従之。

（1）上段の注（3）に記したとおり、『実録』は正統十三年七月に「大臣、官を挙ぐるの例を罷」めたことを特筆大書しているのであるが、実のところ保挙の例は、これで完全に廃止されてしまったわけではなかった。景泰帝即位以前の正統十四年六月己巳に頒発された大赦の詔（『実録』）では、優秀な地方官がおれば「巡撫官および巡按御史、該管の上司をして実を指して挙奏し、もって抜擢に憑《よ》らしむるをゆる」し、またすぐれた能力がありながら「屈して下僚に在る者は、風憲および上司の官、公に従いて薦挙し、材を量《はか》りて陞擢」させる、と述べられているのである。

　もっともこの時に命じられた薦挙は、やかましく言えば保挙であったとは明示されておらず、また実際に挙行されたのかどうかもはっきりしないのだが、これより三月ほど後、景泰政権成立の際に発布された登極詔（『実録』正統十四年九月癸未条）は、たしかに保挙の実施をうたい、かつそれは空文でなかった。

　景泰帝の登極詔はこう云う、「賢才は必ず薦挙に資《よ》る。今後、方面および風憲官（御史のことだが、下文でさらに御史を挙げていることからすれば、こちらは巡按、下文のそれは監察御史を謂うか）・郡守（知府）・御史は、ことごとく宣徳年間の令に依り、在京三品以上の官をして挙保せしめて任用す」と。ついで『実録』景泰元年六月丙子の条を見るに、そこには監察御史や翰林官・六部司官等六名を方面官（参政・参議・僉事）に昇任させたことが記され、それは吏部が「大臣を会して薦挙せるに従えるなり」だったと述べている。この時の薦挙は、むろん登極詔にいわゆる「宣徳年間の令に依」ったものであったろう。

　さらに景泰三年の立后、立太子を告げる詔（同上景泰三年五月甲午条）でも、やはり「薦挙は古えの良法」であるということから、道徳や行政能力、あるいは学問に優れた官僚もしくは民間人がおれば、「（在京の）四品以上の官員、在外の巡撫・巡按・方面、ならびに府州県の正官」は保挙せよ、との命が下された。こうした事実からすれば、このころまでの景泰政権は保挙に対して肯定的であった、とそう考えられてこよう。

　ところが本冊三〇〇頁、保挙の項の首段注（3）で見たとおり、保挙の例は「景泰の初め」、御史練綱の言によって停止されており、これが三年十二月癸卯に至り再確認され、布按二使以外の方面・知府はすべて吏部によって選授せよ、と命じられている（『実録』）。ということは、三年五月の詔が言う保挙は、慶事にともなう故事として形式的に提起されただけ、決して熱意をもって積極的に挙行しようとしていたわけではない、と考えるのが正しいに違いない。

　志文の「景泰中、復行保挙」句は、即位直後の、正統十四年から元年にかけてのことを言ったものなら、「また保挙を行なう」の意となるが、林聡に保挙反対の意見を述べさせたゆえんとして言うなら、「また保挙を行なわんとす」と解釈せねばならず、ここでは後者によって訳している。

　林氏の上奏とその結果については、『実録』景泰四年三月壬戌の条にこうある。吏科給事中林聡が言うに、宣徳中の保挙は「奔競《ほんきょう》の風生じ、賢否雑《ま》じり進む」という弊害を招いたので、「六科・十三道はしばしば前例を革罷し、ことごとく吏部をして推選せしめんことを請う。今これを行なうことといまだ久しからずして、吏部また奏し、三品以上の官を会して挙保せしめんと欲」しているが、これは断じてよろしくないので、志文にあるとおりとされますようと請い、裁可された、と。

　なお林氏の言にある「惟布按両司、三品以上官」のくだりであるが、ここを標点本は「惟布・按両司三品以上官」として、「両司」の下に点（逗号）がない。だがそれだと「布按両司のうちの三品以上の官」という意に解されかねないので、ここでは上記のように改めておいた。

　宣徳以来の積極的な保挙実施は、正統末年に至り変化の兆しを現し、「任官の事」はすべて吏部に委ねるべきだ、という主張がようやく有力になりつつあった。だがだからといって、そのことを吏部自身の要求によるものと考えるならば、それは正しくない。林聡は言っている。保挙は最近になってやっと停止されたのに、今「吏部また奏し、三品以上の官を会して挙保せしめんと欲」している、と。保挙の再開を願い出たのは、ほかならぬ吏部であった。

　明初百年の間、吏部は保挙を自らの「権を分かつ」がゆえに不都合だ、とは必ずしも考えていなかった。そのことは、すでに見た宣徳中の蹇義や郭璡、正統中の王直などの例から知られようし、景泰四年三月の事例にしても、時の吏部尚書はやはり王直であって、彼の考えは正統十二年当時と格別変わっていなかったのだろう。

　もっともこれより三月ばかり前、かつて保挙の停止を主張した御史練綱が、今度は吏部による人事の不当を批判して保挙の復活を主張した際には、王氏もいささか腹に据えかねたようで、「方面・府正の員欠は、本部具奏し」て決める、つまりは現状を継続したいと願い出て認められた（『実録』景泰三年十二月癸卯条、既出）のであるが、これは保挙そのものに反対したというより、練綱の批判を斥けたものであったろう。

　結局、保挙をめぐる吏部の態度は、その時の政局全体、皇帝ないし政権中枢の意向や政権内部の力関係などから決まってくるのであって、これをあまり単純化して考えない方がよい。三楊ら内閣側は、保挙によって吏部の権限を弱め、自らの権力を増大させようとしていたのに対し、吏部は常にそうした動きに反対した、というのは分かりやすい図式ながら、必ずしも実際と符合しない。王直は楊士奇と合わず、楊氏よりその入閣を阻まれたといい（『明史』一百六十九、王氏本伝）、これは三楊対吏部という図式に適合するかのごとくであるが、しかも王氏は保挙に反対でなかったし、彼以前の吏部尚書も同様であった。またさらに言うなら、次注で見るように成化中に至っても、吏部が保挙の拡大を要請することさえあったのである。

（2）　成化五年に方面官の保挙を復活させたというのは、『実録』同年正月癸卯の条に「詔し、知府の員欠は、吏部の任に堪うる者を推挙して除補するを聴《ゆる》す。時に科道、官を会して方面官を挙保せんことを建議す。吏部は知府に欠あらばまた推挙せんことを請うも、詔して許さず、仍《な》お本部をして推挙せしむ」とあることにもとづく。

もっともこの詔の重点は、保挙による知府の選任は認めないという点にこそ在って、方面官の保挙そのものは、成化五年を待つまでもなく成化政権の発足当初から、すでに行なわれていたことであった。『実録』天順八年二月丙申（成化帝が即位して二十一日後）の条によれば、戸科給事中童軒が「継今《こんご》方面の職は、よろしく預《あらかじ》め在廷三品以上の大臣をして各々一人を挙げ、もって採択に備えしめ」んことを請うたところ、「所司よろしく即《ただ》ちにこれを行なうべし」となり、さらに同四月己丑の条には「吏部、内閣・各部・都察院・通政司・大理寺の三品以上の官を会して推挙」した結果、知府や郎中・監察御史等七名を方面官に昇任させるという提案が認められ、「仍《な》お吏部に詔すらく、今後は方面欠くること多ければ官を会して議し、欠くること少なければ本（吏）部自ら挙用を行なえ」となったとある。

この天順八年の詔は、方面官の欠員が多ければ会官保挙、少なければ吏部のみで挙用せよと命じているが、その重点はやはり保挙を行なう方に在るのだろう。というのもすでに見たとおり、保挙は「景泰初」に停止されているわけで、この詔はそれを再開するというものだからである。しかも方面官の会官保挙は天順八年の一回のみだったのではなく、これ以後にも実施されていた。

『実録』成化二年正月己巳の条に云う、「上、吏部の臣に諭して曰く、今、布按二司の欠員は数多ければ、六部・通政司・大理寺の三品以上の堂上官をして各々知るところ二・三員を挙げしめよ。……日後贓《ぞう》（汚職）に坐せば、挙主を連坐せしむ。以後は仍《な》お旧例に照らして推挙せよ、と。ここにおいて礼部尚書姚夔《ようき》等、各々知るところを挙げ」、五十二人が左布政使以下の方面官に任ぜられた、と。

その後、ここにいわゆる「旧例」（正統例ということか）は一度停止されたようで、『実録』成化四年十二月庚子の条にこうある。雲南道監察御史戴用が「薦挙を公にす」ることを求めてこう言った。「曩者《さきには》両京の堂上および方面の正佐官、員欠に遇有せば、吏部、例に依りて在京各衙門の堂上官と会同して推挙したるに、今は乃《すなわ》ち一にこれを吏部に帰」している。しかし「人を知る」のは難しく、やはり「正統年間の例に照ら」して保挙を行なうのがよい、と。これに対し成化帝は「今後、両京四品以上の官は吏部欠を具し、朕自ら簡除せん。方面官は正統間の例に照らして保挙せよ」と指示し、方面官については正統例がまた復活した、と。

以上を要するに、保挙は成化初年からすでに再開されていたのだが、それは必ずしも手放しなものではなかった。天順八年の詔によるに、方面官は「欠多」ければ会挙、少なければ吏部が挙用ということで、保挙は決して全面的に復活したわけではない。また御史戴用の言によれば、その復活した部分的保挙も、一度はまた「一にこれを吏部に帰」したといい、成化五年に知府の保挙が吏部より提案された際には、「詔して許さ」なかった。明代中期になると、保挙はようやく下火になりつつあったのである。

（3） 成化六年の保挙停止は、『実録』同年六月甲子の条に見えていてこう云う、「上、会挙の官に多くいまだ当たらざるあるをもって、吏部の臣に諭して曰く、今、方面に欠員多ければ、爾《なんじ》ら選任人を得るに務め、欠ごとに両員を推挙して来聞せよ。官を会して保挙するを必せず、著して令となせ、と」。

李賓の上奏とその結果に関する記述は、『実録』成化七年正月辛巳の条に拠っており、そこにこう言う。李氏は埋もれた人材を登用するため、「在京文臣の四品・五品管事官」と科道官をして州県知事にふさわしい者を保挙せしめるよう提案したところ、まず吏部で検討するよう命じられ、ついで吏部より「よろしく賓が言のごとくすべ」きではあるが「例となさず」と上申され、これが認められた、と。つまりこの時の保挙は、あくまで臨時の特別措置、今回限りのこととして行なわれたのであった。

なお「在京文臣四品五品管事官」であるが、これをうまく説明してくれる文献は見つけられなかった。ただ『明律国字解』吏律二・職制に「指揮使・千戸・百戸は組の頭なるゆへ管軍と云。指揮同知・僉事・鎮撫のるいは指揮・千戸にさしつづきて勤るゆへ、……辦事と云。又管事とも云なり」と云い、また問刑条例、例律二・儀制にも「総じて武官には管軍官・管事官と云ことあり。管軍官と云は軍人を預り支配す。管事官と云は支配の軍人はなくて、只職事の掌りあるを云。管軍官は尊く、管事官は卑し」とあるのが参考になりそうである。つまり「在京文臣四品五品管事官」とは、六部・都察院等の三品以上堂上官でない四・五品官、具体的には六部の郎中・員外郎、都察院の僉都御史などを指すのではないか、と考えられるわけである。

弘治十二年、また六部・都察院の大臣に詔し、各人に方面官と知府を推挙させた。吏部はこれにちなみ、むかし御史馬文升が按察使に昇進し、屠滽《とよう》が僉都御史に昇進した前例に依って、特別に一人二人を抜擢して激励の意を示し、さらには大臣の薦挙を得られなかった者もやはり採用の対象とされますように、と願い出た。この提案はすべて認められた(1)。この当時、孝宗はよりよき統治の実現にはなはだ熱心で、吏・兵二部に命じて（春夏秋冬の各）季ごとに南北両京の五府・六部の堂上官、および文武方面官の履歴（人事記録）を箇条書きにし、掲帖（上行文書の一種）にまとめて報告させていた。ただし保挙の法も同時に実施していて、こちらばかりを恃みに政治を行なっていたわけではなかったのである。正徳以後、掲帖での報告というやり方はしだいに廃れていった(2)。嘉靖八年、給事中夏言がまた弘治中の故事にならった上、さらに優秀者としからざる者に対する推薦および弾劾の概略も加え、毎季の初月に部臣が該科に送って御前にお届けするするようにと願い出たところ、命じてこれを正規の制度とさせた。ただし方面官と知府を保挙によって選任するという制度は、明朝が終わるまでもう二度と行なわれなくなったのであった。(3)

何かの事件で罪に問われ官を免ぜられていたが、人材を急ぎ必要とすることから推薦をへて抜擢される場合は、これを起廃（廃されたるを起こす）と謂った。官を退いて家居していたところ、お召しがあって復職のはこびとなったが、ポストに空きが出るのを待たねばならぬことから、あらかじめ官を授けておく場合は、これを添註と謂った。こうしたことは人事制度中にはっきり規定されていないところながら、明代後半期にはまま行なわれていたのであった。(4)

弘治十二年、復詔部院大臣、各挙方面・郡守。吏部因請依往年御史馬文升遷按察使、屠滽遷僉都御史之例、超擢一二、以示激勧、而未経大臣薦挙者亦兼采之。並従其議。当是時、孝宗鋭意求治、命吏・兵二部、毎季開両京府部堂上及文武方面官履歴、具揭帖奏覧。第兼保挙法行之、不専恃以為治也。正徳以後、具帖之制漸廃。嘉靖八年、給事中夏言復請循弘治故事、且及挙劾賢否略節、毎季孟月、部臣送科以達御前、命著為令。而保挙方面・郡守之法、終明世不復行矣。

至若坐事斥免、因急才而薦擢者、謂之起廃。家居被召、因需缺而預補者、謂之添註。此又銓法之所未詳、而中葉以後間嘗一行者也。

(1)「弘治十二年」云々の一節は、『実録』弘治十二年六月乙未の条に「監察御史高胤先奏すらく、近ごろ詔書を奉じたるに、部院の諸大臣に各々方面・知府に任ずるに堪うる者一二人を挙ぐるを許し、ともに吏部より斟酌して奏請し、不次に擢用せよ、とあり。今、大臣の挙ぐる所すでに六十余人なるも、いまだ吏部のもって不次に推擢する者あるを聞かず。乞うらくは先年監察御史馬文升の按察使に陞り、屠《と》滽《よう》の僉都御史に陞るの事例に照らし、一二を擢用し、人をして振奮して報ゆるを図《はか》るを知らしめんことを、と。……吏部覆奏し、……これに従う」とあることに拠っている。

ただし高胤先が「近ごろ」奉じた詔書というのは、弘治十一年十月甲戌に起こった「清寧宮の(火)災」という変故のゆえに、十二月壬子に発せられた(『実録』)もので、「賢才を挙用するは、為政の首務」ゆえ、方面・知府などを保挙するとされ、『会典』五、保挙の項にも、これが「弘治十一年詔」として記載されている。つまり十二年に吏部が「超擢」を請うて認められたことは事実ながら、「部院大臣に詔」したのは十一年であり、ここで「十二年また詔」したと述べているのは、控えめに言っても適当でないだろう。

さらに言えば、弘治中に在って一部官職の保挙を請い、同時に馬文升、屠滽らの例を引きつつ抜擢人事を提案して認められたのは、実のところこの時が初めてではない。『実録』弘治二年八月戊子の条に言う。「内閣大学士劉吉等、災異をもって七事を言う。……一、賢才を挙ぐ」。祖宗の時代、在内の堂上官、在外の方面・知府は保挙によって任用することが多かったが、「近年以来、みな吏部に責成」するようになった。しかしそれだと「資に循《したが》い年に挨《よ》りて（資格・年次の順に）挙授するを免れず」、奇才異能の士を抜擢することはかなわない。「姑《しばら》く目前をもってこれを言うに」、馬文升や屠滽が御史より按察使、僉都御史に昇進したといった事例もあり、「今たとい全《まった》くは旧例を用うるあたわざるも、またまさに時に随いて宜しきを制すべ」きであり、今後は京官の侍郎や副・僉都御史等、外官の布政使・按察使については保挙を実施すべきだとし、「これに従う」となった、と。

　劉吉らの提案は単に認められたというだけでなく、たしかに実行され、前例となった。『実録』弘治三年八月庚子の条にこうある。吏部尚書王恕らが言うに、さきに保挙された布政使・按察使候補者は「今、箇用してまさに尽きんとせば、本部自ら推挙を行ない、各官挙げていまだ用いられざる者と兼ねて用いんと欲す」と。これに対し弘治帝は「既に挙ぐる所箇用してまさに尽きんとしたれば、仍《な》お各官をして資格に拘らず推挙して用うるに備えよ。その資格相い応ずる……者は、則ち本部の資に循いて推挙するを聴《ゆる》し、各官薦むる所の者と並びに疏して以聞せよ」と。

　以上を要するに、弘治中でも保挙はまま行なわれていたのだが、これを宣徳・正統ごろの、保挙全盛期に比べれば、その様相はやはり相当に異なってきていた。二年八月の劉吉らによる保挙提案は、「近年以来、（官僚人事は）みな吏部に責成」している現状を承けたもので、かつ

「祖宗」の「旧例」を全面復活させることはもはや無理なので、外官についてはわずかに布政使・按察使の保挙のみを実施する、というものであった。そして翌三年には、布政使・按察使についても「本（吏）部自ら推挙を行な」いたいという申し出があり、これはそのまま認められなかったものの、結論としては保挙と吏部による「循資推挙」の並用となった。

正統以来の保挙につき、黄瑜『双槐歳鈔』九、簡除保挙は云う、「正統初、（保挙）令の便ならざるを言う者あり。内閣の楊文貞公（士奇）疏して謂えらく、浮薄不肖の徒、薦を得ざるを畏れ、造りて謗語をなし、先帝の良法を隳《き》壊《かい》せんと欲するは、資格に循《したが》いて遷転するを得るを冀《ねが》うのみ、と。ここにおいて旧令に仍《よ》らしむ。景泰・天順以来、あるいは各々薦め、あるいは会挙し、中間吏部に帰する者いくばくもなし。成化二年、上意に当たらざるを挙ぐる者あり、乃《すなわ》ち吏部に命じて専らこれを行なわしむ。四年、またその政体にあらざるを言う者あり。上命ずらく、今後、京堂四品以上は、吏部欠を具し、朕自ら簡除せん。方面官は正統年間に照らして保挙せよ、と。……既にして数月、薦擢さるる者はみな輿論に愜《かな》い、乃《すなわ》ち文貞の確見たるを知るなり。しかれども近日簡除は権吏部に帰し、薦挙はただ撫按に拠り、みな資格に循《したが》うにすぎざるのみ」と。

『歳鈔』は景泰七年に書きはじめ、弘治八年に完成というから、ここにいわゆる「近日」とは、ほぼ弘治初年のことと考えておけばよかろう。黄氏の観察によれば、景泰・天順中の高位京官や方面官等の人事は「吏部に帰する者いくばくもなし」であったが、成化中には変化が生じ、「近日簡除は権吏部に帰」したのであった。この証言は、明代中期の官界に生きた人の実感にもとづくものであり、細かい事実関係についてはいくらか出入があるとしても、なお否定しがたい真実を伝えていよう。

（2）本志の書き方だと、「この時に当たり」弘治帝が政事に熱心だったというのは、「弘治十二年」ごろの話であるかのごとくだが、実のところ掲帖によって文武高官人事を把握するというのは、その初年から行なわれていたことであった。『実録』弘治元年三月乙丑朔の条に云う、「吏・兵二部に命じ、各々両京の五府・六部・都察院等の衙門の堂上官、および在外の鎮守・巡撫・三司・知府ならびに分守・守備官を疏し、ともに職・名を大書し、その年籍、歴任の畧節を註せしめ、文華殿の壁に黏《のり》してもって観覧に便ならしむ。これより以後、二部は季ごとに各々掲帖を具えてもって進む。陞遷あるいは事故もて任を去る者あらば、則ち旧名を掲去し、新たに除せられし者をもってこれを補う」と。

この掲帖の制は弘治中を通じて実施されていたようで、『実録』弘治十七年十一月乙未の条にこう言う。これより先、監察御史藍章は帝に対し「成憲（昔からの決まり、祖制）に遵《したが》う」ことを請い、掲帖は人事の参考に供すべく、今も「年ごとに二三次発出」されているが、これを「廊序の間に書掲し、もって観覧・考問に便」ならしめることは、あるいは行なわれなくなっているのではないか。もしそうならぜひ復活していただきたい、と。これに対する弘治帝の返事は「両京の堂上ならびに方面・知府等の官の姓名・履歴は、吏部仍《な》お（これまでどおり）季を案じて開写し、掲帖もて進呈し、もって観覧に便ならしめよ」というもので、「廊序の間に書掲」する故事がどうなっていたかは分からないのだが、少なくとも文官についての掲帖進呈はずっと維持されていた。

それが「正徳以後、帖を具うるの制ようやく廃」れたというのは、おそらく『実録』嘉靖八年六月乙丑条の記述によったもので、そこに云う、「初め弘治の間、孝皇（弘治帝）鋭情（一心に政事を）総覧（攬）し、吏・兵二部に命じ、季ごとに両京の府・部等衙門の堂上官、および在外の文武方面官の履歴を開註し、掲帖もて進覧せしむ。正徳の後、その制ようやく廃る。ここに至り、兵科都給事中夏言、故事を復せんことを請う。……上これを是とし、命じて著して令となさしむ」と。

掲帖の制が正徳になって廃れたというのは、宦官劉瑾《りゅうきん》が朝政の実権を握ったことと関係がある。というのも劉瑾が謀反の罪に問われて失脚した後、その「法を変」えたところはことごとく旧制に復せしめられたのだが、吏部が改正を提案した「劉瑾が変法の二十四事」中には、「両京九卿（衙門）の堂上、在外の方面官の履歴は、仍お季を按じて開写し、掲帖もて進呈す」の一款が含まれているからである（『実録』正徳五年十月壬辰条）。自らの意向によって人事を専断しようとしていた劉瑾にとって、掲帖はすこぶる不都合なものであり、かくてそれは彼の政権掌握とともに廃止されたのであろう。ならば正徳五年以降はどうなったのかとなるが、これについては次注を参照。

なお掲帖の何たるかであるが、『大学衍義補』十一「考課の法を厳しうす」の項に「近歳は選調（署職や試職より正規の官（実欠）に遷ること、陞遷）積滞するにより、法を設けてもってこれを疏通せんがために、輒《みだ》りに巡按御史の開具せる掲帖に憑《よ》り、もって天下の官僚を進退す」とあり、また戚継光『練兵実紀』雑集三にも「およそ大事ありて上司に申報するに、文書の外に仍《な》お附するに掲帖をもってし、備《つぶ》さにその事の始末《なりゆき》・情節《けいい》、利害の縁由を言わば、上司聴允せざるなし」とある。さらにこれは元代の用例ながら、虞集『道園学古録』八、京畿都漕運使善政記には「収支の数に勘会するところあらば、ただ本司より掲帖・図帳もて申報し、煩文なきなり」とある。

今、上記の諸例から考えるに、掲帖とは上司への報告、申請等に添付される補足、補遺の類、また単独では形式より実質を重んじた簡略な報告で、場合によっては数目や人名等を「開具」した（箇条書きに列ねた）表とか名簿にもなる、といったものであるらしい。弘治帝が要求したのは後者の一種、候補者名簿だったということになろう。

ちなみに明代で掲帖というと、閣臣が皇帝に上す親展状の「密掲」を想起する向きもあるだろうが、ここの掲帖は吏兵二部が皇帝に提出する公文であるから、閣臣の掲帖とは関係ない。ただし閣臣による「密掲」も、通常の上奏とは異なるより実質的なはたらきをするものには違いなかった。このことについては徐復祚《ふくそ》『花当閣叢談』一、密掲、また『万暦野獲編』七、内閣密掲の各条を参照。

（3）嘉靖八年に夏言が掲帖の復活を願い出て認められたというのは、上記注（2）で引いた『実録』の記事によるもの。ただし『実録』には、夏氏が「（弘治中の）故事を復せんことを請い、因りて武職の貫址《かんし》（籍貫、本籍）および挙劾・賢否の畧節を増入し、季ごとに孟月（最初の月）一日に該（兵）部官を差して（兵）科に送り、次日、本科掌印官御前に奏進し、仍お副を該科に存して照に備えんことを請う」たとある。つまり「挙劾・賢否の畧節に及ぶ」云々は武官だけのことで、それを文官も含めた掲帖一般の話のごとくに記すのは正確でない。

しかも実を言えば、この『実録』の記事にはより重大な誤解がある。弘治中に行なわれていた掲帖の制が「正徳以後……ようやく廃」れたので、嘉靖八年になって夏言がその復活を請うた、と『実録』は言うのだが、前注で見たとおり、一度廃れた掲帖の制は正徳五年に復活し、その後もずっと維持されていたのである。このことは夏言その人のことばからしても明らかで、彼の『桂洲奏議』五「兵部をして季ごとに方面武臣の掲帖を報じ、兵科より進呈せしめんことを請うの疏（嘉靖八年六月初十日）」にこう言う。

今、兵科に存する兵部の掲帖は正徳十年春季のものが最後で、これ以後は廃止されてしまったようだが、これは復活すべきであると願い出たところ、兵部はこう述べた。我々は吏部の例にならっているだけである。吏部は「毎年季終を按じ、両京の堂上官、および在外の方面・知府以上の官の姓名・履歴をもって掲帖を開造し、左順門において進呈し、並びに該（吏）科に開送するなし」であり、兵部も同様に掲帖を兵科に送ることはしていない、と。しかし「兵部と吏部は事体大いに侔《ひと》しからざるあ」るので、兵部の掲帖には「賢否を挙劾せるの考語を増入」するほか、必ず兵科より進呈し、また兵科で副本を保存するようにしていただきたい、と。

夏言のこの奏請は、『実録』にもあるとおりそのまま認められたのだが、いずれにせよ彼の要求の核心は、兵部の掲帖はまず兵科に送って、そこから進呈すると同時に、兵科でその副本を保存しておく、ということであった。つまり『実録』が「正徳の後、その（掲帖の）制ようやく廃る。ここに至り、兵科都給事中夏言、故事を復せんことを請う」と言っているのはどうにもおかしな話で、この記事の纂修者は事をまったく分かっていなかった、と謂うべきであろう。

なお掲帖の制がその後どうなったかであるが、嘉靖中を通じて、さらには少なくとも万暦初年までは、そのまま維持されていたに違いない（『実録』嘉靖二十八年四月辛亥、万暦二年十二月壬子条）。ただしその実質的な意味は、すでに正徳中から著しく縮小していたのではないか。そもそも掲帖が大きな意味をもちうるのは、弘治帝のごとく「鋭意治を求」め、自ら人事を行なおうとしていた場合に限られるわけで、正徳帝や嘉靖帝が特に政事に熱心であった、とは考えがたいであろう。また万暦初年といえば皇帝はまだ十余歳で、政治の実権はまったく張居正に握られていたのだし、その後における万暦帝は、政務をほとんど放棄していたことで悪名高いのであるから。

嘉靖以後になると「方面・郡守を保挙するの法は、明の世を終うるまで復た行なわれず矣」というのは、厳密には、あるいは形式的に言うならば、必ずしも正確でない。『会典』五、保挙の項には、嘉靖七年・四十四年・隆慶元年・万暦十二年に保挙が行なわれたという記事があるし、また郭氏『箋正』『考論』両著は『国権』により、崇禎八年にも保挙が命じられたことを指摘しているのである。

だが嘉靖以後の保挙が、実質的にどれほどの意味をもっていたのか、それはすこぶる疑わしい。上記の注（1）で見たように、まだ明代中期の弘治初年、黄瑜はすでに「近日簡除は権吏部に帰し、薦挙はただ撫按に拠り、みな資格に循《したが》うにすぎざるのみ」と言っていた。降って嘉靖八年、ある官僚は保挙につきこう述べている。「ちかごろ明詔を奉じ、両京の大臣・科道および在外の撫按官をして賢才を詢訪し、各々知るところを挙げしめられたるに、旬月以来、竟《つい》に一人の詔に応ずる者なし。あに真（もと「直」に作るが校記によって改む）に一人の挙ぐべきなきや。ただ人情は故常に狃《な》れ、おもえらく資（格）に循《したが》い俸を計り、甲を叙し年を問うが廼《すなわ》ち邇来《じらい》（近年来の）人を官にするの法なり、と」。

　これに対し嘉靖帝は「人才を挙用するはしばしば旨あり。……何ぞみな遵行せざるや」と叱責し、あらためて「公に従い薦挙」するよう命じている（以上『実録』八年八月戊辰条）のだが、これによって情況が一変した、などということはまずありえまい。つまり明代後半期になれば、保挙の名はなお存続していたものの、その実はすでに失われていた、ということである。また崇禎八年の命に至っては、もはや亡国目前という絶望的な情況の中で、科挙官僚を信じられなくなっていた崇禎帝が発した一種のヒステリーと謂ってよく、ここで問題にせずともよいだろう。

（4）　起廃とは読んで字のごとく、すでに廃黜された者をまた起用することであるから、通常の場合、問題となるのは堂々たる科甲出身の官僚のみであるし、またそうしたことは、当然ながらたまさかにしか起こらない。このことについては、たとえば『実録』嘉靖八年二月丁卯朔の条に、吏部が「しばしば薦挙を経」た「原任」官僚十余員の録用を請うたのに対し、嘉靖帝は「官員を起廃せんには、必ず才行卓異にして乃《すなわ》ち（はじめて）人を服すべし」なので、「実を具えて以聞せし」めたとある。すでに官を退いている、ないしは罷免された者を敢えて再起用するには、人を納得せしめるに足る、それ相応の理由が必要であった。

起廃は通常の事態ではなかったし、またそれは昔からあるふつうのことばで、特別な術語というわけでもなかったが、添註の方はそうでない。『会典』五、選官の項に「その授官は則ち署職・試職・実授あり、……帯俸・添註・遥授あり」とあるように、それは銓選に関する専門用語で、一般の文章ではふつう使われないものであるし、またそれは明代後半期における官僚人事上の一大問題でもあった。

添註の起源につき、郭氏『考論』はこう述べる。『殿閣詞林記』十、添設は、洪武十六年に儒士二人を翰林院の尚書博士（本来は世職である五経博士の一）に任じ、王府の説書（御進講掛）としたことを記し、「添設の説はここに始まる」と言っているが、これが添註の起源である、と。だがこれは額（定員）外に欠を設けたということ、すなわち添設の事例であって、欠がないにもかかわらずその官銜を与え、政務を執ることを可能にする、という添註とは事情がいささか異なろう。さらに言えば、五経博士はもともと一般行政官僚とは異なる世襲の微官であって、その添設と部寺堂上官をも含む諸官への添註を同一視するのは、おそらく適当でない。

もっとも添設と添註は、たしかにほぼ同義の語として互用されてもいて、たとえば『実録』宣徳三年四月丙辰の条にはこう云う、「少師・吏部尚書蹇義《けんぎ》等奏すらく、比者《ちかごろ》伏して聖諭を蒙り、臣等を戒飭せらるるに曰うあり、官は備わるを必せず、貴は人を得るに在り。諸司の官員はもと定額あり、今、事は多きを加えざるに、額外に添注し、紛々として位を倖し（僥倖で得て）、禄を苟《かりそめ》にし安を偸《ぬす》む、と。これみな臣等の過ちなり。然れども近年以来、内外各衙門の官、営造に夫匠を催辦し、糧儲を収運し、農務を整理し、木植を採取するに因り、内に在りては郎中・主事を添設し、外に在りては布政司・按察司……に参政・参議……等の官を添設」しているので、これらは裁減・裁革すると述べて認められた、と。

宣徳三年という早い時期から、添註による官員の冗濫は問題視されていた。しかしこの時の添註は、実際の差遣（職務）をこなすための添設、少なくとも形式的にはそうで、後世の添註とは必ずしも同じくあるまい。ポストに空きがないのにその官銜を授けるという明代後半期的な添註は、管見の限りで言うと、成化中に楊守随が「応天府丞に擢《ぬ》かるるも、いまだ上らずして母憂（母の逝去による服喪）もて帰る。服除くるに（喪明《つ》けしたが）欠なく、添註もて事を視」た、という（『明史』一百八十六、楊氏本伝）のをもっとも早期の事例とする。

その後、添註は不足しがちなポストを水増しする手段として濫用されるようになり、嘉靖九年には「内外の文職、添設あまりに多ければ、今後は欠に遇いて塡補し、故なくして添註するを許さず」という詔が下されている（『会典』五、選官。溯って『実録』では同年十一月辛卯条）。さらに万暦初年になると、あるいは「按ずるに冗官は、寺・部の（寺）卿・丞、（部の）帯俸・添註の郎中・主事、官を増すこと百倍たり」とか、「今……才湧きて官もってこれを居らしむるなきを慮るに、久しく任じ長く便ならしむるの法をなさず、あるいはしばしば転じて（昇進させ）もって情を申《の》べしめ、あるいは侈《す》ぎて（むやみに）摘《あば》き（問題を指摘し）てもって欠を騰《あ》け、あるいは添註増設してもって任を疏《とお》す」（労堪『憲章類編』十八、汰冗員、同十七、久任）などと言われるようになる。

なお上引『憲章類編』十七の文章は措辞すこぶる艱渋で、特に句末「疏任」の「任」字には疑問を感ずる。ちなみにこの記事に拠ったのであろう章潢《しょうこう》『図書編』八十五、銓司は、同じくだりを「あるいはしばしば転じてもって私を申《の》べしめ、あるいは巧みに排してもって欠を騰け、あるいは添註増設してもって疏通す」としていて、意味は基本的に変わらぬものの、こちらの方がずっと読みやすい。

結局、添註は「中葉以後まま嘗てひとたび行なわる」程度にはとても収まらず、しだいに濫用されだしたのだが、それがここでは何ゆえに、あるいは何にもとづいて、起廃と並挙されているのかは未詳。もっとも『実録』万暦十五年正月甲辰の条には「吏部言えらく、選法壅滞し、起廃・添註の科甲・挙人、および恩・歳貢の（捐）納を加うる者、人数ははなはだ多ければ、よろしく人・欠の多寡に照らし、定めて名額となし、もって綜核を厳しうし、挙措を明らかにすべし」という叙述があって、明末には「起廃添註」が「選法壅滞」をはなはだしくしている、という認識があったようではある。

Ⅲ　考満・考察

考満と考察（勤務評定の二大宗）は、両者が補完しあって実施される。考満は各人の任期内におけるキャリアにつき、称職（職に称《かな》う、よく務めている）、平常（ふつう）、不称職（務まらず）の三種に区分して評価し、それが上・中・下の三等となる。[1] 考察は全国の京官外官すべてを通じての審査で、評定の項目には貪（貪欲）、酷（苛酷）、浮躁（軽佻浮薄）、不及（能力不足）、老（老衰）、病（病気）、罷（無気力）、不謹（軽率）の八つがある。[2]

考満・考察、二者相輔而行。考満、論一身所歴之俸、其目有三、曰称職、曰平常、曰不称職、為上・中・下三等。考察、通天下内外官計之、其目有八、曰貪、曰酷、曰浮躁、曰不及、曰老、曰病、曰罷、曰不謹。

（1）考満については、京官に対するものの規定が万暦『会典』十二、京官の項に記載されているが、これは『諸司職掌』（吏部職掌、考功部・考覈）の一部を摘録したもので、その「洪武二十六年定」とか「洪武間」というのも、『職掌』が編定された時を言っているにすぎない。しかもそこでは、外官についての記述が省略されているなど、考満の概略を理解するには不便なので、ここでは『職掌』をそのまま引いている正徳『会典』十四の記載を以下に節録しておく。

曰く「一、凡そ六部五品以下の官、太常寺……の属官は、任を歴《ふ》ること三年なれば、本衙門《がもん》正官の、その行能を察し、その勤惰を験《しら》べ、公に従いて考覈《こうかく》明白にし、称職・平常・不称職の詞語を開写するを聴《ゆる》し、監察御史に送りて考覈し、本（吏）部覆考す。……各々九年をもって通考す。その四品以上官員の、任満ちて黜陟《ちゆつちよく》するは上裁に取る（お上の決裁を仰ぐ）。その在外の有司（府州県）官員は、三年考満つれば、由を給して京に到らしめ、考覈して平常・称職の者は、欠に遇わば借りて京官に除し、また九年をもって通考す」と。

考満では三年ごとに称職・平常・不称職の評価が与えられ、九年で通考となって昇進や降格が決まるわけだが、三度の評価をどう総合するかというと、正徳『会典』同上、考覈通例に引く『諸司職掌』（同上、万暦『会典』十二にも同じ記載あり）に云う、「一、凡そ九年の内、二考は称職、一考は平常なれば称職に従う。二考は称職、一考は不称職、あるいは二考は平常、一考は称職、あるいは称職・平常・不称職各一考の者は、ともに平常に従う。二考は平常、一考は不称職なれば不称職に従う」と。以上で考満のあらましが知られよう。

ただここで注意すべきは、三考黜陟という「祖制」は、明代後半期になると推陞《すいしよう》の制によりほとんど骨抜きにされていた、ということである。このことはすでに本冊「選人之法」一段の推陞に関する注（3）で言及した（二三三頁）が、今はさらに李開先の言を引き、もってより親切な理解が得られるようにしておく。李氏は云う「三・六年にして考満し、九年にして陞遷するは初制なり。乃《すなわ》ち（ところが）後には生歯衆《おお》くして政務叢《おお》く、勢い久しく任ずるあたわず、州県は三年を過ぐる者あるべきも、府推（推官）は往々にして期（一年）に及ばずして徴さる」（『李中麓閒居集』五、「済南府推范滹汀《こてい》の考満を送るの序」）と。

またこうも云う、「国初は久しく任じ、……内外調停し、倖進する者なし。継いでは則ち内（京官）を重んじて外（外官）を軽んじ、考察を重んじて考満を軽んじ、推陞行なわれて内外その平を得ざる者あり」（同上、「平岡の陳大参の雲南憲長に陞任するを送るの序」）と。九年通考を待たずして陞遷するのが当然となれば、「考察を重んじて考満を軽ん」ずるようになるのも自然の勢いであろう。よって「考満・考察は、二者相い輔《たす》けて行なわる」とはたしかにそのとおりながら、明代後半期になれば、重点ははっきり後者に傾いたのであった。

（2）　考察そのものについては後にまた説明があるので、今は志文にいわゆる八目が、決して当初から設けられていたものではない、ということのみを述べておく。まずは外官の考察における処分の理由だが、『会典』十三、朝覲《ちょうきん》考察の項には宣徳七年に「昏懦《こんだ》にして立たず、貪暴あくなき者は、具奏して罷黜《ひちゅつ》」したとあり、また「凡そ考察の降黜等第」として、宣徳五年に「貪《たん》汙《お》なる者を辺衛に発して充軍せしめ、老疾鄙猥の者を民とな」し、天順四年には「老疾の者は致仕、罷軟なる者は冠帯閒（閑）住、贓《ぞう》ある者は原籍に発して民とな」したと述べ、さらに「後には分けて四等となし、年老い疾ある者は致仕、罷軟無為、素行不謹なる者は冠帯閒住、貪酷ならびに在逃（逃亡）の者は民となし、才力及ばざる者は、斟酌して品に対して（その官品に対応して）改調す」という。

ついで京官の考察ではどうであったかというと、同上、京官考察の項に「正統元年奏准。両京各衙門の属官・首領官は、本衙門の堂上官より考察し、もし不才および老疾の者あらば、吏部実を験《しら》べ、具奏して定奪す」とあり、また「凡そ考察の降黜等第」には景泰三年「各部属の才力勝《た》えざる者は典史に降し、老疾の者は冠帯致仕せしむ」とあり、成化四年には「年老いて無為、貪淫酷暴なる者は革職」とし、さらに「後、分かちて四等となし、年老い疾ある者は致仕、貪なる者は民となし、不謹なる者は冠帯閑住、浮躁浅露、才力及ばざる者は、倶《とも》に一級を降して外任に調す〔遂に定例となる〕」と述べる。

つまり京官にせよ外官にせよ、考察の評定はもともと対象の実態に即し、老疾等のさまざまな問題点を洗い出すものだったのだが、「後」になるとそれが年老有疾、罷軟無為、素行不謹、貪酷、才力不及、あるいは浮躁浅露といった条目に収斂していき、「遂に定例とな」ったわけである。ならばその「後」とはいつのことなのか。おおよそのところで言えば、それはまず成化・弘治の際であっただろう。

『双槐歳鈔』九、才力不及の条に云う、「旧制、朝覲に天下の官員を考察するに、その沙汰の目は曰く老疾、曰く罷軟、曰く貪酷、曰く素行不謹、凡そ四のみ。成化丁未（二十三年）、豊城の李裕、吏部尚書たりしが、建言して謂えらく、遅鈍は軟に似、偏執は酷に似（似て非なるものだし）、二者、老疾・不謹においてはまた属するところなければ、すなわち才力不及を創立し、前と通じて五となさん、と。朝廷その人才を愛惜するの意あるをもってこれに従い、今に至るまで例となす」と。

こうして登場した才力不及は、翌弘治元年の考察で早速に適用された。『実録』同年三月壬辰の条によれば、この時に実施された京察では、処分のゆえんとして年老、不謹（または素行不謹）、不協人望（人望にかなわず）、浮躁浅露、罷軟無為、才力不及が挙げられているのである。さらにここに見える浮躁浅露の一目だが、『実録』ではこれが初出のようで、そうであれば本志のいわゆる八目各項が出揃うのは、成化・弘治の際だったとなろう。

もっともここに見える処分事由には不協人望などというのもあるし、またそれらが八目として固定された範疇となっていたようにもない。管見の限り、考察の八目という概念が用いられている最初の文献は、郭氏『考論』も挙げている高拱『本語』五で、そこには「事例に八目四科あり。曰く貪、曰く酷は民となす（革職為民、官職を奪って平民に落とす）。曰く不謹、曰く罷軟は冠帯閑住（官位を保ったまま隠居）。曰く老、曰く疾は致仕（退職）。曰く才力不及、曰く浮躁浅露は外任に降調す（地方官に左遷）。法密なりと謂うべし矣」とある。もとより志文が直接これに拠ったということは考えにくかろうが、いずれにせよ八目なる概念は明末、万暦初年ごろになってはじめて明確となったもので、またそれはあくまで公式の定制にはあらざるものであったろう。

考満のやり方はというと、（その職について）三年たつと給由（政績記録の「由」を発給）され、これを初考といい、六年たつと再考、九年たつと通考となり、『諸司職掌』の規定によって審査し昇進・降格を決める。(1)およそ（中央省庁たる）六部や各寺の属官は、任官当初は署職（事務取り扱い）たるに止《とど》まり、必ず考満をへて始めて実職を授けられる。(2)外官（地方官）はおおむね何度もの勤務評定を次々とこなし審査を待つことになる。そうした不定期評定は、あるいは一、二年で行なわれることもあれば、あるいは三年、九年ということもある。(3)（任地となった）府・県の繁忙程度（とその人の能力）が合っていなければ、たがいにその官を交換させ、これを調繁（繁に調《うつ》す）、調簡（簡に調す）という。(4)

考満之法、三年給由、曰初考、六年曰再考、九年曰通考、依職掌事例考覈陞降。諸部寺所属、初止署職、必考満始実授。外官率逓考以待覈。雑考或一二年、或三年九年。郡県之繁簡或不相当、則互換其官、謂之調繁・調簡。

（1）「考満の法」そのものについては次注でまた見るとして、ここではまず「給由」とは何かを探っておく。案ずるに、給由の「由」とは由来とか経由の由で、ここでは官僚の履歴、賞罰等の人事記録を謂っていよう。その由を給するというのは、おそらく宋金元の解由（「解」は送るの意）に淵源するもので、『金史』百官志一には「凡そ内外官の政績、歴るところの資考、更代の期、去就の故は、秩《ちつ》満つればみな備《つぶ》さに解由に陳《の》べ、吏部拠りてもって能否を定む」とある。

考満における給由は、内外官いずれにおいても行なわれることながら、四品以上の高級官僚（按察司では正五品の僉事《せんじ》以上。下段の本文参照）は数も少なく、かつ最終的には皇帝自らがその進退を決めるのだし、五品以下の京官にしても、書類のやり取りは中央省庁間ですんでしまい、その手続き等が問題にされることはほとんどない。それに対し府州県官は数も多ければ、上級官庁による勤務評定も地方で行なわれるわけで、よって給由についての議論は大抵の場合、府州県官についてのものとなる。

さてその府州県官の給由については、『会典』十二、考覈一の「凡そ府州県官の考満」に、「（洪武）二十六年定」として『諸司職掌』の規定が記載されているものの、これがなかなか難解で、正直に言うとまるで分からぬところもある。徂徠『明律国字解』の吏律・官吏給由の条にしても、その解説は基本的には『会典』のここの記載に依拠しているのだが、給由のために吏部で行なわれる諸手続きについてはほとんど素通りで何も述べないし、全体の説明にしても必ずしも納得のいくものとはなっていない。

たとえば「其役々の上司より由帖と云ものを出して、其官人の履歴をかきたてて、……是をわたして其人にもたせて、吏部の考に値《あひ》に遣すなり。是を給由と云なり。たとへば、県の官人は由を認めて州に往けば、知州吟味して考語を加へて按察使に送る。……按察司、其上を覆考と云ことをして、京都の吏部に送る」というくだり、「由」が「由帖」であるというのは何を根拠として言われているのか分からず、またその由帖を上司が出すというのも不審で、各官の「履歴をかきたて」るのは吏部であるだろう。さらに「県の官人は由を認めて」とあれば、あたかも審査を受ける知県が自らの由を作成するかのごとくであるが、そんなことは絶対にありえまい。

　結局、給由の詳細を正確に述べることは、遺憾ながら今のところ無理なので、ここでは『会典』の記載によって推定しえたところの、その概略のみを記しておく。すなわち府州県官は三年考満となると、「先ず行して（文書を送って吏）部に呈」し、それを承けて吏部が任内の政績記録等を書類にして本人に送付する。その後、「もし県官の給由なれば州に到り、州官当面《まのあたり》にその言行・辦事の勤惰を察し、実に従いて考覈し、称職・平常・不称職の詞語あり。州官の給由なれば府に到り……。以上は倶に按察司官より覆考し、仍《な》お考覈・覆考の詞語をもって部に呈す」と、まずはこんなところである。

(2)「考満の法」より「始めて実授す」までの一段は、おおよそ『会典』十二、考功清吏司の冒頭部分に拠っているのだろうが、実のところすこぶる正確を欠いている。というのも、『会典』には「国家考課の法、内外の官は満三年を一考となし、六年にして再考し、九年にして通考し黜陟《ちゅっちょく》す。即ち古《いにし》えの三載にして績を考し、三考にして幽明を黜陟す（『尚書』舜典）るの遺意なり。京官は故《もと》みな試職たりて、一年にして考覈して実授し、一考にして品に対して（その品階に対応して）調用す。外官は由を給して京に到らしめ、欠に遇わば（埋めるべき空きポストがあれば）京職に借除す。後多くは行なわれず」とあるからである。

上記の引文を見れば分かるとおり、京官はまず見習の試職とされるのであって、事務取り扱いないし臨時代行たる署職とされるのではない。だいたい署職というのは、すでに官僚としてのキャリアを有する者が、あるいは臨時の必要のため、あるいは正式の昇進の前段階として、他官の職務を取り扱うものであり、初任で署職となることなどないはずである。

また「必ず考満して始めて実授す」というのも、初任ということを考えれば明らかにおかしいだろう。なぜなら実授以前、ということはまだ誥命《こうめい》（辞令）も授かっておらず、正規の官僚たる資格を満たしていない者が、考満の対象となることはありえないだろうからである。つまりここは「一年にして考覈して実授」、一年後に審査を経て実職を授けられる、でなければならない。さらにこの試職の制度は「後多くは行なわれず」で、試御史などわずかな例外を除けば、早くからほぼ全面的に停止されていたのだが、制度を概説するとなれば、そのことも一言しておく必要がある、少なくとも一言しておいた方がよいに違いない。

なお試職が早くから行なわれなくなっていたことについては、上引『会典』の記事のすぐ後ろ、京官の項に「近例。ただ試御史のみ一年にして考覈して実授し、試中書舎人は三年にして考覈して実授す。……［その余の京官の一年考覈の例は、倶《とも》に行なわれず］」とあることを参照。また上引『会典』の一段のうち外官に関する部分は、『諸司職掌』の当該部分（正徳『会典』十四引）と比べるにすこぶる簡略化されているので、参考のため後者の文も以下に引いておく。すなわち『職掌』には「その在外の有司（府州県）官員は、三年にして考満し、由を給して京に到らしめ、考覈して平常・称職たる者は、欠に遇わば京官に借除し、また九年をもって通考す」とあるのである。

（3）　ここにいわゆる外官の雑考とは、『会典』十三、朝覲考察の「凡そ外官は不時に考察す」、および「凡そ毎年に考語を開報す」二項のことを指しているのだろう。その内容はと言うと、「不時考察」が制度的に整備されるのは宣徳七年からのようで、この年「各処の巡撫侍郎（当時は侍郎の官で巡撫に差遣されることが多かった）は、巡按御史とともに方面官を考察し、仍《な》お方面官とともに州県官を考察す」るよう命じられた。また弘治八年には「各処の巡撫・巡按は、会同して公に従い布按二司ならびに直隷の府州県……等の官の賢否を考察し、……その布政司・按察司……は、各々所属の官員の賢否を訪い、掲帖を開して巡撫・巡按に送り、もって稽考に憑《よ》らしむ」と定められ、これが明代後半期における通例となったようである。

この不定期考察のほか、さらに「毎年開報」の例が定められたのはずっと後の、嘉靖十三年のことで、「年終に遇うごとに、各府州県は佐弐・首領・属官ならびに衛所の首領官をもって、守巡道は本道の属官をもって、布按二司の掌印官は各佐弐・首領ならびに府の堂上官・州県の正官をもって、賢否の考語を掲帖に塡注し、印封して本布政司に送り、類斉して（分類・整理して）厳しく限り（きびしく時日を限って）、部に送りて査考せしむ」となった。九年通考まで昇進がない考満の制が、そのままには行なわれがたくなるにつれて、考察の方がやかましくなり、ついには毎年の評定まで行なわれるに至ったのだろう。ただ以上が「雑考」の内容だとしても、それが「或いは一二年、或いは三年・九年」に実施される、というのが何にもとづく叙述なのかは未詳。

（4）府州県官の任地交換については、『会典』五、改調の項に規定があって云う、「凡そ外官は繁簡をもって互調す。もし才、繁を治むるに堪うるに、見（現）に偏僻に任じ、および簡を治むるに堪うるのみなるに、見に繁劇に任じたれば、地方の（巡）撫（巡）按官奏請し、酌量して更調す」と。この規定は正徳『会典』二にも見えているので、弘治以前に成立していたものだが、それがいつ明文化されたのかは分からない。なお「調トハ一ノ官吏ヲ他ノ位地ニ更換スルノ謂ニシテ（テ）、……事務ノ都合ニ依リテ交互転換ヲ行フモノニシテ、改ト大差ナシ」で、「改トハ或ル衙門ノ官吏ヲ他ノ衙門ニ於ケル同品級ノ他官ニ遷任スルヲ謂フ」（『清国行政法』一下・三）。

洪武十一年、吏部に命じて朝覲《ちょうきん》（地方からの定期参内）する官員の政績評価を行なわせた。職務をよくこなし且つ過失なき者は上等とし、座席を賜って宴にあずからしめる。過失はあるものの職務をよくこなしている者を中等とし、宴にはあずからしめるものの座席はあたえず、過失ある上に職務をこなしえていない者を下等とし、宴にあずからしめず、出入り口に順番に並んで立たせ、宴会参加者が出て行ってしまってから、その後に退出させることとした。(1) これが朝覲に際して評定を行なうことの始めである。

十四年になると、その（考満の）制度はようやく整備が進んできた。在京六部の五品以下の官は、所属官庁の長官が各々の品行能力を見極め、勤めぶりを調べることとした。四品以上の官、および（翰林院・尚宝司・六科などの）近侍官のすべて、それに皇帝の耳目となって綱紀粛正をはかる御史、および通常の昇任制度が適用されない太医院・欽天監・王府官は、任期満了で昇進降格となる場合、お上の裁定を仰ぐこととした。直隷（北京・南京）府州県の首領官および属官は、所属衙門の長官が評定し、任期が満了すると監察御史が再度の評定を行なう。各布政使司の首領官は、すべて按察司が評定を行なう。また茶馬・塩馬・塩運・塩課提挙司・軍職の首領官は、すべて布政司が評定を行ない、そのうえで按察司に送付して再度の評定を行なう。布政司の四品以上、按察司と塩運司の五品以上は、任期が満了して昇進降格となる場合、お上の裁定を仰ぐ。内外（在京・在外）の流内（品官）ならびに流外の雑職官は、九年たって任期満了となれば、給由のうえ吏部に赴かせて評定を行ない、規定に従って昇進降格させる。もし特別な功績や際立った才能があって、同僚をはるかに抜きんでる者がおれば、（その処遇につき）お上の裁定を仰ぐ。(2)

さらに職務が繁（繁多）であるか簡（簡易）であるかと、これまでの官歴における評定の高低をつきあわせて総合的に評価し、等級の昇降を決めることとした。

この繁と簡についての規定はというと、地方の府であれば田賦十五万石以上、州であれば七万石以上、県であれば三万石以上の場合、あるいは王府や都司・布政・按察三司の所在地である場合、ならびに軍人軍馬が駐屯している場合、そこを通っている道路が駅道に当たる場合、西北辺境の要衝に物資を供給するところである場合は、すべて事繁（事務繁多）とする。田賦が十五万石に到らぬ府、七万石に到らぬ州、三万石に到らぬ県、および辺鄙なところはすべて事簡（事務簡易）とする。在京中央省庁はすべて繁の区分に入れる。(3)

洪武十一年、命吏部課朝覲官殿最。称職而無過者為上、賜坐而宴。有過而称職者為中、宴而不坐。有過而不称職者為下、不預宴、序立於門、宴者出、然後退。此朝覲考覈之始也。

十四年、其法稍定。在京六部五品以下、聴本衙門正官察其行能、験其勤怠。其四品以上、及一切近侍官、与御史為耳目風紀之司、及太医院・欽天監・王府官不在常選者、任満黜陟、取自上裁。直隷有司首領官及属官、従本司正官考覈、任満従監察御史覆考。各布政使司首領官、俱従按察司考覈。其茶馬・塩馬・塩運・塩課提挙司・軍職首領官、俱従布政司考覈、仍送按察司覆考。其布政司四品以上、按察司・塩運司五品以上、任満黜陟、取自上裁。内外入流幷雑職官、九年任満、給由赴吏部考覈、依例黜陟。果有殊勲異能、超邁等倫者、取自上裁。

又以事之繁簡、与歴官之殿最、相参互覈、為等第之陞降。

其繁簡之例、在外府以田糧十五万石以上、州以七万石以上、県以三万石以上、或親臨王府・都・布政・按察三司、幷有軍馬守禦、路当駅道、辺方衝要供給処、俱為事繁。府糧不及十五万石、州不及七万石、県不及三万石、及僻静処、倶為事簡。在京諸司、倶従繁例。

（1）洪武十一年に「朝覲考覈《こうかく》」が行なわれたことは、『実録』同年三月丁丑の条に見え、また『会典』十三、朝覲考察もそのことを記載する。ただし当時における地方官の朝廷参内は「毎年一朝」で、これが「二十九年、始めて定めて辰・戌・丑・未年をもって朝覲の期となし、朝し畢《おわ》れば吏部、都察院と会同して考察」する（『会典』同上）となった。つまり洪武十一年に始まった「朝覲考覈」は、以後二十年近くの間、毎年挙行されていたわけだが、これは宮中宴に出席を許すかどうかといった形での評価であるから、後の考察とはかなり異なるものである。実のところ『会典』でも、この時の「考覈」は「凡そ朝覲官の旌別《せいべつ》（善悪良否の識別）」の項に記載されていて、「考察」そのものの故事とは別の扱いとなっている。またそもそも、ここは考満の由来（『会典』なら巻十三ではなく巻十二に収められる故事）を記すべきところであれば、考察に連なる「朝覲官旌別」の故事を述べるのは適当を欠いていよう。

（2）洪武十四年の定例に関する本志の記述は、『実録』同年十月壬申条に「考功（もと「効」に作るが、校勘記に拠って改む）の法を定む」として述べられるところを節略したもの。そのうち「其四品以上、及一切近侍官、与御史」につき、標点本は「近侍官与御史」とするが、それだと「近侍官」も「為耳目風憲之司」と誤解される恐れがあることから、今は上記のごとく断句しておいた。

　ちなみにもとの『実録』では、「その四品以上、および通政使司・光禄司（後の「寺」）・翰林院・尚宝司・考功監（洪武中にだけあった官）・給事中……のともに近侍たる、監察御史の耳目風紀の司たる、太医院・欽天監および王府官の常選に在らざるは」となっていて何も問題ないのだが、志文の剪裁はあまりうまく行なわれておらず、ために無用の誤解を招きやすいものとなってしまっているのである。

なお近侍官につき、『実録』は通政使司・光禄司・翰林院など多くの官をみなそうだとしているが、『菽園雑記』八には「翰林院・尚宝司・六科の官は、その先（以前）常朝（毎日の宮中参内）にはともに奉天門上の御座左右に在りて侍立し、故に近侍と云う。今はみな門下の御道左右に在り」とある。おそらくこれはどちらか一方が正しい、あるいは誤り、というのではなくて、広く網羅的に言えば、狭く中心的なものだけを挙げれば、ということなのであろう。

また『明史』職官志一、吏部・考功によれば、「ただ王官および欽天・御用等の監の官は考せず」、さらに同三の欽天監によるに、「監官は他官に改むるを得るなく、子孫は他業に徙《うつ》るを得るなし」であり、洪武四年には詔して「監官は職、天を司るを専らにせば、特旨にあらずんば陞調するを得ず」と命じられたという。また太医院も欽天監と相似た特殊技術者の官庁であり、その属員の昇進降格は院内部で、技術、治療成績を審査し決定された（同上、太医院）。つまりこれらは一般行政職とは異なる特殊な技術系官職ゆえ、考満の対象とはならなかったのであるが、それはまた昇進がほとんど望めない、ということでもあった。

さらに「直隷有司」の「有司」であるが、これは官僚一般の謂ではなく府州県官のこと。このことについては本書上冊二八五頁の注（2）に引く『寓圃雑記』五、進士外補の条を参照。

また『明律国字解』名例律・軍官有犯の条にも「有司とは府州県の官を云」とある。

（3）「事の繁簡と歴官の殿最」によって決められる「等第の陞降」というのは、上記注（2）引『実録』の「考功の法」に見えていて、「事繁にして職に称《かな》い過なき者は二等を陞し、私笞（私的な笞打ち）公過（公務上の過失）ある者は一等を陞し、……その繁にして不称職なるは、初考に二等を降し、簡にして不称職なるは、初考に三等を降す。もし徒・流罪を紀録する者（洪武期では「重典」（厳罰）主義が官僚にも適用されたため、往々にして徒流等の罪犯として吏部に「紀録」され、その罪を戴いたまま在職する者がいた）あらば、ともに雑職の内において用う。九年の内、二考は称職、一考は平常なれば称職に従う（以下、三三六頁の注（1）引『諸司職掌』参照）」といった具合である。ちなみにこの規定、およびすぐその下文に記される「繁簡の例」は、後に『諸司職掌』を経て正徳『会典』十四、万暦『会典』十二の考覈通例の一部となっている。

なお志文の「或いは王府・都・布政・按察三司に親臨す」というくだり、標点本は「或親臨王府都・布政・按察三司」としているが、「王府都」などという官署は存在しない。この部分、『実録』では「或親臨王府・都司・布政（もと「使」字あるも、校勘記に引く一本に拠って刪《けず》る）司・按察司」となっており、『諸司職掌』ないし『会典』でもこれは同様で、これらを見れば、標点本のような誤解が生じる余地はなくなろう。

十六年、京官の（考満による）評定方法が少しく変更され、すべて各衙門の長官が（属官の）評価を書きつらね、吏部に送って再審査を行なうこととなった。[1] 十八年、吏部が言うに全国の布政司・按察司・府・州・県官の朝覲する者はすべて四千一百一十七人で、称職の者は十の一、平常であった者が十の七、不称職の者が十の一で、さらに汚職に手を染めているとか、ものの役に立たぬ無能な者がまたあわせて十の一でありました、と。帝は称職の者は昇進、平常であった者はそのまま、不称職の者は降格、汚職をはたらいた者は司法当局に引き渡して処罰し、無能な者は職を免じて平民に落とすよう命じた。[2] 永楽・宣徳の間には、それまで評定に関する規定のなかった京官外官も、しだいに制度の内に入れられるようになった。さらに吏部の意見に従って、初めての考満では称職、次考は評価なし、今回称職であった者、もしくは初考は平常で、次考では評価なし、今回称職であった者は、ともに称職の例によって昇進させることとした。これ以降は、おおむね定められた規定どおりに評定が行なわれた。[3] その過程では枚挙にいとまないほどあれこれの問題が生じたものの、この制度そのものが大きく改められることはなかったのである。

十六年、京官考覈之制稍有裁酌、倶由其長開具、送部覈（覆）考。十八年、吏部言天下布・

按・府・州・県朝覲官、凡四千一百一十七人、称職者十之一、平常者十之七、不称職者十之一、而貪汚闒茸者亦共得十之一。帝令称職者陞、平常者復職、不称職者降、貪汚者付法司罪之、闒茸者免為民。永・宣間、中外官旧未有例者、稍増入之。又従部議、初考称職、次考未経考覈、今考称職者、若初考平常、次考未経考覈、今考称職者、倶依称職例陞用。自時厥後、大率遵旧制行之。中間利弊不可枚挙、而其法無大変更也。

（1）洪武十六年「裁酌」の「京官考覈之制」については、『実録』同年六月己卯条に「吏部、考覈の制を奏定す」として見え、これが少しく整理されて『諸司職掌』に採録され、さらにその記事が正徳『会典』十四に引かれている。ちなみに万暦『会典』十二も、この規定の中心部分を「洪武二十六年定」として載せているが、刪節がある上に分割して記されてもおり、ここでの引証には適さない。

なお上引原文で「送部覈（覆）考」としているのは、志文の「覈」字を「覆」と改めて訳したということ。実のところこの句は通行本（景印北平図書館蔵紅格鈔本）『実録』も志文と同じなのだが、校勘記によれば複数の別本が「覈」を「覆」に作っている由で、さらに『明史稿』でもここは「覆」となっている。この異同は、文意からして当然「覆」が正しいに違いない。ならば『明史稿』が既に「覆考」としているものを、志文がわざわざ「覈考」と改めたのはなぜかとなるが、これは意図的な改字というより、単純な偶誤なのではないか。ここはもともと「考覈」について述べたところだし、覈と覆では字形がよく似ており、両者を取り違えるくらいのことは容易に起こりえよう。

　また原文「由其長開具」句の下、標点本は断句しておらず、それは『実録』に「倶従各衙門正官考覈、……開具送部覈（覆）考」とあるのと符合してもいるのだが、ここでは「開具」の主語が上に直接しているので、それと「送部」を二つのこととして分けておいた。

（2）　十八年の考満については、『実録』同年正月癸酉の条に見えている。この故事を特に志中に載せたのは、洪武期における勤務評定の厳しさを示すためか。称職一割、平常七割、不称職一割というのはよいとしても、のこりの一割が「貪汚者」と「闒茸者《とうじよう》」で、前者は司法機関に付して罪に問い、後者は免職のうえ平民に貶すというのは、後世ではちょっと考えがたい厳格な態度であろう。

（3）　「永・宣間」の「増入」については、『会典』十二（ないし正徳『会典』十四の「事例」）を瀏覧《りゆうらん》すればそのあらましを知ることができる。またその結果から言うと、実質的な「増入」は永楽中にほぼ完了しており、宣徳以降は明代前半期を通じ、旧例に対するごくわずかな補足、ないし微調整を加えているにすぎない。

　ついで明代後半期に入ると、明朝の統治体制全体が現実の変化に応じた調整を迫られる中で、勤務評定制度についてもあれこれの修正や補足が加えられるようになりはするのだが、大づかみに言うなら、それらはほぼ技術的な変更に限られると謂ってよいだろう。つまりこの段の末に「時《これ》（是）よりその後は、大率《おおむね》旧制に遵《したが》いてこれを行なう」とあるのは、事実に即して言えば、宣徳以後は基本的に永楽以前の旧規を遵守した、ということなわけである。

永楽中の「増入」というのは、具体的にはたとえば「永楽元年奏准。太僕寺・光禄寺・通政司……の五品以下堂上官（正六品の太僕寺丞、正五品の光禄寺少卿、従六品の同丞、正五品の通政使参議など）は例に照らして考せず（吏部は評定せず）。五年奏准。詹事《せんじ》府の六品以上官は、太常寺等の官の例に照らし、また考せず。九年を俟《ま》ちて、黜陟を奏請す」といったもの。これらはたしかに志文にいうごとく、「旧《もと》いまだ例あらざる者」についての補欠拾遺であるだろう。

　また「いまだ考覈を経」ていない者に関する規定であるが、これもむろん補欠拾遺であって、『実録』永楽八年十二月甲寅条にこうある。「吏部言えらく、官員は九年考満せば給由し、『職掌』の事例に依り考覈して陞降す。近ごろ三年を歴任したるに、或いは仍《な》お留まりて事を視（そのまま任に留まって政務を執りつづけ）、いまだ給由して考覈を経ざる者ありて、今（もと「令」に作るが校勘記に引く別本に拠って改む）通歴して九年たり」。そこでこれをどうするかであるが、「本部議し得たるに」志文のごとくにすべきだと提案し、認められた、と。

　この「いまだ考覈を経」ざる者についての規定は、『会典』十二、考覈通例に記載されているが、『実録』の記事よりは詳しく、またいささか注意すべき点がある。というのも、『会典』には「初考は称職、次考はいまだ考覈を経ず、三考は称職、初考・次考は給由せず、三考は称職の者は、倶《とも》に称職に従う。……初考は平常、次考は給由せず、三考は称職の者は、倶に平常に従う」云々とあって、この最後の事例は『実録』の「初考は平常、次考はいまだ考覈を経ず、今考は称職の者」が称職というのと整合するのか、という疑問が生じるからである。

　結論から言えば、「いまだ考覈を経ず」と「給由せず」には評価の違いがあり、前者は称職に準ずる一方、後者はほぼ平常に相当、という扱いだったと考えられる。考覈（評定）していないというのは、「凡そ在京の堂上正佐官考満せば、三年・六年は倶に俸を停めず、任に在りて給由し、考覈せず」（『会典』同上、京官）といった事例から推定するに、給由の手続きはすんでいるが、特に評定する必要なしと認められた、ということのようである。それに対し「給由せず」は、本人の責任ではない何らかの事情で手続きを完了できず、ために負の評価ではないものの、積極的に正の評価も与えがたい、つまり平常ないしそれをわずかに上回る程度、となったのであろう。

考察のやり方であるが、京官であれば六年に一度、巳と亥の歳に実施し、四品以上は自陳し（自らの至らなさを述べて罷免を請う）たうえでお上の決裁を仰ぎ、五品以下は致仕（退職）・降調（降格して異動）・閒住（帰郷して謹慎）・為民（官位を奪って平民に貶《おと》す）とそれぞれに区分し、冊籍にまとめて報告し決裁を請う。これが京察で、弘治年間に定められた[1]。外官は三年に一度、辰・戌・丑・未の歳に朝覲するが、その際に考察が挙行され、これを外察と謂う[2]。州県は毎月情況を取りまとめて府に報告し、府はそれを評価し、年ごとに取りまとめて布政司に報告する。三年すると、巡撫・巡按が担当地域の官僚全員につき勤務ぶりを審査し、冊籍にして（吏部に）報告し、八法（さきに見た貪・酷・浮躁など八項）に照らしあわせる。これによる処分の区分は四つで、京官に同じ（致仕・降調・閒住・為民）である。(3) 以上は明初に始まったことだが、ずっと継承されて廃れることなく、大計と称された。(4) この計典（考察）によって処分された者は、もはや二度と用いられず、それが不変の定制とされた。(5)

考察之法、京官六年、以巳・亥之歳、四品以上、自陳以取上裁、五品以下、分別致仕・降調・閒住・為民者有差、具冊奏請、謂之京察、自弘治時定。外官三年一朝覲、以辰・戌・丑・未歳、察典随之、謂之外察。州県以月計上之府、府上下其考、以歳計上之布政司。至三歳、撫・按通核其属事状、造冊具報、麗以八法。而処分察例有四、与京官同。明初行之、相沿不廃、謂之大計。計処者、不復叙用、定為永制。

（1）京官の考察については、『会典』十三、京官考察の項にこう云う、「国家の定制、内外官は考満の外、また考察あり。……その京官の考察は、旧《もと》常期なく、定むるに六年をもってするは、弘治の間より始まる。……凡そ京官の考察。正統元年奏准。両京各衙門の属官・首領官は、本衙門の堂上官より考察す。……天順八年奏准。十年ごとに一次挙行し、……本衙門の堂上官と公同に考察す。成化四年令。京官の五品以下は、吏部、都察院および各堂上掌印官と会同し、公同に考察す。弘治十七年奏准。六年ごとに一次挙行す」と。

つまり明初では京察の制度そのものがまだ整っておらず、正統元年に至っても、わずかに堂上官が属官等を考察すると定められただけで、その実施は不定期、すなわちいつ行なわれるのか分からない、という状態であった。これが定例化するのは天順八年で、ようやく十年に一度と定められ、さらに弘治十七年に至り六年一度と改められ、こうして明代後半期の京察に関する基本が定まった。

如上からもおおよそ窺いうるように、明代前半期における京察は、もっぱら五品以下の属官・首領官を対象とするもので、四品以上の堂上官は下僚を考察しこそすれ、自らが考察の対象となることはなかった。それが明代中期に至り、堂上官に対しても自陳という形式による考察が実施されるようになる。

自陳とは読んで字のごとく自ら陳《の》べることで、自己評価と言ってもよいだろう。ただしその自己評価というのは、自らの至らなさに対する反省のことであって、そこで己が政績を誇る、などということは絶対にありえない。これは自陳なるものが行なわれだした当初からの、いわば本来的な性格であり、ためにそれは形式的には辞職願となる。むろんこれは「形式的には」の話であるから、通常は慰留されて現職に留まるのであるが、皇帝ないし政権中枢の意向によっては、本当に辞職させられることだってありうるわけである。

その自陳につき、『会典』同上は云う、「成化四年令。両京の文職堂上官の、曽《かつ》て科道の糾劾を経たる、および年老いて事に任ずるに堪えざる、才徳の職に称《かな》わざる者は、各々自陳して致仕せしめ、取ること上裁よりす（皇帝による最終決定を仰ぐ）」と。ならばなぜこの時に自陳の命が下ったのかと言えば、それは彗星の出現という災異に応じ、言官が時政批判を行なう中で大臣の処分が提案され、それを皇帝が認めたからであった。

『実録』成化四年九月己巳の条に云う、「彗星、昏《くれ》に西南方に見ゆ。六科給事中魏元等言えらく、……今、両京の文武大臣は奸貪蒙弊の徒多ければ、……よろしく自陳して休致せしめ、もって大体を全うすべし。……十三道監察御史康永韶《えいしょう》等もまた奏すらく、……人才の用舎は天下の安危に関わる。……望むらくは厳しく考覈を加え、その老疾無為、貪淫素《もと》より著《あらわ》るる者あらば、内は吏部・都察院より、外は巡撫・巡按より、公に従いて考察せよ。その両京の大臣は、自陳して休致せしむるを許せ」と。

成化四年の大臣自陳は臨時のもので、引証しうる前例とはなっただろうが、考察の一部として以後も必ず行なわれるべきもの、というわけではなかった。よって弘治十年の考察に際しては、吏部が御史の提案により「通じて両京四品以上の官に行し（通知を送って）、自陳して退くを求めしめんことを請う」たところ、「上曰く、両京堂上官は自陳するを必せず」となった（『実録』同年二月戊寅条）のであった。

降って弘治十七年に至ると、また「災変」が相継いだことから「弊政を査議」することが求められ、これに応えて吏科給事中許天錫がこう述べた。「今、外臣は方面より以下、三年ごとに朝覲し、ことごとく（吏）部（都察）院より考察す。……ただ両京の堂上官のみは、例において考覈に該《あた》らずして、しばしば弾劾を経る者も、おおむね優容さる。五品以下に至りては、十年考察の例ありといえども、しかれども居官はおおむね九載をもって期となし、……多く漏網を致す。乞うらくは……その両京五品以下の官は、通じて考察を行ない、例に照らして黜降せしめられんことを。……以後は六年ごとに一次とし、永く定例となせ。その両京堂上官のかつて弾劾を経たる者は、ことごとく自陳して休致せしめ、取ること上裁よりせよ」と。

これに対し吏部は「両京五品以下の官は、名位いまだ崇《たか》からず、責任もまた薄く、これをもって災いを弭《とど》むるは、おそらく急務にあらざれば、よろしく仍《な》お旧例に照らし、十年に一次考察すべし。その文職四品以上は、請うらくは天錫の言う所のごとくし、かつて弾劾を経たる者をして、おのおの自陳して休致せしめ、旨を取りて去留せよ」と述べ、これが認められた（『実録』同年五月辛卯条）。かくて前回の考察では必要なしとされた自陳がまた復活したのだが、これは成化四年のそれと同様「災いを弭」めるための、あくまで臨時のものであったし、五品以下の考察はとりあえず行なわないともされたのであるから、自陳を考察の一部として制度化した、と謂えるのかどうかはすこぶる疑問である。

大臣自陳が考察のうちに組み込まれ、はっきり制度化されたのは正徳四年の京察からであった。そのいきさつについては下文で改めて述べるが、明代中期に至って自陳が制度化されたのは、考満がしだいに空洞化し、考察が重視されるようになる趨勢の中で、いつまでも「ただ両京の堂上官のみは、例において考覈に該《あた》らず」という状態を放置できなかったからであろう。弘治・正徳の際に自陳が制度化されたことには、ある種の必然性があった、と考えられるわけである。

また京官考察が六年一次と定まったことであるが、これには前史があって、まず弘治十四年に南京吏部尚書林瀚が「在外司府以下の官は、ともに三年に一次考察す。……ただ両京五品以下の官のみは、十年して始めて一たび考察し、法あまりに闊略」であるので、「今後は例として六年に一たび考察」するよう請い、認められた（『実録』同年閏七月癸未条）。

だがこの決定は、どういういきさつがあったものか、遂に実施されずじまいであった。すでに見たごとく弘治十七年五月には、改めて六年一次の考察が請われているし、しかもこれは吏部の反対で実現せず、「仍お旧例に照らし、十年に一次考察」となったのである。しかし十年一次では「法あまりに闊略」という見方は、ようやく政権中枢でも主流となりつつあったようで、これより一月半ばかり後の六月乙亥には、あれこれの議論を経たうえで、「今後は六年ごとに一次とし、著して令となせ」と決定された（『実録』）。

ついでこれより五年後の正徳四年己巳の歳は、「弘治十七年の考察より後、今に迄《いた》るまでいまだ六年ならず」であったのだが、「時に張綵《ちょうさい》（『明史』閹党《えんとう》伝中の人）初めて吏部侍郎となり、（権力を握っていた宦官）劉瑾《りゅうきん》に朋比し、威柄を顚倒し、百官を箝制《かんせい》せんとし、故に時にあらずして」京察が挙行され、その際には「堂上官四品以上は自陳せしむ」とも命じられ（『実録』正徳四年三月己酉条）、「これより巳・亥の両年に考察し、遂に定例とな」った（『万暦野獲編』十一、京官考察）。

「致仕・降調・閒住・為民」という「降黜等第」については、考察の八目につき三三八頁の注（2）に記した『会典』の規定を参照。なお標点本では「分別致仕・降調・閒住・為民者」を「分別致仕・降調・閒住為民者」としているが、「閒住」は冠帯閒住である一方、「為民」の場合は当然冠帯を奪うわけで、「閒住為民」などという処分はありえないし、またそのように読めば、下文の「処分の察例に四あり」とも合わなくなろう。

さらに原文の「謂之京察、自弘治時定。外官……」についても、標点本は「謂之京察。自弘治時、定外官……」としているが誤り。「自弘治時」を下文にかけるのは、一見素直な読み方のようだが、それでは事実に合わない。ここが「京察、自弘治時定」であることは、『会典』十三、京官考察の「定以六年、自弘治間始」を見ても明らかだし、また標点本のように断句すれば、外官の朝覲考察が弘治中に始まったとなって、下文の内容と矛盾することにもなる。

なお京官全体に対する考察は「弘治の時より定」まったものであるから、「京官考察」の略称であるだろう「京察」ということばの成立、定着も、明代後半期になってからのことと考えられよう。じっさい弘治十年纂修開始、十五年成書の正徳『会典』十五においては、「凡考察京官」といった言い方こそ見られるものの、外官の「朝覲考察」に対する「京官考察」という表現はまだ登場していない。それが万暦『会典』十三に至ると、「京官考察」は「朝覲考察」と並んで独立した項目となり、両者で内外の考察全体を構成するものとされている。さらに「京察」ということばの用例を『実録』中に求めてみるに、嘉靖三十一年十一月辛卯条に記される翁万達伝の「京察をもって自陳し、罷められて喪制を終えんことを乞う」というのが最初らしく、これが一般的に、ひろく用いられるのは万暦に入ってからとなっている。

（2）　外官の考察については、『会典』十三、朝覲考察の項に云う、「洪武の初め、外官は年ごとに一たび朝す。二十九年、始めて定めて辰・戌・丑・未の年をもって朝覲の期となす。朝し畢《おわ》れば、吏部、都察院と会同して考察し、定奪を奏請す」と。ただしその少し後には「凡そ外官は三年にして朝覲す。洪武十七年令し、天下諸司の官吏をして明年正旦に来朝せしめ、各々事跡文冊を造り、仍《な》お土地人民の図本を画き、期のごとく京に至らしむ」とあって、これによれば三年一朝の制は洪武十八年に始まったかのごとくである。

ならば『実録』ではどうなっているかというと、『会典』の「天下諸司の官吏をして明年正旦に来朝せし」む云々は洪武十七年六月戊辰の条に見え、ついで十八年正月に考察を行なった後、同年六月戊申条には「上、吏部の臣に諭して曰く、天下の府州県官は一歳に一朝すれば、道里の費え、煩労するなきを得んや。自今定めて三年に一朝となす。……著けて令となせ」と記されている。つまり『実録』によっても、三年一朝は洪武十八年に始まった、となるわけである。

だが野史稗史《はいし》ならぬ『会典』という勅撰の行政法典が、はっきり二十九年定制と記していることには、何といっても無視しえぬ重みがある。しかも万暦『会典』の記述は、実のところ正徳『会典』十五、朝覲の項にもとづくもので、二十九年説は晩くとも弘治中以来、信ずべき「本朝の故事」となっていたようなのである。かくて明末の文献である徐学聚『国朝典彙』三十九、朝覲考察では、まず洪武十八年正月に考察を行ない、ついで六月に三年一朝と決めたと述べながら、しかもその後に「二十九年十二月詔し、外官は三年に一たび朝覲すと定む」と記している。

この『国朝典彙』の記事につき注意すべきは、「二十九年十二月詔し」たとある点であろう。というのも、「十二月」なる文字は『会典』に見えず、よって徐著の記事は直接『会典』に拠ったものではない、となるからである。三年一朝制が二十九年十二月の詔によって定まったとする史料が存在し、またその説は弘治中編纂の『会典』に採用されるほど確かなものと考えられていたのであれば、二十九年説を軽々に否定することはできない。ならば結局どうなるのか。三年一朝制は事実上洪武十八年に成立したのだが、それが国家の定制として明文化されたのは二十九年であった、取りあえずはそのように解釈しておきたい。

(3)　ここに「州県は月をもって計りてこれを府に上し、府その考を上下し、歳をもって計りてこれを布政司に上す」とあるのが、何に拠ってそう言われているのかは未詳。ただ参考になりそうな記述が『諸司職掌』(『皇明制書』所収本の吏部職掌、および正徳『会典』十五、考覈二引)にあってこう云う、「凡そ諸司は文簿を置立し、行《おこな》過える事跡をもって逐件に実に従いて開写す。承行(命を承けて担当し)・発落(どう処理したか)の縁由は務めて簡要たるを要す。季ごとに典吏一名を差し、期に依りて本管の上司に齎赴《せいふ》して査考せしむ。布政司は府を考し、府は州を考し、州は県を考し、務めて実効に従う」と。

　この『諸司職掌』(洪武二十六年頒行)の規定は、あれこれの点で志文と出入あるのだが、とにかく地方の「諸司」は自らの施政情況を一々記録し、「期に依りて本管の上司に齎赴して査考」される、というのが明初以来の決まりであった。ついで三年に一度の撫按による審査と吏部への報告であるが、巡撫が各地にあまねく置かれるのは宣徳以降のことだし、またすでに見たとおり、考覈の重点が考満より考察に移っていくのは明代中期以降で、「弘治以後、考察の法はじめて密にして厳し」くなった(『万暦野獲編』十一、考察破例)のであるから、ここで述べられているのは明代後半期の制度だと考えられよう。

じっさい撫按が三年ごとに「その属の事状を通核し」て吏部に報告する、と定められたのは嘉靖二十二年で、『会典』十三、朝覲考察を見るに、この年「題准。朝覲の考察は、あらかじめ各該撫按官に行し（文書を送り）、三年内の所属大小官員をもって……各々手ずから考語を注し、密封して部に送り、もって考察に憑《よ》らしむ」とある。これは『実録』同年正月甲寅条の「各撫按等の官に詔し、通じて所属の大小官員の課第殿最をもって、彙《あつ》めて掲帖を造り、吏部に封送し、もって朝覲考察の斥陟《せきちょく》に備えしめ、永く定例となす」という記事と対応するものであろう。つまりまず吏部から『会典』にあるような奏請がなされ、これが認められて『実録』の詔となったわけである。

（4）　大計とは『周礼《しゅらい》』天官・大宰の「三歳には則ち羣吏《ぐんり》の治を大計してこれを誅賞《ちゅうしょう》す」を出典とすることば。三年に一度の勤務評定は、すでに見たとおり『尚書』舜典の「三載考績」以来、常にそうあるべきと考えられてきた伝統的理念であった。なお本志の書き方では、外察のみを大計と呼ぶという解釈が可能で、「明初これを行ない」という句からしても、あるいはそれが撰者の本意であるのかもしれない。さらに『周礼』の大計が三年一次であることも、そうした見方を裏づけそうだし、『清国行政法』によれば、清代における大計は京察と対概念をなし、たしかに外官のみを対象とするものであった。だがたとえ清代ではそうであっても、明代ではまた話が別となる。

たとえば『万暦野獲編』十一、六年大計には「京朝官は六年に一たび大計す」とあり、次段の注（3）に引く同十二、大計部院互訐《けつ》においても、その「大計」とは京察のことに他ならない。また同じ『明史』の中でも、巻一百八十一の劉忠伝には「京官を大計す」とある一方、同巻の丘濬《きゅうしゅん》伝に「（弘治）六年、羣吏を大計す」というのは外察で（『野獲編』十一、外官考察を参照）、つまりは京・外察ともに大計と称されていたわけである。ちなみに『野獲編』には「三年外計、六年内計」という句も見え（補遺二、外計及大京兆）、これも大計が京外を通じた名であることを傍証しよう。よってここでの訳文は、明代の現実に合わせたものとしておいた。

（5）「計処さるる者はまた叙用せず」とは、後に見るごとくたしかに遵守すべき成例であったが、いつからそうなったのかは、実のところはっきりしない。ただ『会典』十三、考察通例に云う、「凡そ考察されたる官員の奏弁。弘治八年奏准。もし黜《しりぞ》けられたる官員に考察に服さず、摭拾《せきしゅう》し（何やかやと理由をつけ）て妄りに奏する者あらば、発遣して民となす」と。考察の結果に対する抗弁や反駁は許されないということと、「また叙用せず」とは必ずしも同じくないが、処分の正当性が揺るがないのであれば、「黜けられたる官員」が復活を遂げるのは、通常ではまずありえぬこととなるだろう。

また嘉靖十四年、「考察伊《こ》れ邇《ちか》」くなった際に嘉靖帝は、特に「朝覲考察は国家黜陟の大典に係り、黜けられたる者は既に奏弁を容れず、またその身を終うるまで叙用するを許さず」と述べている（『実録』嘉靖十四年正月癸亥条）が、これも「不容奏弁」と「不許叙用」が密接に関わっていることを示していよう。結局「計処さるる者はまた叙用せず」が「永制」となったのは、「考察の法はじめて密にして厳し」くなった「弘治以後」ではないか、とひとまずはそのように推定できるわけである。
なお嘉靖十四年の考察では、「大計もて罷《やめ》らるる者は、例として永く用いず」であることを利用して、権力を握る張孚敬《ふけい》（即ち張璁。嘉靖十年に孚敬の名を賜った）は自らに逆らう「事を言うの諸臣」に対し、「おおむね計典に仮りてこれを錮《ふさ》がん（官界から追放しよう）と」したという（『明史』二百八、戚賢伝）。明末になると考察は往々政争の具と化し、相い争う党派間の対立をいっそう抜き差しならぬものとした（下文三七九頁の注（3）参照）のだが、これはそのさきがけと謂えるかもしれない。

洪武四年、工部尚書朱守仁に命じ、山東萊州等諸府の地方官を視察させた。六年には、御史台（後の都察院。洪武中年まで存在）の御史および各道按察司をして府州県官に過ちがないかどうか調べて摘発せしめ、その報告によって昇任や降格を決めた。これが考察の始めである。[1] 洪熙の時には、御史に命じて地方官を考察させると、命を奉じた者が私情を挟むことなしとしないことから、吏部尚書蹇義《けんぎ》に諭し、彼らが必ず公正に評価を行なうよう、きびしくいましめさせた。景泰二年、吏部と都察院が考察を行なったところ、免職にすべき者が七百三十余人となった。帝はそのうちに行き過ぎた処分が含まれているのではないかと懸念し、改めて大臣たちを集めて再調査させた結果、三分の一が職に留めおかれた。(2)成化五年、南京吏部右侍郎章綸・都察院右僉都御史高明が百官の考察を行なった。帝は各省庁責任者が一緒に署名していなかったことから、行き過ぎた処分があるのではないかと疑い、侍郎葉盛・都給事中毛弘に公正を旨として綿密に調べさせ、やはりいくらか改めるところがあった。(3)

洪武四年、命工部尚書朱守仁廉察山東萊州諸郡官吏。六年、令御史台御史及各道按察司察挙有司官有無過犯、奏報黜陟、此考察之始也。洪煕時、命御史考察在外官、以奉命者不能無私、諭吏部尚書蹇義厳加戒飭、務矢至公。景泰二年、吏部・都察院考察、当黜退者七百三十餘人。帝慮其未当、仍集諸大臣更考、存留者三之一。成化五年、南京吏部右侍郎章綸・都察院右僉都御史高明考察庶官。帝以各衙門掌印官不同僉名、疑有未当、令侍郎葉盛・都給事中毛弘従公体勘、亦有所更定。

(1)　洪武四年の「廉察」は『実録』同年十二月丙戌の条に見えるが、なぜ特に「山東萊州諸郡官吏」と指定されたのかなど、詳細は不明。なお『明史』一百三十八の朱氏本伝には「洪武四年、(工部侍郎より) 尚書に進み、命を奉じて山東の官吏を察し、旨に称《かな》う」とあって、「萊州諸郡」という限定はないのだが、これは単に表現を簡潔にしたものか。

洪武六年の「察挙」は『実録』洪武六年二月壬寅条に記され、『会典』十三、朝覲考察では、

「凡そ外官は不時に考察」する事例の首としてこの故事を引く。洪武四年の「廉察」が「山東萊州諸郡」だけのものであったことを考えれば、考察の起源を述べるという時には、『会典』にならって六年の事例から話を始める方がよいかもしれない。

（２）洪熙帝が考察につき蹇義を戒飭《かいちょく》したというのは、『実録』洪熙元年閏七月丁未条の記事による。また景泰二年の考察については、『実録』の同年正月丙辰条を参照。

（３）成化五年の考察については、『実録』同年正月丁卯条と閏二月己卯条を参照。それによれば、この時の考察を主持した章綸と高明はそもそも不和であって、章氏は考察の結果につき、高氏が「剛愎《ごうふく》自用」、「心懐《こころもち》不公」であったがゆえに問題ありと上奏するなど、混乱が生じていた。そこで改めて葉盛らが調査することとなったのだが、結論としては「考察すでに定まりたれば、恐らくは紛更しがたし」ということで、実際には「また更定する所あり」とはならず、章高両氏も「姑《しばら》く置きて問わず」、格別のお咎めなしとなった。つまりこの時には再調査こそ行なわれたものの、処分の変更はなかったのである。

ちなみに『万暦野獲編』十二、大計部院互訐（「互訐」とは互いに非難しあうの意）はこの事件につき、「察事すでに竣《おわ》り、（考察を主持する吏）部（都察）院また自ら相い攻め」たとは「まことに向来いまだ有らざるの事」であったと評している。つまりこの事件は「また更定する所あり」の例でこそないものの、当時の官界における前代未聞の一大話柄ではあった。なお『野獲編』は「成化四年冬、星変をもって朝臣を察す」としてこの事件を記すが、これはやや誤解を招きやすい書き方であろう。たしかに、災異のゆえに「京官を考察」したことは『実録』

成化四年十月丁未条に記されているのだが、それは北京の話であって、南京官の考察は、すでに見たとおり翌五年正月のことであった。

弘治六年には、考察により罷免すべしとされた者が千四百人、さらに（官界底辺の小官群たる）雑職も千百三十五人がこれに該当となった。これにつき帝が申されるに「方面（布按二司諸）官と知府については必ず具体的事実を指摘すべきで、無内容な一般論によって咎《とが》なき者を誤って処分するようなことがあってはならない。また知府・州以下で在任期間が三年未満の者についても、すべて詳細に調査して上奏せよ」と。（吏部）尚書王恕らはつぶさに報告して承認を請い、府州県官のうち貪欲で人品卑しく民に災いをもたらしている者は、任に就いて日が浅くとも罷免しないわけにはいかないとした。だが帝はなお人材は得がたいとして、おことばを降して諄々と諭され、多くの者を許し、罷免と決まりながら職に留まった者が九十余人にのぼった[1]。さらに給事中・御史が次々と上奏し、見逃された者および官を退くべきでありながら留まっている者を罷免するよう請うと、また吏部に具体的事実を指摘するよう命じられた。王恕は各官に付された評価と吏部自らの調査結果を上奏して報告したが、帝はなお評価を必ずしも確かでないとし、もう一度詳しく調べるよう命じられた。恕は自らの意見が容れられず、また自分を中傷している者がいるのではないかと疑ったことから、ぜひとも官を退きたいと願い出（て致仕し）た。[2] 十四年になって、南京吏部尚書の林瀚《りんかん》がこう言った。「地方の布按二司・知府以下の官については、みな三年に一度考察を行ない、両京および地方の武官についても、五年に一度考選（武官の考察）を行なうのに、ただ両京の五品以下の官のみは、十年たって始めて一度考察を行なうだけであり、これは制度としてあまりに粗略であります」と。これに対しおことばが下り、吏部がまた瀚の提案のとおりにするのがよいと回答し、かくて京官は六年に一度考察を行なう、という規定が定まった。[3]

弘治六年、考察当罷者共一千四百員、又雑職一千一百三十五員。帝諭、方面知府必指実跡、毋虚文泛言、以致枉人。府州以下任未三年者、亦通核具奏。尚書王恕等具陳以請、而以府州県官貪鄙殃民者、雖年浅不可不黜。帝終謂人才難得、降諭諄諄、多所原宥、当黜而留者九十餘員。給事・御史又交章請黜遺漏及宜退而留者、復命吏部指実跡。恕疏各官考語及本部訪察者以聞、帝終以考語為未実、諭令復核。恕以言不用、且疑有中傷者、遂力求去。至十四年、南京吏部尚書林瀚言、在外司府以下官、倶三年一次考察、両京及在外武職官、亦五年一考選、惟両京五品以下官、十年始一考察、法大闊略。旨下、吏部覆請如瀚言、而京官六年一察之例定矣。

（1）弘治六年の考察は外察で、その結果などについては『実録』同年正月己丑の条に記されている。また「まさに黜《しりぞ》くべくして留まる者九十余員」については、下記の注（2）を参照。さらにここに登場する「雑職」であるが、これは官界の底辺に位置する九品から未入流の小官職群で、『会典』一一〜四の官制に記載される「所属衙門」（各官庁の下に設置されている特定職掌部門）の諸職がこれである。具体的に言えば、たとえば布政司衙門では倉・庫、また織染局など諸局の大使（従九品）、副使（未入流）など。

なおこの時の考察で、弘治帝が「府州以下の任いまだ三年ならざる者も、また通核して具奏せよ」と命じているのは、彼らも「三載考績」に当てはまる他の者と同様に処分すべきだ、と考えたからではなく、その逆である。つまり王恕は「年浅しと雖も黜けざるべからず」と主張したのに対し、帝は「凡そ百官の考満は……必ず九年を待ちて、然る後に黜降す。今あるいは一人の無根の言に因りて、遂にその勤を積みて得る所の官を革《あらた》めるのは「治世のよろしく有るべき所」でないので、「任に到りていまだ二（三？）年に及ばざるは、老疾・貪酷顕著なる者にあらざれば」みな留任（『実録』）にしようとしたのであった。つまり「通核」によって「老疾・貪酷顕著」と判定されなければ、免職とされていた者もすべて処分なしとなるわけである。

（2）この一節は『実録』弘治六年二月戊午の条に拠っていて、そこにこう言う。王恕は正月に「天下の官を考察し、奏上して黜けんことを請うも、中旨もて（お上じきじきの沙汰で）また留まる者九十余員」となったことから、自陳して罷免を請うていた。「既にして（ほどなくして）科道またこもごも章し、遺漏およびよろしく退くべくして留まる者を黜けんことを請う。また吏部に命じて実跡を指さしむ。恕は詳しく各官の考語および本部の訪察せし者を疏して以聞」したが、「ただ考語に憑《よ》るのみなるは、恐らくはいまだ実となさず」と、なおも吏部による追加調査を命じられ、「ここにおいて恕は言の用いられざるを知り、かつ当道に悦ばざる者ありて、ことさら計をもってこれを窘《くる》しむるを疑い、去らんことを求むること益々力《つと》め」、閏五月乙卯に至りついに致仕した（『実録』同日条）、と。

　王氏が辞任を余儀なくされたその背景には、彼のことを悦ばざる「当道」の存在があった、少なくとも王氏自身はそう「疑」っていたというが、その指すところは丘濬《きゅうしゅん》であるに違いない。このことについては『明史』一百八十二、王氏本伝に簡にして要を得た叙述があるほか、さらに『万暦野獲編』十一（この巻第は中華書局本に依るものだが、引文の文字には一部旧鈔本に拠って改めたところがある）、外官考察にこう云う。

　「この時、王三原（恕）は太宰（吏部尚書）たりしが、すでに上の疑う所となり、故に大典（考察）もまた中格せらる（途中で阻まれてしまった）。その（もと「且」に作るが、旧鈔本に拠って「其」に改む）旨中の「人材は得がたし」云々は、みな『大学衍義補』中の語（巻十一、厳考課之法にほぼ同趣旨の記述あり）にして、丘文荘（濬）次揆（次席内閣大学士）たりて擬する所の旨なり。……閣臣丘濬上言すらく、唐虞《とうぐ》は三考（もと「載」に作るが、旧鈔本に拠って改む。三考は九年）にして黜陟したるに、今は官に居ることいまだ半載ならずして斥けらるる者あり。いたずらに人の言を信ずるも、いまだ必ずしもみな実ならず。唐虞の法（もと「言」に作るが、旧鈔本に拠って改む。下文で言及する黄佐撰の伝でも「法」）にあらず、また祖宗の制にもあらず、と。上その言を然りとし、故をもっていまだ三載ならざる者はともに留用せる。この事は『実録』載せずして、これを黄泰泉（佐）つくる所の丘文荘志（とあるが『献徴録』十四に収められるのは「伝」）の中に見る。見るべし丘の王三原を排するは、特《ただ》に（この年、王氏を誣告した）劉文泰の疏のみにはあらざるを。史竟《つい》に丘のためにこれを諱《い》む」と。

なお王氏が「各官の考語および本部の訪察せし者を疏して以聞」したが、帝は「考語をもっていまだ実となさ」なかったというのは、通常で言うなら、吏部はまったく各官の考語に依拠して考察を行なうのであって、その「本部の訪察せし者」とは、よほど特別な場合にのみあることだからである。このことにつき、万暦初年の吏部尚書であった張瀚は云う、「庶官（在京の百官）藩臬《はんげつ》（布按二司）、下は郡邑（府県）の守丞（正副官）に至るまで、ことごとく考語に憑《よ》りてもって黜陟をなし、検閲を労となす」（『松窗夢語』八）と。だいたい全国各地の、千人単位の考察を行なうに際し、その一々につき「本部の訪察」を行なうなど、絶対に不可能なことに違いない。

（3）林瀚の提案とその結果については、『実録』弘治十四年閏七月癸未の条に記されており、詳しくは本冊三五七頁、「考察の法」についての注（1）参照。また同注に記したとおり、十四年に一度は認められた六年一考察の制であるが、その後これはうやむやになってしまい、十七年にまた同様の提案がなされた際にも、現行の「十年考察の例」では「多く漏網を致す」のでこのように改めるべきだ、と主張されていた。しかも当初、この提案は却下され、「仍《な》お旧例に照らし、十年に一次考察す」となっていたのである。

京察の六年一次挙行は、上記の注ですでに述べたとおり、「弘治十七年奏准」として定まった。だがそう決まる前には「近ごろ累《かさ》ねて会議し、五・六年に一次とせんと欲すれど、倶《とも》に旨を奉じて旧に照ら」せと命じられていたのである。それがなぜ突然「今後は六年ごとに一次とし、著して令となせ」となった（『実録』同年六月乙亥条）のか、確かなところは未詳。ただ言えるのは、当時は考満の意味がようやく軽くなり、それに反比例して考察が重視されるようになっていった、その転換期に在ったということで、京察の厳密化は明らかにこの流れに沿うものであった。

京察の歳、大臣は自陳することとなる。そして致仕か留任かが決まった後でも、その仕事ぶりに指摘されていない問題があれば、給事中・御史が弾劾し、これを拾遺と謂った。拾遺で攻撃の対象となれば、これを逃れおおせる者はいなかった。(1) 弘（治）正（徳）嘉（靖）隆（慶）の間、士大夫は恥を知り名誉を重んじていたので、察典に引っかかることを一生の汚点だと見なしていた。(2) それが万暦年間に至ると、内閣の大臣が時に一、二人を庇《かば》って職に留まらせ、考察の制度をゆがめたことから、官界に水火相容れない対立が生じ、辛亥・丁巳（三十九・四十五年両京察）の時にはもっとも激しいものとなったが、この事については（『明史』

の）関係列伝中に詳しい。[3] 朋党が相い争うという政局構造ができてしまうと、お互いに報復するばかりで、それは国が亡びるまで続いたのであった。

京察之歳、大臣自陳。去留既定、而居官有遺行者、給事・御史糾劾、謂之拾遺。拾遺所攻撃、無獲免者。弘・正・嘉・隆間、士大夫廉恥自重、以掛察典為終身之玷。至万暦時、閣臣有所徇庇、間留一二、以撓察典、而羣臣水火之争、莫甚於辛亥・丁巳、事具各伝中。党局既成、互相報復、至国亡乃已。

（1）本志の叙述を卒爾に読むと、拾遺とは大臣自陳のみを対象とするかに誤解されかねないが、じっさいは京外両考察すべての遺《のこ》りたるを拾うものである。このことは『会典』二百十三の六科・吏科の項に「凡そ外官の三年考察、京官の六年考察・自陳の後、本科の官は各科と具奏して拾遺す」とあるのを見れば、ただちに理解されよう。ただし京官の六年考察および大臣自陳がようやく制度として定着するようになるのは、すでに見たとおり弘治末年からであり、よって拾遺の制もその後になってはじめて確立したものに違いない。

拾遺の起源につき『春明夢余録』二十五、六科は、前段注（1）で引いた『実録』弘治六年正月己丑条の上諭を取り上げてこう謂う。この上諭はこれ以後の朝覲考察に際し、「その科道官は必ず吏部の考察の後、当を失する者（「者」字は『実録』に拠って補う）あるを待ちて、はじめて名を指して糾劾するを許す」と言っているが、「これ計後拾遺の例なり」と。また前引の『実録』同年二月戊午条には、「既にして科道またこもごも章し、遺漏およびよろしく退くべくして留まる者を黜けんことを請う」とあるから、「考察の後」の科道官による「糾劾」は、この時たしかに行なわれていた。

しかも前段注（3）で言及した『実録』弘治十七年六月乙亥条には、ある給事中の言として「科道の設くるは、まさにもって闕を補い遺りたるを拾い、欺蔽を挙正せんとす。ここをもって考察の後に当たるごとに、例として必ず糾正す」と記されており、これからすれば、考察拾遺の制は弘治六年に始まる、と言ってよさそうである。

だがそれは朝覲考察、すなわち外察に限った話であって、京察、また大臣自陳まで含めて言うなら、拾遺が制度化されるのはもっと後のことになる。実を言えば、「考察の後」の「糾劾」ということ自体からして、完全に定着するのは弘治十七年以後の話であった。というのもこの時の六年一考をめぐる議論では、当初、両京科道官に京察を行なわせてはどうか、と提案されていたからである（前引『実録』弘治十七年六月乙亥条）。結局『会典』の規定が成立するのは、最初にも述べたとおり弘治末年以降のことであるだろうし、『実録』に拾遺に関する具体的な記事が見つかるのは、嘉靖帝即位後の正徳十六年七月己未条からなのである。

なおその正徳十六年京察の拾遺では、右都御史張綸以下十七人が糾劾されたのであるが、「旨を得」て致仕等の処分を受けたのは九人のみで、それ以外の八人は「みな留用」となった。このように拾遺の対象者が留用となるのは、実のところまったく通常のことであって、たとえば嘉靖二年外察の拾遺では、科道官が「不職の者二十三人を劾奏」したところ、「吏部覆議」では免職が二人、調用（異動）が三人、その他は「ともに留用と擬」され、なお議論があったものの、結局はこれに「陞職致仕」（参政に布政使の肩書きを与えて退職させる）が二人加わっただけであった（『実録』嘉靖二年二月庚辰条）。

さらにその次、嘉靖五年外察の拾遺でも、各省の参政、副使等二十二人が劾奏されたのであるが、うち二人は「みな学行優長にして、厳をもって謗《そし》りを召」いた（厳格であったために恨まれた）にすぎないと判定され、その他の八人も「仍《な》お留めて職を供せしむ」となった（『実録』嘉靖五年正月辛亥条）。つまり志文の「拾遺の攻撃する所、免るるを獲る者なし」というのは、事実と符合しないわけである。ただし拾遺で槍玉に挙げられるとただでは済まなかった、なかなか面倒なことになった、くらいに解釈しておくとすれば、なんとか話が通らないこともないかもしれない。

（2）　弘治より隆慶に至る間の士人が「廉恥もて自ら重んじ、察典に掛かるをもって終身の玷《きず》とな」していたとは、何か具体的な根拠があっての叙述というより、明代中期、特に弘治ごろの風気が樸実淳美であった、という明末以来の定型化された見方によるものであろう。そうした評価はあれこれの文献に見られるが、たとえば顧起元『客座贅語』一、正嘉以前醇厚などはその典型。

またそもそも、内外考察の制が整うのはほぼ弘治中からであり、よってここの叙述が弘治から始まるのは当然、また万暦に至れば考察が政争の具となる、といった事態が生じたわけで、ゆえに隆慶を下限にもってくることもこれまた当然となる。当時の官僚が本当に「廉恥自重」であったかどうかはともかく、この間にはさほど大きな混乱なく考察が実施されていた、というのはほぼ事実と認められよう。

（3）万暦中の考察における「羣臣水火の争い」とは、内閣と外廷「清議」派との争いを謂い、その集中的表現が東林・反東林の党争である。この点につき文秉《ぶんぺい》『定陵註畧』三は「門戸の禍は、癸巳（二十一年京察）に決裂し、乙巳（三十三年京察）に燎原たりし（野原を焼く勢いとなった）が、みな輔臣よりこれを尸《つかさど》る」と云う。ちなみに「門戸の禍」が「癸巳に決裂」したというのは、谷応泰『明史記事本末』も同じ見方で、その巻六十六、東林党議の叙述はまさにこの時の京察に始まる。

さらに「辛亥・丁巳より甚だしきはなし」について言うと、文秉は同前書九、辛亥大計の章でそのいきさつを述べた後、同十、丁巳大計で「これより前は門戸互いに立ち、左右分袒するも、……剝復《はくふく》の関（陰が極点に達し陽が伸長しはじめる転換点）なおいまだ抉《けつ》せざるなり。……丁巳の察、正人屏逐せられてほとんど尽き、ほとんど剝極まるの会なり」と言っている。万暦末年の京察が「水火の争い」の頂点だったとは、評価というより事実である、と謂ってもよいだろう。なお「事は各伝中に具わる」の「各伝」であるが、辛亥については『明史』二百二十四、孫丕揚伝など、丁巳については同二百二十五、鄭継之伝などを謂っている。

Ⅳ　武職

兵部はおよそ四司からなり、うち武選司は任免をつかさどり、職方司は軍政をつかさどっていて、その職務はとりわけ重要である。[1] およそ武職衙門《がもん》とは、京師の五軍都督府・留守司、地方の各都司・各衛所、および三宣・六慰をいう。（中央から任命される）流官には八等あり、都督（正一品）および同知（従一）・僉事《せんじ》（正二）、都指揮使（正二）・同知（従二）・僉事（正三）、正・副留守（正二・正三）がこれである。世官（世襲の官職）は九等で、指揮使（正三）および同知（従三）・僉事（正四）、衛・所鎮撫（従五・従六）、正・副千戸（正五・従五）、百戸（正六）、試百戸がこれである。[2] 直隷と各省（南北両京と十三省、すなわち全国）には都指揮使司が二十一、留守司が二、衛が九十一、守禦・屯田・群牧千戸所が二百十一ある。これ以外は苗蛮の土司で、彼らもみな兵部で任官手続きをした。[3] 永楽初年に三大営（京営）を増設してからは、それぞれに管操官（操練を掌管する各営司令官、すなわち「提督」）を設け、それぞれの（営を構成する下位区分たる）哨には分管の坐営官と坐司官があった。[4] 景泰中には、団営を十設け、ほどなくしてまた二つを増設し、その各々に坐営官がいたが、みな帝の信任する近侍の大臣に特命を下して管理監督せしめたもので、兵部が銓衡するところではなかった[5]。

兵部凡四司、而武選掌除授、職方掌軍政、其職尤要。凡武職、内則五府・留守司、外則各都司・各衛所及三宣・六慰。流官八等、都督及同知・僉事、都指揮使・同知・僉事、正副留守。世官九等、指揮使及同知・僉事、衛・所鎮撫、正・副千戸、百戸、試百戸。直省都指揮使二十一、留守司二、衛九十一、守禦・屯田・羣牧千戸所二百十有一。此外則苗蛮土司、皆聴部選。自永楽初、増立三大営、各設管操官、各哨有分管坐営官・坐司官。景泰中、設団営十、已復増二、各有坐営官、倶特命親信大臣提督之、非兵部所銓択也。

(1)『会典』一百十八に「その属、初めは司馬と曰い、職方と曰い、駕部と曰い、庫部と曰う。後(『実録』によれば洪武二十九年八月庚戌)、司馬を改めて武選となし、駕部を車駕となし、庫部を武庫となし、職方は旧に仍《よ》り、ともに清吏司と称す」とあり、武選司については「武官の陞調《しょうちょう》・襲替・優給・誥勅《こうちょく》・功賞の事を掌る」、また職方司については同一百二十四に「天下の地図、および城隍《じょうこう》(城壁と堀)・鎮戍《ちんじゅ》・営操・武挙・関津《かんしん》を巡邏するの政を掌る」とある。ちなみに車駕は儀仗や駅伝、また馬政などを(同一百四十)、武庫は兵員壮丁や物資の管理、輜重《しちょう》業務などを担当(同一百五十四)する。

（2）武職衙門のうちわけについては、『会典』一百十八、官制に『諸司職掌』による記述がある。なおここで最後に挙げられている「三宣六慰」は土官（在地の首領が世襲する官）衙門で、その「宣」は宣撫司（従四品衙門）、「慰」は宣慰使司（従三品衙門）を謂うが、実のところ「三宣六慰」というのは決して本来のあり方ではなかった。

『万暦野獲編』補遺四、土司の緬甸《めんてん》（ビルマ）盛衰始末に云う、「雲南の統《す》ぶる所、府州県より外、声教を被る者およそ九宣慰司・七宣撫司あり。その……三慰は久しく緬の奪う所となり、滇《てん》中（雲南）のもって調遣すべき者は、ただ車里等の五夷、緬甸をあわせて六夷たると、南甸等の三宣撫のみ。今日に迨《およ》び至りては、三宣六慰はことごとく緬の輿図中に入る」と。つまり本来は「九宣慰司・七宣撫司」であったものが、緬（緬甸）の勢力増大によって「三宣六慰」となり、さらに万暦後半年に至ればそれも名存実亡、実体をともなわない名ばかりのものとなっていたのである。

ちなみに六慰とは、『万暦野獲編』同上、六慰によれば車里・木邦・緬甸・麓川平緬（もとの孟養）・八百大甸・老撾《ろうた》（ラオス）のこと。また三宣は同上、緬甸盛衰始末に「隴川《ろうせん》・干崖・南甸三土司」、『明史』三百十五、木邦伝には「隴川・南甸・干崖三宣撫司」と見えるのがこれ。

「流官八等」と「世官九等」については『会典』一百十八、陞除に記載され、その最後に「流官は世職をもって陞授し、後には武挙をもって兼ねて用うと云う」とある。また訳文中に参考のため附記しておいた品階は、同上、官制の武官額員及資格に拠った。

（3）ここにいわゆる「衛九十一、守禦・屯田・羣牧千戸所二百十有一」とは不可解な記述で、

『会典』など信頼すべき他の文献と符合しない。まず『会典』であるが、その一百二十四、都司衛所には「都司二十一処（旧《もと》一十七処）、留守司二処（旧一処）、内外衛四百九十三処（旧三百二十九処）、守禦・屯田・羣牧千戸所三百五十九処（旧ただ守禦千戸所六十五処あるのみ）」とあって、志文とは大きく異なる。またここで「旧」と言っているのは、正徳『会典』一百八、城隍の項に記されるところを承けており、さらに溯れば『諸司職掌』に至る。ちなみに『明史』兵志二は、まず「洪武二十六年定」として『諸司職掌』の数字を記し、ついで「後に定」めたところとして万暦『会典』の数字を載せており、さすがに周到である。

ここの記述は『会典』にも『諸司職掌』（ないし正徳『会典』）にも拠っていないのであるが、ならばこの数字はどこから来たものであろうか。おそらく『春明夢余録』であろう。その巻四十二に「都指揮使司二十一、留守司二、衛百九十一、守禦・屯田・羣牧千戸所二百十有一」とあるからである。むろん『夢余録』の「衛百九十一」が志文で「衛九十一」となっているのは、前者を鈔録する際その「百」字を落としてしまった、と考えるわけである。

だがそれにしても、文官の問題については常に参照していた『会典』を調べず、たまたま目に入ったのであろう『夢余録』を用い、あまつさえ写し間違いまであるというのは、いったいどういうことであろうか。それはたぶん本志（より正確には本づくところの『明史稿』）の撰者、ひいては一般読書人の武官に対する軽視、関心の薄さを表わしているのだろう。そして以下にもまま正確を欠く、あるいは誤解を含む記述が見られるのは、まさにこの態度のゆえ、武に対する軽視のゆえに相違あるまい。

土司とはすでに述べたとおり、在地の首領が世襲する宣慰使以下の諸官であるが、それが「みな部選を聴く」というのは、士兵を領する土官が代替わりする際には、兵部に届け出てその承認を得なければならず、手続きとしては「部選」を経るということになることを謂う。ちなみに兵員を帯領せず、民政のみを担当する土官の代替わりは吏部で管理される（『会典』六、土官承襲）。

（4）三大営（五軍・神機・三千）が「永楽初」に置かれたとは、『会典』一百三十四、京営に「永楽初、既に五軍営あり、また三千営、……神機営あり、……名づけて三大営と曰う」とあることによる。ただし『明史』職官志五は「永楽二十二年、三大営を置く」と言っており、『弇山《えんざん》堂別集』八十九、兵制考も「（永楽）二十二年、北征す。……既に京師に帰れば、則ち五軍大営となる」と言っていて、五軍営を永楽二十二年、すなわち永楽最後の年の創設と見ているらしい。

実のところ『会典』の説は、正徳『会典』一百十一、大営の記述にもとづいていて、決して明末になって突然登場したのではないし、またそれは正徳・万暦両『会典』の記事であれば、軽々には否定しがたい重みをもっていよう。しかし「永楽初」というのはすこぶる曖昧であるのに対し、二十二年説の方は北征の終了後、その部隊が京営として北京に常駐するようになったということで、いかにもありうべきことのように思われる。よってもし職官志の方が正しいのであれば、ここの「初」は「末」に改めるべきだとなろう。

また管操官云々のくだり、標点本は「各哨有分管・坐営官・坐司官」とするがよくない。ただしこれは標点本の誤りと謂うより、むしろ志文の剪裁が宜しきを得ていない、と謂った方がよいかもしれない。『会典』同上の「旧三大営制（永楽中に定む）」に云う、「管操官は提督と曰い、各哨の分管官は坐営と曰い、坐司と曰い、ともに兵部奏請し、公・侯・伯・都督・都指揮の内において推選す。後には兼ねて内臣（宦官）を用う」と。さらに『明史』職官志五にはこう云う、「三大営、……営ごとにともに勲臣二人を選びてこれを提督せしむ。その諸営の管哨・掖官は、坐営と曰い、坐司と曰う（各哨・掖官も、またおおむね勲臣をもってこれとなす）」と。

なお先に引いた『会典』の下文には各営の構成が記されているが、それによれば五軍営は全体を総《す》べる者として「提督内臣一員、武臣二員」がおり、その下に大営（提督直属ということか）の坐営官一員、および中軍・左右哨・左右掖の各々にやはり坐営官一員が設けられていた。三千営は「提督内臣二員、武臣二員、……坐司官五員」、神機営は「提督内臣一員、武臣一員」で、五軍営と同じく中軍・左右哨・左右掖の各々にやはり坐営官（内臣・武臣各一員）を置く。

つまり志文は、本来であれば『会典』の「管操官曰提督、各哨分管官曰坐営、曰坐司」をそのまま用いるか、あるいはさらにことばを足して「各哨・掖分管官」とでもすべきところを、内容にはあまり関心をもたぬまま、あるいはよく理解していないまま、ただ簡略化することのみにつとめた結果、容易に誤解を生むであろう叙述になってしまったわけである。

なお三大営につき本志が述べるのは、「永楽中に定」められた「旧」制だけであるが、『会典』には「嘉靖間に定」められた「今定（現行）京営制」も記されている。本志が明代前半期の制度のみを記して後半期のそれを無視するのは、やはり適当とは謂いがたいであろうから、その不足を補うべく、以下に『会典』に見える「今定」制度の概略を記しておく。

　まず下文で述べられている景泰中新設の団営は、嘉靖二十九年に廃止され、また「三千営を更《あらた》めて神枢営と曰い、その三営の司・哨・掖等の名、およびもろもろの内臣はともに裁革し、統《す》ぶるに大将一員をもってし、総督京営戎政《じゅうせい》庁と曰い、印を給して「戎政之印」と曰う。佐《たす》くるに文臣一員をもってし、協理京営戎政と曰い、その下に副（将）参（将）等の官二十六員を設」けた。そしてその後は、『明史』職官志五によるに、隆慶中の一時期、総督を提督にもどすといった変更もありはしたが、基本的には総督京営戎政と協理京営戎政を京営の司令官としたのであった。

（5）　団営についても『会典』（同上）に記述があってこう云う、「景泰の初め、大営の精鋭官軍を選び、十営を分立して団操し、もって警急の調用に備えしめ、名づけて団営と曰う。……本（兵）部尚書あるいは都御史一員に命じて提督せしむ。天順の初め罷《や》められ、八年復《ま》た置き、成化の初め罷められ、三年復た置き、分かちて十二営となす」と。

　これによれば、団営は三大営とは異なり、「親信大臣」ならぬ兵部尚書か都察院都御史をその提督とするのであった。また上記注（4）で述べたとおり、団営は嘉靖二十九年に廃止された。このほか、「親信大臣」を京営の提督とするというのは、「公・侯・伯・都督・都指揮」から選任するということだが、彼らとともに、あるいはより重要なものとして、「後には兼ねて内臣」（宦官）が任命されていたという点、これを本志が述べないのは、ことさら避けたのかもしれないが、いかにも不適当であろう。

すべて大選（武選司による通常の授官・昇進）は、履歴、風采、才能徳行、父祖への官爵授与、父祖からの官爵相続によって行なわれる。任官への途径《みち》は四つ、世襲、武挙、行伍（兵卒）からの出身、納級（捐納《えんのう》）である。(1)そのかみ、武職はおおむね創業の功臣たちによって占められていたが、太祖は彼らが好き勝手にふるまうことを心配し、『武士訓戒録』『大誥《たいこう》武臣録』を頒行したのであった。(2)後になると将材（優れた軍事的才能をもつ者）の推薦、三年に一度の武挙、六年に一度の会挙（両京武学の優秀者選抜）、毎年の薦挙をもまじえ用い、すべて兵部に主管せしめて叙任した。(3)だが時がたつとこの制度は機能しなくなり、選任はいい加減となって、正徳中には功を偽って昇進した者が三千人あまりもいることとなった。(4)

凡大選、曰色目（脚色）、曰状貌、曰才行、曰封贈、曰襲廕。其途有四、曰世職、曰武挙、曰行伍、曰納級。初、武職率以勲旧、太祖慮其不率、以武士訓戒録・大誥武臣録頒之。後乃参用将材、三歳武挙、六歳会挙、毎歳薦挙、皆隷部除授。久之、法紀隳壊、選用紛雑、正徳間、冒功陞授者三千有奇。

（1）『会典』一百十八、陞除に「凡そ大選。宣徳三年、武選条式を奏定す。一脚色、二状貌、三才行、四封贈、五襲廕《しゅういん》。仍《な》お残疾ありやなきやを具《そな》え、親管および同僚・同隊ならびに首領官より保勘し、もって稽考に憑《よ》らしむ。（近例は多く同じからず）」とあり、志文はこれに拠る。ただしこれは明初の制度であって、「近例は多く同じからず」なのだが、その「近例」については省略、というよりは分からない、ないし調べていない、ということなのだろう。また志文の「色目」は『明史稿』の文字を襲ったものながら、明らかに「脚色」の誤りである。「脚色」とは履歴のことであるのに対し、「色目」は種類とか名目といった意であり、それでは意味が通らない。

武官への途径については、『実録』万暦十四年六月乙丑条に「兵部題すらく、武職進身の途は大約四あり、曰く実（同じshi音である「世」字の誤）職、曰く武挙、曰く行伍、曰く納級。四途の中、実（世）職・武挙はもと正途に係り、行伍より起家せるは類《おおむ》ね実効多きを除き、その身を致すこと夾襍《きょうざつ》にして、干進大《あま》（太）りに易《やす》き者は、則ちただ納級のみ、最も倖門と称せらる」とあり、志文はこれに拠っていよう。

この四者のうち世職は武官出身の基本であり、武挙については本志二の末、本冊一三七頁以下を参照。行伍とは兵卒から士官に昇進することで、平時においても『会典』一百三十五、挙要将材に「宣徳五年令し、天下の都司・衛所は所属の官および行伍の内において、歳ごとに智勇廉能の者一人を選び、京に送りて試用せしむ」とあり、少なくとも制度上ないし形式的には、「行伍」にも士官昇進の途が開かれていた。納級というのは武職についての捐納で、正統四年に始まった（『実録』同年七月壬戌条）。それ以後の変遷など、より詳しくは曹循「明代武職納級述論」（『古代文明』五―一、二〇一一）を参照。

（2）ここでは「武士訓戒録・大誥武臣録」となっているが、頒行の次序は後者の方が先で、『実録』洪武二十年十二月の末に「この月、武臣に大誥す（大いに誥《つ》ぐ）。上、中外の武臣は多く出づること戎（一本では「行」に作る）伍よりし、憲典を知るなく、故に為すところ往々にして法に麗《かか》（罹）るをもって、乃《すなわ》ち親しく大誥三十二篇を製《つく》りてもってこれに訓《おし》え、……これを中外に頒《わ》かち、永く遵守をなさしむ」と云い、また同二十一年十月乙丑条には「『武士訓戒録』を頒かつ。時に上、将臣は古《いにしえ》者の善悪成敗の事において通暁するところ少なきをもって、特に儒臣に命じて申鳴・鉏麑《しょげい》・樊噲《はんかい》……等（いにしえの武人）の為すところの善悪を編集して一編となし、（教養なき軍人のため）釈《と》くに直辞（口語）をもってせしめ、武職に涖《のぞ》む者をして日々に講説に親しみ、勧戒を知らしむ」とある。

なおこの二書、『大誥武臣録』の方は北京・国家図書館に明初刊の単行本が蔵されている外、国立公文書館蔵明刊本『皇明制書』中にも「凡そ三十二条」すべてが収められていて、その影印本（古典研究会、一九六七）が通行し、さらに伝鈔本の影印本もあることから、容易にその内容を知ることができるが、『武士訓戒録』の方はどうも流伝が絶えているらしい。太祖の「聖訓」となれば、後世に至ってもそれ相応の扱いを受けたのに対し、「武士」を対象とする口語の教訓書では、士人はまったく問題にせず、誰からも注意されぬまま佚亡してしまった、ということなのであろう。

（3）　武官への途径は上文ですでに述べられているが、ここでは本来の制度たる世職を補うものとして、能力による選抜につきより詳しく紹介している。そのうちまず将材について言えば、『会典』一百三十五、挙用将材の項に「凡そ武官の旨を奉じて陞任する者は、……武選司に属（嘱）して挙行せしむ。もし謀勇衆に出で、累《しき》りに薦挙を経たる者にして、資格に拘《なず》みがたければ、即ち不次に超遷せしむ。……みな職方司に属す」とあり、宣徳五年以下の事例を列挙している。

この『会典』の説明によれば、挙用将材の制はすでに武官となっている者のみを対象とするようだし、現実問題として考えてみても、ただの平民を推薦するというのは、よほど特殊な例外であるだろう。しかしその事例のうち、たとえば正徳『会典』一百十二、選用将材の項に記される正統八年令（万暦『会典』には記載なし）では「軍・民の中、軍謀勇力ある者」を推薦せよと述べられているし、万暦『会典』でも成化八年令以下、明末に至るまで、時として「文武官員軍民人等」や「軍民職官、山林草野」を推薦の対象に挙げている。つまり現実はともかく理念から言えば、挙用将材の対象はひろく「軍・民」一般に及ぶべきであった。

またやはり理念から言うと、宣徳五年令では「天下の都司・衛所をして、所属の官および行伍の内において、歳ごとに智勇廉能の者一人を選ばしめ、京に送りて試用」するとなっていて、将材推薦は毎年行なわれるべきでもあった。しかしながら、理念ではなく現実から言えば、この制度にどれほどの実効があったのかはきわめて疑わしい。明代前半期を通じて、士官任用の基本は世襲でありつづけたし、正統八年令以下になれば、「毎年」の文字は見られなくなるのである。また将材の推薦がやや多く実施されるようになったらしい嘉靖以降に在っても、この制度が実際に役立ったという話は一向に伝わっていない。つまりそれは、ほとんど象徴的な意味を有するにすぎなかったのであろう。

武挙については注（1）で述べたごとく、本冊一三七頁以下を参照。会挙というのは十年に一度、後には六年に一度、両京武学の学生を選抜して京営、あるいは辺鎮などに送って研修させ、成績優秀であれば官に取り立てるという制度。本書上冊二二九頁以下に記したとおり、北京の武学は正統六年、南京の武学は同七年に設立が決定されたのだが、北京武学は景泰三年に一度廃止され、天順八年に至ってようやく復活するという曲折を経ており、正統より天順に至る間、すでに会挙の制が実施されていた、ということはありそうにない。

武学が安定的に運営されるようになったのは成化初年からで、この時に「申定（上申して決定）」された「教条」が『会典』一百五十六、武学の項に載せられており、そこに云う、「一、幼官（年少の武官子弟）・武生の考験に累《かさ》ねて優等に居る者は、十年に一次、本（兵）部、総兵官と会同し、各営各衛に挙送し、坐営・把総（京営の将校で、提督、掌号頭官の下に位置）、掌印軍政（各衛の長だが、おそらく官は僉事クラスで指揮使ないし指揮同知の印務を護理「下級が上級を代行」する差遣であろう）の員欠に遇有せば、相兼ねて選用し、その余はことごとく黜退を行ないて別に選ぶ」と。つまり会挙というのは兵部が「会同総兵官挙送」することで、成化初年に始まったと考えられよう。

なお成化「教条」に定められた会挙は「十年一次、……各営各衛に挙送」するものであったが、『会典』同上には正徳「十六年題准」として「京衛武学の会挙に中式《ごうかく》せる官舎（幼官・舎人＝武官の長子でまだ襲替していない者）は、各辺の巡撫衙門に送り、各総兵官に転送し、……与同《とも》に方略に賛画せしめ、礼をもって相待ち、功あらば例に照らして陞賞せしむ。五年にして功なくんば、各々原営・衛・所に還して職を供し襲替せしむ」という事例も載っている。

この正徳十六年例は、『実録』では同年十二月戊子条に見え、「両京武学に命じ、旧例のごとく六年（ごと）に会挙し、各辺鎮に送りて方略に賛画せしむ。……これより先、正徳中にかって会挙の例を停革す。兵部、故事をもって請い、これに従う」とある。すなわち当初は十年一次であった会挙が、おそらく弘正間に六年一次となり、また研修先も辺鎮に改められたのであった。

「毎歳薦挙」についてはよく分からないが、嘉靖帝即位当初の正徳十六年十二月庚子、兵部尚書彭沢《ほうたく》は「旧例、京・外衛所軍職の貼黄《ちょうこう》文冊（人事記録簿）は年ごとに一たび造り、部に送りて査考す。また軍職の賢否は、在外なれば撫按（巡撫・巡按）に聴《まか》せ、在京の親軍等の衛なれば、科道ならびに本部主事等の官に聴せ、……各々実を訪ねて考語を塡註《てんちゅう》し、掲帖もて部に送り、もって斟酌して推用するに憑《よ》らしむ」であるから、錦衣衛官についてもこの「旧例」（従前からの規定）を適用されますようと提案し、裁可されたという（『実録』）。

つまり少なくとも正徳ごろに在っては、衛所の士官に関する人事は毎年作成する貼黄文冊、および掲帖による勤務評価報告にもとづき実施することになっていたわけで、ここにいわゆる「毎歳薦挙」も、あるいはこの貼黄、掲帖による「推用」のことを謂っているのかもしれない。

（4）　正徳中に「功を冒《おか》して陞授さるる者三千有奇」というのは、『実録』嘉靖六年八月戊申の条に見えている。

嘉靖中、詹事《せんじ》の霍韜《かくとう》がこう上言した。「成化中には、武職の員数が太祖の時より四倍も増え、今ではさらに数倍を増しております。錦衣衛官は当初二百五人が定員であったのに、今では千七百人に至り、その増加分は当初のほとんど八倍であります(1)。洪武初年では、父祖の軍功によって官職を世襲する子弟は二十歳になれば試験を受け、最初の試験で合格しなければ、事務取り扱いの形で仮に官職を継承させ、半俸支給と致しました。二年したら再度試験を行ない、合格すれば俸給は全額支給、なお不合格であれば兵卒として軍務につかせたのでありま す。その制度たるやはなはだ厳格であり、よって余剰人員は出ず、俸禄の支給も容易でありました。永楽以後になると、（靖難の功臣子孫の）新官は試験を免除され、（太祖に従った功臣子孫の）旧官はたとえ試験を行なっても、賄賂を贈ってみな合格というありさまで、これが武職の混乱を日々にはなはだしくしているゆえんなのであります(2)。永楽の時に交阯《こうし》（ベトナム北部）を平定した際には、恩賞を賜わるだけで昇進はありませんでした。それが最近では首級を挙げた者が昇進するだけでなく、奏帯（軍務に派遣された宦官の随員）や流言の取締りとか泥棒の逮捕といったことに従事する者までが昇進せざるはなく、これが武職の冗濫をますますはなはだしくしているゆえんなのであります[3]。

　さればよろしく大臣に命じて清黄（武官人事記録の改訂・更新）の規定にのっとり、内外（中央と地方）とも武職のすべてにつきその功労に等級をつけ、その地位が先祖から代々受け継いできたものなのか、叔父からおいへ、兄から弟へと譲り渡されたものなのかを調べるべきであります。あるいは洪武・永楽間（開国と靖難）の功績であるのか、あるいは宣徳以後の功績であるのか、あるいは宦官の弟やおいが得た恩蔭であるのか、あるいは勲戚や駙馬《ふば》（皇帝のむこ）の子孫であるのか、あるいは武挙の合格者であるのかによって、それぞれ数等に分かち、暗黙裡に冗員整理の手だてとなしうるように致します。またあるいは世襲を許すのか、あるいは本人にかぎって終身の官を許すのみなのか、あるいは（叔姪兄弟に）譲ることを許すのか、あるいは許さないのかにつき、それぞれ人事書類の簿冊に記し、はっきりと明示して、その者の励みとなるようにするのであります」と[4]。

　嘉靖中、詹事霍韜言、成化中、増太祖時軍職四倍、今又増幾倍矣。錦衣初額官二百五員、今至千七百員、殆増八倍。洪武初、軍功襲職子弟年二十者比試、初試不中、襲職署事、食半俸。二年再試、中者食全俸、仍不中者充軍。其法至厳、故職不冗而俸易給。自永楽後、新官免試、旧官即比試、賄賂無不中、此軍職所以日濫也。永楽平交阯、賞而不陞。邇者不但獲馘者陞、而奏帯及緝妖言捕盗者亦無不陞、此軍職所以益冗也。

宜命大臣循清黄例、内外武職一切差次功労、考其祖宗相承、叔姪兄弟継及。或洪・永年間功、或宣徳以後功、或内監弟姪恩廕、或勲戚駙馬子孫、或武挙取中、各分数等、黙寓汰省之法。或許世襲、或許終身、或許継、或不許継、各具冊籍、昭示明白、以為激勧。

（1）霍韜が述べていることのうち、洪武時の武官員数と成化時のそれとの比較については、『実録』嘉靖八年六月癸酉の条に「詹事霍韜等言えらく、……天下の武職は、洪武初年には二万八千余員たるに、成化五年には増して八万一千余員に至る。錦衣衛官は、洪武初年には二百一十一員たるに、今は増して一千七百余員たり。二万よりして八万たれば、四倍を増せり。二百よりして一千七百たれば、八倍を増せり。……これ成化以前の大略なり。弘治以後は則ちいまだこれを稽《かんが》えざるなり」とあるが、『実録』に見えるのはそれだけで、これによって志文が成立したとは考えがたい。
ならばここは何にもとづいているのかと言えば、その源流は霍氏『渭厓《いがい》文集』に収められる奏疏に在ろう。特に「源流は」と言ったのは、この部分だけ直接霍氏の文集に拠って書かれた、などということはまずありえず（注（4）参照）、誰氏かの書に霍氏の奏疏を整理した叙述があって、志文はそれを用いた、と思われるからであるが、それが具体的に何という書なのかは未詳。

志文の拠るところはともかくとして、まずは武官数の増加について言えば、『涓崖文集』三、脩書疏に『実録』とほぼ同文があり、現在はさらに増加しているというのは、同二、再辞礼部尚書疏に「天下の武職は、成化より洪武を視《くら》ぶれば四倍を増せり。今に迄《およ》びては増すこと幾倍なるやを知らず」とある。

なお武官数が「四倍を増」したというのは、洪武時定員数の四倍が増加した、つまり五倍になったということだが、むろんこれは修辞というか、ずいぶんの誇張である。もともと二万八千余員だったものが八万一千余員になったということは、二・九倍になったということであるから、正確には「増二倍」もしくは「増至三倍」（口語の「増加両倍」もしくは「増加到三倍」）と言わねばならない。ただし二百一十一員が一千七百余員になったという方は、これを「増八倍」と謂っても問題なかろう。

（2）　洪武初年の襲職規定については『涓崖文集』二、裨《ひ》治《ち》疏に「洪武二十七年令」を引いて説明している。霍氏が拠ったのはおそらく正徳『会典』一百六、襲職替職・比試の項（万暦『会典』では巻一百二十一、官舎比試）で、そこには永楽時の規定も記される。

後世の冗濫については、裨治疏の下文に「今の職を襲う者は、おおむね賂を権貴に納めて乃《すなわ》ち比試に行かば、乳臭の小児といえどもまた比試として中《あた》らざるはなし。これ軍職の冗濫たるゆえんなり」とあるが、志文により近いのは同三、謹天戒疏でこう云う、「洪武初年、軍官職を襲わんとせば、比試きわめて厳しく、故に材勇なる者は超擢を得、庸劣なる者は黜《しりぞ》けられて戎に従い、軍職は冗雑ならず、俸糧は給足しやすし。永楽より以後、新官は比試を免ぜられ、遂に賢愚混淆するを致す。旧官は比試すと雖も、またただ故事に備《そな》うるのみにして、真材は日々に寡《すく》なく、冗員日々に増さば、俸糧烏《いず》くんぞ得て足らんや」と。

（3）交阯を平定した際の故事については、すでに引いた裨治疏に「永楽十八年、交阯平《たいら》ぐ。太宗皇帝問いて曰く、陞と賞はいずれか便なる、と。尚書夏元（原）吉対《こた》えて曰く、賞は一時に費やすも限りあり。陞は後日に費やして窮まりなし。多く陞《のぼ》すは重く賞するにしかず、と。上これに従う。……臣謹んで按ずるに、交阯を克平し、土服（辺境）を開闢するは遠大の功なり。なおただ賞賚《しょうらい》するのみ。……邇年《きんねん》、奏捷（勝利の報告）者、奏帯者、妖言を緝獲《しゅうかく》する者、盗窃を捕獲する者、みな巧みに名色を立て、もって陞職を冒《おか》すは、殊《こと》に祖宗の制を去ること遠し。これ軍職の益々冗《あま》り、末流の益々捄《すく》うべからざるゆえんなり」とある。

なおここで「軍務に派遣された宦官の随員」という語釈を加えた「奏帯」は、『明律』問刑条例・吏律一、「軍職を選用す」条附に「内臣に跟随《こんずい》するの将官・頭目は、職役ありやなきやの人等を分かたず、もし奏帯にあらざれば、功を報ずるを許さず」として見え、これにつき『国字解』は「鎮守の目付にゆく内臣は、大かたは天子の寵臣にて勢重きゆえ、さやうの人（気に入った千・百戸などの「将官・頭目」）をも心ままに召連ゆき、軍功を申立てて、ひいきの人を立身さすること多かりしなり。……奏帯と云は、奏聞して召連るを云」と説明している。

太祖の時代には「内臣は政事に干預するを得ず、犯す者は斬る」とされていたものが、永楽以降では皇帝が特に腹心の者を用いたいという場合、外廷の文武官僚よりもむしろ家内奴隷たる宦官を選ぶ、ということも珍しくなくなり、とりわけ軍事においては監軍、巡視、さらには鎮守（辺境の駐屯軍司令官）としてもひろく用いられるようになった（『明史』職官志三、宦官）。そしてこれにともない、「奏帯」はもとより無届けの随員さえ、往々「功を報」じて昇進することとなったわけである。

人心を惑わす予言など、政治的な「妖言」を世に広めたり伝えたりすることは大罪で、「首従を分かたず」すべて斬刑に処せられる（刑律・造妖書妖言）のであるが、その取締りは軍務というより治安警察の仕事だろうし、捕盗に至っては警察業務そのものである。こうした警察業務は、地方に在っては州県、および巡検司が担当するのであるが、天子おわす首都は別格で、まずは「勲戚の都督」によって指揮される錦衣衛が「巡察・緝補・詔獄を理《おさ》むるを主《つかさど》」り（『明史』職官志五）、さらに宦官を長として「謀逆・妖言・大奸悪等を緝訪」する東廠《とうしょう》がこれと相い対し、ともに皇帝に直属する治安警察として「廠衛」と総称された（同上刑法志三）。なお東廠においても「刺緝・刑獄（捜査・訊問）の事を掌《つかさど》る」貼刑《ちょうけい》は、「錦衣衛の千・百戸を用いてこれとなす」（同上職官志三）のであり、こうした者までが宦官の推薦により昇進している、と霍韜は言っているのであろう。

（4）　清黄（本書上冊一二三頁の注（2）参照）の例を引いて、武職の冗濫を抑えようという提案は、『渭崖文集』一、嘉靖三劄［元年正月十一日、時に（兵部職方司）主事たり］の第三劄に見える。つまり霍氏のこの議論は、志文ではあたかもその主張の結論部分であるかのごとくになっているが、実は彼が官途に就いたばかりの時期になされたものであって、志文の冒頭で武官員数の増大を指摘している部分、こちらが却って嘉靖八年の発言なのである。結局「嘉靖中、詹事霍韜言えらく」として一括りに記されている彼の発言は、実のところ決して一時のものではなく、誰氏かがこのようにまとめたものに違いない。注（1）で「誰氏かの書に霍氏の奏疏を整理した叙述があって、志文はそれを用いた」のだろう、と記したゆえんである。

そこで給事中夏言らに命じ、でたらめな任用を調査させた[1]。夏言らは問題点を指摘して言うよう「鎮守官の奏帯はもともと五名のみであったのに、今では三、四百名に至っております。またそもそも一人でありながら数ヶ所の奏帯であったとか、同時に数ヶ所で勲功を挙げたといった者もいるのであります。その他まことしやかな名目をこしらえ、しかも功績審査はいい加減で、人事銓衡でも問題にされず、功績評価をやり直して二度昇進するとか、異なった功績を一つにまとめて新たな官職を授かるとか、あらゆるごまかしが行なわれておれば、それらをすべて禁絶し、陛下のご英断を明らかにすべきであります」と。兵部も検討の上これを是とし、恩顧を被った宦官のおかげでむやみに任用され昇進した者が、数千人も淘汰され、昔からの弊害が一掃された[2]。万暦十五年にも、また詔してきびしい調査を行なった。さらに提督・鎮守・科道官に命じて兵部と協同し、職歴資格を等級づけ、技能を試み、各人が得ている推薦を序列化することで三等に分け、これを公選と名づけたこともあった[3]。だがそれもいたずらにうわべを飾っただけのことで、結局のところ実効はなかった。

於是命給事中夏言等査覈冒濫。言等指陳其弊言、鎮守官奏帯旧止五名、今至三四百名。蓋一人而奏帯数処者有之、一時而数処獲功者有之。他復巧立名色、紀験不加審覈、銓選又無駁勘、其改正重陞、併功加授之類、弊端百出、宜尽革以昭神断。部核如議、恩倖冗濫者、裁汰以数千計、宿蠹為清。万暦十五年、復詔厳加察核。且嘗命提・鎮・科道会同兵部、品年資、課技藝、序薦剡、分為三等、名曰公選。然徒飾虚名、終鮮実効也。

（1）　志文ではまず霍韜の上奏があって、それを承けて夏言らに調査の命が下ったかのごとくであるが、ことの前後から言えば、霍氏の上奏は夏氏らの調査より後のことである。そもそも軍職の冗濫を粛清するというのは、嘉靖帝の登極詔における「合《まさ》に行なうべき事宜」のうちに含まれており（『実録』正徳十六年四月二十二日癸卯条）、夏氏の調査もこの命を奉じて行なわれたものであった。

軍職冗濫の粛清につき、登極詔はこう云う、「一。正徳元年以後、在京在外の官（将校）・旗（下士官、総旗と小旗）・軍（兵卒）・舎人（未任官の武官長子）等、ただ例外の奏帯、および報効すること各辺各処に在りと称し、あるいは一人にして数処、あるいは一時にして両三処に功を報じ、あるいは功を併せて官・旗を陞授さるる者に係らば、原祖（先祖、初代）の職役は旧に照らすを除き、その余はことごとく除革を行なえ。……

一。近年、軍職人等の各辺に在りて曾て首級を斬有せざるに、巧みに「先に当たりて衝鋒(真先に突撃)す」等の項の名色を立てたる、および各処に首を斬ること数に及ばざるに、該部例を査して賞せんことを擬し、旨を奉じて級を陞し世襲せしめたる者は、兵部通じて査革を行なえ。……

一。正徳元年以後、各衙門の官・軍・旗・校(錦衣衛の校尉)人等、妖言・姦細《スパイ》を緝捕したるも、並びに陣に臨みて強賊に対敵するに係らざれば、一応《すべて》の職役を陞授されたる者は、通じて査革を行なえ」と。そしてこの命により、「兵科給事中夏言・御史鄭本公・兵部主事汪文盛、詔を奉じて五府所属・京衛、並びに親軍衛分の大小官員・旗・尉(別本は「校」に作る)共に三千一百九十九人を査革」した(『実録』正徳十六年九月戊寅条)のであった。

(2)　この時の「査革」に関する報告は、『皇明経世文編』二百二、夏文愍《ぶんびん》公文集一に「正徳中に濫授したる武職を査革するの疏」として収められ、また『乾坤正気集』二百五十三、桂洲文集二にも同じ篇題で、ただし文字数はより多いものが収録されているが、もっとも原形に近いのは夏氏『桂洲先生奏議』八「伯爵および都督・指揮等の官を査革し、名器を慎重せんことを乞う」の一疏であろう。そこに云う。
「正徳十六年五月二十日、兵部左侍郎楊廷儀等題すらく、……正徳年間の各処軍功の濫、その弊に三あり。奏帯の数あまりに多く、紀験の次(次第、評価)実を失い、武選の法ことごとく壊《やぶ》る。鎮守官の奏帯のごときは、例として五名に該《あた》り、分守等の官の奏帯は、例として三名に該る。今は則ち七、八十名なる者これ有り、五、六十名なる者これ有り。その領兵の奏帯は三、四百名に至る者これ有り。

……蓋し各処の鎮守太監は、類《おおむ》ねみな出づること権門の援引よりするをもって、ここをもって彼此互相《たがい》に結納し、地方の兵を用うるに遇有すれば、則ち帯ぶる所の人をもってことごとく功を報ずるの籍に隷せしむ。往々にして京師に安居しつつ、名を辺方に寄せ、故に一人にして数処に奏帯し、一時にして数処に功を獲るあり。その斬馘《ざんかく》の例に在らざるは、また復《ま》た巧みに別名を立て、あるいは神鎗《じゅうき》を運送すと曰い、あるいは……と曰う。……紀験の地、既に審覈《しんかく》の公なく、銓選の司、また駁勘の実なし。……その改正して重ねて陞《のぼ》り、功を併せて加授するの類、私謀巧術、弊出づること百端にして、もって枚挙しがたし」と。

これに対し「部核して議のごと」くした、調査検討の結果、夏氏らの報告をそのまま兵部の意見としたというのは、文集に収められるところの冒頭に「兵部左侍郎楊廷儀等題」とあることからしても確かだろう。当時は「兵部尚書王憲位を去り、左侍郎楊廷儀をもって部事を署掌（代理掌管）せし」めており（『実録』正徳十六年五月庚辰条）、夏氏らの報告冒頭に楊氏の名が記されているということは、それが兵部の意見として改めて上奏された、ということだからである。

なお『春明夢余録』六十三に「嘉靖初、兵科給事中夏言・御史鄭本公・兵部主事汪文盛に命じ、冒濫の武職を査革せしむ。言等上言すらく、……と。本兵（兵部尚書）彭沢覆奏し、これに従う」とあるのは、形式的には誤りでないのかもしれないが、実際とはやはり異なっていよう。というのも、彭氏はたしかに正徳十六年五月甲子に兵部尚書に任命されているのだが、彼はこれを辞退し、八月癸巳になってもその「乞休（辞職願い）」はなお「允《ゆる》さ」れないまま、という中途半端な状態であった（『実録』）。つまりこの時の「覆奏」は、「部事を署掌」していた「兵部左侍郎楊廷儀等」によってなされたに違いないのである。

　また「裁汰すること数千をもって計《かぞ》え、宿蠹《しゅくと》ために清し」であるが、前半一句は実際に「三千一百九十九人を査革」しているのだからよいとしても、後半一句は一瞬だけの、裁汰が実施されたその時だけのことであった。そのことは夏言ら自身が、自らの報告より四ヶ月ばかり後、「なお弊端いまだよくことごとくは除かれず、事体なお釐正《りせい》を須《ま》つをもって、因りて款を列《つら》ねて上陳」している（『実録』正徳十六年九月戊寅条）ことからして明らかだし、上段で見た霍韜の上奏も、問題が依然深刻であったからこそなされたものである。上引『春明夢余録』の下文に、「然れども裁革していまだ幾《いく》ばくならずして、濫授すること故《もと》のごとし」とあるゆえんである。

（3）　万暦十五年に「また詔して厳しく察核を加」えたとは、『実録』同年正月甲午条の記事によるものであろう。そこに云う、「兵部に詔すらく、武弁もし世職に属し、存留して事を管せる加納（加職納銀）の者（銀を納めることで官銜を昇せられ、その官銜に応じた職務に就いている者）なれば、厳しく考核を加え、はたして勇略功労あらば、分別して叙用し、堪えざる者はまさに革《あらた》めて（現職を免じて）籍に回《かえ》すべし、と。兵部因りて二款を分列し、侯之冑《こうしちゅう》……のごときは旨に遵いて存留し事を管せしめ、銭応祥等十九員は、たえて功能の紀《しる》すべきなければ、あいまさに革回すべしとす。上その奏を可とす。……これより武弁の濫《みだ》るる者やや清し」と。

また公選の方は『実録』万暦二十七年十一月庚午の条に見えていて、「兵部、協理京営王世揚の条議せる戎政十事を覆す。一に曰く、営官を推用することよろしく公にすべし。営官の歇操《けっそう》（予備役に入れるか現役で用いるか、ということであろう）は、以後総協（総督・協理京営戎政）科道僉同《せんどう》して（全員一致で）会選し、その年資を品し、その技芸を課し、その薦剡《せんせん》を序し、分かちて三等となし、名づけて公選と曰う」とある。

上記より明らかなとおり、ここのくだりは万暦十五年の在職「加納」武官に対する「察核」と、二十七年の営官「公選」を「且つ」でくっつけて成ったものだが、この両者は年代も対象となる者も異なり、これを一緒にしてしまうのには無理があろう。また「公選」につき『実録』は「総協科道」による会選と謂うのに対し、志文は「提鎮科道、兵部と会同し」て選ぶとしていて、両者には出入がある。今案ずるに、協理京営戎政（京営の次官）である王世揚が、営官の任用については京営の長・次官と科道官の会選によるべきだ、と言うのはごく自然である一方、提鎮（提督某事・鎮守某地総兵官）の方は京営と関係なく、これは『実録』に拠るのが当然だろう。またこの相違から考えると、ここの記述は『実録』ではなく何か他の文献に拠ったものかと思われるが、それが何であるかは未詳。

武官の官位は（一品から）六品までで、その職は当人が死ねば世襲され、老いたり病気となった場合は代替わりとなり、何世代もたつうちに子孫が絶えてしまった場合は、傍系の者に継がせる。年齢が六十に達すれば、子がこれに替わる。[1]明初に定められた制度では、父の職を継ぐのはまず嫡子で、ついで年齢順に他の諸子となる。子が絶えている場合は、嫡子・庶子の孫が順次継承する。さらに孫も絶えている場合は、弟に継承させる。永楽より後では、官舎（襲替すべき已任官者と未任官者）・旗軍（下士官たる総旗・小旗と兵卒）・余丁（軍戸内で兵役を務めぬ者）でかつて戦功を挙げた者を任用した場合、また帯俸（官を免ぜられて俸禄だけを受給）および（指揮権はなく特定の職務のみを務める）管事もすべてそのままに襲替させた。降格された者の子孫はそのまま降格された職務を受け継ぐ。[2]弘治の時には、傍系の者は等級を降して継承させるとした。正徳中には、傍系の者は総旗に入れるとした。嘉靖年間には、傍系で戦功を挙げたことのない者は、身元を保証して（兵部に）送り出し（て襲替させ）えないとした。[3]すべて職を昇された父をもつ士官ないしその未襲替者は、父の職をそのまま継がせる。（父祖の）戦没により身元保証を得て職を継ぐ者は、一代を限って流官（世職から昇任して就く都督府、都指揮使などの官）を継承できる。[4]すべて襲替する官舎に対しては、騎射の試験を行なう。[5]おおよそ世襲の官というのはその適否を確かめるのが難しく、それで規定もこと細かく定められているのだが、にもかかわらずそれが弊害や不正の温床となっている、ということも多々あった。

武官爵止六品、其職死者襲、老疾者替、世久而絶、以旁支継。年六十者、子替。明初定例、嫡子襲替、長幼次及之。絶者、嫡子庶子孫次及之。又絶者、以弟継。永楽後、取官舎旗軍餘丁曾歴戦功者、令原帯俸及管事襲替悉因之。其降級子孫仍替見降職事。弘治時、令旁支減級承襲。正徳中、令旁支入総旗。嘉靖間、旁支無功者、不得保送。凡陞職官舎、如父職。其陣亡保襲者、流官一等（輩）。凡襲替官舎、以騎射試之。大抵世職難覈、故例特詳、而長弊叢奸、亦復不少。

（1）　武官の官位については、『会典』一百十八、勲禄に「武官はもと七・八品なく、土官には従七品あるも、また俸を支せず」とある。なお「土官には従七品あ」りというのは従七品まである、つまり正・従七品ともにあるということ。またその襲替についての記述は、『会典』一百二十、武職襲替に「武官の世職、歿する者は承襲し、老疾なる者は替わり、載せて職掌（『諸司職掌』兵部・襲職替職）に在り。……武官は故絶多ければ、旁枝をもって継がしむ。……洪武中、五十以上の者は子の職を替わるを許す。後にはみな六十をもって限りとなす」とあるのにもとづく。

（2）　ここにいわゆる「明初定例」とは『諸司職掌』に記載される規定のことで、『会典』武職襲替に「洪武二十六年定」として引かれている。また「永楽後」については、『会典』同上の下文に「永楽元年令し、官舎・旗軍・余丁のかつて戦功を歴《へ》、職役を陞授されたるは、その子の承襲するを准《ゆる》す」云々とある。ただし帯俸や管事の承襲については、永楽よりずっと後に定められたもので、『会典』の下文に「成化八年令し、武職のもと帯俸に係る者は、子孫襲替せば仍《な》お（そのまま）帯俸たらしめ、管事の者は仍お管事たらしむ」とあるとおりである。

つまりここは、戦功によって昇進した者はその職位を子孫に継がせることができる、という永楽元年の規定と、官位や指揮権を奪われた者の子孫はその父祖と同じ扱いでしか承襲できない、という成化八年の規定を無造作につなげたもので、ために文意は通順ならず、訳文も分かりにくいものとならざるを得なかった。

これにちなんで言っておくと、標点本がこのくだりを「取官舎……戦功者、令原帯俸及管事襲替、悉因之」としているのには賛成できないが、それは標点者の問題というより、むしろ原文の問題であるだろう。特に「原帯俸」の前の「令」字は、『会典』の文を剪裁しそこなったものに相違なく、刪《けず》った方がよい。よって敢えて志文を修改するとしたら、「官舎……戦功陞職者、原帯俸及管事者、襲替悉因之」くらいにするとよいのではないか。なお下文の「降級子孫」句であるが、これも『会典』同上、「成化二十二年題准」の記事に拠っている。

（3）　傍系からの継承に関してここで述べられていることは、『会典』同上の「弘治三年に奏准せる旁枝承襲の例」、「正徳元年奏准」、「嘉靖十年に申明せる弘治十八年の例」にもとづくものであるが、実のところ『会典』の規定にはさまざまな条件や限定があって、志文ほど単純ではない。ただ大勢から言えば、明代中期の政権は、武職の冗濫を抑えるべく旁枝承襲に対する制限をしだいに強めつつあったわけで、志文もその基本的な方向は誤りなく把握していよう。

（4）　昇進した父の職を子が継ぐというのは、上記注（2）で引いた永楽元年令に明文化されているように、世襲制の下では当然のことであり、それをなぜわざわざ繰り返して述べる必要があるのか、とも思われようが、実のところここで言っているのは、かなり特殊な場合の話なのである。すなわち『会典』同上に「凡そ陞職の官舎の襲替。景泰元年令し、軍職の功を獲て陞級し、いまだ任ぜられずして先に故（物故）せる者は、伊《かれ》の男《むすこ》の承襲するを准《ゆる》す」とあるのがこれで、志文では「未任先故」という肝心の条件が省略されているため、何を謂っているのか分からなくなってしまっている。

流官については訳文中に簡単な説明を加えておいたが、その根拠は『会典』一百十八、陞除で、そこに云う、「武職の官には……流あり世あり。世官は（衛の）指揮使（正三）・同知（従三）・僉事（正四）、（所の）正・副千戸（正・従五）、……凡そ九等。流官は（五軍都督府の）都督（正一）・同知（従一）・僉事（正二）と、（都指揮使司の）都指揮使（正二）・同知（従二）・僉事（正三）の各々三等、……流官は世職をもって陞授せしが、後には武挙をもって兼ねて用うと云う」と。つまり武職でも中枢の、より高位の官は世襲できないのが基本なのである。

戦没者の子孫に流官の継承を認めるのはむろん恩典であるが、この恩典は戦没者であればだれでも認められるわけではない。『会典』一百二十、武職襲替の「凡そ陣亡せる武官の承襲」の項に、嘉靖二十五年例を録して云う、「陣亡して欽依を奉有し（皇帝から直接に承認をいただき）、保送されて職を襲う者は流官を襲うこと一輩なるを許す」と。つまり一代限りで流官を継承できるのは、「欽依を奉有」した場合のみであり、またそれは明代後半期になってはじめて定められた制度でもあった。

なお志文（溯っては『明史稿』）に「流官一等」とあるのは明らかに誤りで、このままでは何を謂っているのか分からない。よってここでは『会典』に拠り、この句を「流官一輩」の意として訳しておいた。このような「一輩」の用例は、上記注（3）に引いた弘治三年の旁枝承襲例にも見られ、「百戸は冠帯の（士官身分を保った）総旗に革充する（旧い職を免じて新しい職に充てる）こと一輩」とある。つまりこの場合は、一代に限って冠帯身分が認められるわけである。

（5）襲替に際しての試験については、『会典』一百二十一、官舎比試の項に記載があって、「凡そ襲替の官舎の比試。洪武の初め令し、まさに襲うべきの子弟は、都督府に送りて比試し、騎射閑習（習熟、熟練。閑は嫺《かん》に同じ）して、始めて襲替を許す。もし年幼き者なれば、名を紀し、長ずるを俟《ま》ちて比試し、然る後に襲替せしむ」以下、歴朝の事例が列挙されている。

高官（の任用）は、必ず会推によった。五軍都督府の掌印（実際の責任者）ポストは、見任《げんにん》の（現に軍務に就いている）公・侯・伯の内から一人を採用した。僉書《せんしょ》（職務分担者）のポストは、帯俸の（軍務に就いていない）公・侯・伯および在京の都指揮使、在外の正・副総兵官の内から二人を推薦した。錦衣衛の堂上官および前衛（府軍前衛。侍衛などに用いる少年兵を統括する）の掌印ポストは、五軍都督府の例にならって二人を推薦した。都指揮使・留守以下は、一人を候補として上した[1]。正徳十六年に命令し、五府および錦衣衛については、必ず都指揮使でしばしば勲功を挙げた者から昇進させることとした。すべて衛の官は世襲でなかったが、ひとり錦衣衛のみは世襲であった[2]。

官之大者、必会推。五軍都督府掌印缺、於見任公・侯・伯取一人。僉書缺、於帯俸公・侯・伯及在京都指揮、在外正副総兵官推二人。錦衣衛堂上官及前衛掌印缺、視五府例推二人。都指揮・留守以下、上一人。正徳十六年令、五府及錦衣衛、必由都指揮屢著勲猷者陞授。諸衛官不世、独錦衣以世。

（1）　都督府の長官は都督、次官以下が同知・僉事となるが、ここでわざわざ掌印・僉書と言っているのは、武職の官が往々にして勲戚の寄禄、すなわち功臣や外戚に官位を与えるための名目として用いられたからであろう。つまり都督といっても、それは単に正一品を表わす名前だけの場合が珍しくなかった、ということである。よって司令官として実際に指揮を執っている者が印務の掌管者「掌印」、各種任務を分担し、掌印とともに文書に署名する副官が「僉書」（その本来の意は簽書ないし簽署と同じであろう）となるわけだが、この掌印は必ずしも都督とは限らない。

　こうした官（官職）と差遣（実際の任務）の分裂は、都指揮使や衛指揮使でも同じことで、『明史』職官志五、都指揮使司の項には「都指揮使および同知・僉事は、常に（その）一人をもって司事を統《す》べしめ、掌印と曰う。一人は練兵、一人は屯田たりて、僉書と曰う。巡捕・軍器……の諸雑務も、ならびに選びてこれに充《あ》つ。否《しか》らざれば則ち帯俸と曰う」とあり、また衛指揮使司の項にも「凡そ衛事を管理することは、ただ掌印・僉書にのみ属《しょく》（嘱）す。指揮使・同知・僉事たるを論ずるなく、その才なる者を考選してこれに充つ。屯田・験軍……の諸雑務を分理するを見《げん》（現）任管事と曰い、事に任ぜずして隊に入るを帯俸差操と曰う」とある。

　武官の会推については『会典』一百十九、推挙に云う、「凡そ五軍都督府、掌印官を欠かば、兵部具奏して官を会《あつ》め、見任《げんにん》の公・侯・伯の内において二員を推挙す。僉書官を欠かば、各府帯俸の公・侯・伯の都督および在京の各営都指揮等の官、在外の正副総兵の内において二員を推挙し、簡用を奏請す。その府軍前衛、掌印官を欠かば、また侯・伯の内において推挙す」と。

　この『会典』の規定を志文と比べてみるに、前者は五府掌印につき「二人を推挙す」としているのに対し、後者では「一人を取る」としているが、これは候補「二人を推挙」し、最終的に「一人を取る」ということなのだろう。また僉書の候補につき、『会典』では「帯俸公侯伯都督」とする一方、志文に「都督」の文字は見えないが、これも単純な省略、つまり名目だけ都督の官衛を帯びていてもいなくても、実質的には格別の相違なし、ということで刪ったものか。

　ただ志文が「錦衣衛堂上官および前衛の掌印欠は、五府の例に視て二人を推す」としている点、これには問題がある。まず前衛掌印だが、『会典』には侯伯から推薦とあって、「見任公侯伯」から二人を推薦、なのではない。つまり前衛掌印の推薦が「五府の例に視」て行なわれるというのは、二人という数だけの話としても、なお正しいかどうか分からないわけである。

また錦衣衛堂上官の場合、『会典』同上には「凡そ錦衣衛の堂上、掌印・僉書官を欠かば、本衛具奏して兵部に下し、五府堂上官の例に照らし、本衛指揮使・同知・僉事等官の内において、欠ごとに二員を推挙し、簡用を奏請す」とある。つまり錦衣衛堂上官の推薦について「五府堂上官の例に照ら」すのは、たしかに「二員を推挙」することのみであった。

以上よりして、錦衣衛堂上官と前衛掌印の推挙を同じやり方とするのは正しくなかろうし、そもそも両者はその重要性においてまったく異なる、というのは錦衣衛の方がはるかに重要で、前衛のごときこれに較べれば取るに足りないのであるから、前衛をここでわざわざ取り上げる必要はあまりない。前にも述べたことながら、武官に関する本志の叙述は明らかにおざなりで、材料の取捨選択や剪裁についても問題が少なくない。

都司・留守についても、『会典』同上に「その都司の掌印・僉書官、ならびに留守司の正副留守欠くれば、兵部は各守備の内において、留守の僉書は指揮の内において、……簡用を奏請す」とあることが志文の根拠となっているようである。ただし『会典』に「一人を上す」とあるわけではないし、都督府掌印以下の記述についても、『会典』とは微妙に出入があるので、ここは何か他の、『会典』そのものではない文献に拠っているのかもしれない。

（2）　正徳十六年令も『会典』同上に記載あって、「凡そ五府都督等の官は、正徳十六年令し、必ず都指揮の軍功を積累……せる者に由《よ》らしめ、ならびに錦衣衛もまた必ず軍功および異能の者に由りて、方《はじ》めて陞授を許す」と云う。つまり「必ず都指揮の……者に由」るのは五府のみであって、錦衣衛の方は注（1）で見たとおり、「本衛指揮使・同知・僉事等官の内」から「二員を推挙」するのである。

　なおこの正徳十六年令は、嘉靖帝即位の当初、武職の冗濫を粛清しようとした一連の措置の中で命じられたもので、その経緯は上文四〇〇～四〇一頁の注（1）および（2）で言及した、『実録』正徳十六年九月戊寅条に見えている。すなわち夏言らは五府・京営などの冗員三千余人を査革したが、まだ問題の解決には至っていないとして、「款を列ねて上陳」し、その中で以下のように述べたのであった。

「五府・錦衣衛は兵馬を轄《かつ》し、宿衛を掌《つかさど》り、職至って重きなり。近ごろは武弁に由らず、雑然として幷《なら》び進み、しかも且つこれを子（「子」字拠校勘記補）孫に伝うるありて、紀綱大いに壊《やぶ》る。今その中必ず才猷《さいゆう》超（原作「起」、拠校勘記改）卓なるを得て、然る後に陞すを擬せ。その軍功をもって陞叙されざる者は、子孫ただまさに襲うべき職級を許すのみ」と。彼らの提案に対し、嘉靖帝は「ともに議する所のごとくせよ」と認め、かくて『会典』所載の規定が成立したわけである。

　この段の最後に「諸《もろもろ》（すべて）の衛官は世（襲）せず、独り錦衣のみは世をもってす」とあるのは明らかにおかしい。前段の注（4）で『会典』を引いて述べたとおり、衛官は基本的に世襲であり、「不世」なのは五府・都指揮使司などの諸官である。なお錦衣衛はもともと「恒《つね》に勲戚の都督をもってこれを領せしめ、恩蔭の寄禄にして常員なし」（『明史』職官志五）であり、その諸官も高級武官子弟、宦官の弟姪らが恩蔭により、世襲指揮使・同知・僉事等となるのが常であった。

武官における「軍政」は、文官における「考察」に相当する。成化二年に命令して、五年に一度実施することとし、現役の掌印官・帯俸差操（正規の職任をもたぬ者）および新任官の全員につき勤務評定を行なわせた。十三年には、南北両京の武官はそのすべてに対して勤務評定を行ない、これを常例とするよう命令した。(1) 五軍都督府の大臣および錦衣衛の堂上官は自陳して（自らの不職を省み形式的に辞職を願って）お上の沙汰を待ち、両直・各省の総兵官も同様とした。(2) 京師にいる五府所属ならびに両直・各省衛所の（正しくは「上直」の、輪番で京営に派遣されている班軍の）諸官は、ことごとく巡視官および兵部の官が評価して書類を部に送る。(3) 地方の都指揮司・衛所の官は、巡撫・巡按が冊子にまとめて部に納める。副総兵・参将以下、千戸以上については、都指揮・布政・按察の三司が評価を書類にまとめて巡撫に送り、部に転送して進退を擬したうえで上奏する。(4) 錦衣衛で軍務に就いている者に対しては、特に厳しく評価し、南・北鎮撫司がこれに次いだ。(5) 各衛所および地方の守禦千戸所ならびに各都指揮司で（湖広、河南、陝西、四川四省の一部を所轄とする鄖陽《うんよう》）巡撫の下に属している者は、ひとまとめに扱われた。なお漕運を担当する者は、勤務評定の対象外とされた。(6)

武之軍政、猶文之考察也。成化二年令、五年一行、以見任掌印・帯俸差操及初襲官一体考核。十三年令、両京通考以為常。五府大臣及錦衣衛堂上官自陳候旨、直省総兵官如之。在内五府所属幷直省（上直）衛所官、悉由巡視官及部官註送。在外都司・衛所官、由撫・按造冊繳部。副参以下、千戸以上、由都・布・按三司察註送撫、咨部考挙題奏。錦衣衛管戎務者、倍加厳考、南・北鎮撫次之。各衛所及地方守禦幷各都司隷巡撫者、例同。惟管漕運者不与考。

（1）この一段はおおむね『会典』一百十九、考選の記述に拠っている。まず「武の軍政」云々であるが、『会典』には「軍政の考選は、文職の考察と同じ。成化二年令し、軍政官は五年に一次、通じて見任の掌印・帯俸差操および新襲の職官をもって一体に考選す。十三年令し、両京は通考せしめ、これよりもって常となす」とあって、その言うところは志文と同じと謂ってよかろう。

ただ『会典』には「軍政考選、与文職考察同」とあれば、「軍政」とは武官のことで、文官における考察に当たるのは「考選」なのではないか、などとも思われてくるのであるが、それは考えすぎであろう。というのも『万暦野獲編』二十一、錦衣官考軍政には「武職五年の軍政は、一に京官六年の大計のごとし。その典は至って鉅《おお》きく至って厳しく、錦衣の一官は尤《もっと》も（とりわけ）再《ま》た振《ふる》うの理なし（一度処分されたら二度と復活することはない）」と述べられているからで、ここにいわゆる「軍政」はたしかに文の「大計」、すなわち「考察」に相当するものに違いない。つまり『会典』の「軍政の考選」とは軍政における評価選抜の意、また「軍政官は……考選す」とは「軍政の担当官は……評価選抜する」ということであろう。

成化二年令は『会典』に見えるほか、『実録』同年閏三月庚寅条にその成立のいきさつが記されていてこう云う、「巡按雲南監察御史王祥、四事を言う。……謂えらく武臣は廉能謀勇なる者少なく、貪汚酷暴なる者多し。近ごろは簡選の例行なわるるをもって、すこぶる警厲を知るも、然れども掌印の事を理《おさ》むる者、（簡選の）後には或いは放肆にして妄《みだ》りに為さん。その帯俸差操の者は、後には善に遷らんと欲するも路なし。また新たに職を襲える者あり、また事を治めんと欲するも由なし。乞うらくは定めて三年五年に一たび簡選を行ない、量《はか》りて進退をなし、もって昭《あき》らかに勧懲を示さんことを、と。（兵部謂えらく）今よろしくその言う所を允《ゆる》し、成化二年より始めとなし、五年をもって期となし、各処の巡撫・巡按等の官をして都司・衛所の軍職を考選し、或いは進め或いは退け、必ず公論に合するを須《ま》たしむ、と。……議上《のぼ》り、みなこれを允《ゆる》す」と。

この時の「簡選」、すなわち後の「軍政」では、「都司・衛所の軍職」のうち、特に「見任の掌印・帯俸差操および初襲官」をその対象としたのだが、それは掌印には監視の眼が必要であり、帯俸差操と初襲官にはよき将来への希望を与えるべきだと考えられたからであった。なお標点本が帯俸差操を「帯俸・差操」と二つに分けるのは誤り。このことは前段の注（1）で引いた『明史』職官志の言からして明らかであろう。

　十三年令については、正徳『会典』一百六、考選軍政を見るにこうある。この年「五府の官を会同し、所属の官員をもって通じて考選を行なう。……後、在外五年の期に遇わば、在京もまた復《ま》た挙行す」と。つまり十三年の「両京通考」とは五府所属官員につき「通じて考選を行なう」ことだったのだが、「後」に、というのは『実録』十四年二月丙午の条に云う「命じて中外の軍政官をして五年に一たび考選せしむ」を承けてであろう、在京在外ともに五年一考となったのであった。

（2）　五府大臣と錦衣衛堂上官、また総兵官の自陳についても、『会典』考選に記載があって云う、「凡そ五府大臣、並びに府軍前衛を管理せる侯伯と錦衣衛堂上の掌印・僉書官は、嘉靖二十九年題准し、軍政を考選するの年に遇うごとに、倶《とも》に自陳するを聴《ゆる》し、去留は取ること上裁よりす。……万暦七年令し、各省直の総兵官をして、例に照らして自陳せしむ」と。つまり五府大臣等自陳の制は明代ももう後半期の、嘉靖二十九年に始まったもので、総兵官の自陳に至っては、それより更に三十年ばかり後の、万暦七年になってようやく定められたのであった。

　なお『会典』に見える「掌印・僉書」の文字は、単に「錦衣衛堂上」のみならず「五府大臣」以下のすべてにかかっているのであろう。つまり都督等の官であっても、勲戚寄禄の場合は名前だけのことであるから、自陳の必要など当然ないわけである。

（3）　「在内の五府所属ならびに直省の衛所官」というのは、どうして「在内」と「省」が結びつくのか分かりにくいだろうが、実のところこれは単純な話で、『会典』には「凡そ両京五府の所属、並びに上直の衛所官は、嘉靖二十九年題准し、ことごとく京営を巡視するの科道、および兵部の軍を検《しら》ぶる委官（調査を委任された官、委員）より一体に採訪し、考語を塡注し、部に送りて考選す」とある。

つまり「直省衛所官」というのは、ことさらそのように書き改めたというより、単純な筆誤の類でそうなったのではないかと思われるのだが、とにかく「上直」の、京師に上って当直の務めを果たす衛所官のことを謂っている。また京師の軍官に対して勤務評定を行なう巡視官とは、「京営を巡視するの科道」のことであった。

ちなみにこのような「上直」の部隊は班軍といい、京営を編制する上で不可欠のものであった。『明史』兵志二に「班軍なる者は、衛所の軍の京師に番（輪番に、かわるがわる）上し、総べて三大営（京営）をなす者なり。……（河南・山東・大寧都司等より）歳ごとに春秋番上することと共に十六万人。……定めて例となす」というとおりである。

なお『会典』一百三十四、営政通例によれば、この班軍の制が定まったのは宣徳元年。また『菽園雑記』五によれば、成化・弘治中の京営は内外を合して「共に二十五万」であったという。成弘間の班軍数が宣徳の初制と同じであったかどうかは分からないが、常識的な推定として極端な増減はなかったものとすれば、京営の過半は班軍からなっていたとなる。

（4）　ここで述べられている地方の都司・衛所、および総兵衙門の官に対する考選の方法は、『会典』の記載を短くまとめたもので、両者にはわずかな出入こそあるものの、特に問題としなければならないほどのことではない。ただし既に簡略化すれば、当然ながらその詳細は知れなくなるので、参考のため以下に『会典』考選の文を引いておく。

曰く「考選の法。兵部あらかじめ先に通じて南北直隷・浙江等処の巡撫都御史に行し、転じて都・布・按三司の掌印官に行し、各々所属の衛所、副（総兵）参（将）游（撃）以下、千戸以上の賢否履歴をもって、訪察すること明白にして、各々考語を注し、径《ただ》ちに撫・按官の処に送り、另《べつ》に考語を注し、冊を造ること三本、四月終旬を限りて、人を差して部に齎《おく》る。期に至らば、各々の参・遊・都司・守備・操守等の官は、兵部（が）兵科と会同し、去留を参詳し、定奪を上請し、仍《な》お科道の拾遺を聴《ゆる》す。その都司・衛所の官は、撫・按（が）例に照らして官を会し、公に従い進退を考選し、仍お考選の官員の職名をもって、冊を造りて奏繳《そうきょう》して部に到らしめ、覆奏して定奪す」と。

（5）錦衣衛官につき『会典』は、「管事」という点を特に言い、また彼らに対しては「厳しく考選を加う」とも言っている。これは錦衣衛官には「中官（宦官）ならびに文武大臣の弟・男・子姪」で事を管せざる「帯俸」の者が多くいたこと、および皇帝近侍の特別治安警察ということから、彼らには「非法陵虐」の所業が多かった（『明史』職官志五）からであろうし、それが志文の「錦衣衛の戎務を管する者は、倍して厳考を加う」という叙述になっているのであろう。なお南・北鎮撫司のうち、北は永楽中に設けられたもので「専ら詔獄（皇帝直轄の特別裁判）を治」め、錦衣衛に優るとも劣らぬ強大な権力をふるったのに対し、南の方は「専ら軍匠を理《おさ》」める部局で（職官志）、政治的な問題になることはほとんどない。

（6）「各衛所……の巡撫に隷する者は、例として同じ」というのは、これだけを読んでも何のことか分からないが、実のところそれは、編纂態度のいい加減さがもたらした無用の混乱と謂ってよい。というのも、このくだりの根拠である『会典』考選には、「凡そ湖広の荊・襄・鄖陽《うんよう》、河南の南陽、陝西の漢中・西安、各該守禦等の衛所ならびに都司の、巡撫鄖陽都御史の轄する所に隷する者は、正徳六年議准し、一体に会同して考選す」とあるからである。

つまりこれは、所轄が数省にまたがる鄖陽巡撫の管轄範囲に在るものは、省分が異なっていても一緒に考選する、ということに他ならないのに、志文はその特殊な限定を無視し、あたかも一般的な規定のように書いているわけである。またそもそも、そうした特殊な規定をここでわざわざ取り上げたのも、何か意図あってのこととは考えにくいであろう。すでに何度も述べたように、武職に関する本志の記述はすこぶるおざなりなものであり、ここも『会典』の内容をきちんと理解することのないまま、適当に剪裁、鈔写してこしらえたのではないか、と疑われるのである。

漕運を掌管する者が「考に与《あず》からず」というのは、軍政の考選に与からないということ、五年に一度行なわれる武官全員の勤務評定からはずれる、ということである。ただし彼らに対しても、勤務評定そのものはやはり行なわれるのであって、そのことは『会典』に「凡そ漕運あるの地方は、成化十六年、佐弐都指揮一員を添設し、専ら漕運を管し、軍政に与からしめず。その考選推補は、附郭の者は鎮巡総兵・三司掌印官これを主《つかさど》る。もし附郭にあらざれば……」とあることからして明らかであろう。

解説

井上　進

すでに「前言」で述べたとおり、前近代中国の選挙制度は、皇帝制度の成立以来長い長い歴史をたどって明代に至り、ついに「その完成形」に到達したのであった。ならばこの完成形を概観し、その全体につき基本的な理解を得たいという時、我々は何を見るべきであろうか。むろんまずは『明史』選挙志（以下「本志」と称する）だとなるし、そうであればこその本訳注である。もとより後に述べるごとく、本志は決して尽善尽美ではなく、それどころか内容のすこぶる偏った、少なくとも現代的な観点からすれば、明らかな欠陥を指摘しうるものでさえあるだろう。だがそれにもかかわらず、明代の選挙制度がいかなるものであったのかを知ろうというなら、本志を置いて他の文献を参照する、ということは考えがたい。つまり、本志は第一というよりむしろ唯一の存在だ、ということである。

中国の伝統的史書の体系のうちには、政書という一類があって、これは正史のうちの志が独立し、専門化したものと言えるだろう。この政書は、前言でも言及したとおり唐代の杜佑《とゆう》

『通典《つてん》』に始まり、降っては「続通典」といってもよいだけの内容を具えた元代馬端臨の『文献通考《つこう》』となり、さらに明末に至ると、これを継いで南宋から万暦初年に至る間の諸制度を述べた王圻《おうき》『続文献通考』が登場した。ならばこの王氏『続通考』を見れば、明代の選挙制度についても一応の概観が得られるのではないか。

たしかに、王著の巻四十三から五十四は選挙考で、科挙や薦挙その他、また「考課」（考満・考察）の故実を列挙しているし、これに次ぐ巻五十五から六十一までは学校考となっていて、この両者で学校、科挙、銓選という本志の基本的内容を覆っている、と謂ってもよいだろう。だがじっさいに『続通考』を開けてみればすぐ分かることながら、王著にひととおり目を通したからといって、それで制度の概要がすんなり了解される、などということはありえない。なぜならそれは一種の大事記、ないし史料集でこそあれ、歴史叙述とはとても言えないからである。

たとえば『続通考』の巻四十五は明代の郷試沿革、会試沿革、科目条例（等）、巻四十六が会試考官ならびに中式《ごうかく》数目、考官増損事例（等）、殿試沿革となっているが、その内容は当該項目に関する詔令や規定の要点を年代順に並べてある、というにすぎない。むろんそのうちの重要なものについては、もとの詔令や規定を摘録していたり、あるいはそれが臣下の提案に応じて下された命令であれば、その上奏の概略を記し、その後に「これに従う」と記してあったり、また時には王氏自身の按語や評語が附されていたりもするが、とにかくその記述は、取り上げた事柄の大小とか性質などをほとんど問うことなく、ただ時系列に沿って各条を羅列したのみであって、ある制度の概要や特徴を叙述、説明しようとしたものなどでは決してない。

つまり王著の記述というのは、国家を支えている重要な諸制度につき、その故実を列挙し、読者の参考に供するのが目的なのであって、各制度の何たるかを説明し、読者に理解させるといったことは、一義的な課題とされていない。ある制度の基本的内容がどういうもので、それはどのような背景のもとに、何のために、いかなる経緯で成立したのか。またその制度はどのように運用され、どのような問題が生じ、その結果どのように改められたのか。そうしたことを知りたければ、王著の読者はそこに記されている諸事実を自ら整理、概括し、さらには他の文献を参照して答えを探るしかないのである。

だが本志が目指すところははっきりこれに異なる。本志の開巻冒頭、総序に当たる一文に云う。

選挙の法は、大略四あり。曰く学校、曰く科目、曰く薦挙、曰く銓選。学校もってこれを教育し、科目もってこれを登進し、薦挙もって旁《かたわ》らこれを招き、銓選もってこれを布列し、天下の人才ここに尽く。明制、科目を盛んとなし、卿相は皆これより出ず。学校は則ち才を儲《たくわ》えてもって科目に応ぜしむる者なり。……薦挙は国初に盛んなるも、後には専《もっぱ》ら科目を用うるに因りて罷《や》む。銓選は則ち官に入るの始め、これを舎《お》きては由るなし。この四者、釐然《りぜん》として具《つぶ》さにその本末を載せ、しこうして二百七十年間の取士の得失の故、観《み》るべきのみ。

つまりこの一文は、明代を通じた「選挙の法」が、大づかみに言って学校、科目、薦挙、銓選の四者からなっていること、ただし薦挙は後になると積極的な意味を持たなくなること、およびこの四者のそれぞれがどういう役割をはたしたかを簡単に説明した上で、それらにつき「釐然として（きちんと整理して）具さにその本末を載せ」、明代の選挙制度がいかなる作用、意味をもっていたのかを読者に理解せしめる、と述べているのである。すなわち本志は、大事記や史料集の編纂に甘んずることなく、最初からはっきり歴史叙述を目指すものであった。

歴史家の仕事として言えば、歴史叙述は大事記や史料集の編纂よりも次元の高い作業、ということになるだろう。むろんそれは、前者が後者より常に高い価値を有する、ということでは決してない。何の発明、発見もない、粗雑で紋切り型の歴史叙述などというのは紙屑も同然だろうし、各種の文献を博捜し、さまざまな記事の間にある齟齬や矛盾にも十分留意し、校勘にも意を用いた立派な史料集であれば、それははなはだすぐれた学問的業績であるに違いない。しかし何のための大事記、史料集かと言えば、それは歴史事象を理解し、整合的に解釈するため、歴史叙述を行なうため、ではないのか。

王圻は明代の諸制度に関する歴史叙述を自らの任務としなかった。なぜであろう。身も蓋もないことを言えば、あまりに困難が大きく、一人の力ではとても完成が見込めなかったから、ではないか。『続通考』は田賦、銭幣、戸口以下、すべて三十考からなっているが、それらの一々につき、故実を捜輯した上でその「本末」を示す、というのは容易ならざる、ふつうで言えばほとんど不可能な仕事である。それに対し本志は、国家の力をもって組織した史局の内部で、大勢の学者がそれぞれに分担を決め、史料の技術的処理などには助手を使いつつ、長い時間をかけて執筆された原稿のひとつから生まれたものである。

明代選挙制度に関する歴史叙述となれば、「本志は第一というよりむしろ唯一の存在だ」、となるのはなぜであろう。それは正史の編纂という国家事業の一部であればともかく、個人で本志のごとき作品を書こうとする人など、まずめったに出てこないからであるだろう。そもそも正史の中でも紀伝、すなわち帝王の伝記である本紀と個人の伝記である列伝は、ふつうの学者でも何とか恰好をつけうるが、一代の制度を述べた志になるとなかなかそうはいかない、とは古くからの共通認識であった。中国における歴史理論家の鼻祖である唐代の人、劉知幾は云う。

『斉史』（南朝斉代の王朝史）は、江淹《こうえん》（五〇五年卒）はじめて詔を受けて著述せしが、おもえらく史の難《かた》んずるところは志より出ずるはなし（志がもっとも難しい）、と。故にまず十志を著し、もってその才を見《あら》わす。（『史通』古今正史）

南北朝期までに著された王朝史はおおむね私家の撰述で、唐以降の正史が基本的にはみな官修となるのとはっきり異なっているが、これは究極的に言えば、当時に在っては歴史編纂権が門閥貴族に握られていて、国家もこの権利をわが物とはなしえなかった、ということであろう。江淹が『斉史』を著そうとしたのも、彼の当時では異例ではないし、すでに一代の史をなすという以上、志を著すのも当然のことには違いない。

しかし彼の『斉史』は十三篇しかなかったといい、その「十志」は「世に行なわる」と称されているので、一応は脱稿していた、少なくとも部分的には形を成していたようであるが（『南史』江氏本伝、また『隋書』経籍志参照）、その他の紀伝等に至っては、ほとんど手つかずで終わったのだろう。また「才を見わす」べく、敢えて難しいところから着手したという「十志」も、その出来ばえが本当に「才を見わす」に足るほどのものであったかどうか、それは分からない。何しろ彼の『斉史』はつとに佚亡してしまっていて、その様相を直接に窺うことはむろん、それを読んだ人の評価などもまったく伝わっていないのである。

全部が完成したのかどうかはともかくとして、江淹が「十志」を著そうとしていたのは事実に相違ないが、今日まで伝わっている私撰正史のうちには、志を欠いているものがいくつもある。南宋の初年、独自の見識を誇った学者の鄭樵《ていしょう》は、『史通』が紹介した江淹の言を引きつつ云う。

江淹に言あり、修史の難は志より出ずるはなし、と。まことに志なる者は憲章（典章制度）の繋《か》かるところなるをもって、典故に老いたる（老練、精通した）者にあらざれば為すあたわざるなり。紀伝に比せず（紀伝とは比較にならない）。紀なれば則ち年をもって事を包み、伝なれば則ち事をもって人に繋《か》け、儒学の士は皆よくこれを為す。惟《た》だ志を有《な》すことは難く、その次は表にしくなし。范曄《はんよう》（『後漢書』の撰者）陳寿（『三国志』の撰者）の徒、よく紀伝を為すも、敢えて表志を作らざるゆえんなり。（『通志』総序）

さらに馬端臨も、この鄭樵のことばのうち「典故に老いたる者にあらざれば為すあたわざるなり」までをそのまま引いた後、陳寿、李延寿（『南史』『北史』の撰者）が「独《ひと》り克《よ》く志を作らざるは、その事を重《かた》（難）んずればなり」と述べた（『文献通考』総序）。「憲章」を記す志を著すことは、かくも容易ならざることであったが、これはつまり、それを読んで理解するのも紀伝よりはるかに難しい、ということに他ならない。なればこそ本訳注は、まず志文が何を言っているかを把握し、ついでその叙述の根拠を探り、更にその当否を吟味し、必要があれば訂補を加えている、少なくともそうしようと努めているのである。

一代の典章制度を個人が全面的に叙述するというのは、現実にはほとんど不可能なことであったし、また前朝の歴史を編纂するというのは、唐宋以来、国家の修史事業として行なわれるものと定まっていて、たとえ「志」のうちの一部、たとえば食貨（経済）とか刑法（刑罰制度）、あるいは選挙といった部分だけでも、個人の作品としてこれを著すということはふつうなかった。かくて本志は、清朝が設けた明史館の纂修官によって起草されたのであるが、ならば具体的に言って、その執筆者は誰であったのか。某氏である、と断定するのは難しいものの、陸棻《りくじゅう》はそのかなり有力な候補となるだろう。康熙十八年の制科（皇帝の命による特別試験）、博学宏詞科に推薦されて合格し、この年より本格的に始まった明史編纂事業に纂修官として参加した毛奇齢は、明史館の同僚であった陸氏の伝記を著してこう云う。

公（陸棻）は廷臣の薦をもって御試せられて（博学宏詞科にあずかり）一等たり。……公は典籍に官たるをもって、改めて翰林院編修を授かり、『明史』纂修官に充《あ》てられ、成祖文皇帝紀、および漕河・水利（王鴻緒『明史稿』、欽定『明史』では河渠志）、芸文《げいもん》、選挙の諸志を撰ぶ。（『西河合集』一百十。今は『碑伝集』四十所収の陸公神道碑による）

ただここで問題なのは、毛氏の証言をどのように解釈すべきかということで、実のところ陸氏が「成祖文皇帝紀、および漕河・水利、芸文、選挙の諸志」を一人ですべて書き上げた、などというのはとても信じられぬ話なのである。現行本『明史稿』を取りまとめた王鴻緒《こうしょ》は、『明史』初めて纂するの時、志・紀・伝をもって各人分開し、あるいは一人一紀を撰し、あるいは一人一志を撰し、あるいは一人数伝を撰」したと言っている（劉承幹輯『明史例案』二、王横雲史例議上）が、一人で担当するのは一紀あるいは一志に止まるというのがふつうであるのに、陸氏一人で一紀三志を書いたなどというのは、常識的にはとても考えがたいことであろう。さらに陸氏や毛氏と同じ制科出身で、『明史』纂修官に充てられた朱彝尊《いそん》は言う。

伏して閣下（明史監修総裁の徐元文か）の委を承け、明文皇帝（永楽帝）紀を撰ぶ。彝尊《わたくし》はこれを『実録』に本づけ、これを野紀に参じ、繁《しげ》きを削り謬《あやま》てるを証し、善を誣《し》うるの辞を屏《しりぞ》け、藁《こう》（稿）を擬すること三巻、すでにこれを史館に上せり。（『曝書《ばくしょ》亭集』三十二、史館上総裁第四書、『明史例案』五）

朱彝尊は当時における一流の学者であり、しかも明史館総裁に対し「明文皇帝紀」の原稿はすでに史館へ提出したと言っているのであるから、成祖紀稿三巻の執筆者が朱氏であったことに疑いの余地はないだろう。ならば陸棻が成祖紀を書いたという話は、たとえば当初は彼も執筆者候補であったが、後になって陸氏ははずれ、最終的には朱彝尊に委ねられた、といった風にでも考えないかぎり、とても成立すまい。同様に芸文志稿をじっさいに書いたのは黄虞稷《ぐしよく》であって（『清史列伝』七十一本伝など）、陸氏がこれに関わったという話は、毛氏の証言以外には出てこない。

陸氏が成祖紀や芸文志を担当したというのは、いわゆる諛墓《ゆぼ》の辞、亡くなった人を実際以上に褒めたたえるため、ことを針小棒大に表現したものであるだろう。だが一方、毛氏がことさら虚言を弄する必要もないはずで、よってそれはあくまで針小棒大、つまり無いことを有るというのではなく、たとえば担当候補であったとか、あるいは担当を希望していた、といったことがもとになった話であると考えられる。ならば選挙志はどうなのか。管見の限り、それが他の誰氏かによって著されたという話はなく、してみると陸氏が選挙志を担当した、少なくともその撰述に関わった、というのはひとまず信じてよさそうである。

選挙志稿が誰によって書かれたのかについては、結局のところはなはだ曖昧な答えしか出せなかったが、それがどのように書かれたのかという問題になると、もう少しはっきりしたことを言うことができる。このことにつきまず参照すべきは、食貨志がどのように著されたのかに関する証言で、執筆者の潘耒《はんらい》はこう述べている。

竊《ひそ》かに惟《おも》えらく史は志より難《かた》きはなく、志は食貨より難きはなく、しかも『明史』食貨志は前史に視《くら》べて尤《もっと》も（とりわけ）難しとなす。唐より以前、食貨を志《しる》す者は、粗《ほ》ぼ大綱を挙ぐるのみにして、その体ははなはだ畧《りやく》たり。今は宋元志の例に倣《なら》わんことを議し、門を分かち類を別かち、その体はなはだ詳し。宋志は累朝の旧史ありて粉本《ひながた》となす。元志は直《ただ》ちに『経世大典』を用う。今は則ち絶えて因る所なく、一切創作す。これその尤も難きゆえんなり。

某《わたくし》は固陋を揣《はか》らず、この志を分任し、妄《みだ》りにおもえらく志を作らんには必ず料（材料、素材）を採るを先にす。木石具《そな》わりてしかる後もって室を築くべく、縑素《けんそ》具わりてしかる後もって衣を縫うべし、と。故に明代の『実録』をもって通纂すること一過、凡そ片言隻字《げんそうじ》の食貨に関わる者あらば、ことごとく節出を行ない、瑣《さ》細《さい》龐雑《ほうざつ》もその詳しきを厭《いと》わず。けだし一代物力の登耗《とうこう》、度支《たくし》の盈絀《えいちゅう》の故をして、胸中に了然たらしめんと欲し、しかる後もって筆を下すべければなり。既に『実録』をもって主となし、また博《ひろ》く諸家の著述、名臣の奏議と凡そ典章故実の書を採り、次第に節録し、もって参考に備う。

（『遂初堂文集《すいしょ》』五、上某総裁書、『明史例案』六）


つまり食貨志は、まず『実録』から経済に関わる記事を細大漏らさず拾い出して「長編」（編年史料集）を作り、明代の経済情況、経済政策を「胸中に了然たらしめ」た後、その基礎の上に「諸家の著述、名臣の奏議と凡そ典章故実の書」に含まれる関係史料を参照して編纂された、というのであるが、実のところこのやり方は、明史館における編纂の基本方針に沿ったものであった。その父が「（明史）館に在ること十有余年」で、『明史』の編纂事情にす

こぶる通じていた楊椿《ようちん》は言う。当時、監修徐元文たちは朱彝尊らの建議を容れ、『明史』の編纂については、

司馬温公（光）の『資治通鑑《しじつがん》』を修むるの法を用い、館中の羣書に就きて先ず草巻を立てしむ。時において（当時）潘君稼堂《かどう》（耒）は承けて食貨を修めたるに、洪武朝より万暦朝に至るまで、共に六十余本を鈔し、密行細字、本ごとに多ければ則ち四十余紙、少なければ則ち二十余紙たり。同事の諸君、大率《おおむね》これに類す。（『明史例案』七、楊農先上明鑑綱目館総裁書）

ここにいう『通鑑』編纂法とは、いきなり原稿を書くのではなく、まず収集した史料を「長編」にまとめ、それを刪節編定して原稿にするということ。また食貨志の場合、その「長編」、楊氏のいわゆる「草巻」が、基本的には『実録』の抜き書きからなっていたことは疑いない。なぜなら上に見たとおり、潘氏自らがそう言っているし、また楊氏も潘氏が「洪武朝より万暦朝に至るまで、共に六十余本を鈔」したと言い、さらに「一志・伝成るごとに、総裁は必ず命じて某事は某朝『実録』の第幾年に出ずるやを注せしむ」と言っている（同上）からである。

選挙志が『実録』の記事を基本として著されていることは、本書の注を瀏覧《りゆうらん》すれば疑問の余地なく納得されよう。またこれに加えて参照される「諸家の著述、名臣の奏議と凡そ典章

故実の書」であるが、選挙志の場合、その中でも『会典』がとりわけ重要な、ほとんど『実録』に匹敵する位置を占めていることは明らかである。これは当然のことで、国家の行政法典として最も権威ある文献を選挙志の撰述に用いない、などということはおよそ考えられまい。

なお本志を著すために用いられた『会典』は万暦本であって、正徳本は参照されていない。そのことは、同じ事柄につき正徳、万暦二本に異同がある場合、本志は必ず万暦本に一致する、という事実からして疑いない。またそうした事例の中には、正徳『会典』と『実録』の述べるところが一致していて、万暦『会典』の記載は誤りだと考えられるにもかかわらず、本志はそんなことお構いなしで、ただ万暦『会典』のみによって草々に事を了えている、という事例もある。

たとえば本書上冊五〇頁の注（8）に記すところで言えば、国子監にやってくる外国人留学生の出身国につき、本志は万暦『会典』に拠って「日本・琉球・暹羅《せんら》（シャム）」と言っているが、正徳『会典』ではその「暹羅」が「囉囉《ロロ》」（雲南よりベトナム、ラオスなどの住民、現在の彝《い》族）となっており、『実録』など他の記載もこれに一致、つまり「暹羅」というのは誤りに違いない。また同一〇四頁の注（4）で引いた恩生に関する諸規定のうち、本志に弘治「十八年」例とあるのは万暦『会典』の記事を用いたものに相違ないが、正徳『会典』と『実録』によれば、これは「十年」の誤りである。

食貨志の編纂を担当した潘耒は、「明代の『実録』をもって通纂すること一過、凡そ片言隻字の食貨に関わる者あらば、ことごとく節出を行ない、瑣細龐雑《ほうざつ》もその詳しきを厭わず」であったというが、本志の纂修官（陸棻？）は、『実録』を基本とするという原則に潘氏ほど忠実でなく、手近にある『会典』で間に合うところはそれで済ませ、その記事を『実録』で裏づける、などという面倒なことはしなかったのだろう。まして『会典』を利用する際、ひろく一般的に用いられている万暦本の外、わざわざ正徳本を探してきて両者を対照する、といった手間をかけたりはしなかった。

大勢の纂修官によって編纂される官修書に在っては、程度の差こそあれ、何ほどかのお役所仕事が見られるのは常のことで、『会典』に関わる話で言うと、同じ清朝の勅撰書『四庫全書総目』は、たまたま四庫全書館に届けられた正徳『会典』を著録した上で、『会典』は嘉靖と万暦時にも続修されたはずだが、「今みないまだその本を見ず、存佚を知るなし」などと寝言のようなことを述べている。実際のところ、万暦『会典』はむろん清廷にも蔵されていたのであり、民国二十三年の『故宮普通書目』には二部が著録され、さらに台北の故宮には、清廷より伝わった明内府鈔本の零冊も現存している。

話が脇道にそれだしたのでまた元にもどれば、本志は『実録』と『会典』の記事を基本とし、その上で必要に応じて「諸家著述」や『会典』以外の「典章故実之書」を参用しているわけだが、ならばそうした参用書には、具体的に言ってどのようなものがあるのだろうか。本書の注を見ればすぐ分かるように、王圻《おうき》の『続文献通考《つこう》』、王世貞の『弇山《えんざん》堂別集』はやはりよく用いられ、そのほかも科挙について張朝瑞『皇明貢挙考』など、まずはごく常識的な選択で、特に奇異なものは見当たらない。

ただそうした史料の用い方、これには問題のある場合がある。たとえば国子監の故事を述べるに際し、本志は往々黄佐の『南雍志』を用いているのだが、そのこと自体は当然と謂ってよかろう。『南雍志』というのは洪武時の国子監、永楽以降の南京国子監に関する故実を輯《あつ》めた書で、依拠するところは南監に保存されていた記録の類であり、その史料的価値は相当に高いからである。だがそれでも、これを用いる際にはその記事を『実録』や『会典』と対照し、異同が見つかれば、その相違の意味を考えることが必要となる。つまりもっとも単純には、その異同のどちらが正しいのか、またそう単純でない場合には、そうした異同が生じたゆえんを探る、ということである。

だが本志の撰者は、『会典』の使い方を見ても分かるとおり、目立たぬところでは手を抜くというか、とてもではないが精密、丁寧な仕事ぶりとは言えず、『南雍志』についてもそれでとりあえず間に合うならば、その記事を一々『実録』や『会典』で裏づけたりはしなかった。本書上冊二六頁の注（2）で述べたように、洪武元年に品官子弟等を国子監に入学せしめたと本志が言うのは、『南雍志』に拠ったものに相違ないが、『実録』に拠ればこれは洪武三年のこととすべきである。

また本志が捐納《えんのう》（銭物の寄付）による監生（例監）を「景泰元年に始まり、……行なうこと四年にして罷《や》む」と言っているのは、やはり『南雍志』に拠ったものであろうが、これは『実録』（および正徳『会典』）に対応する記事がなく、また万暦『会典』にしても、その開始、停止時期は記していない。さらに『南雍志』であれ万暦『会典』であれ、捐納を許すのは生員のみと明記してあるのに、本志では「天下」のだれもが金で監生の資格を買えるようになった、かのごとくに記しており、これはちょっとした表現上の粗忽ではすまぬ問題である（以上は本書上冊一〇六～七頁の注（1）参照）。

こうした例は他にもままあるが、いまはただ武職につき「直省都指揮使二十一、……衛九十一、……千戸所二百十有一」と述べているところを取り上げるに止めておく。本冊三八二頁の注（3）に記したとおり、この「衛九十一、……千戸所二百十有一」なる数字は、孫承沢『春明夢余録』に拠りつつ、その「衛百九十一」の「百」字を落してしまったものと推定されるが、実のところ『会典』に記される旧制、今制の数字はこれとまったく異なっており、何かよほどの理由がない限り、『会典』を棄てて『夢余録』に従うということは考えがたい。

じっさい同じ『明史』でも兵志になると、この新旧の数字を洪武二十六年定（すなわち『諸司職掌』）と「後定」（すなわち万暦『会典』）のものとして両方載せる一方、『夢余録』の数字などまったく問題にしていないのである。

ならば本志の撰者が「文官の問題については常に参照していた『会典』を調べず、たまたま目に入ったのであろう『夢余録』を用い、あまつさえ写し間違いまであるというのは、いったいどういうことであろうか。それはたぶん本志（より正確には本づくところの『明史稿』）の撰者、ひいては一般読書人の武官に対する軽視、関心の薄さを表わしているのだろう。そして以下にもまま正確を欠く、あるいは誤解を含む記述が見られるのは、まさにこの態度のゆえ、武に対する軽視のゆえに相違あるまい」。

これは上記の注（3）の中で述べたところだが、エリート文人が武人に対していだく嫌悪感、軽蔑の念はじっさい抜き差しならぬもので、こうした心情が背景にあるがゆえに、本志の武職に関する記述はひどくおざなりで、どうにもいい加減なものとなる。

たとえば武職の襲替につき、「凡そ陞職《しょうしょく》（職を陞《のぼ》された父）の官舎（長子の已・未授官者）は父の職のごとくす」と言っているくだり、これだけを見れば世襲制だから当たり前の話ではないか、となるだろう。だがここの記述が拠るところの『会典』には「景泰元年令し、軍職の功を獲て陞級し、いまだ任ぜられずして先に故（物故）せる者は」云々とあり、実のところこれは「未任先故」という、かなり特殊な場合についての話なのであった。つまり志文は肝腎の条件を落としてしまっているために、何のために書いたのか分からぬような、どうにも奇妙な叙述になっているのである（本冊四〇八頁注（4）参照）。

また本書の最後で、軍官の勤務評定につき「各衛所……の巡撫に隷する者は、例として同じ」と述べているのは、これだけを読んでも何のことか分からないが、やはりその根拠たる『会典』を見てみると、これは所轄が数省にまたがる鄖陽《うんよう》巡撫に隷属する衛所等は、省分が異なっていても一緒に考選するということで、ごく特殊な事例なのである（本冊四二〇頁注（6）参照）。そうした例外的な規定をあたかも一般的なものであるかのように書き、しかも剪裁に法を得ていないため、一読何のことか分からないとなれば、これはもうまともな態度で書いた文章とは言いがたいであろう。

文の武に対する圧倒的優位、そこから生ずる武に対する蔑視、軽蔑は、伝統的な中国文明、というのは儒教的文明の著しい特徴であり、国家が設けた史局に属する本志の執筆者らは、この文明の価値観を微塵も疑わぬ文雅なエリートであった。彼らは文人官僚として国家につかえ、その統治の一翼を担っていたのであり、選挙制度を見る彼らの視線にしても、当然のこととして選挙される側ではなく、選挙する側のものとなる。

また彼らエリートは、武人のみならずすべての非エリートに対して冷淡であり、たとえ儒教的教養を学んでいる者、すなわち「学者」であっても、生活のためもがき続けざるを得ない下層士人に対しては、それが昨日までの自分である場合も多いだろうに、やはりさしたる共感を示さず、その生活の内実などについては、口の端に上すことをいさぎよしとしなかった。彼らのこうした立場、あるいは態度が、本志の叙述をどのようなものとしているかにつき、筆者はかつて次のように述べたことがある。

明代の科挙に関する「普通の制度史的記述」と言えば、まずは『明史』選挙志に指を屈しようが、それによって知られるのは制度の表面的概要、いわば科挙という家の外観や間取りだけであって、その住人、そこで営まれる暮らしのことは何も分からない。正史である『明史』の記述は、あくまで王朝側からの、試験を行なう側からなされたものであって、制度の外形にはかなり細かい点まで注意が払われるものの、その内実、現実の場でそれがどのようなはたらきをするのか、受験生たちがどのような体験を強いられるのかといったことは、最初から関心の埒外に在るからである。

だいたい正史に限らず「普通の制度史的記述」というのは、超難関の科挙をみごと、そして多分に運よく突破した、極少数の成功者によってなされるのであって、正規の科挙である郷試より前の、学校試とか科考（郷試受験資格試験）などについては、ほとんど問題にしないのが通例である。それに受験の苦痛を体験するのはだれしものこと、士人にとっては日常そのものであり、そういう卑近な日常生活の細節、具体的様相を士人が語ることは、科挙のみならず他の万端についても、まずめったにない。結果として、その当時には当たり前だったことが、現代の我々にとってはもっとも分かりにくい、となりがちなのである。（入矢義高著『増補　明代詩文』、平凡社東洋文庫版の解説）

かくして数から言えば「学者」（学んでいる者）の大半を占める生員、さらにはまだ生員でさえない、その候補たる童生といった下層士人に関する本志の記述は、はなはだ粗略でそっけないものとなっている。たとえば童生はいかにして生員となるのか、その試験はどのように行なわれるのかといったことの詳細は、本志を見ても分からない。清代の学校試であれば、商衍鎏《えんりゅう》『清代科挙考試述録』（三聯、一九五八）などの参考書を見ても、県試、府試、院試の三段階からなっていると記されていて、それはどうやら明末の制度を継承したもののようなのだが、ならば明代中期まではどうなのかと言えば、三段階の学校試など影も形もなかったに違いない。

明初の生員選抜は、府州県知事が「民間の俊秀および官員の子弟」を適宜選んでいたにすぎず、明代中期の弘治・正徳間に至っても、たとえば浙江省の温州では「考試に縁《よ》らず、民家の子弟のややあるいは俊秀にして、経書を誦するを解する者」を地方官が提学に報告した後、提学が簡単な審査を行なって入学させていたという（以上、本書上冊一八三頁注（1）および一五六頁注（5）参照）。もとより明代も後半期に入れば、学校試はしだいに普遍化し、制度的整備が進んでいったに違いないのだが、ならばその具体的経緯はどうであったのかというと、今は未詳と言うしかない。

ついで童生が学校試を突破して生員となれば、今度は学力検査たる歳考と、郷試の受験資格審査たる科考を三年の間にそれぞれ一度受けることになる、と本志は述べる。だが実のところ、これもやはり明末からの話で、現実はともかく規定から言えば、万暦中年までの歳考は「一歳一考」であった。また科考であるが、この試験はほぼ成化・弘治間から始まったもので、しかもそれが普遍化、常態化するにつれ、実質的な選考は州県に任され、提学による科考はこの州県による予備選考を追認するだけ、となりがちであったらしい。

それだけではない。この予備選考においては、歳考の成績が大きな意味をもっていたようで、そのため歳考と科考では前者の方がより重要となり、病気とか親の喪に服しているというのでない限り、生員はだれもがこれを受験したという（以上、本書上冊一六〇頁注（1）、同一六八頁注（3）参照）。歳科両考につき我々がふつうにいだくイメージは、本書前言で取り上げた宮崎市定『科挙』（中公新書、一九六三）の説明によるもの、すなわち士子にとって郷試の受験資格がかかる科考ははなはだ重要であったが、歳考の方はありていに言えばどうでもよく、可能なかぎり受験を回避した、というものであろうが、それは清代の、おそらくは特に清末の、情況を写した像であるにすぎない。

歳科両考に関する本志の記述は、ほぼ明末に至って確立した制度をあたかも通時的な制度であるかのように述べたものであったが、そうした制度の変遷をほとんど考慮していない叙述は他にもある。たとえば殿試につき、本志は「廷試は三月朔をもってす」と言っているが、これは明初の制度に関する説明としても十分には正確でなく、さらに明代後半期になれば、朔日挙行の例は跡を絶ち、十五日に挙行するのが定例となっている。

またこれにつづいて記されている郷会試同考官の数についても、本志が述べるのは洪武時の初制であるにすぎず、その後の変化はまったく無視されているが、初制が維持されていたのはわずか七十年足らずで、その後は何度も増員がくりかえされたのであった（本書上冊二五三頁以下の注（1）および（2）参照）。なお会試同考官については後文で改めて説明があり、そこでは増員のことも述べられているのだが、より下位の試験である郷試の同考官数については初制が述べられるだけで、追加説明などはない。これまた上に厚く下に薄い、という本志の立場を表わすものであるだろう。

この外、たとえば考満、考察に関しても、実際には変動している制度を静態的に叙述しているため、明代における勤務評定が実際にどういうものであったのか、はなはだ分かりづらくなってしまっている。本志は云う、「考満、考察は、二者相い輔《たす》けて行なわる」と。しかしながら三年一考、三考黜陟《ちゅっちょく》、すなわち九年に一度しか昇進の機会がない考満は、明初百年においてこそだいたい維持されていたようであるが、明代中期からは「員欠《ポスト》まさに補うべく、満つる（考満）を待たざる」場合に適応される推陞制（本冊二三一頁注（3）参照）によって、すっかり骨抜きにされてしまい、その結果、明代後半期では「考察を重んじて考満を軽んじ、推陞行なわれ」ることとなった（本冊三三八頁注（1）参照）のであった。

また考察における評定基準の「貪」「酷」「浮躁」など「八目」についても、実のところ最初からそのような定まった条目があったわけではなく、当初は評定対象の実態に即して「昏《こん》懦《だ》にして立たず」など、さまざまな問題点を指摘するにすぎなかった。それがようやく老疾、罷軟《ひなん》、貪酷《たんこく》、不謹といった四、五項目に集約されていき、成化・弘治の際にはいわゆる八目の内容が出揃うこととなる。ただしこれが固定された範疇として確立するのはさらにずっと後、もう明末の万暦初年くらいからのことであった（本冊三四〇頁注（2）参照）。

この八目の成立過程は、考満の意味がようやく軽くなる一方、それに反比例して考察が重要になっていった、そういう趨勢を表わすものであろう。だいたい京官に対する考察の「京察」は、明初の段階では制度として確立されておらず、天順八年に至ってはじめて十年に一度挙行と定例化され、ついで弘治十七年に至り六年一次となったのであった。ただし明代前半期の京察は、五品以下の属官・首領官だけを対象とするもので、四品以上堂上官も自陳という形で考察の対象になるのは、臨時に挙行された事例で言えば成化四年に始まるものの、それが定例化するのは正徳四年からだったのである（本冊三六一頁注（1）参照）。

「本志は決して尽善尽美ではなく、それどころか内容のすこぶる偏った、少なくとも現代的な観点からすれば、明らかな欠陥を指摘しうるものでさえある」とは、この「解説」の冒頭で述べたところだが、その偏りとか欠陥がどういうものであるかは、すでに明らかになったであろう。本志は正史の志であって、言うまでもなく「国家」（朝廷）の立場から、統治する側から一代の制度を叙述したものである。また統治者の側からというのは、エリートの観点からということでもあって、そこでは下層士人が直面しなければならない現実のことなど、ほとんど関心をもたれない。また文を重んじて武を軽んずるのは、伝統中国に在っては普遍的な、文明の特徴とでもいうしかない態度であるが、それでも「現代的な観点からすれば」、やはりある種の欠陥と謂わねばならないだろう。

この外、あるいは避けられたかもしれない本志の問題としては、その史料操作が時として粗雑に過ぎることや、安定した運用が求められる制度といえども、やはり一定不変ではありえず、社会の変化に応じて変わっていく、そういう変化、変遷に対する意識が弱い、といった点を指摘することができようし、またこれは当然のことではあるものの、個別の細かな誤りが散見されるのも遺憾には違いない。

だがそうではあっても、本志はなお明代選挙制度に関する「第一というよりむしろ唯一の」参考文献であり、その価値を認めないわけにはいかない。あれやこれやの欠陥や誤りがあるのはむろん事実だが、それらを指摘し批判しうるのは、大前提として本志が存在しておればこそである。かりに本志がなかったとすれば、学校、科挙、銓選いずれについても、その概略を理解するには現状よりはるかに大きな困難がともなうであろう。

最後にもうひとこと。これは至ってバツの悪い話なので、できれば頬かむりしてしまいたいのだが、やはりそうもいかない。かく言うのは、本書の上冊が出てからもう六年になろうとしているという事実のことで、まったくお恥ずかしい限りだし、共訳注者の酒井恵子氏、また編集を担当して下さった直井祐二氏にはずいぶんの忍耐を強い、多大なご迷惑をかける仕儀となってしまった。ここまで時間がかかってしまったのには、むろんご立派な理由が山ほどあるのだが、要は私の相も変らぬ見通しの甘さ、怠惰不敏のゆえにほかならない。本当に申しわけない次第で、その罪を謝すると同時に、なお厚かましくもご寛恕を請うのみである。

二〇一九年八月記

わ行

や行

ら行

ま行

は行

な行

た行

さ行

か行

索引

＊　選挙志原文に見える選挙、官制用語および人名、書名を中心に、その他の術語などを五十音順に排列したが、必ずしも網羅的ではない。特に「その他」の部分については、適宜取捨選択を加えている。
＊　本索引に同じ語として採録された項目であっても、原文においてはいくらか相違を含むことがある。原文では行文のつごうで文字に若干の附加があったり、わずかに異同を生じている場合があるが、これを本索引では一語にまとめているからである。またある人物が名だけで登場している場合、本索引では姓を補って採録している。
＊　読音が複数あってどちらでも通用する場合、本索引では見よ項を用いてどちらかに統一している。たとえば「行在」を「あんざい」で検索すると、「→こうざい」となっている、といったのがこれである。
＊　本書に掲載されている原文が二頁にまたがっている場合、本索引ではこれをひとまとまりとして扱っている。つまり前後の両頁に同じことばが重複して出てくる場合、後ろの頁のそれについては改めて採録していない。

あ行

井上《いのうえ》　進《すすむ》

1955年生まれ。京都大学大学院文学研究科博士課程中退。現在、名古屋大学大学院人文学研究科教授。著書に『明清学術変遷史』『書林の眺望』（ともに平凡社）、『顧炎武』（白帝社）、『中国出版文化史』（名古屋大学出版会）、島田虔次『中国における近代思惟の挫折』、入矢義高『増補 明代詩文』（ともに補注、平凡社東洋文庫）ほか。

酒井《さかい》恵子《けいこ》

1974年生まれ。名古屋大学大学院文学研究科博士後期課程満期退学。現在、三重大学人文学部准教授。専攻、中国近世史。論文に「孝子から節婦へ――元代における旌表制度と節婦評価の転換」（『東洋学報』第87巻第4号、2006年）ほか。

明史選挙志 2
――明代の学校・科挙・任官制度（全2巻）　　東洋文庫899

2019年12月13日　初版第1刷発行

訳注者　井上　進
　　　　酒井恵子

発行者　下中美都

印刷　創栄図書印刷株式会社
製本　大口製本印刷株式会社

発行所
電話編集 03-3230-6579
営業 03-3230-6573
振替 00180-0-29639
〒101-0051
東京都千代田区神田神保町3-29
株式会社 平凡社

平凡社ホームページ https://www.heibonsha.co.jp/

ISBN 978-4-582-80899-5
NDC 分類番号222.058　全書判（17.5 cm）　総ページ466

乱丁・落丁本は直接読者サービス係でお取替えします（送料小社負担）

《東洋文庫の関連書》

- 20 明夷《めいい》待訪録《たいほうろく》 〈中国近代思想の萌芽〉 黄宗羲著 西田太一郎訳
- 130 天工開物 宋應星撰 藪内清訳注
- 151 中国社会風俗史 尚秉和著 秋田成明編訳
- 245 清代学術概論 〈中国のルネッサンス〉 梁啓超著 小野和子訳注
- 329 道教 アンリ・マスペロ著 川勝義雄訳
- 460 漢書五行志《かんじょごぎょうし》 班固撰 冨谷至 吉川忠夫訳注
- 470 科挙史 宮崎市定著 礪波護解説
- 485 東洋文明史論 桑原隲蔵著 宮崎市定解説
- 493 古代中国研究 小島祐馬著 本田濟解題
- 497 中国神話 聞一多著 中島みどり訳注
- 500 中国古代の祭礼と歌謡 M・グラネ著 内田智雄訳
- 508 東洋における素朴主義の民族と文明主義の社会 宮崎市定著 礪波護解説
- 515 魏《ぎ》書釈老志《しょしゃくろうし》 魏収撰 塚本善隆訳注 竺沙雅章解説
- 518 詩経国風《しきょうこくふう》 白川静訳注
- 557 559 支那史学史 全二巻 内藤湖南著 吉川忠夫解説
- 618 619 中国小説史略 全二巻 魯迅著 中島長文訳注
- 635 636 詩経雅頌《しきょうがしょう》 全二巻 白川静訳注
- 661 中国人の宗教 M・グラネ著 栗本一男訳
- 686 688 689 列女伝 全三巻 劉向著 中島みどり訳注
- 701 日本談義集 周作人著 木山英雄編訳
- 716 718 中国における近代思惟の挫折 全二巻 島田虔次著 井上進補注
- 754 755 制度通 全二巻 伊藤東涯著 礪波護 森華校訂
- 764 増補 明代詩文 入矢義高著 井上進補注
- 893 894 大清律 刑律 〈伝統中国の法的思考〉 全二巻 谷井俊仁 谷井陽子訳解